高等学校经济管理类主干课程教材

智慧物流与供应链管理

刘伟华　李　波　彭　岩　编著

SMART LOGISTICS AND SUPPLY CHAIN MANAGEMENT

中国人民大学出版社
·北京·

推荐序 FOREWORD

随着物联网、人工智能、云计算、区块链、大数据等颠覆性智能技术的快速发展，基于智能技术能力整合形成的数智化能力是物流与供应链实现价值创造的重要动力。国家层面高度重视新兴智能技术的发展，2020 年政府工作报告将“新基建”上升到国家战略层面，指出数字信息技术将重塑供应链生产方式。大量研究表明，物流与供应链数字化水平提升有望降低 10%～30%的设计和工程成本，缩短 20%～50%的市场投放时间，降低 80%的供应链管理成本，以及减少 20%～50%的库存持有成本。然而，供应链主体在技术上存在兼容性、互联接、实施水平参差不齐等问题，这给智慧物流供应链的发展带来了很大的障碍。整合智能技术能力，能够有效避免“数据孤岛”问题，实现数据联通和知识涌现，最大限度发挥智能技术价值。实践中，阿里巴巴、京东等巨头已经开始构建以人工智能、大数据、云计算、物联网设备等为核心的技术战略，旨在以技术为基础、以数据为驱动、以供应链为依托，全力打造高效的新一代基础设施。

党的二十大报告指出，要建设现代化产业体系，坚持把发展经济的着力点放在实体经济上，加快建设网络强国、数字中国，加快发展数字经济，促进数字经济和实体经济深度融合，打造具有国际竞争力的数字产业集群。2021 年，国家统计局首次发布《数字经济及其核心产业统计分类（2021）》，该分类从数字产业化和产业数字化两个方面确定了数字经济的基本范围，将其分为数字产品制造业、数字产品服务业、数字技术应用业、数字要素驱动业、数字化效率提升业等 5 大类。供应链管理服务作为数字要素驱动业大类下其他数字要素驱动业中类下的小类、智慧物流作为数字化效率提升业大类下的中类被纳入该分类，这意味着供应链管理服务作为一个新的行业业态得到认可，物流作为产业在数字经济中的地位进一步得到明确，也表明智慧物流与供应链管理对国民经济发展的重要性日益凸显。

当前，世界处在百年未有之大变局的新时代，立足于新一轮科技革命和智慧经济的加速演进，积极推进专业改革与课程建设成为高校适应时代发展的必然要求。2019 年 4 月 29 日，教育部、中央政法委、科技部等 13 个部门在天津联合启动“六卓越一拔尖”计划 2.0，全面推进新工科、新医科、新农科、新文科建设，会议成立教育部新工科、新医科、新农科、新文科建设工作组。天津大学作为新工科组长单位积极推动新工科专业研究与实践。为深化专业建设，推进教学改革，天津大学积极承担教育部国家级新工科研究与实践项目

“智慧经济与创新驱动视角下的物流工程专业改造升级探索与实践”，在教育部物流管理与工程类教学指导委员会物流工程工作组、青年工作组指导下，联合开展了“物流工程专业改造升级探索与实践”课题调研工作。调研显示，对于企业来说，79%的受访者认为物流工程未来将朝着供应链发展，对物流工程未来方向的整体定位，77%的受访者选择了“大数据”，71%选择了“数字化”，66%选择了“智慧”。结果表明，各关键词的选择比例虽然存在差异，但“供应链”“大数据”“智慧”“数字化”是选择最多的四项。可以看出，物流管理和工程类专业积极朝着智慧物流与供应链管理方向变革是大势所趋，也是响应时代发展的必然要求。

《习近平关于社会主义经济建设论述摘编》明确指出，要主动适应、把握、引领经济发展新常态，着力推进供给侧结构性改革，实施创新驱动发展战略。智慧物流与供应链对于现代物流与供应链产业提质增效具有重要价值，伴随智慧经济的迅速发展，其理论与实践已成为当代大学生必需的知识储备。然而，现有的书籍大多数无法作为教材直接用于教学。2019 年，天津大学运营与供应链管理系启动了物流工程专业改革，新设了“智慧物流与供应链管理”课程，刘伟华、李波和彭岩三位教师主动承担了课程教材的编写工作。他们积极借鉴天津大学在智慧物流与供应链领域的研究特色、相关经验和长期积淀，从基础概念、技术与设备、运作创新、应用案例四个方面进行撰写，系统介绍智慧物流与智慧供应链的管理内容，致力于为高校物流专业编写一本实用的教材，为学生学习相关课程提供重要参考。

本书既是三位作者辛勤付出的重要成果，也是天津大学物流工程专业教学团队对智慧物流与供应链领域的知识进行的初步总结和探索。随着对该领域研究的深入，我们也期待全国高校同行老师能够编写更多的相关教材，一起推动物流管理与工程类专业智慧化发展。

霍宝锋
天津大学管理与经济学部主任

前 言 PREFACE

党的二十大报告指出，“世界百年未有之大变局加速演进，新一轮科技革命和产业变革深入发展，国际力量对比深刻调整，我国发展面临新的战略机遇。”伴随着第四次工业革命的全面兴起，社会经济开始进入智慧的新时代。智能生产、智能工厂等智能制造正在引领制造方式变革，新零售重塑商业结构与生态圈，并对线上服务、线下体验以及现代物流进行深度整合。同时，以云计算、大数据、物联网、人工智能、5G为代表的新一代信息技术，促使实体经济和虚拟经济高度融合。在各种智能技术的不断融合、叠加、迭代和进步中，智慧经济正在开启全新革命，以数据＋算力＋算法为核心的智慧经济决策模式正在推动供需快速匹配。经济协同化、自动化与全球化成为未来智慧经济的焦点。

伴随智慧经济的发展，物流与供应链管理也从传统的1.0时代过渡到今天的4.0时代。传统的1.0时代物流服务的各个要素，如仓储、运输，是分散运作的；2.0时代各个要素开始一体化整合；3.0时代强调物流、信息流、商流、资金流全面整合；而4.0时代则强调先进的智能技术在物流与供应链管理中的运用，实现可感、可视、可控。它以数字驱动和协同共享为根本，以客户价值提升为中心，通过推进产业数字化变革和网络化转型，重塑产业分工和优化资源配置，实现发展方式转变和产业新生态的构建。党的二十大报告也提出要“推动制造业高端化、智能化”，“加快发展物联网，建设高效顺畅的流通体系”，“加快发展数字经济，促进数字经济和实体经济深度融合”，推动智慧物流与供应链管理发展，也是进一步响应党的二十大精神，推动经济模式变革，提升经济运行效率的重要举措。

智慧物流与供应链管理表现出与传统物流与供应链管理显著不同的技术特征、组织特征和创新特征。从技术特征来看，数据驱动、互联互通、高度可视、智能操作与实时控制是典型的五大特性；从组织特征来看，深度协同和去中心化将促使物流与供应链管理实现更大范围的全面协作；从创新特征来看，基于价值提升的创新理念，将驱动物流与供应链管理实现自主决策、学习提升，围绕场景和模式开展深度创新，从而颠覆传统的创新管理方式。实现这三个特征显著变化的，正是智慧物流与供应链的全新系统架构，它包括智慧化平台、数字化运营、智能化作业三个层面。智慧化平台是“大脑”，负责开放整合、共享协同，解决诸如大数据网络布局、人工智能决策、供应链深度协同等宏观问题，并通过综合市场关系、商业模式、技术创新等进行全局性的战略规划与决策。数字化运营是“神经中枢”，负责串联调度，依托云化的信息系统和智能算法，连接、调度各参与方进行分工协作。智能化作业是“四肢”，依托互联互通、自主控制的智能设施设备，负责具体的作业执行，是连接生产和供应的重要环节。

《习近平经济思想学习纲要》指出，坚持创新驱动发展是我国经济发展的第一动力。作为推进传统物流业创新的重要抓手，智慧物流与供应链对于现代物流与供应链提质增效发展具有重要价值。伴随智慧经济的迅速发展和创新驱动的现实需要，其理论与实践知识已成为当代大学生必需的知识储备。然而，现有的书籍绝大多数无法作为教材直接用于课程教学。受国家社科基金重大项目“智慧供应链创新与应用研究”（项目编号 18ZDA060）的资助，天津大学运营与供应链管理团队有幸承担了该课题的研究。作为该课题的中间成果之一，借助天津大学在智慧物流与供应链领域的研究特色、相关经验和长期积累，本团队致力于编写一本实用的课程教材，从基础概念、技术与设备、运作创新、应用案例四个方面系统介绍智慧物流与智慧供应链的管理内容。

本书共分 12 章，第 1～3 章是基础理论部分，主要介绍智慧物流与供应链的概念、内涵、系统、运行机理。第 4～7 章介绍智慧物流与供应链的关键技术与设备，主要包括链接技术、计算技术、决策技术以及相关的智能设备。第 8～10 章主要介绍智慧物流与供应链的运作模式、创新方法和新兴模式。第 11、12 章主要介绍应用案例。

本书的写作得到了北京航空航天大学黄海军副校长，中国科学技术大学余玉刚院长、郭晓龙教授和刘和福教授，西南交通大学刘晓波院长、马祖军教授和贺政纲教授，香港理工大学 Tsan-Ming Choi (Jason) 教授，南开大学李响教授，浙江大学 Paul Tae-Woo Lee 教授，英国格林威治大学周莉教授，瑞典林雪平大学唐讴教授，美国普渡大学 J. George Shanthikumar 教授的指导、建议与帮助，他们在本书的相关研究中提供了建设性的意见和观点，在此表示感谢。本书的写作也得到了国内许多企业包括青岛日日顺物流有限公司、中国外运股份公司、京东物流、苏宁物流、菜鸟网络、天津陆路港投资有限公司、世能达物流（天津）有限公司、上海申丝物流有限公司、中储南京智慧物流科技有限公司、深圳华为信息技术有限公司等的指导和帮助，限于篇幅不一一致谢。感谢中国物流与采购联合会何黎明会长、崔忠付副会长、任豪祥副会长、蔡进副会长、贺登才副会长等领导对智慧物流与供应链管理相关研究的调研支持与帮助。最后，还要特别感谢中国人民大学出版社编辑对本书出版的辛勤工作。

本书的撰写有幸得到了国家社科基金重大项目“智慧供应链创新与应用研究”的大力资助，在此一并感谢。在本书撰写中，我们也参考了大量学者的相关著作与文献，在此表示感谢。我们试图全面、完整、客观地反映智慧物流与供应链管理的全新理论与实践方法，但限于认识，可能仍然停留在粗浅的探索层面，本书必然存在疏漏与不足之处，敬请读者不吝指正。

本书适用于物流管理、物流工程、供应链管理专业的本科生、研究生使用，也可作为其他专业智慧物流课程的参考书，对物流与供应链管理领域的管理人员和技术人员也有一定的帮助。

| 目 录 CONTENTS

01

Chapter

第1章

智慧物流与智慧供应链概论

学习目的

通过本章的学习，学生应该能够：

- 理解物流的基本概念
- 了解智慧物流与智慧供应链的特点
- 认识传统供应链与智慧供应链的区别
- 理解智慧物流与供应链发展的重要意义和挑战

案例1-1

智能到智慧：物流与供应链应用领域会如何改变？

近年来，人工智能（artificial intelligence，AI）技术蓬勃发展，在各行各业广泛应用。那什么是智能？基于《韦氏词典》，智能就是学习和求解问题的能力。智能并不是人类独有的，很多动物和一些机器也表现出不同程度的智能。而AI就是解决新问题、理性行动与像人一样行动的能力。1956年，约翰·麦卡锡（John McCarthy）召集若干著名大学、企业、实验室，如麻省理工学院、哈佛大学、贝尔实验室和IBM等的学者和研究人员在达特茅斯召开会议，第一次提出了“人工智能”的概念。

AI从1956年提出到目前经历了三个阶段：（1）1956—1980年：AI诞生阶段，此阶段仅仅是提出概念，尚没有理论支撑。（2）1980—2000年：AI进入产业化时代，此阶段因为计算机软硬件限制，计算资源不足，很难满足产业化需求。前两个阶段也称为只有“人工”，没有“智能”的时代。（3）2000年至今：AI发展爆发期，云计算、大数据、深度学习等成为此阶段的热词。

事实上，AI进入第三个发展阶段，引入深度学习的思想，深度学习的最大特点在于能够自动学习，人工智能进入了智慧时代。2015 年 5 月我国发布了《中国制造 2025》，2016 年 9 月我国交通运输部开始推进无车承运人的试点，京东、顺丰在 2015 年就启动了无人机项目，2016 年诸如快仓等国产类的 kiva 机器人厂商纷纷成立。这些都标志着我国从政府层面和企业层面都开始把人工智能与智慧技术应用于物流与供应链领域。根据物流与采购联合会的数据，我国物流企业对智慧物流与供应链的需求，包括数据信息、物流云计算、物流自动设备，预计到 2025 年市场规模将超过万亿元。

资料来源：清华大学孙富春为你讲解人工智能技术与产业发展. https://www.sohu.com/a/303742202_177747.

1.1 智慧物流与智慧供应链的概念

1.1.1 物流与智慧物流的概念

“物流”的概念最早出现在 20 世纪初，此后这一概念随着研究内容和实践的丰富不断更新，但物流的定义目前并没有一个统一的表述，专家、学者对其也有不同的解释。目前国际上普遍采用的物流定义如下：

Logistics is that part of the supply chain process that plans, implements, and controls the efficient, effective flow and storage of goods, services, and related information from the point of origin to the point of consumption in order to meet customers' requirements.

根据供应链管理专业协会的定义，物流是供应链的重要组成部分，是为了满足消费者需求，有效地计划、管理和控制原材料、中间库存、最终产品及相关信息从起始点到消费地的流动过程。

物流的定义可以从以下四个方面进行理解。

（1）物流是物品物质实体的流动，只实现物质实体的转移，并不发生物品所有权的转移。

（2）物流是满足社会需要的经济活动。

（3）物流通过基本功能活动对物品产生空间位移、时间变动和形状性质的改变，从而产生物品的空间、时间、形态效用。

（4）物流的发生具有普遍性，有物品就有物流。

中华人民共和国国家标准《物流术语》（GB/T18354—2006）对物流的定义为“物品从供应地向接收地的实体流动过程。根据实际需要，将运输、储存、装卸、搬运、包装、流通加工、配送、回收、信息处理等基本功能实施有机结合”。

智慧物流是物流发展历程中的一个高级阶段，其概念首先由 IBM 提出，随后引起社会各界的广泛关注，更成为专家学者的热点研究领域。但整体而言，智慧物流目前仍处于起步阶段，关于智慧物流还没有统一表述。本书收集了目前关于智慧物流较为权威的定义，如表 1-1 所示。

表 1-1 智慧物流相关定义

年份	来源	定义
2010	北京邮电大学李书芳教授	智慧物流是在物联网的应用基础上，利用先进的信息采集、信息处理、信息流通和信息管理技术，完成包括运输、仓储、配送、包装、装卸等多项基本活动的货物从供应者向需求者移动的整个过程。为供方提供最大化的利润，为需方提供最佳的服务，同时也应消耗最少的自然资源和社会资源，最大限度地保护好生态环境，形成完备的智慧社会物流管理体系。
2011	国家发展和改革委员会综合运输研究所所长汪鸣	智慧物流是指在物流行业领域广泛应用信息技术、物联网技术和智能技术，在匹配的管理和服务技术的支撑下，使物流业具有整体智能特征、服务对象之间具有紧密智能联系的发展状态。
2013	中国物联网校企联盟	借助集成智能化技术，让物流系统模仿人的智能，具备思维、学习、感知、推理判断、解决问题等能力，以对物流过程中出现的各种难题自行解决。
2017	京东物流联合中国物流与采购联合会发布的《中国智慧物流 2025 应用展望》	智慧物流是通过大数据、云计算、智能硬件等智慧化技术与手段，提高物流系统思维、感知、学习、分析决策和智能执行的能力，提升整个物流系统的智能化、自动化水平，从而推动中国物流的发展，降低社会物流成本，提高效率。

纵观各位学者专家对智慧物流的理解，发现所有概念都紧紧围绕着“智能技术”“智能系统”“迅速灵活”“感知学习”等关键思想，可见智慧物流的核心即是利用智能技术提高物流系统的能力与水平，以便更加正确灵活地解决各种物流问题，实现对物流活动降本增效的目标。

因此，本书将智慧物流定义为：智慧物流是借助大数据、云计算等智能技术，使物流系统模仿人的智能，具备思维、学习、感知、推理判断、解决问题等能力，以提高物流系统的智能化水平，实现物流活动降本增效。

1.1.2 供应链与智慧供应链的概念

供应链的概念源于 20 世纪 80 年代迈克尔·波特（Michael Porter）提出的价值链概念，1996 年，伯恩德·肖尔茨-赖特（Bernd Scholz-Reiter）基于价值链和价值流的思想，首次提出了供应链的定义，即供应链是一个实体的网络，产品和服务通过这一网络传递到特定的顾客市场。

在国内，有两种供应链的概念应用较为广泛。一是中华人民共和国国家标准《物流术语》（GB/T18354—2006）中的定义，供应链是“生产及流通过程中，为了将产品或服务交付给最终用户，由上游与下游企业共同建立的需求链状网”。二是华中科技大学马士华教授编著的《供应链管理》一书对供应链概念的阐述：供应链是围绕核心企业，通过对信息流、物流、资金流的控制，从采购原材料开始，制成中间产品及最终产品，最后由销售网络把产品送到消费者手中的，将供应商、制造商、分销商、零售商，直到最终用户连成一个整体的功能网链结构模式。

通过学者对于供应链概念的描述可以发现，供应链是社会化大生产的产物，是一种重要的流通组织形式，它将商品的生产、流通以及消费有机联结，并起到导向性作用。

智慧供应链的概念最早由复旦大学罗钢博士在2009年上海市信息化与工业化融合会议上提出。智慧供应链是结合物联网技术和现代供应链管理的理论、方法和技术，在企业中和企业间构建的，实现供应链智能化、网络化和自动化的技术与管理综合集成系统。其核心是着眼于使供应链中的成员在信息流、物流、资金流等方面实现无缝对接，尽量消除不对称信息因子的影响，最终从根本上解决供应链效率问题。

综上，本书对智慧供应链采用如下定义：智慧供应链是以互联网和大数据为依托，以增强客户价值为导向，通过协同、共享、创新的运作模式和人工智能等先进技术，实现产品设计、采购、生产、销售、服务等全过程高效协同的组织形态。

智慧供应链的目标是实现供应链成员在物流、商流、信息流以及资金流等方面的无缝衔接，努力消除信息不对称对供应链活动的负面影响，从根本上提高供应链的效率。供应链决策的智能化、供应链运营的可视化、供应链组织的生态化以及供应链要素的集成化组成了智慧供应链的核心要素，将供应链管理的宏观战略决策、微观实际运营、活动实体组织以及客观因素四个层面结合并统一协调，使其相互作用、相互促进。

案例 1-2

一汽大众佛山工厂的“超市 2.0”解决方案

一汽大众提供大众和奥迪两大品牌产品，在产品配置、技术实力、生产制造等方面处于行业领先地位。佛山工厂是一汽大众最先进的制造工厂之一。2019年11月，一汽大众佛山工厂生产基地携手智能设备供应商联合创新，打造了业内首例“超市2.0”物流方案，搭建了厂级协同的智慧物流系统。

汽车制造工厂中零部件的储存和拣选仓库称为“超市”。佛山工厂拥有全球首个大规模使用二维码导航技术和自动化模式管理的零部件超市，占地约3 000平方米，使用47台机器人，储存500多箱零件。智慧物流系统主要集成了移动机器人控制系统RCS、仓储管理系统iWMS（由智能设备供应商提供）、一汽大众的FIS系统，以及PLP系统。各系统具体功能如表1-2所示。

在FIS系统将车辆生产的相关信息下发给生产和物流系统后，PLP系统也同时下发一份生产计划给iWMS系统，iWMS系统同样据此生成超市的零件拣选出库计划，保证超市零件能按时拣选出库并精准送至产线各个工位。

这四个系统的无缝对接，真正实现了生产与物流管理的系统化、一体化、透明化和智能化。一汽大众汽车有限公司生产管理部部长窦恒言指出，一汽大众倡导“精秩物流”理念，精准的需求预测、单元化的供应组合、透明的供应链管理以及用户交付的秩序是一汽大众物流人的追求，而全过程自动化的智慧物流是重要目标之一。“超市”方案实现了从产线到仓库再到全厂的物流自动化搬运，提高了物流系统的效率及柔性，同时降低了用工成本。除了每年可带来数百万元的经济效益，该项目还起到了很好的新型数字化、自动化解决方案的探索示范作用。

表 1-2　一汽大众的智慧物流系统及功能

系统	功能
PLP 系统	是一汽大众的物流总控平台，可将入库相关数据下达至 iWMS 系统
iWMS 系统	作业员可使用 iWMS 系统通过 REST 协议将具体作业任务发送给 RCS 系统
RCS 系统	接收到具体任务后，向机器人下达具体指令，负责可控制范围内的全部机器人的任务分配、调度及运行维护
FIS 系统	控制工厂所有的车辆生产排程，将车辆生产的相关信息下发给生产和物流系统，生产和物流系统据此安排产线和物流资源

资料来源：一汽大众佛山工厂的智慧物流系统［EB/OL］.［2020-10-15］. https://www.sohu.com/a/424990485_649545.

1.2　智慧物流与智慧供应链的特点

1.2.1　智慧物流的特点

智慧物流是物流业与互联网高度融合的产物，它的出现顺应了物流行业的发展潮流，也更进一步推动了物流业和各种智能技术的发展革新。宏观视角下智慧物流发展的环境特点包括：智慧物流相关的政策环境在逐步改善、物流互联网的形成与完善、物流大数据逐渐得到广泛应用、物流云服务强化了物流活动的保障、协同共享助推物流活动的模式创新以及正在快速发展的人工智能技术。借助上述客观环境优势，智慧物流在各个方面独有的特点正在逐步形成。

1. 物流系统的视角

从物流系统的角度出发，智慧物流系统区别于传统物流系统的典型特征是柔性化、社会化、一体化及智能化。

（1）柔性化基于“以顾客为中心”的理念，智慧物流系统可以根据顾客需求提供可靠、灵活化、多样化的服务。

（2）社会化是物流活动的国际化、物流技术的全球化以及物流服务全面化的结果，在推动货物国际流动和交换的过程中，一个社会化的智慧物流体系逐步形成。

（3）一体化是指智慧物流以智慧物流管理为核心，将物流过程中的诸多环节集成一体，具有整体性和系统性。

(4) 智能化则是智慧物流的典型特征，将人工智能技术、自动化技术、先进的通信技术等应用于物流活动的全过程，不断提高物流活动的智能化，这是物流发展的必然趋势。

2. 物流运作的视角

从物流运作的层面上看，智慧物流具有如下特征：

(1) 互联互通，数据驱动。物流要素实现互联互通，物流数据业务化，物流业务数字化。物流系统全过程透明可追溯，借助数据驱动物流活动的决策与执行，为物流生态系统赋能。

(2) 深度协同，高效执行。跨集团、跨企业、跨组织之间深度协同，以物流系统全局优化的智能算法为基础，高效调度物流系统中的各个实体分工协作。

(3) 自主决策，学习提升。利用软件驱动物流过程实现自主决策，推动物流系统程控化和自动化的发展；通过大数据、云计算与人工智能构建物流大脑，在感知中决策，在执行中学习，在学习中优化，在实际物流运作中不断升级。

3. 技术实践的视角

基于技术实践的视角，智慧物流具有自动感知、自我判断、智慧决策、自动执行、深度协同以及智慧学习等六大特点。

(1) 自动感知是物流网技术实现了物流活动中数据信息的自动感知、传输和存储，智慧物流网与实体网达到实时互联互通。

(2) 自我判断是智慧物流系统能够实时监测物流活动，根据预设的逻辑和规则及时发现物流过程中的薄弱环节或漏洞，并能预测问题的潜在影响。

(3) 智慧决策是基于数据信息的分析，根据约束条件提出应对方法、措施和方案，实现物流系统程控化与自动化发展。

(4) 自动执行是以人工授权为前提，在可控范围内，由数据驱动决策实施与执行，降低风险并减少人工干预。

(5) 深度协同是跨企业、跨流程深度协同，基于物流系统全局优化智能算法实现整体最优，调度整个物流系统各参与方高效分工协作。

(6) 智慧学习是智慧物流系统运用人工智能等前沿科技进行机器学习，以不断完善其现有知识架构并达到在物流实际运作中不断升级的目的。

值得注意的是，智能技术的应用是智慧物流的一大特点，但智慧物流绝不等同于智能物流。智能物流的重点在于智能技术和智能设施在物流实践中的应用，以及虚拟物流动态信息化的互联网管理体系的构建。智慧物流则是将物联网、传感网以及互联网结合，运用科学精准的管理思想，构建一个自动智能、可视可控、系统化、网络化的社会物流体系，将参与物流活动的各方相互连接并协调成为一个有机整体，为实现提高物流活动效率、资源利用率以及生产力水平等共同目标而努力。智慧物流相比于智能物流具有更丰富的社会内涵。

1.2.2 智慧供应链的特点

智慧供应链比传统供应链具有更多市场要素、技术要素以及服务要素，因此智慧供应链区别于传统供应链具有如下特点：

1. 技术渗透性更强

智慧供应链要求其管理者与运营者能够借助包括物联网、互联网、大数据以及人工智能在内的各种科技手段，展开对客户需求全过程的精准分析与有效管理，并主动调整管理过程以适应引入新技术带来的变化。

2. 可视化、移动化特征更明显

智慧供应链倾向于使用可视化手段来表现数据，利用移动互联网或者物联网技术来收集或访问数据。可视性增强后，共享会变得更容易，这就意味着智慧供应链中的对象（而非人员）将承担更多的信息报告和共享工作。值得注意的是，制约可视性的因素不再是信息太少而是信息太多，因此智慧供应链会利用智能建模、分析和模拟功能来获知并规划一切信息。

3. 协作性更强、协同配合更高效

智慧供应链注重供应链上各个环节的协同与配合，在高度整合的信息机制下，供应链内部企业能更好地掌握来自供应链内部和外部的信息，并及时地完成数据交换和共享，以针对变化随时与上下游企业联系并做出适当调整，以进行更有效的协作，从而提高供应链的绩效。

4. 可延展性更强

智慧供应链基于智慧信息网络，借助先进信息集成以实现信息共享，企业之间可随时沟通，供应链绩效不会因供应链层级的递增而明显下降，延展性也会大大增强。

1.3　智慧物流与智慧供应链的关系

本节主要从功能应用角度介绍传统物流和供应链，分析应用智慧方法的重要性和必然性，介绍智慧物流与智慧供应链如何在传统物流与供应链基础上改革优化，实现降本提效和创造额外价值等优势。

1.3.1　物流与智慧物流的关系

1. 物流与智慧物流在功能及结构上的关系

智慧物流是在传统物流功能和经典管理理论基础上，通过智慧方法来提高物流运作效率乃至创造额外价值。传统物流与智慧物流的区别，就在于物流信息系统的智慧化水平，先进技术的应用与管理理念的结合让物流系统运作更加出色。

智慧物流是基于物联网技术在物流业的应用而提出的，因此智慧物流的架构遵循物联网的组成结构，即感知层、网络层和应用层。其中，应用层负责统计数据信息并深入分析应用。

感知层负责收集信息并初步处理，是智慧物流系统实现对物品、运作环境、物流设施设备感知的基础，也是智慧物流的底层出发点。其中的识别与信息追溯感知功能主要解决货物信息的数字化管理问题，跟踪定位感知功能主要解决货物运输过程的透明化问题，监测控制感知功能主要解决货物运输过程的安全问题。

网络层负责保障信息的传递交互，属于连接感知层与应用层的桥梁，其中包括接入网和传输网，分别实现接入功能和传输功能，即负责将感知层获取的信息安全可靠地传输到应用层，实现互联互通，为进一步信息处理提供基础。

应用层是智慧物流的后端运作系统，从网络层接收到感知层获取的信息，在应用层进行分析、决策和物流操作的执行。根据物流作业层次，应用层可划分为物流决策层、物流管理层和物流执行层。决策层面向物流高层决策人员，主要是以物流系统为应用背景，对物流系统进行智能化整合，为物流决策者提供有力支持。管理层由物流管理信息系统组成，主要针对具体物流活动进行管理和控制，如仓储管理系统、分拣管理系统、运输管理系统等。管理层负责承上启下，与上层决策管理系统通过应用流程集成平台进行集成，与各种物流设备控制器通过数据集成平台进行数据交换，从而管控具体物流活动。执行层由物流执行系统组成，主要进行数据交互和设备控制。该层通过数据集成平台接受管理层的调度控制指令，并及时反馈物流设备的指令执行情况和设备故障等信息。

应用层通常使用大数据技术、云计算技术、智能控制技术、数据挖掘技术、视频分析技术等先进科技来辅助分析数据信息、做出决策并最终利用智能设备落地执行。

2. 从物流功能视角看二者的关系与不同

结合先进科技及其应用，从物流基本功能视角分析总结传统物流与智慧物流的关系，结果如表 1-3 所示。可见智慧物流是在传统物流的基础上补足缺陷、发展长处，并积极开拓新的增值点。

表 1-3　传统物流与智慧物流的关系与不同

		传统物流	智慧物流
运输配送	感知层	对于货物、运输设备的定位追踪不够灵敏；缺乏监测信息，尤其是冷链运输中对温度、湿度的监控等	能够实时定位，即时反馈；对货物运输状态和运输设备情况等信息实时监控
	网络层	缺少稳定迅速的信息传输方式，导致信息传递延迟，与其他环节协作困难	拥有高效便捷的通信网络，能够完成信息实时交互，便于监控和统一调度
	应用层	运用相关原则理论进行运输路线规划、运输方式选择等决策；规划确定后不易进行修改，只能让操作人员根据经验和能力进行调整；故障信息等难以反馈	基于传统物流的运输调度原理，通过大数据、云计算等先进科技进行智能规划，方便快捷；能够实时进行信息交互，便于根据实际情况重新规划调整，具有较强的灵活性和可靠性

续表

		传统物流	智慧物流
仓储	感知层	货物体积重量、储存位置、仓库状态等信息不易收集、查找和更新，存取和盘点货物操作较为烦琐，货物储藏状态不易监测控制；货物所有权等信息记录不够清晰、调用不够简便，对仓单质押、供应商管理库存等模式应用造成阻碍；货物安全情况难以保证	先进检测设备进行自动化查验并记录信息；通过智能货架和管理信息系统实现信息数据方便快捷的收集和调用，有利于基础和增值业务开展；环境感知和视频监控设备保证货物安全妥善存放
	网络层	缺少稳定迅速的信息传输方式，导致信息传递延迟，与其他环节协作困难；缺少不间断信息传递，货物安全情况难以确定	拥有高效便捷的通信网络，能够完成信息实时交互，也可以全天候联通，便于监测管控
	应用层	依照相关原则和规划理论进行仓位分配、存取货路径规划等；通过叉车、传送带等设备提高运作效率	在传统物流基础上利用先进算法和较高算力优化规划；应用无人机、无人货架、AGV 等设备进一步提高运作效率
流通加工与包装		人工检测判断，收集记录物料信息；包装缺少信息收集和传递功能	利用视觉分析等先进技术进行检测判断，并记录信息；包装增加二维码、传感器等，便于感知和追溯
装卸搬运	感知层	设备设施缺少感知功能，对于不同种类的货物不能灵敏感知并调整操作方式	设备设施智能化、自动化水平提高，能够自主判断并采用合适的方法进行装卸搬运
	网络层	信息传递不够通畅，不便整体统筹	方便、快捷、准确的信息传递，工业 4.0 智慧工厂等得以实施
	应用层	部分设施设备工作效率不够，甚至大量使用人工，成本较高；信息沟通不便，整体运作费力	机器人等高新技术设备智能高效；能够即时反馈信息并智能判断处理，运作便捷，节约资源
信息处理		传统方式下多采用单据、凭证等载体，手工记录、电话沟通、人工计算、邮寄或传真等方法，对物流信息进行采集、记录、处理、传递和反馈，极易出现差错、信息滞后，管理者对物资在流动过程中的各个环节难以统筹协调，不能系统控制，更无法实现系统优化和实时控制，从而造成效率低下和资源大量浪费	智慧物流拥有先进的设备设施和管理信息系统，实现无纸化，并利用 AI 等智能方法识别录入信息，规范信息格式并分类存储在系统中，同时能够利用智能算法等方式支持决策，同时也能够将收集到的信息进一步整合处理，发现更多改进点并给出相关建议

1.3.2　供应链与智慧供应链的关系

本质上，供应链相关理论与基础功能不变，所谓智慧供应链除了提升运作效率，更主要的是将供应链运作模式以及相关领域的商业模式进行创新与改革。因此，智慧供应链在传统供应链的主干上开花结果，也引领了各产业发展的方向。

1. 供应链企业利益联盟与生态圈的建立

供应链协同管理能够实现供应链企业利益联盟，乃至进一步构建产业生态圈，将各企业紧密联合，充分发挥供应链既有优势，智慧供应链无疑能够更好地实现这一目标。

从决策角度上，可以将供应链协同分为战略层、战术层及操作层：战略层协同位于供应链协同的最高层次，其工作的重点是通过运用概念模型及协同管理理论，为供应链协同制定长期战略；战术层协同位于供应链协同的中间层，它强调制定供应链上下游企业之间的协同计划，是确保供应链协同得以落地的重要环节；操作层协同位于供应链协同的最底层，它强调对企业开展协同活动时的各个细节进行精准控制，提高协同效率与质量，降低协同成本。

从协同的内容及运行流程角度上，可以将供应链协同分为物流协同、信息共享协同、供应链关系协同、供应链网链结构优化与参数优化协同等。物流协同系统旨在从全局角度协调供应链运作，涉及物流、信息流和资金流的流动等内容；信息共享协同涉及工作流协同建模、跨平台信息系统对接、客户需求协同预测等内容；供应链关系协同涉及渠道收益分配机制、契约机制、激励与保障机制、风险分担机制、信任与合作机制等内容；供应链网链结构优化与参数优化协同涉及供应链成员选择优化，供应链成员设施选址优化，采购、定价及库存策略优化等内容。

智慧供应链可以利用先进的技术，例如物联网、大数据、云计算等，提供软硬件支持，一方面从实操层面对运作提供设备设施等基础，另一方面利用信息交互、数据分析等在利益分配等方面提供客观数据以便决策，为实现供应链协同管理的以上目标增加可行性。

2. 柔性供应链与创新商业模式

供应链管理柔性（supply chain management flexibility）是指供应链系统对于各环节需求变化的敏捷性或适应力。智慧供应链超强的感知能力与迅捷稳定的信息传递无疑能够为柔性供应链提供最重要的连接纽带，保证需求等信息的迅速准确传递，再加上物联网等技术应用下生产设施设备的高度智能化，使得供应链能够对变化迅速做出响应。

与此同时，这种灵敏高效的生产运作方式也为新的商业模式创造了条件，从被动响应市场需求的变化到主动利用需求差异性提供定制化服务，比如用户连接制造商（customer to manufacturer，C2M）商业模式在智慧供应链中获得了繁荣发展。C2M 是一种新兴商业模式，其生产模式是将消费者需求和供应端直接连接起来，使得用户 C 端到制造 M 端信息互通，其影响范围包括制造业、电子商务、金融投资等诸多领域。以汽车行业为例，每个客户可以基于车企官网提供的大量多样化选择提出需求，这一需求随后被转化成为数据，经过处理分解后送往车企一端。汽车企业再设定好生产工序和时间排期，将配件需求发送到上游的各个供应商和物流商，从而生产出满足客户需求的个性化产品，既解决了车企库存问题，也解决了供应链过往存在的长鞭效应问题，实现制造过程的精益化。

而 C2M 模式得以实现的前提是工业互联网的兴起。工业互联网是指利用软件和大数据分析，将人、数据和机器连接起来，本质上是物联网等技术应用于制造产业流程中，属于智慧物流范畴，大大提高了传统行业效率。另外，利用先进网络技术、智能控制技术以及智能设施设备等打造出了智慧供应链，实现重组工业结构，提高供应链柔性，为制造商和客户带来前所未有的解决方案。进一步，智慧供应链中 C2M 模式可以继续延伸，例如与电商平台结合使流程更加简便、服务水平更高。因此，工业互联网和智慧供应链给传统工业和其他诸多领域带来变革的同时也带来巨大机遇。

3. 区块链技术与供应链创新

区块链技术是一种去中介化的数据库，也是一种不可篡改、不可伪造的分布式账本，它实现了参与各方信息共享。在区块链系统中，所有交易都被贴上时间标签，并通过共识机制对交易进行验证。一个完整的区块链是由多个信息存储区块构成的，各区块记录了交易时间、交易金额、参与方身份等诸多信息。用户可以访问信息存储区块中所有此前和现有的关联区块，所以，区块链数据库可以实现对所有执行的资产和指令的完整记录，可靠性强。

在智慧供应链中，区块链技术的应用具有极大优势，不仅可以弥补传统供应链的缺陷，而且能够实现创新，开拓新的业务模式。具体来说，区块链技术摆脱了供应链参与者对可信中央组织的依赖性，各方可以直接开展认证的数据通信，基于实时验证供应链的透明性显著提升，同时也为供应链金融等业务模式提供发展壮大的坚实基础。

供应链运行中涉及的数量、批次、位置、日期、价格、质量等关键数据都能被各方实时获取，从而实现物料的全程可追溯，假冒伪劣、灰色交易、冷链中断等问题将得到有效解决，实现外包合同制造可视化，更加符合规范，降低流通成本，提高整个供应链的价值创造能力。

此外，消费者需求愈发个性化、多元化，对供应链管理水平提出更高要求，而应用区块链技术后，供应链各方可以通过用户数据分析，更为精准、低成本地组织生产经营活动，避免供需错位，同时较高的交易安全性也能增强消费者购买意愿，提高客单价。

应用区块链技术的智慧供应链在食品安全、奢侈品防伪乃至慈善物资分配等领域都有极为显著的优势和应用价值，同时也为供应链金融等新型商业模式提供发展的基础，让传统供应链得以革新，而未来还会有更多领域受益。

案例 1-3

区块链技术改变钻石供应链

钻石作为珍稀宝石价值极高，属于奢侈品，因此其品质、真伪等特性备受消费者关注。同时，售卖钻石的巨大获利空间也催生了仿冒、以次充好等商业欺诈现象，但传统供应链对此并不能够有效处理。

通过建立云区块链解决方案，智慧供应链可以实现对所有钻石的数字认证，有效解决假冒伪劣对各方造成的损失。世界范围内，钻石认证有着严格的标准，以便保障其来源的安全性、可靠性，但在巨大利益的诱惑下，不法分子会利用欺诈性文件来销售假冒伪劣商品或向保险机构骗保。如果使用云区块链解决方案，就可以使用颜色、硬度、清晰度等数十种甚至上百种钻石特征为每一颗钻石创建专属 ID，为钻石供应商、认证机构等提供便捷化、统一化的认证工具，能够有效降低认证成本，提高交易安全，同时也可以增加开采流通过程中的中转节点记录，将物流信息保存在区块链中，方便消费者追溯查验。

英国区块链科技公司易葳录与钻石认证机构美国宝石学院及京东达成了一项合作，消费者可以从京东上购买到经过美国宝石学院认证的可溯源钻石。由于生产链条长，钻石从开采到切割打磨再到售卖往往是一个国际化的流程，其中难免出现信息流失和信息孤岛，导致信息记录错误。其次，以往的纸质化钻石鉴定证书，容易遭伪造或者篡改，钻石的价值证明会受到影响。

易葳录的解决方案是，利用区块链不可篡改的特性，为每一颗钻石生成一个数字身份，邀请钻石供应链上的各方参与者将信息上链，参与钻石信息的记录，这个过程覆盖了钻石的开采、评级以及分类。之后，利用美国宝石学院的激光加密技术，将其报告通过激光加密打到钻石上，在需要时可以从钻石上读取出加密报告的编号。

利用这种方法，消费者可以通过钻石的编号进行报告查询，实现钻石评级证书的共享。供应链上的各方也不必承担纸质证书的保存和传递职责，从而提高运营效率。

资料来源：链向科技：用区块链记录钻石供应链信息以提高运营效率 [EB/OL]. [2020-09-1]. https://new.qq.com/omn/20200901/20200901A07PWA00.html.

1.4 构建智慧物流与智慧供应链系统的意义

通过以上各节关于传统物流、传统供应链与智慧物流、智慧供应链的概念、特点及关系的阐述可以看出，虽然物流理论和供应链思想仍然是智慧物流与智慧供应链的坚实理论基础，但相比较于传统物流与供应链管理，智慧物流与智慧供应链管理具有独特的优势。

1.4.1 智慧物流与智慧物流供应链的优势

智慧物流与智慧供应链结合先进的信息技术与现代物流管理理论、供应链管理思想及方法，实现了传统物流、供应链管理的智能化、数字化和智慧化，属于先进技术在物流与供应链领域的综合应用，是物流与供应链理论在信息技术支撑下的创新发展。

传统物流与供应链管理一般仅仅关注物流与供应链的一个环节，诸如在资源的配置、调度和控制过程中，运输、仓储等物流服务常常单点运行，配送服务仅仅依附于某个仓储节点，在运输、仓储服务之间联动不够。供应链各个企业间的信息交互也仅仅停留在具有直接供应和需求交易关系的相关企业之间，因为链上各个企业长期以来实施信息化的时间、应用程度和采用的软件系统不同，导致不同企业采用的信息化标准常常不一致，供应链系统中上下游各个企业间的信息很难实现互联互通和自由共享。进一步，从供应链整体可视化来看，因为上下游企业间的信息是相对孤立的，如同一企业内部上游供应信息不与下游销售共享，企业采购环节从供应业务出发优选的合作伙伴与其他相关部门也没有关系，即不考虑企业在整体供应链市场、生产、财务及其供应等整个价值链的最合适的选择。由此，就会造成链条中各个企业之间缺乏协调性和一致性，运营风险频频出现，物流效率低下，供应链竞争能力降低。

在智慧物流与智慧供应链中，借助先进的基础网络设施和各类智能设备形成物联网，能实现无人仓储系统、无人运输和自动化的配送系统，实现物流运营的自动化和运作的高效化、集约化；供应链上企业之间的互联互通，如电子订购系统、客户关系管理系统、配送资源计划系统及其供应链管理系统等，能够促进企业间信息共享，形成合作联盟；互联网、云计算等技术的引入，则进一步提高了物流服务一体化与供应链协作融合化的水平；大数据、人工智能在物流与供应链领域的广泛应用，实现了从全局视角的事前预测，提高了资源合理配置、调度和控制能力，颠覆了传统物流与供应链管理下的运营模式与商业模式，构建出物流与供应链系统中绿色发展新生态和价值创造新模式。

因此，相较于传统物流与供应链管理，智慧物流与智慧供应链管理的显著优势如下：

1. 能实现全流程的可视化

智慧物流与智慧供应链是以智能化的信息技术集成作为支撑的系统，一方面，其通过采用标准化的自动采集设备，如射频技术、条码技术、传感器等实现的物联网系统、全球定位系统、地理信息系统等随时随地采集大量的物流与供应链信息，解决链上企业之间的信息系统异构性问题，保证全链条信息获取、传递的完整性和有效性。由此，供应链上企业可以实时地全面获取运营过程中的所有相关信息，并借助企业外部环境变化、企业内部运营能力及其客户的需求等关键因素来快速反应，加强与供应链上下游的协调，合理调配资源，实现系统整体绩效的提高。另一方面，基于大数据、人工智能技术与云计算等，能够针对获取的各类物流与供应链的数据进行分类处理、规律挖掘和知识提取，这些将进一步在可视化基础上，辅助企业管理者的战略决策。

2. 能实现一体化的价值链

应用智能技术与智慧思想，物流或供应链是一个集成化的整体，即借助于各种信息技术把链上相互关联的各个企业所有流程集成为一个系统。首先是注重系统优化与全供应链的绩效，即全链条上的整体绩效提高，链上所有流程要根据其与链中其他流程之间的关联关系来实现相关绩效，而不是每个流程过程都是一个独立运营主体。例如，汽车制造供应链上，若一家汽车装配企业优化了自己的业务流程，但增加了其上游供应商或下游分销商的部分流程，那么从供应链整体来讲，总成本可能会增加，或响应客户需求的能力可能会降低，这就不是一个全局化的做法。在智慧物流与智慧供应链中，其主要出发点是把链条上的企业内外部业务过程的信息系统、企业和其供应链上下游的相关信息系统都连接起来，从数据视角突破企业之间的界限，凭借虚拟的信息网络形成一个统一协调的集成化的整体。

3. 能促进供应链模式创新

智慧物流与智慧供应链的发展促进了物流、供应链管理理论的发展，同时涌现出很多基于这些先进信息技术的创新物流运营模式与创新的供应链管理方法。比如，针对物流领域中出现的应对客户订单的快速反应（quick response）、有效客户反应（effective customer response）等概念都是基于先进的信息技术的支持才能做到。例如，越库管理（cross docking），是由沃尔玛首先提出的，即越库管理就是对传统仓储管理的一个快速反应的应用创新。也就是，在沃尔玛的现代配送中心，产品被进货卡车递送入库，但这些产品不会真正地在仓库中持有，而是立即按照产品特点、用户需求递送方向等重新分类，然后选择路径、装上出货卡车配送给客户。若存在库存，它通常会在不超过 24 小时的时间内出库。在越库管理模式下，产品的周转时间、库存管理成本和仓库空间需求都实现了最小化。又如供应商管理库存（vendor management inventory，VMI）系统，供应链上的供应商可以根据客户提供的订单、销售数据、仓储数据和生产计划，为其下游一天多频次地补充库存，即库存补充的责任成为供应链上供应商的责任，而不再是制造商的责任。基于信息系统互联互通的信息合作伙伴关系、采购企业联盟关系实现了供应链上企业和其供应商、客户之间最大限度业务运营间的信息共享，保证了链上参与 VMI 的各个企业之间协调一致的运营过程。

事实上，信息技术在不断发展，信息技术在物流与供应链领域的应用也在不断发展，同时在广泛应用中，也不断涌现出大量创新物流运营模式和创新供应链理论与方法。由此，智慧物流与智慧供应链系统是一个不断发展变化的系统，其内涵包括物流与供应链理论、先进的信息技术两个方面。物流与供应链系统属于服务行业，其理论与方法的内涵在不断发展，计算机科学与技术的内涵也在发展，所以，两者结合的智慧物流与智慧供应链也在不断发展中。

1.4.2 构建智慧物流与智慧供应链管理的作用

物流与供应链管理的目标就是高效率地管理好供应链上上下游企业运营中的各种资源，创造效益。资源的管理需要通过反映这些资源动态变化过程的数据、图表、报告等形式记录下来，存储于企业的各类物流信息系统中。智慧物流与智慧供应链系统通过信息技术、信息系统的应用，对供应链上各类物流活动中的信息进行收集、处理、传递、存储和输出，成为辅助管理者决策的依据，对整个链上的运营管理起到指挥、协调、支持和控制的作用。

其具体作用表现为以下几个方面：

1. 通过智能管理控制，压缩物流链条长度与宽度

在物流运营作业中，通过移动通信、计算机信息网络、电子数据交换、全球定位系统等信息技术实现诸如运输货物实时跟踪、库存自动补货、仓储自动分拣等物流活动的自动化过程，用自动化设施代替了传统的手工作业，实现物流作业、服务质量和成本等的效率提高。例如，自动化仓储管理系统（warehouse management system，WMS）中，采用诸如自动导引车、机器人、自动传输带和巷道机等自动化设施进行物流作业，通过物联网实时采集作业中的各类数据，并传输录入 WMS 中。基于这些数据，管理人员就可以及时掌握动态真实的仓储中的各类情况，包括库存定位、当前库存能力、分拣状态、出货状态和出货数量等。再比如在大型配送中心，配送规划系统会收集大量客户的订单信息。基于这些信息，可以进行消费者需求预测，以便合理配置库存和调配运力，配送中可以进行客户聚类来选定发货路线和运输车辆，制定出最优的发货计划并响应发出的发货指令。目标是缩短从接受订货到发货的时间。

传统物流与供应链系统中，为了应付需求波动，在链的不同节点上通常都设置有库存。显然，物流链上的环节越长越宽，就可能包括越多的中间库存，如零部件、在制品、制成品的库存等，这些库存大大增加了物流的长度和宽度，大大提高了物流成本。通过智能技术的应用，如物流跟踪系统、车辆调度跟踪系统和物流管理系统配合，如果能够实时地掌握物流链上不同节点中的各类信息，增加链上信息的透明度（如知道在物流链上何时、何地、多大数量的货物可以到达目的地），就可以了解物流中间环节中的多余库存并想办法缩减，以压缩物流链上的不必要环节，提高物流服务水平。

2. 通过互联互通，实现链条全程可视化和供应链协调

物流与供应链系统涉及很多行业、部门与企业群体。在一个企业内部，也是通过各种计划、文件、指令、报表、凭证等信息，建立起各个部门间的各种纵向和横向联系，沟通上游供应商、制造商、产品批发商与零售商、物流服务商及消费者，来满足各方面的需要。虽然在企业内部可以通过办公自动化系统（automation office system）、物流作业信息系统（logistics operational system）、物流管理信息系统（logistics management information system）搭起沟通各个方面的信息桥梁，但这些系统仅仅是对一个企业局部范围的管理与协调。从供应链的视角，更需要企业和其上游、下游、外部其他合作者等通过供应链上的各类信息系统，如配送规划系统、电子订购系统或电子商务系统，实现便捷的沟通与交互，如通过外联网或 EDI 系统实现和上游供应商的交互，即通过企业内外部信息系统的整合与一体化，实现供应链上的全程透明化，实现企业内外部管理与控制的协调作用。也就是，在物流运作过程中，物流活动通过各类自动化设施实时采集物流相关信息，并通过网络互联系统在企业内外部各个环节进行传递，以便各级管理人员依靠这些信息及其反馈来引导供应链上各类资源的配置、物流设施的布局优化以及资源的合理调配，来保证供需之间的协作平衡，促进链上各类资源的整合和合理使用。

3. 通过智慧化应用，辅助高层管理者的决策分析

首先，通过在物流与供应链系统中实现智能化、信息化过程，就可以构建控制供应链全链条的信息化平台，其中收集的数据可以成为制定决策方案的重要基础和关键依据。通过大数据、人工智能等方法，实现对各类物流信息进行深加工的过程，即通过对各类业务过程数据的处理、建模和分析比较，如针对车辆路径调度、库存管理、供应链网络布局与选址、物流资源调度、流程设计与优化以及成本一收益分析等进行建模分析与方案比较，评估各类战略和策略性的决策可选方案，做出科学的决策。

其次，作为决策分析的延伸，供应链企业的战略规划、经营计划等涉及链上上下游企业间的合作关系与各自长期发展方向、经营方针的制定。例如，供应链上上下游企业间合作伙伴关系的建立、以利润为基础的客户需求分析以及供需匹配能力和合作机会的开发及提炼等，均需要依赖智慧物流与智慧供应链的深入应用。虽然企业战略计划的制定更多依靠决策者本身的决策风格，但在智慧物流与智慧供应链支持下，决策者能够快速地提取来自企业内外部的各类相关信息，并能通过机器学习、数据挖掘进行各种预测分析与方案比较，这些从数据中获取的“智慧”将对高层决策者进行战略决策起到很大的辅助作用。

以上论及的智慧物流与智慧供应链的作用是从智能化、互联互通及智慧化应用等信息技术的视角出发总结的。

从物流与供应链经营管理的视角，智慧物流与供应链系统是一个拉式系统，更强调与下游客户、上游供应商之间的信息共享与协调，注重实现需求分类与个性化的纵向流程中端到端的集成，并强调全价值链的集成，涉及产品全生命周期中的多方要素，如研发、市场、销售、采购、供应商和生产制造、配送与售后服务等，促进产品和服务的更快升级换代，提高客户需求的精准度和客户需求的有效性。

案例 1－4

智能仓储机器人系统在医药行业的应用

最近几年，我国几大电商巨头，京东、阿里、苏宁、顺丰等纷纷将仓储自动化、智能化推向更高的水平，其中使用最为广泛的智能技术应用当属智能仓储机器人。上海快仓智能科技有限公司就是一家专业提供智能仓储机器人系统的提供商，其成立于 2014 年，是全球第二大智能仓储机器人提供商。目前产品包括：智能货架搬运机器人（可以实现移动货架、上架、补货和拣货的功能），智能移栽搬运机器人（可以实现扩容分拣、包裹分拣、包裹接力分拣等功能，以便灵活调节产能），智能料箱机器人（可以提高拣选效率、一次搬运多个料箱），智能托盘搬运机器人（比如全向无人堆高机器人、固定载具 AGV、智能四向穿梭机器人，可以实现部署简单快速、高效灵活），搬运单个物料或多个物料应用于精密产线对接应用的智能符合机器人，安全环保、高效杀菌、自主导航与具有可追溯性的智能消杀机器人等。

上海快仓首次尝试在医药行业的智能机器人仓储系统领域进行探索，与我国某知名系统集成商合作，打造了某药企的智能仓储机器人系统，第一次将机器人引入传统医药行业，实现了我国首个医药行业智能仓储机器人应用的典范。

该医药企业智能仓储机器人系统包括箱拣区、输送系统、自动分拣区三大部分。箱拣区主要是指机器人负责零箱收货入库，或把高位货架区的整箱货物通过输送系统运至自动分拣区出库，或补货至隔板货架拆零区，自动分拣区主要负责拆零区货物进行自动分拣。快仓智能仓储机器人不仅能够完成包括上架、拣选、补货、退货、盘点等流程的完整订单智能履行，还与自动存取系统（automated storage and retrieval system，AS/RS）、各式流水线＋滑道、升降机等自动化设备实现了高效联动。

快仓医药智能仓储机器人系统实现了“货到人”的作业方式，在包括医药产品上架、补货、拣货、盘点和退货等涉及出入库、分拣等业务流程中，工作人员都不需要进入分拣库区内部，仅在外部工作站等待，自动化仓储系统会自动指派移动机器人将目标货架运到工作站，待员工在系统指导下完成业务后，再将货架送回到分拣库区。相较于传统人工仓储系统，机器人效率可以提升 2～3 倍，单台工作站拣选效率可达 250 箱/小时；相较于传统的医药货架，空间利用率提升 15%，仓库储量提升 1.5 倍多。

资料来源：http://www.flashhold.com/about.html.

1.5　智慧物流与智慧供应链的发展

1.5.1　智慧物流的发展

智慧物流的发展主要包括以下三个阶段：电子化物流、智能物流、智慧物流。

1. 电子化物流

20 世纪 90 年代中后期以来，以互联网在经济活动中的应用为主要表现形式的电子商务飞速发展。在客户需求的拉动、技术进步的推动及物流产业自身发展需要的驱动等多方面力量的作用下，现代物流业迎来了一个新的发展阶段——电子化物流阶段。在这个阶段，信息技术开始为物流行业助力，并成为持续推动物流行业快速发展的关键动力，最典型的两项信息技术是 20 世纪 70 年代诞生的条码技术和 80 年代诞生的电子数据交换（electronic data interchange，EDI）技术。EDI 可以提供一套统一的标准进行数据交互和处理，减少了纸质票据的使用。EDI 的应用范围可以覆盖物流各主要环节，如在线订货、库存管理、发送货管理、报关、支付等。

电子化物流时期的特点主要包括三点：第一，电子化物流需要借助互联网来开展业务运作；第二，电子化物流以满足客户对物流服务的需求为导向，让客户通过互联网参与物流运作过程，以更好地实现以客户为中心的物流服务发展目标；第三，电子化物流注重追求供应链整体的物流效果，供应链合作伙伴之间通过互联网建立起紧密的业务联系，共同为提高供应链物流的效率和效益及降低物流运作的总体成本和时间占用而努力，强调共存共荣、互惠互利、同舟共济。

2. 智能物流

21 世纪是智能化的世纪，随着智能技术的发展，物流也自然朝着智能化方向发展，特别是随着智能标签、无线射频识别技术、电子数据交换技术、全球定位技术、地理信息系统、智能交通系统等应用的日益成熟，基于这些技术的各类智能物流应用相继出现，包括智能仓储物流管理、智能冷链物流管理、智能集装箱运输管理、智能危险品物流管理、智能电子商务物流等，智能物流日益被人们了解。基于以上背景，结合现代物流的发展过程，考虑到物流业是实现作业智能化、网络化和自动化的行业，2008 年，德国不来梅大学 Log Dynamics 实验室的迪特尔·乌克尔曼（Dieter Uckelman）归纳总结了智能物流的基本特征：智能物流时期的物流运营呈现精确化、智能化、协同化的特点。精确化物流要求成本最小化和零浪费；物流系统需要智能化地采集实时信息，并利用物联网进行系统处理，为最终用户提供优质的信息和咨询服务，为物流企业提供最佳策略支持；协同化，是利用互联网平台协助，实现物流企业上下游之间的无缝连接。智能物流的重点在于智能技术和智能设施在物流实践中的应用，以及虚拟物流动态信息化的互联网管理体系的构建。

3. 智慧物流

智慧物流的概念源于智慧地球。2008 年 11 月，IBM 提出了智慧物流的概念，2009 年

1月，美国总统奥巴马公开肯定了IBM智慧物流的思路，并提出将智慧物流作为美国国家战略。在我国，2009年8月7日，温家宝总理在无锡提出了“感知中国”的理念，物联网被正式列为国家五大新兴战略性产业之一，此后被写入《政府工作报告》。11月3日，温家宝总理再次指示要全力突破传感网、物联网关键技术。同年，国务院印发《物流业调整和振兴规划》提出：积极推进企业物流管理信息化，促进信息技术的广泛应用；积极开发和利用全球导航卫星（global navigation satellite system，GNSS）、地理信息系统（geographic information system，GIS）、道路交通信息通信系统（vehicle information and communication system，VICS）、不停车自动交费系统（electronic toll collection，ETC）、智能交通系统（intelligent transportation system，ITS）等运输领域新技术，加强物流信息系统安全体系研究。在物流行业内部，很多先进的现代物流系统已经具备了信息化、网络化、集成化、智能化、柔性化、敏捷化、可视化、自动化等高技术特征；很多物流系统和网络也采用了最新的红外、激光、无线、编码、认址、自动识别、定位、无接触供电、光纤、数据库、传感器、射频识别（radio frequency identification，RFID）、卫星定位等高新技术，这种集光、机、电、信息等技术于一体的新技术在物流系统的集成应用就是物联网技术在物流业应用的体现。

智慧物流具有智能化、透明化和便利化三个核心特征。智能化是指它的路径优化、装载优化、物流规划等；透明化是指全供应链实时可视化的系统是透明的；便利化是指系统、通信、传感器的大规模应用使得运作更加便利、更加快捷。

值得注意的是，智能技术的应用是智慧物流的一大特点，但智慧物流绝不等同于智能物流。智能物流的重点在于智能技术和智能设施在物流实践中的应用，以及虚拟物流动态信息化的互联网管理体系的构建。智慧物流则是将物联网、传感网以及互联网结合，运用科学精准的管理思想，构建一个自动智能、可视可控、系统化、网络化的社会物流体系，将参与物流活动的各方相互连接并协调成为一个有机整体，为实现提高物流活动效率、资源利用率以及生产力水平等共同目标而努力。智慧物流相比于智能物流具有更丰富的社会内涵。

表1-4给出了中国物流系统的发展情况，可以分成四个发展阶段。

表1-4　利用先进技术的中国物流系统发展状况

阶段	采用的技术、自动化设施、信息化程度等
起源阶段	1987年以前，物流功能主要通过货车、仓库人工管理等传统手段来完成，无自动化、信息化过程
机械化阶段	1987—2001年开始引入机械设备、电叉车、分拣设施等进行物流功能的实现，信息化建设开始启动
自动化、信息化阶段	2001—2012年，我国信息化、自动化技术快速发展，在仓储、运输及场站的物流活动中开始大规模应用诸如自动化作业，分拣、条码识别等先进技术
智慧化阶段	2012年至今，我国5G、物联网、大数据、人工智能等技术蓬勃发展，且数据中台、信息中台等思想在各行各业深入应用，持续推动物流业的降本增效

1.5.2　智慧供应链的发展

供应链的发展历程可以分为五个阶段：初级供应链、响应型供应链、可靠供应链、柔性供应链和智慧供应链。其不同发展阶段的特征如表 1-5 所示。

表 1-5　供应链发展阶段及特征

发展阶段	特征
初级供应链	企业通常按照预算安排生产和交货，没有专职的供应链部门进行产销协调
响应型供应链	在注重直接成本的同时考虑客户交互，对客户订单进行快速响应，但是，这个阶段的供应链结构也造成了客户服务缺乏稳定性
可靠供应链	强调需求计划与执行业务的协同，关注终端客户需求、服务和满意度，全面展开需求预测及产销协同和跨部门协作
柔性供应链	是内部充分整合后的供应链，这种类型的供应链战略关注供应链整体成本，主张跨部门充分协同、柔性化和精益兼具的供应链能力，精益敏捷是其重要特征
智慧供应链	受需求驱动，是终端需求计划驱动扩展的端到端供应链运作。智慧供应链强调与客户及供应商的信息分享和互动协同，真正实现了通过需求感知形成需求计划

智慧供应链是供应链发展进程中的高级阶段，但就智慧供应链发展本身而言目前还处于上升期。以制造业供应链为例，在工业 4.0 以及中国制造 2025 等宏观发展趋势的推动下，必将朝着更加智慧的方向前进。随着全球经济进入供应链时代，企业与企业之间的竞争开始转化为各企业所处的供应链之间的竞争。在智能制造环境下，打造智慧、高效的供应链，是制造企业在市场竞争中获得优势的关键。

近年来，随着新一代物联网技术的广泛采用，尤其是人工智能、工业机器人、云计算等技术迅速发展，商流、信息流、资金流和物流等“四流”得以高效连接，传统供应链发展到智慧供应链的新阶段。智慧供应链与生产制造企业的生产系统相连接，通过供应链服务提供智能虚拟仓库和精准物流配送，生产企业可以专注于制造，不再需要实体仓库，这将根本改变制造业的运作流程，提高管理和生产效率。

1.6　智慧物流与智慧供应链带来的变革与挑战

1.6.1　智慧物流与智慧供应链带来的变革

1. 结构与物流服务模式方面

随着智慧物流的发展，物流结构和物流服务模式发生了明显变化。传统物流业受到巨大冲击，物流业的解构与重构正在深入推进，物流链条的裂变、跨界融合、新业态、新模式、新技术、新服务快速涌现。物流发展方式和商业模式也发生重大转型，效率驱动、数字驱动、体验驱动、消费者驱动特征更加明显。例如大数据技术催生了一系列新的物流服务模式：实时服务、众物流、共享物流等。

实时服务主要包括实时追踪服务、实时风险管理、实时动态路径选择服务、实时库存服务、实时追踪智能物流目标等。借助实时服务，物流服务商可对实时数据快速处理，根据不断变化的物流环境，实时服务可随时做出调整，提升客户服务水平，并使整个供应链更透明、更灵活。

其具体特点包括：

(1) 实时追踪服务。通过随时随地传输发货数据可为企业提供与位置、物流状况、货物完整性有关的信息。

(2) 实时风险管理。一旦商品状况或完整性在运输过程中发生变化，可及时将信息传输给货主企业知晓，让货主企业立即采取策略应对这种供应链风险，比如温度控制、产品召回等。

(3) 实时动态路径选择服务。可对运输卡车的位置及活动进行有效追踪，还可改变事先设定好的循环取货的路径方案，更加灵活地确定取货和送货位置。

(4) 实时库存服务。实时库存服务是在库存可视化的基础上形成的一种服务，是全渠道运作的基础。借助这种服务，在管理软件的支持下，零售商运作的每条渠道都能实现库存可视化。

(5) 实时追踪智能物流目标。让客户对全部物流系统进行控制、运作，并与视频、RFID、传感器、3D扫描等技术实现有机结合。

众物流主要包括众包、众挖掘、众导航等。借助众物流，物流服务商可对网络进行强化，提升能力利用率，降低物流运输成本，给物流企业带来新的商业机会，帮货主企业降低物流运输成本，让其获取更加灵活的物流配送方案，以更好地进行物物交换。

其具体特性包括：

(1) 众包 (crowdsourcing)。现有的轨道、公路、私家汽车等可用的运输能力中，有70%没有得到利用，让客户参与取货送货，不仅能降低运输成本，还能通过对运输量的整合减少碳排放。

(2) 众导航 (crowdnavigation)。微博等能提供实时信息的社交网络能对物流运输中的突发事件（比如交通事故、交通堵塞等）做出快速反应，其反应速度比传统的导航系统、车载系统要快得多。

(3) 众挖掘 (crowdmining)。借社交网络对与公司、产品、品牌有关的评论进行检测，借微博对折扣、优惠、特别服务进行更新，快速响应消费者投诉，对客户反馈事件进行检查落实，及时做出响应。

随着物流行业与互联网的深度结合，共享物流迅速发展，企业通过实施该模式，既能有效提高物流资源的利用率，加速物流系统的整体运转，降低中途过程中的货品损耗，又能促进企业完善其服务体系。

2. 信息可视化方面

智慧供应链拥有良好的可视化技术，能够实现企业之间的信息充分共享，对自身和外部环境反应的敏捷性增强，企业管理者能够依据掌握的全面产品信息和供应链运作信息，更好地感应市场变化，对市场做出快速响应，组织好切合市场需要的生产，实现有序生产管理。

传统供应链内部成员之间的信息交流存在于具有直接的供应和需求关系的企业之间，在实际的交流过程中，信息往往会由于不同企业采用不统一的信息标准系统无法正常流通，使得供应链内部信息无法自由流通和共享。智慧供应链依托智能化信息技术的集成，有效解决各系统之间的异构性问题，从而实现供应链内部企业之间的信息共享，保证信息无障碍流通，提高信息流的运转效率和共享性。

3. 运营成本与风险控制方面

在智慧物流的推动下，物流服务整体速度、服务质量、差异化、个性化服务水平、农村服务、国际化服务等都有较大提升。全社会物流成本与信息对称性成反比，随着智慧物流的深入推进，全社会物流资源得以更大范围的优化，推动了物流业的降本、提质、增效。

另外，智慧供应链所具有的信息整合性、可视性、可延展性等特点，使得供应链内部企业能够实时、准确地通过了解供应链中各环节企业的生产、销售、库存情况，保证和上下游企业的协作，避免传统供应链由于不合作导致的缺货问题。因此，智慧供应链能够从全局和整体角度将破坏合作的运营风险降到最低。

1.6.2　智慧物流与供应链管理面临的挑战

1. 环境基础带来的挑战

智慧物流与供应链管理下监管及法律体系不适应变化，诚信体系有待建立。智慧物流打破了企业边界和所有权限制，由于所有权和使用权边界难以确认，与之相关的监管制度特别是财税制度无法适应市场需求，导致部分智慧物流商业模式游走在灰色地带，不利于鼓励创新，甚至会阻碍创新。新的发展阶段要求监管部门加快研究电子商务与物流企业的数据高质高效流动的新规则，新业态与新商业模式要求政府监管规则变革，亟待形成开放、包容、共享、公平的营商环境。另外智慧物流打破了传统熟关系模式，维系众多陌生关系，形成常态市场交易，亟待建立社会化诚信管理体系。

2. 技术基础与协调机制带来的挑战

智慧物流的有效运转需建立在共同的标准和协议基础之上，目前我国的车型有两万种之多，车辆装载单元化短板凸显，严重影响了社会车辆的交换互用。此外，还存在运输单证信息不统一，导致物流信息传递失真等问题。这些都表明物流标准化已成为智慧物流发展的一大挑战与制约。

另外智慧物流的发展离不开大数据的支持，在应用数据的同时不可避免地会面临用户个人隐私保护的问题。由于物流业处于发展阶段，物流业内部对客户信息安全的保护意识还不够高，这使客户个人信息的泄露成为可能，也使得客户对物联网技术的安全性和可信性产生怀疑，因此对客户隐私安全的保障是制约智慧物流发展的另一隐患，如何避免用户个人隐私泄露是智慧物流发展过程中必须要考虑的问题。

最后如何对海量数据进行有效处理并及时应对数据变化也是智慧供应链要面对的一大挑战。供应链中的数据类型多种多样，有结构化数据（比如事务性数据、时段性数据），也有非结构化数据（温度、二维码、RFID、GPS 等感应数据），还有一些新类型的数据

(声音、图示、录像、数字图像等)。这些数据复杂多样，处理起来非常困难，其中最核心的问题就是如何将数据转换成商业价值。

3. 保障基础不均衡带来的挑战

当前我国物流设施建设相对滞后，仓储、运输等环节缺少现代化设施，传统基础设施功能单一，操作流程繁杂，难以适应智慧物流产业运营的需要，这极大降低了物流运作效率。我国物流设施在空间分布上不均衡，新型物流基础设施建设主要集中在东部地区，已初具规模；中西部地区的新型设施则相对分散，有些地区甚至仍处于落后状态，这也在一定程度上阻碍了智慧物流的发展。

智慧物流的健康发展，需要建立科学、系统的物流运作体系，需要有效的物流管理方法，这些都离不开专业的高端物流人才。而目前高素质人才供给不足、物流从业者素质参差不齐，是制约智慧物流发展的问题之一。

各大企业观念也亟待转变。当前，面对新一轮技术革命，传统物流企业观念转变与战略转型速度稍显不足。如何推动物流企业拥抱互联网，加入到智慧物流生态体系构建中来，形成协同共享的产业新生态是智慧物流下一步发展面临的艰巨挑战。另外中国制造业正加速向智能制造转型升级，智慧供应链建设也由此成为制造业升级发展的必然趋势。而我国制造企业对智慧供应链的认识还不足，因此如何推动制造企业加深对智慧供应链的理解，制定智慧供应链发展战略，明确个性化的供应链发展方向，引领企业生产向智能化迭代升级，是智慧供应链发展要面临的一大挑战。

案例 1-5

农业智慧共同体——京东农场

听说过五常大米吗？作为黑龙江乃至整个东北地区最著名的地域品牌，五常大米以其优良的品质驰名全国。五常大米口感绵软，芳香爽口，做成的米饭饭粒油亮饱满，剩饭不回生，是大米中的上好品种。然而作为传统农业的产物，再著名的大米也面临着利薄的窘境：五常大米采用相对传统的方式种植，产品以量贩装批发为主，综合价格 8～10 元/斤，利润极薄，渐渐地，“种水稻”也成了“没法挣大钱”的营生。另一方面，大米掺假事件层出不穷，市场上充斥着各式各样的“五常大米”，这些“假五常”价格高低不一，品质良莠不齐，消费者对五常大米的信任度逐渐降低。供应端的传统运作模式，需求端的假货信任问题，使得五常大米在竞争中处于劣势。学习完本章，读者对各项智慧技术已经有了一定的了解，请思考运用什么技术能改善五常大米面临的窘境。

五常当地的农业企业也对上述问题头疼不已。自己建设智慧供应链，成本过高，又没有专门的技术人员，贸然尝试可能会导致本还可以维持运营的企业崩塌。京东 X 事业部抛出的橄榄枝成功解决了五常农业企业的困扰。2019 年 3 月 8 日，京东集团携手五常市俄速通农业科技有限责任公司，在五常市民乐乡和安家镇两个五常大米核心产区建设了京东农场。京东农场首次亮相于 2018 年 4 月，由京东 X 事业部牵头，旨在与合作企业共同创建智慧农业共同体，通过建设现代化、标准化、智能化农场，结合京东物流与仓储的强大实力，实现直接从田间到餐桌的“京造”模式。回到前面的问题，京东将物联网、区块链、大数据等技术综合到一起，打造了现代化的农业智慧供应链。

以五常大米为例，在供给端，京东将五常大米遇到的问题归结为“消费者如何能吃到保真且有品质的五常大米”，针对“保真”“有品质”逐个击破。首先，制定适合五常大米的京东农场的生产和管理标准，从农场环境、种子育苗、化肥农药使用到加工仓储包装等全流程进行规范和标准，以保证农产品的安全和品质。京东农场借助京东物流的强大配送实力，实现“从农场到餐桌”的一站式销售，省去中间商赚差价，由此来看，规范科学的生产过程让产品价值提高，又省去了传统农业供应链层层加价的困扰，京东农场让农民真正实现了增收致富。其次，借助物联网设备建设全程可视化溯源系统，精准观测农业生产种植和加工仓储环节实现对农业自然环境、农事行为和农业投入品的实时监管，促进农场生产可视化、流程透明化，进一步运用区块链技术把所有种植和生产关键环节完全呈现给消费者。

在需求端，京东的品牌为五常大米提供了背书，这与京东的日常品牌建设努力不可分割。在京东农场出品的农副产品包装上，消费者可以看到专属的“一物一码”，手机轻轻一扫即可获得全程溯源数据。此外，有京东农场监控和监管的农产品才可以进入京东线上专属平台“京品源京东自营旗舰店”销售，这种“限量”和“专属”让消费者买得放心，吃得放心。京东农场从供给和需求两侧解决了五常大米供应链面临的问题，实现了农业企业与消费者双赢的可喜局面。

京东农场不仅激活了黑龙江五常大米，还有呼伦贝尔呼垦源芥花油、蒙清小香米、辛集皇冠梨、陕西黄陵桥山红苹果等优质农产品，针对我国当前农产品市场缺信任、缺标准、缺技术、缺品牌、缺销路的问题，运用智慧技术逐个击破，证明了智慧农业共同体是农产品供应链发展的必然趋势。

资料来源：杜绝掺假 京东拿下 2 000 亩五常大米核心产区 [EB/OL].（2019-03-11）[2020-12-07]. https://news.mydrivers.com/1/618/618678.htm.

案例思考题

1. 京东农场的建设用到了哪些智慧型技术？
2. 京东农场是如何利用智慧供应链来帮助五常大米摆脱销售窘境的？
3. 查阅资料，举出一些其他利用智慧物流或智慧供应链解决企业发展困境的实例。

本章小结

物流是供应链的重要组成部分，是为了满足消费者需求，有效地计划、管理和控制原材料、中间库存、最终产品及相关信息从起始点到消费地的流动过程。智慧物流的核心即是利用智能技术提高物流系统的能力与水平，以便更加正确灵活地解决各种物流问题，实现对物流活动降本增效的目标。

与传统物流系统相比，智慧物流系统更具柔性化、社会化、一体化及智能化，并具有自动感知、自我判断、智慧决策、自动执行、深度协同以及智慧学习等六大特点。智慧供应链与传统供应链相比，则具有更多市场要素、技术要素以及服务要素。

智慧物流遵循物联网感知层、网络层和应用层的技术架构，基于此从物流基本功能角度（如运输配送、流通加工、仓储、信息处理等）详细对比了传统物流与智慧物流的区别。

相较于传统物流与供应链管理，智慧物流与智慧供应链管理存在显著优势，能实现全流程的可视化、一体化的价值链以及创新性的管理模式，高效率地管理好供应链上下游企业运营中的各种资源，并创造效益。

智慧物流与供应链的发展使我国物流发展方式和商业模式发生了重大转型，优化了我国物流结构，并催生了一系列新的服务模式，但同时其发展也面临着巨大的挑战。

关键概念

物流　智能物流　智慧物流　供应链　智慧供应链

思考题

1. 如何理解物流的概念？
2. 什么是智慧物流？
3. 相较于传统供应链，智慧供应链有哪些特点？
4. 构建智慧物流与智慧供应链系统有何作用？
5. 智慧物流与供应链发展带来的变革与挑战体现在哪些方面？

02

Chapter

第2章

智慧物流系统与智慧供应链系统

学习目的

通过本章的学习，学生应该能够：

- 理解智慧物流系统的层次架构组成
- 了解智慧物流系统的主要功能和组成
- 认识供应链的协同思想以及基于智慧技术的供应链协同架构
- 理解智慧供应链系统的功能与组成

案例 2-1

物联网云养鸡的嘉吉农场

2017年10月农业云平台农业管理移动应用（PC版）——智慧鸡场管理系统（Cargil-ifarm2017，以下简称“ifarm系统”）正式上线，该系统设置了每日监测、环境分析、单场分析、综合管理、系统管理5个板块。该系统采用农场控制器（每个鸡舍里都会在不同位置安装5个探头）自动采集饲料、饮水量、体感温度、湿度、光照、舍外温度、舍内温度、负压、供电、风机运转、能源消耗数据，通过公司网络上传到服务器，再通过软件平台实现实时监控、实时报警和实时智能分析等功能。所有通过农场控制器采集上传的数据在系统内都仅为只读，使用者无法自行修改数据。这样，根据实时数据和信息，养殖场可以及时采取防护措施，实现科学养殖。

“在养殖过程中，系统里设置监测的这些参数对肉鸡的健康来说都是非常重要的，通过监测它们的变化可以提前解决一些问题。”嘉吉公司相关负责人表示，在ifarm系统中，相关专家已经对这些参数设置了标准值，由于肉鸡和种鸡对养殖环境的需求不同，标准值也会相应调整。一旦鸡舍里某个指标接近设定的报警标准值，系统将做出预警提示，给养殖人员提前响应的机会，避免对鸡造成实质性损害。而当指标超标时，则会引起系统报警。一方面是在场内响起警报，提示养殖人员及时做出调整。同时在系统内，超标参数的颜色会发生变化，提示更高级别的负责人联系该养殖场场长。从检测到问题开始，系统将自动计时。如果不处理，时长会不断累积，影响下一批鸡进场。

预警+双重警报的提醒方式为鸡本身的健康以及嘉吉养殖产品的品质提升做出了很大贡献。同时由于每个场长可能同时负责几个或几十个鸡舍，通过观察 ifarm 系统数据的变化来处理鸡舍环境问题也使他们的工作更加高效。对场长来说，利用系统中“场内对比”“跨场对比”的功能，可以看出自己和他人鸡场里鸡的生长情况和场内的成本开支，这些数据实时上传后会自动生成曲线或图表。场长可通过观察对比直观的曲线或柱状图之间的差异来改善养殖方式，并调整饲养过程中的可控成本。另外，嘉吉公司的管理人员也可通过不同级别的权限看到数据，从管理角度实现养殖业务的成本控制，发现节约成本的机会点。

除了 ifarm 系统，在嘉吉数字化平台三年规划中，还将实现快捷地为全产业链（饲料原料、饲料成品—种鸡种蛋—商品代鸡苗—肉鸡—肉品—销售）的正反向追溯提供数据。嘉吉方面表示，管理平台提供的数据更加快捷，真实可靠，节省人员成本的同时，保障了食品安全，赢得了客户的信任，为公司成为供应链体系的数字化标杆企业奠定了基础。另外嘉吉公司还提到，未来该平台将在嘉吉禽肉子集团全球 17 个工厂投放使用。不过，由于禽类种类不同，养殖和加工需求也各有不同，因此需要预先制定出较为复杂的禽类养殖的标准，再逐步推进。

资料来源：吴晓薇．嘉吉的“物联网养鸡”[J]．农产品市场周刊，2018 (39)：36-37.

2.1 智慧物流系统的层次架构

智慧物流系统是在物联网技术快速发展的基础上应运而生的。图 2-1 给出了智慧物流系统的层次架构，可以看出其架构一般分成四个大的层次：社会安全环境、感知层、网络层和应用层。

物流应用层 战略层：内外环境、竞争策略、发展方向、资源配置预测等 战术层：资源计划、仓储定位与库存管理、车辆配送调度等 运营层：物流订单、运输跟踪、仓储配送、包装加工、装卸搬运
互联互通的网络层 互联网（下一代互联网）、局域网（包括无线局域网）、车联网等
感知层 3. 物流监控与管理的感知 1. 物流识别与追溯的感知　　2. 物流定位与追踪的感知
社会安全环境 法律法规、政策、道德等

图 2-1 智慧物流系统的层次架构图

最下面一层是社会安全环境，是为了保证上面三个层次的安全顺畅运行，从全社会视角出发建立的相关法律法规、政策条例和必须遵守的道德规范等。如目前消费者的很多数据屡屡被商家挖掘利用，就严重侵犯了个人的隐私权。进一步，上面三层主要是从技术视角出发的，如感知层是物联网系统中负责信息获取的主要层次，网络层是将获取的数据进行传递的层次，最上面的应用层是针对物流领域的运营、战术管理及战略决策进行的具体场景下的物流应用。下面来具体阐述这三个主要技术层次。

2.1.1　智慧物流系统的感知层

智慧物流系统中的感知层是基于物联网系统的功能实现对物流各具体场景应用下运营环境（如仓储、配送等环境）、货物、运营设施设备进行感知，获取相关数据信息，属于整个智慧物流系统的初始点。按物流感知不同的功能划分，具体有物流识别与追溯感知层、物流定位与追踪感知层、物流监控与管理感知层三方面。其中物流识别和追溯是获取数据的最基础功能，物流定位与追踪保证了数据的可视化及干预的前提手段，最后的物流监控与管理是实现物流活动效率提升的目标。

随着大量物流活动的复杂性日益增加，出现了爆炸式的物流信息量。原来靠手工记录、查找和加工信息的方式，早已不能满足物流管理系统的需要。物流识别与追溯感知层主要解决物流活动中各类货物信息的数字化管理问题。虽然早期计算机在物流领域的广泛应用已经使得物流信息录入、处理速度大大加快，但因为信息标准化问题，快速的计算机处理速度与多源头的人工信息输入相矛盾，造成整个物流链条上信息“孤岛”现象严重，而且多源头信息采集容易造成物流信息系统的数据错误和不一致。如果录入的物流数据是错误的，则无论这些数据在物流系统中经过哪些处理过程，最终输出的数据都不可能是正确的，即“垃圾进、垃圾出”。

智慧物流环境下，基于物联网系统中的很多自动识别技术，可以从根本上解决各类物流活动中大量数据资源的快速采集瓶颈问题，带来了物流管理过程的不可视化到可视化的巨大变革。它通过自动手段识别、追溯物流活动中项目标识信息，即货物的接收、分拣、装卸、配送等物流活动环节，以自动化感知的过程来完成。物流设施自动化涉及的技术包括：条形码（bar code）、射频（radio frequency，RF）、全球定位系统（global positioning system，GPS）技术、地理信息系统（geographic information system，GIS）技术、区块链（block chian）等，通过这些自动化的自动感知设施和软件，可以实现物流运营中货物的自动识别与追溯功能。由此，智慧物流系统不再仅仅依靠键盘将数据录入计算机系统中，而可以实现自动数据获取、追溯功能，彻底消除物流活动中多源头数据采集造成的人为错误，使数据实现一次获取，全系统传递，大大提高了准确性，且能实现与其他相关信息管理系统无缝互联互通。

物流活动范围广、信息来源多元且复杂，不仅包括企业内部的物流活动信息，也包括企业间关联物流活动信息，还包括环境信息，如交通、机场、港口等基础公共设施信息等。因此，现代物流系统对物流货物的定位位置的感知成为必然。物流感知的重要任务之一就是能跟踪追溯物流活动中的货物在物流网络中的位置，即解决信息可视化问题。因为只有借助可视化，才能知道货物的确切位置、状态和存在的问题，由此才能更有效地进行物流运营的资源调度和控制。依据物流活动定位的应用需求和具体场景，定位技术包括室内定位与室外定位，具体如表 2-1 所示。

表 2-1　智慧物流系统中常用的定位技术

室外定位	室内定位
➢卫星定位系统：以我国北斗卫星、美国 GPS 为典型代表 ➢应用范围：物流网络系统中货物长途运输的定位、跟踪与调度控制	➢无线定位技术：以 Wi-Fi 无线定位系统为典型代表，包括 Wi-Fi 室内定位、UWB 室内定位、RFID 定位、通信网络蜂窝定位等 ➢应用范围：适用于一个建筑物内（如配送中心、仓储中心等）物流货物的定位与跟踪

室外定位系统的典型代表是我国的北斗卫星和美国的 GPS 系统。卫星信号在建筑物内会被严重干扰，导致北斗卫星或 GPS 系统无法精确定位。故室内定位技术是采用无线通信、惯导定位、基站定位等各种技术集成的一套不同于室外定位技术的系统，如包括有手机应用的通信网络蜂窝定位技术、Wi-Fi 室内定位技术、RFID 定位技术、UWB（Ultra Wideband，超宽带）室内定位等。

智慧物流系统中，实现货物的自动识别与跟踪的感知层是物流运营实现安全运作的最基本的技术手段和保障，也是物流系统监控可视化的第一步。通过在物流活动过程中实时获取包括视频与声音、数字、文字等表现的各类数据，如时间、地点、货物状态等，可以与物流过程的实时视频监控系统、报警设施实现有机结合，随时掌握物流网络系统中各环节的运行情况，帮助管理者分析其中可能发生的、已经发生的状况，及时发现问题或解决问题，达到对物流全链条无缝监控与管理的目标。

案例 2-2

中国的北斗卫星导航系统

中国北斗卫星导航系统的发展战略是按照试验系统、区域系统与全球系统三步来完成的。最早在 2000 年以两颗卫星起步，首先建设成具有定位位置报告与短电文通信等特色的北斗导航试验系统，这标志着我国成为世界上第 3 个拥有卫星导航系统的国家。2012 年 12 月，基于 14 颗卫星我国建立了北斗区域系统，成功实现了对亚太地区的全面覆盖，可以为我国及亚太地区提供连续的导航定位和授时服务，并成为国际危机组织（ICG）认可的世界上四大卫星导航的核心供应商之一。2020 年 6 月 23 日，北斗三号最后一颗全球组网卫星发射升空，至此北斗三号的全球卫星导航系统全面建成。目前，我国的北斗卫星导航系统已经迈入第三个阶段，随着全球组网的成功，北斗卫星导航系统未来的国际应用空间将会不断扩展。

北斗卫星导航系统的组成部分包括空间星座、地面控制和用户终端三部分。空间星座由 5 颗静止轨道卫星和 30 颗非静止轨道卫星组成。目前，在我国及周边区域提供的服务有两种：一种是免费公开服务；另一种是授权服务，也就是基于信号与信息加密来实现定位的授权服务。2020 年实现全球组网的北斗三号系统，其空间信号精度优于 0.5 米，全球定位精度优于 10 米，整体性能大幅提升。据中国卫星导航定位协会发布的《2020 中国卫星导航与位置服务产业发展白皮书》指出，2019 年我国卫星导航与位置服务产业总体产值达 3 450 亿元，较 2018 年增长 14.4%，其中与卫星导航技术研发和应用直接相关的产业核心产值为 1 166 亿元，在总产值中占比为 33.8%。随着“北斗+”和“+北斗”应用的深入推进，由卫星导航衍生带动形成的关联产值保持较高速度增长，达到 2 284 亿元。随着 2020 年中国北斗卫星导航三号系统的全面建成，北斗系统的功能和性能进一步提升，北斗系统也必将在我国智慧物流与供应链系统中得到更加深入广泛的应用。

资料来源：百度百科. 北斗卫星导航系统. https://baike.baidu.com/item/北斗卫星导航系统/10390403? fr=aladdin.

2.1.2　智慧物流系统的网络层

智慧物流系统中的网络层用来实现数据获取的感知层与最顶层物流应用的连接，相当于我们人体的神经网络系统，可见其对智慧物流系统的重要性。网络层主要的功能是把获取的数据接入和传输到智慧物流系统的应用层，也就是通过各类诸如专有网络（Extranet、Intranet 等）、因特网、有线通信网络、无线通信网络等来进行数据的接入与传输，以实现物流不同应用层上的数据加工与应用。

在智慧物流系统中，不仅有以一个配送中心为核心的仓储、分拣、出入库的仓储物流系统的运营与资源调度，也有跨区域、覆盖全国的物流网络系统的主干线运输、支线配送和最后一公里的门到门服务。智慧物流系统需要综合目前可能有的所有网络接入和传输形式，来构建物流活动中的广泛互联互通。

表 2-2 给出了智慧物流系统的网络层组成，分别为接入网络和传输网络，以实现物流数据的接入功能与传输功能。其中接入网络中的接入方式很多，主要涉及有线、无线和卫星组成各类接入，诸如北斗系统中的卫星接入、以太网接入、光纤接入、无线接入等，以保证物联网系统中各类传感器、RFID 等获取的数据信息的最后一公里进入网络系统。传输网络主要由公网、专网组成，有代表性的传输网络包括互联网、广电网、电信网、专用网等。如数字集群是一种“专用移动通信系统”，20 世纪末刚刚兴起，它不仅可以提供个人通信的功能，还可以实现个人与群体之间的相互通信，功能强且安全性好，可以真正实现通信的全面智能化过程。

正如以上说明的，因为物流活动不是局限在一个局部范围内，而是分布在全国甚至全球范围内，如全球供应链系统，故表 2-2 中接入网络和传输网络都具有各自的特征和适用于物流应用的具体场景，它们互相结合、互相作用才能搭建起智慧物流系统的强大网络层。所以，在实际物流应用中，如京东物流系统、顺丰快递系统，获取的所有数据都会采用若干种网络接入方式和网络传输方式进行运营。进一步，因为目前物流业务的不断增长和客户对物理服务质量要求的进一步提高，网络层承载着巨大的数据量和更高的业务功能需求。我国第五代移动通信技术（5th-Generation，5G）正在蓬勃发展，它是最新一代蜂窝移动通信技术，相比较于早期4G移动网络，其具有数据传输速率快、延迟低的优势，未来可能在智慧物流系统中发挥重大作用。

表2-2　智慧物流系统中的网络层组成

接入网络	传输网络
➢功能：获取的物流数据通过接入网络进入智慧物流系统 ➢组成与接入方式：由有线、无线及卫星等组成，包括卫星接入、以太网接入、光纤接入、无线接入等	➢功能：接入智慧物流系统的各类数据可以通过传输网络到达所需要的各物流应用层 ➢组成与传输方式：由公网和专网两部分组成，包括电信网（固网、移动通信网）、广电网、互联网、专用网（数字集群）等

2.1.3　智慧物流系统的应用层

智慧物流系统的最顶部是应用层，也就是基于物联网的感知技术，获取在物流各类活动中的运营状态。根据物流系统中的管理层次，应用层具有三个层次，即运营层、战术层和战略层，如图2-2所示。

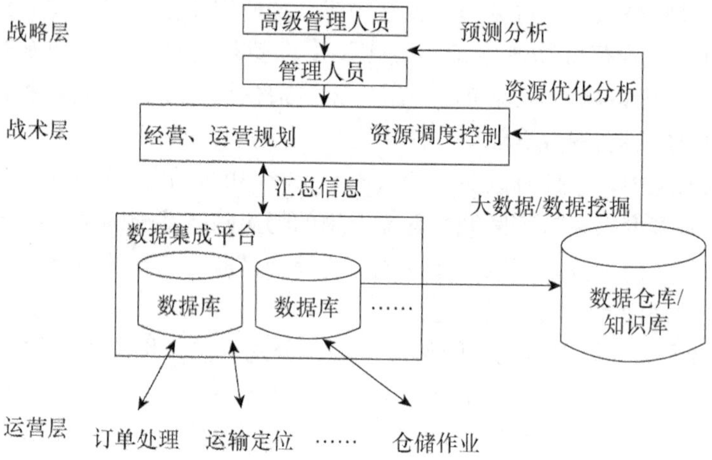

图2-2　智慧物流系统的应用三层次

应用层的最下面一层是运营层，如物流执行活动中的客户订单、运输货物定位与跟踪、仓储作业等。在该层次上会布局大量的物流感知设备和传输系统，如RFID、传感器、红外线和专网、公网等进行物流作业中的数据采集、接收和信息传输。该层通过战术层的诸如数据库系统（包括订单数据库、运输数据库、仓储数据库等）中的数据集成平台来管理收集和传输的所有数据，接受战术层的调度控制指令。

战术层由物流管理信息系统组成，主要是针对具体的物流活动进行管理和控制，如仓储管理系统、分拣管理系统、运输管理系统等，具有承上启下的作用。该层通过应用流程集成平台与上层决策管理系统进行集成，通过数据集成平台与各种物流设备控制器进行数据交换，从而对具体的物流活动进行管理和控制。

战术层的数据来源于运营层的诸如物流订单处理、货物运输与货物跟踪、仓储作业管理、资金结算管理等物流作业的各个环节，这些数据经过感知设备获取，接入网络，传输到数据集成平台中进行集中管理。物流的系统技术人员对整个物流系统的运行维护进行管理，数据分析人员通过对物流作业中各类数据库的数据进行分析和汇总，形成数据仓库，应用大数据、数据挖掘等工具实现集成数据的预测和资源优化分析，得出管理控制策略以便提供给战术层的管理者或战略层的决策者采用。

最上面的战略层主要是面向智慧物流系统的高层决策人员，更多考虑以运营规划、经营规划、竞争战略等为核心主题的预测与优化分析，如以具体物流应用为背景，通过在数据仓库或知识库中经过大数据分析、数据挖掘分析，得出的有助于为物流决策者提供支持的技术是必要的。诸如大数据、数据挖掘、云计算、移动计算、智能分析等都是智能物流系统中的常用智能技术。

案例2-3

FleetBoard：终端感知车、路、人

FleetBoard与梅赛德斯-奔驰都是戴姆勒集团旗下的全资子公司，FleetBoard一直致力于通过大数据处理为物流行业客户提供远程信息化车队管理解决方案。

卡车上安装的终端通过移动通信系统与FleetBoard的服务器建立联系，互换数据。物流公司或车队管理者可直接访问GPS及其他实时数据，如车辆行驶方向、停车/行驶时间和装/卸货等信息，合理调度车辆、安排业务。FleetBoard通过计算驾驶员急加速与急刹车的次数、经济转速区行驶时间和车辆温度等细节信息，进行数据对比，以全面、量化的评分体系对驾驶员的驾驶风格进行评估，直接帮助驾驶员发现驾驶过程中的问题并改进提高。数据显示，驾驶风格的评分从7分提高到9分可以使百公里油耗下降4升。物流公司或车队管理者在FleetBoard远程管理系统的支持下，能够最大限度地对装备、运营模式、管理方式进行优化，实现更高效的资源配置。

FleetBoard能够通过大数据解决方案实现数据采集和全程监控，将公路运输中的三大要素车、路、人与运营相关的数据、信息予以统合、管理、分析，借助互联网实时传输，提供包括车辆管理、物流管理和时间管理等方面的服务。

资料来源：金融仓储践行者. 奔驰FleetBoard远程管理系统：让运输更高效的解决方案［EB/OL］.（2018-09-10）［2021-3-11］. https://baijiahao.baidu.com/s?id=1611191379704922036&wfr=spider&for=pc.

2.2　智慧物流系统的功能与特征

智慧物流系统涉及大量先进的信息技术。信息技术不断在发展，智慧物流系统也是一个不断发展和不断提高的系统，它随着计算机技术、信息技术、技术支持下的创新物流管理及其模式的发展而发展。基于此，本节阐述智慧物流系统的主要功能和特征。

2.2.1 智慧物流系统的主要功能

如图 2－2 所示，智慧物流信息系统的功能包括七大部分，即物流运营的感知功能、物流数据的集成功能、物流分析的模拟功能、物流决策的优化功能、物流系统的协调功能、物流系统的自动反馈功能、物流系统的及时修正功能。

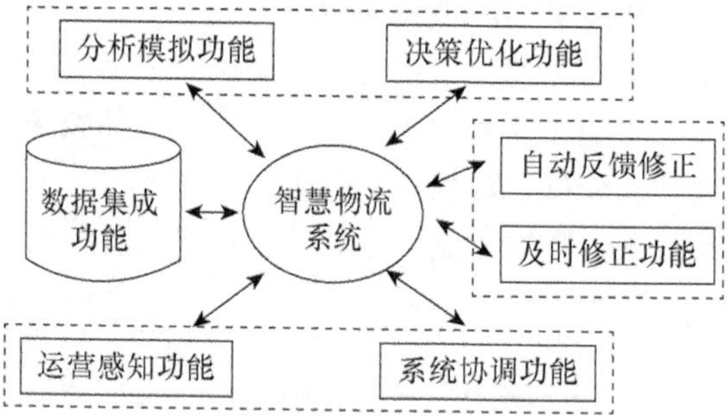

图 2－3 智慧物流系统的功能

1. 物流运营的感知功能

智慧物流系统在包括货物进出库、拣选、储存、搬运、运输、配送等运营环节采用先进信息技术对物流数据进行实时采集，以便管理者及时掌握物流货物、运输车辆、仓储、配送等工作状态，实现了智慧物流系统的自动获取。

2. 物流数据的集成功能

基于智慧物流系统的网络层，将感知层获取的所有数据传输到数据中心或数据中台的各类数据库，依据物流业务场景和实现的业务功能对数据类型进行分类，并存储进入数据库，让各类数据按照需求进行集成。

当前物流企业都在致力于打造数据中台，数字中台就是一种物流企业进行数据与业务整合的调度运营中心，也就是把企业的所有共性物流需求进行集成抽象，建立形成平台化或组件化的集成系统能力，并以接口形式或组件形式等共享给企业物流业务各部门应用。数据中台的思想是一种运营的创新，是数据集成平台与业务功能的一种整合，具有柔性特征和扩展能力，能使物流数据的开放性、动态性和联系性全面实现，并帮助企业提高运营效率和创新能力。

3. 物流分析的模拟功能

该功能就是应用各种智能分析工具、智能模拟仿真模型等来分析某个具体物流决策问题。比如，依据问题需求提出可能的诸如物流资源配置的优化方案，然后通过智能分析或实践验证方法，监测存在的问题，分析解决方案的优劣。基于数据集成平台中的历史数据支持，智能分析的模拟功能能够自动调用原有的历史经验数据，也可以根据实际需求调整，缩小与优化目标的偏差，及时查找物流作业中的瓶颈，得出适合的物流实施解决方案。

例如，某物流企业近期接到一笔利润可观的订单，需要从仓储出货，运输配送一大批货物到达某地，有严格的时间限制，1 月 31 日前需要完成。但是，该企业已经根据前期接受的订单制定出了详细的物流业务运营计划，1 月 31 日前的物流服务运营计划已经安排完毕。这个订单应该承接吗？若承接，如何安排企业的物流资源来完成该订单？若把该订单插入目前安排好的物流服务计划中，对其他已经接受的订单会造成什么影响？为了解决这个问题，就需要采用物流分析的模拟功能，假设把这个订单插入已有的物流服务计划中，模拟增加这笔订单后，对企业各类资源配置、调度与控制的影响，来评估增加该订单后完成各项任务的可行性及产生的影响，以便做出正确的决策。

4. 物流决策的优化功能

物流决策是指按照物流业务的预定目标，基于物流数据分析和一定的知识经验，根据相关联的客观条件、环境可能性等，确定出解决问题的若干方案，依据物流理论和优化方法从中选择一个满意的可行方案，对该方案的实施进行检查直到相关目标实现。

按照不同的管理层次、管理职能和复杂程度等可以把物流决策分成结构化决策、半结构化决策和非结构化决策。物流的结构化决策问题是指在物流业务活动中有固定的规律可遵循，且可用确定的语言或表达描述的问题，比如，一个配送中心的出入库管理流程就是结构化的物流决策，其是固定的、重复性的，但数据量可能很大，每天进出的频率很高，决策过程的规律性强。物流的非结构化决策问题是指那些比较复杂、没有固定规律可循，且不能用明确的语言或表达描述的问题，比如，物流企业的竞争战略就是一个非结构化的决策，其和外部环境、行业发展、市场需求等密切相关，但又不确定，因此，没有固定的规律可循，也不能用清晰的语言或模型表达。半结构化决策问题是指介于结构化决策与非结构化决策之间的问题，其能够依据一部分数据，但不能完全确定。

物流决策问题因为涉及面广、资源调度复杂，大多决策问题属于半结构化、非结构化问题。但是，随着智慧物流系统中先进信息技术的深入应用，物流全流程上的信息量大大增加，掌握信息后很多非结构化问题转变为半结构化问题，甚至逐步演变为结构化问题。应用物流云计算、大数据、区块链等技术能更好地辅助解决物流活动中的非结构化决策问题。也就是，依据大量数据的分析，根据不同的物流业务情况来评估时间、成本、服务质量或环境等约束条件，进行各种预测分析，帮助管理者制定合理的决策。

5. 物流系统的协调功能

从智慧物流系统的层次架构可以看出，该系统是一个对物流运营过程进行全面集成的复杂系统。因为物流系统中各个业务功能及流程之间都是密切关联的，任何一个物流子系统或一部分物流业务都不会独立存在。因此，应考虑整个智慧物流系统的层次架构，根据物流系统的实际需求逐步整合各个子系统的智能化、智慧化过程，最终进行整体综合。从应用层视角看，综合应用智慧物流系统包括物流链上各个业务之间的水平业务、流程、信息综合系统，不同管理层次上垂直的定位、监控、管理与决策系统，及从水平方向、垂直方向实现全面智能化、智慧化的矩阵式集成系统。该系统的最终目标是从整体上实现互联互通、信息共享与透明化、资源配置优化与协调控制。

6. 物流系统的自动反馈功能

物流系统中的业务不断实时更新，当运营过程中存在问题或出现意外情况时，系统会实现自动反馈，提醒管理者进行必要的控制与协调。因此，自动反馈功能在智慧物流系统的每一个环节都存在，并为物流系统各个层次的管理者提供相关的运营状态，是物流系统实现自我修正、自我完善的基础，也是及时发现问题、反馈问题和解决问题的一个重要步骤。

7. 物流系统的及时修正功能

进一步，智慧物流系统还具有自动修正功能，即依据前面的各个功能，当物流运营中出现问题自动反馈回来，系统将会自动搜索存储的数据仓库/知识库来寻求各种解决方案，并选择其中最有效的可能解决方案，按照最快捷的方式给出，以指导管理者及时修正问题。同时，系统会把问题解决过程记录存储，方便以后遇到类似问题时再次查询，指导物流实践。

2.2.2 智慧物流系统的特征

智慧物流系统的主要特征如下：

1. 强大智能感知能力和智慧学习能力的结合

一方面，物流系统的活动涉及面很广，包括时间上、空间上的货物监控、跟踪和控制，以及资源协调，这些活动都很复杂。尤其是，随着现代物流系统的发展，物流数据量爆炸式增长，单凭早期的手工记录、凭证查找和处理信息的模式，是不可能适应目前快节奏物流管理系统的需求的。在智慧物流系统中，通过物联网为基础的自动感知系统自动化地完成物流货物从接收、分类、分拣、装卸和配送等环节中的数据采集、接入和传输过程，大大提高了物流运作效率。

另一方面，物流系统是一种满足客户需求的服务型系统，物流运作过程就是客户需求的消费过程，因此，服务质量很重要，物流运营中的过程控制与资源整合调度需要格外关注。物流网络系统可能覆盖全国各个区域，也可能横跨全球五大洲，没有强大的信息网络系统是不可能实现监控和管理的。另外，依靠数据整合平台和大数据、云计算等先进技术，智慧物流系统不仅能够实现物流运营活动的可视化，还能实现数据的分析和预测功能。这里体现了在数据预测与分析支持下管理者、决策者的智慧能力。

2. 数据集成平台或数字中台的支持

物流管理信息系统中采集的所有数据，都要传递进入中央数据库，属于集中式数据管理。作业层中各个业务子系统都和中央数据库相连，能够及时地把基层运营中录入的或处理完的数据与其他子系统共享，同时系统分析人员也能把各个子系统发生的日常运营数据从中央数据库中按照各种需求进行实时查询提取。因为数据的格式可能不统一，如 GPS 和 GIS 采用空间数据，而订单处理、财务处理常采用平面数据，因此还需要进行格式转换和标准化处理；然后再进行统计汇总或进行复杂的数学计算，最后形成提供决策分析的数据。可见，数据管理功能是物流管理信息系统中的重要基础之一。

3. 全面集成性、交叉性学科的管理系统

第 1 章就已经阐述过，智慧物流系统综合应用现代信息技术和现代物流管理思想，对物流设备的自动化、智能化过程应用有很大的作用。但智能化设备、数字中台系统等都是各种网络、自动化设备、管理信息系统链接的机器系统，在同人沟通与协调决策时作用受到一定限制。目前智慧物流系统中的很多创新管理模式与理念，都不仅仅是一个简单的手工业务自动化、智能化过程，而是一种基于先进信息技术的先进管理思想的实现过程。例如，计算机网络通信技术的支持可以实现信息的快速传递和共享，但物流系统实现对客户的有效快速反应，不但在于信息的快速传递和共享，更是获取信息后怎样能快速协调各个物流业务过程并进行快速反应的管理决策过程。因此，在智慧物流系统的实现与发展中结合物流业务融入创新的管理思想是必需的。

另外，智慧物流系统结合了先进信息技术和现代物流管理思想，都属于新兴学科，也都仍处于不断的发展完善过程中，也在和其他许多相关学科不断融合发展。由前面智慧系统的功能可知，其涵盖了技术、管理、决策和控制等多方面。因此，从技术、理论和方法视角来看，它涉及信息技术、网络通信技术、物流管理理论、决策理论、应用数学、人工智能、大数据、云计算等相关理论方法；从行为学角度，它还涉及心理学、组织行为学、政治学等学科，尤其是面向中高管理层的决策问题，行为学的影响就更重要了。所以，智慧物流系统是一个全面集成的、多学科交叉的综合性管理系统，属于复杂系统。

案例 2－4

京东智慧仓储系统及其功能

2017 年，京东首个无人仓库即全球首个全流程无人货仓正式亮相。该仓库坐落在上海市嘉定区，总面积达 4 万平方米，可同时储存商品 6 万箱，每天处理件量为 20 万，仓库内流水线已经实现无人化，少数工作人员从事运维、优化工作。经过近两年的发展，京东物流公布数据显示，截止到 2019 年 11 月 8 日，京东全国规模最大的机器人仓群已经投入使用，不同层级的无人仓数量达到 50 个，分布在北京、上海、武汉、深圳、广州等多地。无人仓的智能大脑在 0.2 秒内可计算出 300 多个机器人运行的 680 亿条可行路径并做出最佳选择，反应速度是人脑的 6 倍，运营效率是传统仓库的 10 倍。

京东无人仓投入运营以来，智能化生产模式发展迅速。物流机器人数量多，设备模型、接口、技术特点驳杂繁多，设备巡检和及时维护工作量大，仓储大脑应运而生。仓储大脑是为了实现无人仓“更有效率”这一目标而开发的高度智能化产品，所属技术涉及工业互联网和人工智能两个领域。

仓储大脑系统架构如图 2－4 所示。京东仓储大脑的主要功能分成两大部分：一部分是下层的基于智能机器人的各种智能设备；另一部分是位于上层的基于物联网和人工智能的应用层。首先，从图 2－4 可以看到，在下面的智能设备层，京东的无人仓储中使用了各种各样的仓储机器人，如码盘或拣选、搬运、包装、储存及分拣等功能实现过程中的各类机器人，这些智能设备采用了大量感知、网络传输、协同调度、资源优化算法等核心技术来实现无人仓中的所有运营顺利实施。上层是应用层，包括数据存储、数据计算和业务应用三个层次。数据存储层记录无人仓中大量相关数据，有所有智能化、非智能化设备的数据，有仓储运营过程中的数据，还有不同业务场景、环境下的数据及机器中的日志数据和历史数据等。基于数据存储层的数据，数据计算层能够根据仓储的具体业务需求进行预测、优化和调度，以辅助应用层具体业务功能的实现。业务应用层的作用体现在：仓储中订单生产数据的预测、实施、监控与预警，各类仓储资源的配置、优化，仓储库存、出入库的数据统计与分析；下层智能机器人运营中各类重要数据的监控、预警与诊断分析及其相关数据的汇总统计并给出优化建议；针对不同应用场景下，各类智能规划算法、优化调度模型的不同参数输入及自动化建模求解过程，给出可适用的资源配置方案和调度流程等。

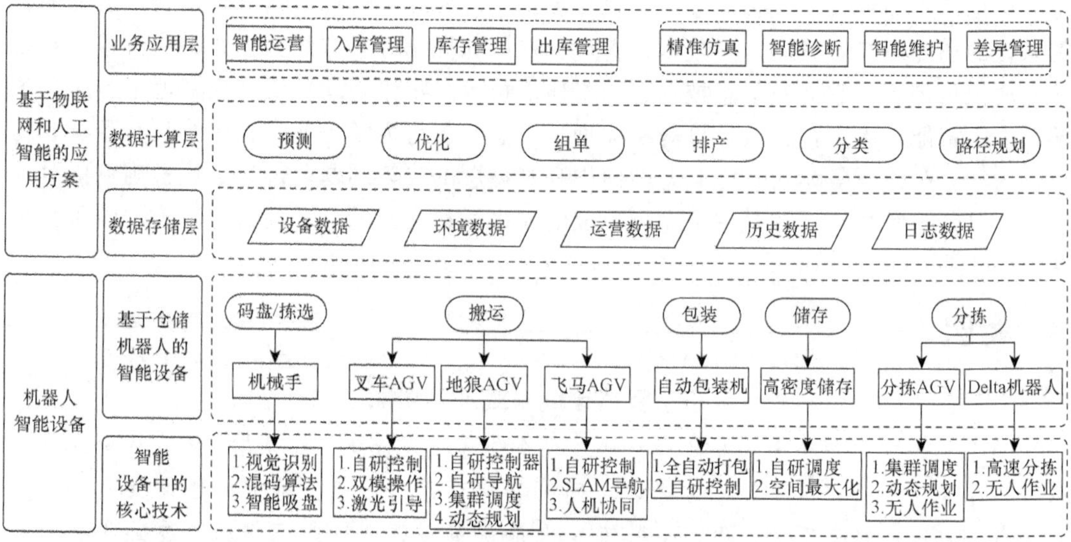

图 2-4 京东智慧仓储系统及其功能

资料来源：人工智能赋能下的新一代物流科技优秀案例 [EB/OL].（2020-07-22）[2021-3-11]. https://www.sohu.com/na/408994053_100210815.

2.3 智慧物流系统的组成

考虑到物流系统是客户服务需求的一个拉式系统，智慧物流系统的组成可以包括智慧订单管理子系统、智慧运输管理子系统、智慧仓储管理子系统、智慧加工配送管理子系统等几大部分，各部分最后靠智慧物流信息子系统进行集成。显然，这些子系统在智慧物流系统中不是独立存在的，而是相互衔接、相互协同、相互配合的，共同实现物流中货物的采购、出入库、库存、调拨、运输配载、配送等各个环节的无缝衔接管理，完成各运营环节之间的顺利调度与控制。

下面按照智慧物流系统的组成，分别介绍智慧订单管理子系统、智慧运输管理子系统、智慧仓储管理子系统、智慧加工配送管理子系统和智慧物流信息子系统。

2.3.1 智慧订单管理子系统

智慧订单管理子系统的功能主要包括客户订单生成、订单处理、订单准备、按订单送货等。具体的业务运营过程是获取客户订单，录入信息，检查客户信用与货物情况，依据客户的信用和货物状况处理延迟订单或确认、修改、中止订单，同时确认运输工具、装运地点并生成运输单据或拣货单，将客户订单发送至仓储部门或配送部门，还需不断查询客户订单状态或处理退货业务。

在客户订单处理过程中，运营层上会采用各类感知设备自动获取客户的信息，并同步连入网络传送至智慧物流系统。同时，传送至系统的客户订单的处理进度需要实时反馈给客户，保持信息的透明性，跟踪客户需求的可能变化，并随时与运输、仓储、配送等运营部门协调合作，实现高效的运输资源配置、货物情况检查及配送调度的监控与反馈修正。战术层借助各种与客户相关的数据库系统，对客户订单完成率、配送完成情况、订单延迟、退货情况等运作状态数据进行汇总、统计与分析。战略层则关注客户订单的需求分布趋势、客户信用检查、合同分析、完成订单所需的资源调度与资源使用情况等，这些借助于大数据、云计算等技术或算法来实现。表 2-3 是智慧订单管理子系统的组成及功能。

表 2-3　智慧物流系统中订单管理子系统的应用分析

运营层应用	战术层应用	战略层应用	互联互通应用
订单生成 订单处理 订单准备 按订单送货	发货单审核 订单完成率 存货配送 延迟订单和退货	客户订单分析 客户信用检查 合同分析 订单资源调度与使用	与客户、运输部门（承运商）、仓储部门、财务部门等的信息交互

显然，客户的订单处理速度是很重要的，智慧订单管理子系统中及时获取数据、实时传递与共享信息可以有效压缩订单的处理时间。进一步对客户订单、客户信用及物流资源进行分析，制定出可行的、优化的订单资源完成方案也是很重要的，这样可以及时满足客户需求，大大提高客户服务水平。

2.3.2 智慧运输管理子系统

智慧运输管理子系统属于物流系统中的流动环节，会受到运输距离、运输方式、运输时间、运输成本及运输环节等各个要素的影响。智慧运输管理子系统的运营层主要包括接收运输需求的指令、运输调度安排、运输货物跟踪、运输实时信息查询与运输费用结算等功能。货物借助各种运输工具在全国甚至全球各地流动，因此，需要北斗系统、地理信息系统、通信网络系统等联合作用，才能对运输工具状况、经过区域的交通状况、地理信息、货物信息、运载能力信息和费用信息等进行自动采集和传递。运输资源调度与安排是指通过对货物信息的来源地、所经地、目的地等进行查询，分析选择适合的运输工具，匹配所需运力，关注时间响应性，即货物运输开始的时间和到达时间等，同时，通过 GPS、GIS 等对在途的货物状态进行监督和控制，以应对紧急情况，避免损失。表 2-4 是智慧运输管理子系统的应用功能。

表 2-4 智慧物流系统中运输管理子系统的应用分析

运营层应用	战术层应用	战略层应用	互联互通应用
运输需求感知 运输信息查询 运输调度安排 货物自动跟踪 运输监控反馈	运输服务能力分析 运输配载计划分析 运输费率与成本分析 运输报警分析	承运商评价分析 运输合作联盟 运输网络系统 运输模式优化 运输成本效益分析	和承运人、采购部门或市场部门、仓储部门、客户及其支持服务商等的信息交互

从表 2-4 可以看出，智慧运输管理子系统中的战术层应用主要包括运输服务能力分析、运输配载计划分析、运输费率与成本分析等。这里的服务能力分析是指对承运商日常运营情况、服务水平的反馈和总结。运输配载计划分析主要针对货物流向，考虑货物的路线选择和各种运输工具的实载率情况进行货物合并和配载决策，以便进行货运配载计划的制定和相应运输效率的测定。运输报警分析对运输中出现的问题、突发事件和不合理运输等进行分析，平衡成本和服务质量，并通过运输统计分析、运输成本效益分析实时配备合适的运输能力，来不断提高运输管理的效率。战略层上主要包括承运商评价分析、运输合作联盟、运输网络系统与运输模式优化等。事实上，运输模式选择决策要确定是自己运输还是外包、或部分自己运输部分外包。显然，若选择外包（或者部分外包），对承运商的选择评价就是另一个重要决策。承运商的选择评价是指在企业决策物流运输外包后，选择承运商合作的高层决策过程，大的企业和承运商一般会形成企业联盟或合作伙伴关系。智慧运输管理子系统需要和外部承运商、企业内采购部门或市场部门、仓储部门、财务部门进行各类数据共享。

智慧运输管理子系统通过各种感知技术、信息传递技术等来生成运输过程中的所有相关信息，如运输单证、提货单、路径信息等，实现这些功能需要移动通信、GPS、GIS 等的配合。

2.3.3 智慧仓储管理子系统

智慧仓储管理子系统的目标是掌握仓储中出入库、分拣、库存及库存量变化情况，同时还包括仓储作业记录、分类物资情况、库存管理、用户库存控制服务等，表 2-5 是智慧仓储管理子系统的组成及功能。

表 2-5 智慧仓储管理子系统的组成及其功能

运营层应用	战术层应用	战略层应用	互联互通应用
出入库管理 拣选处理 出库包装管理 仓储盘点管理	仓储调度管理 库存 ABC 分析 库存管理 库存成本控制	库存服务水平分析 库存需求预测分析 仓储模式设计 库存周转率分析	和采购、市场、运输等部门的信息交互；与生产运营部门、销售、配送等部门的计划协调

智慧仓储管理子系统的运营层业务需求主要是订单的出入库管理、货物的拣选处理与出库包装管理及仓储中货物的盘点管理等，相应的数据获取与自动化运营过程可以参考案

例 2-4，这里不再赘述。战术层涉及的应用包括仓储调度管理，即一定仓储面积情况下仓容的利用率决策问题，储货方式有多种，如分类储存、按照 COI（cube-per-order index）原则储存等。其中 COI 指储存货物的进库、出库数量和其储存空间的比值。合理的储存方式和储存定位方式，可以有效节约存取、查找和存放货物的时间，提高运作生产率，降低成本。另外，合理的储存需要对存货按照货物价值和数量进行 ABC 分析，对重要存货实施连续性的监控和管理，对次要存货实施周期性的监控和管理等。库存管理就是决策订货策略、补货方式、最低库存量和最高库存量、安全库存量及库存盘点控制。所有控制与管理活动都是为实现库存成本的合理化，采用智慧仓储控制系统可以自动实现仓储中一旦发生货物的进、出、存等活动，就能自动进行数据获取、传递、统计与反馈和控制的过程。

战略层上的应用包括库存服务水平分析，这是面向外部衡量管理水平的一个标准，包括产品服务水平、订单服务水平和周期服务水平，用于评价库存系统在满足客户需求方面的性能。这些指标的测量都是对下层作业系统和中层状态控制的数据进行汇总分析、预测得出的。尤其是诸如京东这类零售仓储，因为市场波动，需求常常是不确定的，库存量的预测、订货点的确定及在一定客户服务水平基础上安全库存量的确定，都需要进行分析和预测。进一步，面向企业内部的高层决策首先是仓储模式的设计，也就是决策自建仓储还是外包、仓库的定位和布局、仓储的经营模式是集中还是分散等。库存周转率分析是库存内部管理人员衡量其管理水平的一种标准，库存周转率越高，说明资金周转越快，管理水平越高。同时，库存周转率也常用来比较同行业不同企业之间的库存管理水平，高的库存周转率往往意味着高的库存投资回报。

仓储作业需要频繁地处理大量数据，如货物数据、存放货架数据、进出货物调度数据等，因此，基于物联网的自动感知技术（如条形码、射频技术、传感器等）对加速数据输入输出处理起到很重要的作用。同时，基于智能设备的库存控制、分析和调度决策在库存优化中也至关重要。

2.3.4　智慧加工配送管理子系统

智慧加工配送管理子系统常常具有智慧仓储管理子系统的功能，且随着功能的不断拓展，在配送中心还实现一些简单加工等功能。因此，本节把加工与配送集成在一起来阐述。表 2-6 介绍了智慧加工配送管理子系统的组成及应用功能。

表 2-6　智慧加工配送管理子系统的组成及其功能

运营层应用	战术层应用	战略层应用	互联互通应用
订货处理 货物进出处理 货物分拣处理 货物加工处理 货物配送处理	订货管理 供需匹配分析 配送运营计划 配送调度与控制 配送成本控制	订货预测分析 联盟合作分析 管理流程设计 配送网络设计 成本战略分析	和供应链上游的联系；和供应链下游的沟通；和第三方物流承运商、外部其他组织等的沟通

智慧加工配送管理子系统的运营层应用主要根据客户的需求提供订货处理、进出处理、分拣处理、加工处理与配送处理等功能。这里的订货处理类似于 2.3.1 中阐述过的智慧订单管理子系统的功能，主要解决配送中心和其上游生产商或供需链上销售商的关系；货物的进出管理类似于智慧仓储管理子系统的相关功能，因为进入配送中心的货物一般都需要通过分拣设备，按照产品流向或产品类别送至配送区或加工区。进入加工区的货物要根据加工要求（如要求是产品包装）、加工时间限制，通过一系列的加工流程来完成加工处理的任务，然后再进入配送区。进入配送区的货物根据配送目的地和承运工具、送达时间等条件来进行配载派车。

战术层上的订货管理是指在决策支持需求中的订货预测分析基础上，根据实际约束实施配送中心的补货控制决策，即什么时候订货、订多少货物，以便实现供需匹配。配送运营计划与调度管理针对的是配送中心已经设计的作业流程，根据实际货物到达量，制定配送运营计划，分配调度资源。配送中心作业量大，时间要求严格，灵活地进行作业调度是必需的。配送是供需链上一个重要的周转环节，目标就是降低货物运输流动的成本。因此，智慧加工配送管理子系统中的中层控制是很重要的。战略层上的订货预测分析、联盟合作分析都涉及与上游供货商的协同战略，管理流程设计、配送网络设计与成本战略分析等都是企业内部的长期决策。为了实现这些战略目标，需要实时监控配送中心每一时间周期内货物进出、储存、加工、配送等各个环节的成本，以便实现资源配置的最优化。

智慧加工配送子系统有很多类型，如零售业配送中心、制造业配送中心、区域型配送中心或者流通中转配送中心等，不同类型的配送中心其可能的业务流程、运作方式和运作目标均不一样，但需要感知、采集、传递及分析的基本信息、控制信息和决策信息基本相似，都需要强大的智慧物流信息子系统来支持。

2.3.5 智慧物流信息子系统

智慧物流信息子系统是智慧物流系统的重要组成部分，它将前面各个子系统，如订单、运输、仓储、加工配送等物流活动连接起来，即各种物流信息支持着各个子系统中各项功能活动，通过对所获取的信息、数据与分析得出的知识加以处理和利用，贯穿于物流各子系统业务活动中来进行优化和决策。因此，智慧物流信息子系统不是一般的信息系统，它是把物流、资金流集成为一体的具有智能的神经系统，是智慧物流系统中“遍布全身”的神经元系统。也就是，智慧物流信息子系统依靠 RFID 技术、条码技术等感知信息技术获得物流系统中各作业环节的数据，然后通过网络进行数据传递及发布（信息传递），运用大数据、人工智能等处理数据给出各种优化实施方案。同时，还借助自动跟踪技术实现对产品从生产、运输、配送直至消费的全过程监控，以便及时发现问题，进行反馈与修正。

图 2-5 给出了一个全面集成的智慧物流信息子系统的概念模型。从这个概念模型可以看出一个全面集成的智慧物流信息子系统从水平视角应集成物流系统中各个不同运营功能的信息流，包括客户订单、运输、仓储、加工与配送及其客户管理、上下游合作管理等

方面。在垂直视角针对三种管理层次上的不同需求实现不同类型的信息。其中，数据层是实现将收集、加工的各类物流信息以数据库、数据仓库、知识库等形式执行储存管理的功能。运营层应用是对发生在各个物流运作过程中的订单、合同、表单、票据、报表等业务表现方式进行的日常处理；战术层应用是针对中高层管理人员进行物流活动的控制、监督和管理协调，包括仓库作业计划、最优路线选择、控制与评价模型的建立，根据运行信息反馈测评物流系统的状况等；战略层应用目标是基于各种分析软件，如预测、优化、调度等模型与方法，建立各种物流系统分析模型，辅助高级管理人员制定各种物流战略计划，用于支持在各个管理层次中的物流活动控制与决策活动等。

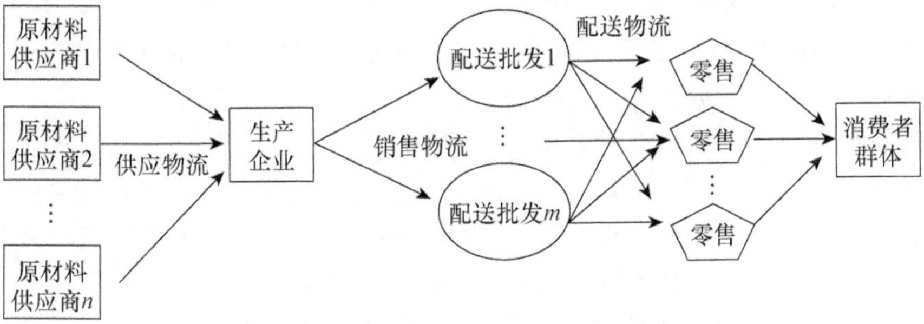

图 2－5　供应链网络系统中的物流功能

2.4　智慧供应链系统的协同与层次结构

物流是供应链的一部分，物流系统就是供应链系统中的一条大动脉。从理论视角，供应链系统是物流系统的拓展；从实践视角，供应链系统是物流系统的进一步集成化。任何一个企业或组织都存在于一个或多个供应链系统中，与链上其他成员存在物流、信息流、资金流等活动。本节基于智慧物流系统的体系架构，阐述智慧供应链系统的特点及层次结构。

2.4.1　从智慧物流到智慧供应链的协同思想

供应链上的成员通常有多个上游和下游，这就使得供应链的链式结构互相关联与交错组成了供应链网络。这种网络结构内部包含物流系统的各个功能要素，如运输、仓储、配送等，这些功能同处在一个大物流系统中，各个企业都有各自不同的利益。虽然它们在物流全过程中都需要通过获得利润而生存，但这些物流功能要素之间往往存在效益背反的现象，即各物流功能之间会存在各种利益冲突，这就需要物流决策者在这些相互联系的主要功能要素之间权衡利弊，协调关系。

由此，供应链管理是在物流系统功能实施基础上的协同管理，其最早的实践是宝洁公司在 20 世纪 80 年代开发出一套自动补货系统，来满足一家超市中尿布的补货需求。该补货系统在超市试用后效果显著，宝洁又与沃尔玛、凯马特合作打造了一套协同规划、预测和补货（collaborative planning forecasting and replenishment，CPFR）系统。随后，很多企业意识到市场需求剧烈波动，实现供应链的自动补货管理很有必要，保证供应链上的协同非常重要。因此，供应链的自动管理系统开始大量推广。

显然，在市场激烈竞争与跨界融合频繁发生的现状下，企业单兵作战很难取得优势。供应链系统中的企业为了应对激烈的市场竞争和快速变化的消费需求，必须和上下游企业构建长期、密切的联盟合作关系，比如戴尔、惠普等电子产品企业在实施供应链协同方面就是典范，它们和上游企业共享相关的生产计划、技术、资金等来满足客户的需求。因此，供应链系统上越来越多的企业认识到，目前的竞争不再是企业间的竞争，而是链与链之间的竞争。以消费者为核心的供应链不可能以牺牲产品本身的质量、生产过程等为代价来降低成本，而是应该通过供应链系统的协同来强化上下游企业之间的协作能力，从而降低交易成本，提高客户的满意度。

供应链系统的协同是指供应链系统的上下游企业间协调制定且实施相关计划，共担风险来保证合作各方协同配合，以提高价值共创能力。也可以是，供应链系统中两个或多个企业为了实现统一的战略目标，建立战略网络联合体。可以看出，要实现供应链系统的协同需要通过先进信息技术的支持，协调链上各方企业的步调，以便减少库存，降低供应链成本，提高客户满意度，取得市场竞争的优势，达到“双赢”或“多赢”的效果。

然而，供应链系统庞大且复杂，链上每个企业都有自己的相对独立性，都以追求自身利益最大化为目标。在上下游合作过程中，它们可能为了自己的利益而不顾链上整体利益，影响整个供应链系统的运作与绩效。

影响链上整体利益的因素主要有：

(1) 供应链上的信息共享问题。牛鞭效应是供应链管理理论提出的基础，因此，供应链协同的最基础保障就是链上企业之间的信息共享。例如，在供应链的牛鞭效应下，制造商仅仅能够获得下游批发商、零售商的产品订货信息，但不能了解市场的销售信息、链上各个环节的库存信息及消费者信息等，则其在生产计划、生产调度及其排产和满足消费者需求等方面就会出现很大的偏差，导致供应链上各个节点库存积压风险，使得供应链成本大大增加。宝洁最早开发的自动补货系统可以实现供应链上制造商（宝洁公司）直接获取下游企业的零售信息、库存信息等，保证了企业间信息的透明化与可视化，这样就能帮助宝洁等制造企业合理安排生产，提高库存周转率，为整体供应链系统中的企业带来更高的绩效回报。

(2) 供应链上面临的不确定性问题。目前环境变化很快，如需求不确定性、供应不确定性或不可抗力的不确定性等，这些给供应链系统中不同企业之间的协同带来挑战。一个供应链系统中存在很多不同类型的企业，如位于中国厦门的戴尔工厂，其上游的供应商分别位于全球不同的国家，芯片来自美国的 AMD 或英特尔公司，显示器来自日本，键盘来自中国广东等，从这些位于全球不同地理位置的供应商处订购零部件，订购提前期有的长达一个月，如从美国船运芯片；有的一周，如从日本运输显示器；而从广东运输键盘仅需一天。协调这些不同供应商及它们之间的不同运营模式，还可能存在很多不确定性，如海运中的产品破损、台风等，协调的难度会大大提升。

(3) 供应链上不同主体的利益冲突问题。供应链上不同的企业是独立的个体，都有自己的利益最大化目标。在供应链协同中，发生利益冲突，从而导致供应链协同断裂是常见的现象。因此，供应链上的企业需要从长期发展、战略发展的视角出发，考虑链上的利润关系、合作关系，这样在小的得失面前才能放下个体利益，实现供应链的协同。

事实上，实现供应链的协同需要构建智慧供应链系统，即构建自动化、信息化与智能化的信息系统，构建强大的数据系统，引入先进的网络设施与自动化设备等。显然，先进信息技术在供应链协同中扮演关键的支撑作用，然而，也不是说强大的信息技术、智能技术就一定能让供应链的上下游企业实现协同运作，这只是一个技术支撑，还需要考虑供应链上利益分配与协调机制的作用，才能实现协同目标。

2.4.2 智慧供应链系统的层次结构

目前企业都在大力发展供应链协同，而供应链上的企业协同需要智慧供应链的支持。本节将详细阐述智慧供应链的层次结构，如图 2-6 所示。

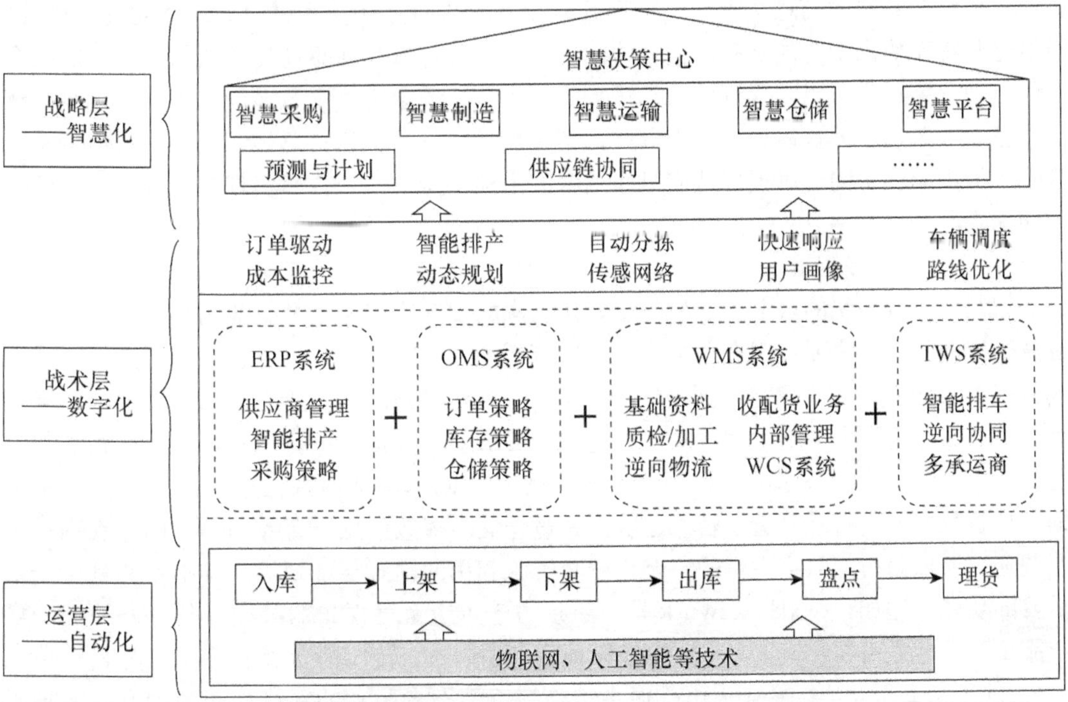

图 2-6 智慧供应链系统的层次结构图

从图 2-6 可以看出，智慧供应链系统主要包括三个层次：底层是以自动化为基础的运营层，中层是以数字化为基础的战术层，顶层是以智慧化为基础的战略层。

1. 自动化的运营层

智慧供应链的运营层事实上也就是智慧物流系统应用层中的感知层。该层次主要是基于物联网、智能感知技术、数据获取技术、自动物流设施等完成物流活动中最基本的业务活动，包括货物的出入库、仓储拣选、上架、库存、理货与盘点、简单加工、运输与配送等一系列物流运营功能。其中各种自动化设备、互接互联网络等可实现货物的自动识别、传递与监控、追溯等功能。另外，通过本层次各种自动化的数据获取与传递，可以获取到物流活动中的基本数据及运营数据，从而构建出各种各样的物流信息系统数据库，如仓储数据库、运输调度数据库、零售订单数据库等，它们是战术层和战略层进行分析与协调调度的数据基础。

2. 数字化的战术层

数字化的战术层，由把底层运营层相关一系列物流功能进行信息集成的物流信息系统组成，如制造业的企业资源计划（enterprise resource planning，ERP）系统、订单管理系统（order management system，OMS）、仓储管理系统（warehouse management system，WMS）、运输管理系统（transportation management system，TMS）等。这些系统在供应链上的一个局部范围内进行纵横方向的信息集成，如 WMS 可以全面集成一个仓储中心内的所有物流运作信息，并与上游供货商、下游零售商之间建立关于订货、配送等相关信息交换。在智慧供应链系统中，为了实现供应链的协同，以前独立的各个信息系统开始进行集成，如宝洁公司的信息系统与沃尔玛的订货系统进行连接，实现自动补货功能。因此，通过这些物流信息系统的互联与信息协同，可以实现订单自动驱动转入仓储中心，实现仓储的自动分拣；也可以实现订单自动进入制造企业，实现智能排产与生产计划的优化；还可以自动针对运输的资源进行动态调度，实现配送路径的优化。总之，这些物流信息系统支持下的供应链协同可以很好地满足消费者的个性化需求，一方面实现快速响应，另外一方面为企业降低成本。

3. 智慧化的战略层

智慧供应链系统的最上层是战略层，该层次的主要应用对象是企业的高层管理者，故智慧供应链的支持主要表现在预测分析、决策规划、模拟分析、供应链联盟等方面。采用大数据、云计算、人工智能、机器学习等技术一方面对物流链上所有流动的原材料，半成品，产成品，物流资源如运载工具、场站、各种自动化设备等进行识别可视化，实现信息透明化、信息共享与快速准确的跟踪监控；另一方面基于下面两层采集的数据与二手数据，从智慧采购、智慧制造、智慧运输、智慧仓储与智慧信息平台控制等方面实现物流资源调配、模拟分析与数字中台的协调控制及资源利用的预测与计划等。其中预测分析是最重要的功能，比如，ONE Network 是一家致力于供应链可视化的公司，其开发的控制塔产品 1.0 目标是可视化，2.0 升级为指标预测分析，3.0 转向消费者驱动预测分析，目前 Control Tower 4.0 从以企业为中心逐步转移到以消费者驱动的网络视图为中心，实现了供应链网络中各个成员参与者相互协作与信息可视化。其发展的过程就是从供应链上成员之间的可视化，到依据大数据与人工智能的预测分析、自主控制与分析来驱动整个供应链系统调整与优化的过程。

2.5　智慧供应链系统的功能与组成

2.5.1　智慧供应链系统的协同功能

智慧供应链系统的协同功能可以分别从运营层、战术层和战略层三个层次上来阐述，如图 2－7 所示。其中最下面一层是运营层的协同，该层针对物流系统中的各项物流活动，如运输、仓储、配送、流通加工等进行精准控制与协调，提高物流的效率，降低成本，提高客户服务水平。第二层是战术层的协同，主要作用是上通下达，充分贯彻上层的战略方针，制定出使得供应链上下游各个企业之间协调一致的计划，通过计划、调度与控制充分利用各类资源，实现利润最大化目标。最上面是战略层的协同，站在长期发展的角度，制定具有长远规划的供应链协同战略，如实现供应联盟、资源协作联盟等，目标是实现供应链企业多赢。

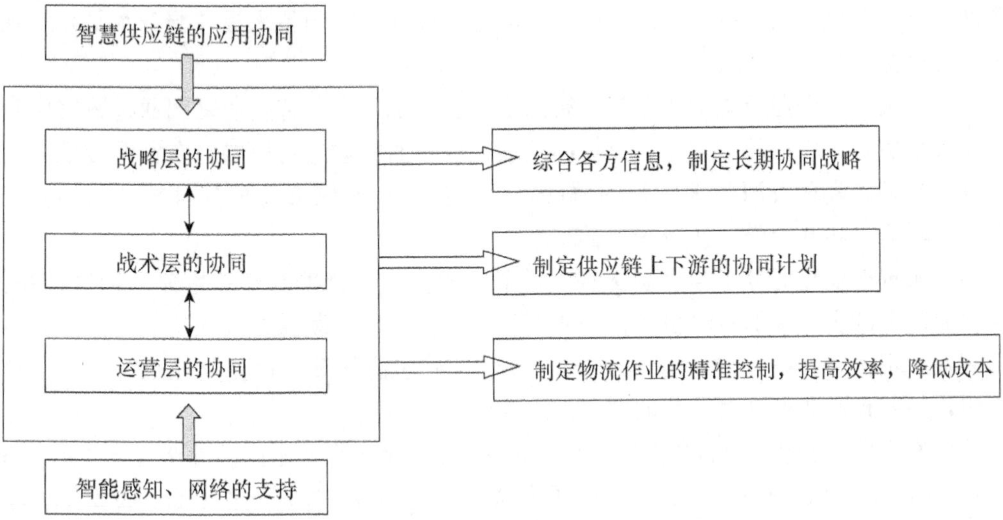

图 2－7　智慧供应链系统的协同功能

具体地，从智慧供应链系统中影响协同的要素的角度，主要有以下几个方面的协同：

（1）供应链结构规划的协同。供应链结构规划就是构建供应链的网络，包括链上都有哪些成员，成员之间的链接关系及链接的复杂程度等链长、链宽的结构设计。

（2）供应链网络参数优化的协同。供应链网络中包括设施选址优化、干线及支线的布局、仓储设施的布局优化及库存采购策略优化等。

（3）供应链企业间关系的协同。供应链企业间关系协同包括链上交易的各个企业之间或渠道之间的收益分配机制、激励与风险分担机制、契约机制与保障机制、信任与合作机制等问题的协同。

（4）物流功能活动的流程协同。物流功能活动的流程协同就是各个物流活动之间的无缝衔接，包括物流订单接收、调度、配送及自动补货、产能配置、拣选与库存等问题的协同。

(5) 供应链信息系统的协同。供应链上涉及很多企业内部信息系统和跨企业的信息系统，这些信息系统通过链上企业之间的工作流协同建模、商业交易信息的互联互通及消费者需求预测的信息分享等进行协同。

事实上，基于人工智能、大数据等先进技术的智慧供应链系统就可以更好地实现链上各方的协同，这种协同可以帮助供应链上企业实现的功能包括：

(1) 快速响应个性化、多元化的客户需求。目前电子商务飞速发展，电子商务销售产品的长尾特性使得消费者的选择面很宽，但竞争也越来越激烈，导致产品的更新换代周期大大缩短。智慧供应链系统中，通过各种智能技术的深入应用，能够获取大量消费者的需求数据、个性化或多元化的偏好数据。通过供应链中台在链上及时共享消费者的需求数据，实现供应链协同，可以快速响应消费者的需求，降低成本。

(2) 实时监控以提高服务水平。在智慧供应链系统的数字中台上，可以实现对产品的原材料采购、设计研发与制造生产、促销与销售、订单支付、产品配送与售后服务等全生命周期的反馈、监控与控制，可以及时发现问题，以便不断调整来提高服务水平，实现增效降本的目标。

(3) 实现链上企业资源优势互补。智慧供应链系统中上下游企业之间通过数字中台建立合作关系后，不仅在需求信息、监控与反馈控制方面能够进行协同，在资源分享方面也可以优势互补，实现资源合理利用的协同，保证各个企业能够发挥各自领域内的领先优势，建立联盟、相互合作，获得多赢的结果。

(4) 实现专业化的分工与组织优势。目前激烈的市场竞争与产品生命周期短的特征，使得供应链上的企业更加专注自身核心业务的发展，以便持续保持领先优势。因此，专业化组织发展很快，如第三方物流 (3PL)、OEM、外包协作等，也就是通过各种不同业务的外包，将非核心业务交由专业的第三方服务商。

这种趋势增加了组织间的合作和协调，日益加强了链上企业之间的战略合作关系，各个企业基于利益建立战略合作关系，选择贸易伙伴，分享利益，如发展基于合作的数据分享战略，研究更有效的分割数据策略，从而把有选择的、安全的信息同供应链伙伴共享。再比如下游零售企业实施供应链的协同，更关注产品销售，把产品的设计与生产、物流与配送等活动交由供应链的上游企业去实施，可以进一步提高市场竞争力。

2.5.2 智慧供应链系统的组成

以供应链管理理论为核心的智慧供应链系统是指供应链上企业之间为了实现信息共享和协同，构建的以物联网、智能技术与设施、数据挖掘与大数据技术等为基础的一体化、集成的系统。它不仅仅局限于一个企业的内外部和相关环境，而是从整体供应链的视角来考虑，因为供应链上有很多参与企业，它们之间存在很多利益相关关系。因此，智慧供应链系统是前面阐述的所有系统的一个集成复杂的大系统。

图 2-8 是一个基于智能技术的智慧供应链系统。系统中的各个企业，如供应商、制造商与消费者，通过以物联网、互联互通网络技术为基础的集成信息系统或电子商务平台

连接，形成集成化的供应链系统。同时，通过供应链数据中台上的云计算、数据挖掘、智能算法和大数据等技术，对供应链上所有业务进行协同计划、协同资源调度、协同控制与协同反馈修正，来实现供应链上所有业务与运营活动的协同制造与物流过程，实现供应链上物流、信息流与资金流的统一。

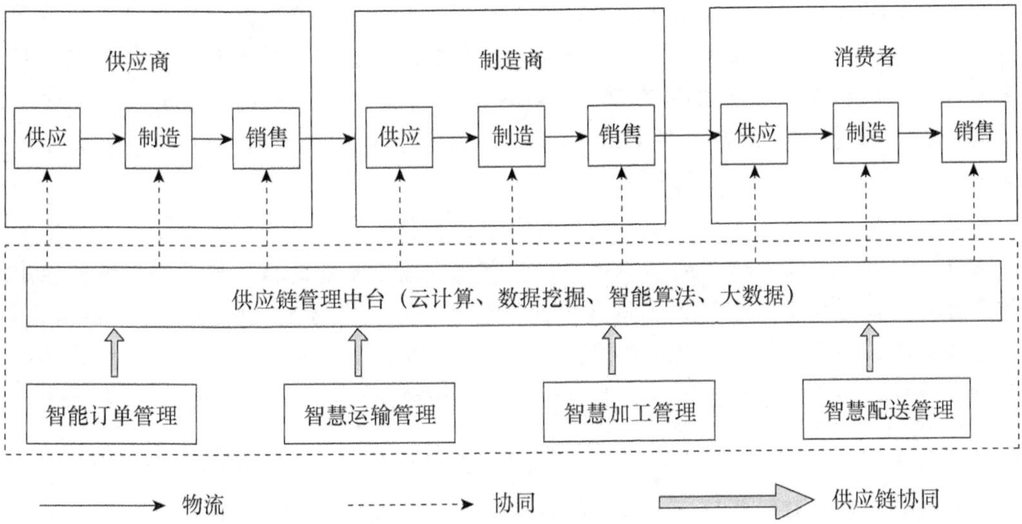

图 2-8　智慧供应链系统的组成

智慧供应链系统其典型特征就是设置数字中台，也就是从不同的工作台视角，把整个供应链上各个企业交易从生产计划、物料采购、合同履约、产品库存与财务结算等方面全面集成。在数据应用体系中，可设计不同的数据应用规则，应用相关优化模型、智能算法、大数据等技术，基于相关供应商、商品、订单、库存、结算、会员、运营模式等对象，通过数据架构中模型与方法和供应链上的商业模式相结合，形成链上各种业务运营的应用场景。因此，供应链中台中存在各种类型的工作台，其中不同的物流运营场景、不同对象的数据集合、优化模型等相互集成，面向供应链上不同的运营支持角色来完成相关工作的协同。上海富勒信息科技有限公司是一家精益物流软件提供商，其目前产品就以打造数字中台为目标。该公司 2003 年 6 月成立，2009 年 10 月成为上海世博会的仓储管理系统供应商，2013 年其产品深入医药、服装和电商行业；2015 年 5 月与顺丰全面合作，开始进军供应链数字中台的发展；2018 年 6 月发布了云架构智能化解决方案，开始形成一个包括订单、运输、仓储、SAASWMS 和信息处理的综合性数字中台控制软件服务系统。由此，可以看出在智慧供应链系统中的数字中台，包括算法的设计和优化、大数据分析与云计算等，可以针对客户提出的各种供应链上的问题提供智能化、一体化解决方案。

本章小结

智慧物流系统的架构分成四个大的层次：社会安全环境、感知层、网络层和应用层，其中感知层具体分成物流识别与追溯感知层、物流定位与追踪感知层、物流监控与管理感知层；网络层具体分成接入网络和传输网络，来实现物流数据的接入功能与传输功能；应用层按照管理的运营、战术和战略三层次思想划分。

智慧物流系统包括七大功能：物流运营的感知功能、物流数据的集成功能、物流分析的模拟功能、物流决策的优化功能、物流系统的协调功能、物流系统的自动反馈功能、物流系统的及时修正功能。智慧物流系统的主要特征包括：强大智能感知能力和智慧学习能力的结合、数据集成平台或数字中台的支持和全面集成性、交叉性学科的管理系统。智慧物流系统的组成包括：物流订单管理子系统、智慧运输管理子系统、智慧仓储管理子系统、智慧加工配送管理子系统等几大部分，这几部分最后靠智慧物流信息子系统进行集成。

智慧供应链系统的层次结构主要包括三层次：以自动化为基础的运营层、以数字化为基础的战术层及其以智慧化为基础的战略层。智慧供应链系统的组成通过供应链管理中台上的云计算、数据挖掘、智能算法和大数据等技术，对供应链上所有业务进行协同计划、协同资源调度、协同控制与协同反馈修正，来实现供应链上所有业务与运营活动的协同制造与物流过程，实现供应链上物流、信息流与资金流的统一。

关键概念

智慧物流系统　智慧物流信息系统　供应链协同　智慧供应链系统

思考题

1. 智慧物流系统的层次架构是怎样的？
2. 相较于传统物流系统，如何理解智慧物流系统的功能？
3. 思考传统物流系统与智慧物流系统组成中的区别。
4. 智慧供应链系统的层次结构与供应链的协同是怎样的关系？
5. 智慧供应链系统是如何实现其系统功能的？

课堂讨论题

1. 传统物流系统与智慧物流系统的相同点与不同点有哪些？
2. 传统供应链系统与智慧供应链系统的相同点与不同点有哪些？

案例分析

G7 开启货运行业物联网时代

G7 物联成立于 2010 年，总部位于北京，拥有超过 1 500 名员工，是公路物流行业的物联网科技平台。物联网（IOT）就是“物物连接的互联网”，即通过各种信息传感器设备，如无线射频技术、全球定位系统、红外感应器和激光扫描器等，根据约定的协议，把任何物品都连入互联网，形成一个物物连接的网络。通过 IOT 可以对货物实现智能化辨识、定位、跟踪、监控和管理。多年来 G7 以物联网技术为核心，逐步发展了车队管理平台、主动安全服务、数字能源结算、智能挂车租赁、金融保险、卡车后市场等一系列业务，先后服务了 7 万家货主和物流公司。目前 G7 已经发展成一家连接超过 180 万台重卡、数据类型丰富的全球领先的商用车物联网平台，其三大核心业务——数字货运、安全管家、数字货舱，都凭借创新的物联网、人工智能和大数据技术与丰富的行业经验处于各自细分市场的领先地位，G7的核心业务如表2-7所示。

表2-7 物联网时代G7的三大核心业务

数字货运：网络货运平台	**安全管家**：货运安全系统	**数字货舱**：智能装备资产服务
服务对象：面向货主、物流公司、车队 **提供功能**：网络货运系统、物联网可视管理服务、私有运力+公有运力保障服务、合规税筹服务、平台资质与等保三级申报服务 **增值服务**：向司机群体提供能源补给、维修保养、餐饮住宿、卡车配件电商交易等卡车后服务	**服务对象**：为公路货运卡车提供7×24小时安全运营保障 **提供功能**：采用物联网技术获取数据，实时获取车辆的运行数据与司机驾驶行为数据；借助主动安全算法，对车队的整体运行风险进行评估与预测 **增值服务**：行业首创的7×24小时安全管家运营服务	**服务对象**：传统挂车的智能化升级，实现对装备资产的数字化管理 **提供功能**：通过为挂车安装智能终端与数据传感器，采集车厢内的多维度数据信息，结合大数据智能决策，实现头挂匹配、人工智能量方、载重监控、温度控制、防侧翻等各运输场景的智能化资产管理 **增值服务**：经营性租赁服务

1. G7数字货运

G7提供了强大的网络货运平台，可以给出完善的服务体系与全方位的解决方案。如在物流管理方面，G7网络货运平台就是基于物联网，通过电子标签技术来实现货物的识别，该电子标签又称智能标签（tag，smart label），通过无线电波读取卡内信息，也称射频标签。标签可灵活附着于车辆的载货底盘或装载的各类货物上，里面可以存储货物名称、运输起始与终止地、中转地及货物经过的地理位置及具体时间等，还可以载入诸如温度等指标。

通过物联网技术中的智能标签技术，就可以实时了解货物在途状态、运行轨迹、经停情况、异常状态等真实信息，实现物流运输的全程可视化管理，保障货物运输安全来提高物流服务水平。又比如在物流供给侧方面，通过G7网络货运平台，还可以利用大数据优化物流运输组织调度，缩短承运人的空驶、等货时间，提高车辆周转率，降低单次运输成本，统筹降低货主企业的仓储、资金占用等成本。同时，提升物流服务品质，满足客户时效、成本、便捷性等需求，提供定制化的运输服务。进一步，G7网络货运平台还依靠G7能源和G7卡车宝贝布局的卡车后市场服务网络提供增值服务。

2. G7安全管家

G7安全管家是以物联网技术为核心的公路货运安全解决方案。G7安全管家服务采用物联网技术获取数据，通过为货运车辆安装高级驾驶员辅助系统（ADAS）传感器和4G视频摄像头，可以实时获取车辆的运行数据与司机驾驶行为数据，借助不断迭代的主动安全算法，对车队的整体运行风险进行评估与预测，有针对性地提供个性化的安全管理解决方案。通过物联网技术与人工智能算法，G7安全管家为公路货运卡车提供7×24小时安全运营保障，降低卡车交通事故发生率，提升物流车队安全管理水平与竞争力；同时降低车险赔付率，为保险公司创造利润空间。

除安全设备与智能算法，G7结合3年行业服务经验，推出行业首创的7×24小时安全管家运营服务。当安全服务平台监测到风险事件，能够对事件自动进行评级。安全管家团队可以针对发生高风险事件的驾驶员做出即时的干预，从而降低恶性事故的发生概率。

3. G7 数字货舱

物流企业规模化运营是行业大势，但快速增长的业务量所带来的经营复杂度与管理难度会成倍增加。实现对装备资产的数字化管理，才能应对随之而来的成本升高与效率下降。数字化的基础是装备的物联网化与智能化。G7 数字货舱是基于物联网技术的智能装备资产服务，通过将物联网、大数据、人工智能等前沿技术与传统挂车相融合，实现对传统挂车的智能化升级，帮助物流企业显著提升挂车运输的安全性，大幅降低管理成本。同时针对物流公司资金压力大、成本高的经营痛点，G7 数字货舱通过按需付费的灵活经营性租赁模式与完善的售后服务，帮助物流公司摆脱重资产束缚，降低总成本。

G7 数字货舱是运用物联网技术对传统挂车的颠覆式创新，通过为挂车安装智能终端与数据传感器，采集车厢内的货物体积、重量、温度等多维度数据信息，结合大数据智能决策，实现头挂匹配、人工智能量方、载重监控、温度控制、防侧翻等落地于各运输场景的智能化的资产管理功能，对挂车与货物实现可视化、标准化、集中化的系统性管理，从而大幅提升资产的运营效率，降低成本。此外，G7 数字货舱还可以向有轻资产需求的客户提供经营性租赁服务。对于有快速扩张的物流企业而言，这将大大减少对现金流的需求。物流企业还可以根据业务和市场变化，灵活调整租用设备的数量，减轻资金和设备管理的负担，实现更优的资产配置，降低资产闲置率。

2019 年末，G7 已成为全球公路物流领域最大的卡车物联网平台，持续生产丰富的数据，包括位置、速度、刹车、油量、园区进出、车辆和司机的行为安全等。G7 的在网车辆数激增，卡车连接数实现了 60%以上的年化增长。同时，G7 的明星产品数字货舱全年新增 2 500+台，在全国挂车租赁市场成为领军力量。

资料来源：G7 公司官方网站. https://www.g7.com.cn/.

案例思考题

1. 查阅 G7 公司网站，进一步了解其是一个怎样的公司。
2. G7 公司是如何利用物联网技术来实现其核心业务的?
3. 查阅应用 G7 三大核心业务功能的企业案例，了解这些企业在应用中实现的功能及效果。

03
Chapter

第3章

智慧物流与供应链的运行机理

学习目的

通过本章的学习，学生应该能够：

- 了解智慧物流与智慧供应链的运行机制
- 掌握智慧物流与智慧供应链的组织管理机制
- 认识智慧物流与智慧供应链的创新机制
- 理解智慧物流与智慧供应链的风险机制
- 了解智慧物流与智慧供应链在不同企业中的运行机理

3.1 智慧物流与供应链的运行机制

3.1.1 智慧物流和供应链系统的关键特征

随着智慧物流和智慧供应链系统的快速发展，其表现出了许多关键特征，总体上可分为三个方面，即智慧物流和供应链系统的技术特征、组织特征和创新特征。

1. 智慧物流和供应链系统的技术特征

一是数据驱动。智慧物流和供应链系统中，大数据平台是整个系统的大脑，是智慧供应链的关键所在。通过大数据技术的挖掘与处理，可以实现基于消费者数据支持的前端研发和生产，有效降低物流和供应链的反应时间，节约成本。以大数据驱动决策与执行，为智慧物流和供应链系统赋能。

二是互联互通。智慧物流和供应链系统中的所有要素在物联网平台上实现互联互通，不仅包括供应链上所有节点企业的信息实现交互连接，还可以实现所有货物的全面多渠道连接。一切业务数字化，基于货物的动态数据实现供应链上的节点企业之间的有效互动。

三是智能操作与实时控制。通过大数据的信息挖掘和信息赋能，以及人工智能技术的应用实现机器学习，在不需要人工干预的情况下，就可以基于实际情况，作出相应的决策。通过云计算处理实时共享信息，以获得相应的权限，从而应对异常情况的发生，避免损失。

四是高度可视性。智慧物流和供应链系统的可见性不仅指信息的可用性，还对共享数据的准确性、及时性、有用性和数据结构提出了要求。使用物联网和传感器等技术可以有效地支持从远程位置实时监视、控制、规划和优化智慧物流及供应链系统的动态操作。

2. 智慧物流和供应链系统的组织特征

一是深度协同。跨集团、跨企业、跨组织之间的深度协同，能够有效减轻信息不对称带来的影响；基于智慧物流系统全局优化的智能算法，能够调度整个物流系统中各参与方高效分工合作。智慧供应链上各节点企业基于互联网平台主动形成供应链联盟以快速响应市场的剧烈变化同时满足顾客的个性化需求，提高智慧供应链系统整体的竞争力。

二是去中心化。在智慧物流和供应链系统网络结构中，供需运作不再围绕一个或几个核心企业或环节，各节点之间可以对资源进行有效重组来满足用户需求。因此，去中心化发展越来越成为智慧物流和供应链系统建设的方向，有助于实现各项资源的充分整合，提高智慧供应链系统的灵活性和柔性。

3. 智慧物流和供应链系统的创新特征

一是自主决策、学习提升。区块链、云计算与人工智能技术的应用有助于构建物流和供应链大脑，帮助组织在感知中决策，在执行中学习，在学习中优化，在智慧物流与供应链系统的实际运作中不断升级提升。智慧物流和供应链系统实现自主决策，也能够有效推动企业朝着程控化和自动化方向发展。

二是场景创新、模式创新。智慧物流和供应链系统的创新就是要处理好场景的竞争，包括从电子商店到移动商店，再到云商店的场景转变。未来的供应链创新将依托场景进行服务，针对消费者在不同时空的需求强化场景体验，是未来供应链商业模式创新的方向。

3.1.2 智慧物流的运行机制

1. 智慧物流系统的运行模式

智慧物流系统的运行可以从智慧化平台、数字化运营、智能化作业三个层面体现①，如图 3－1 所示。

智慧化平台是“大脑”，负责开放整合、共享协同，解决诸如大数据网络布局、人工智能决策、供应链深度协同等宏观问题，并通过综合市场关系、商业模式、技术创新等因素进行全局性的战略规划与决策，输出行业解决方案，统筹协同各参与方。对获取的数据

---

① 霍艳芳，王涵，齐二石. 打造智慧物流与供应链，助力智能制造——《智慧物流与智慧供应链》导读 [J]. 中国机械工程，2020，31 (23)：2891-2897.

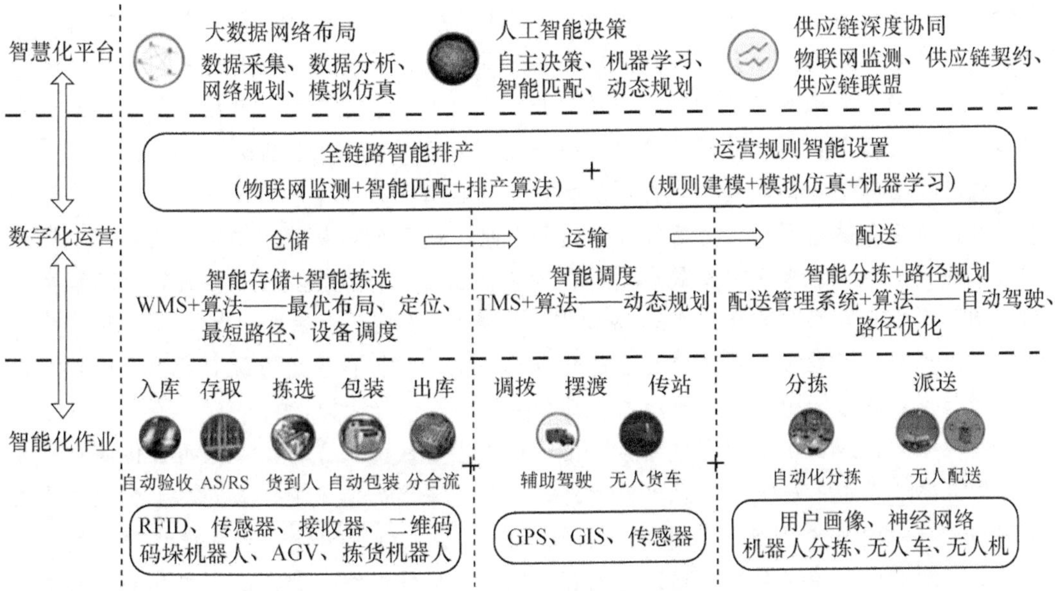

图3-1 智慧物流系统的运行模式

进行处理和加工，把各种物流信息数据集中到云存储中，利用信息整合、分类与智能处理技术，按照预先设定的逻辑和规则，利用大数据、云计算、人工智能等技术进行分析处理，产生决策指令，进而通过感知通信技术向执行系统下达。

数字化运营是"神经中枢"，负责串联调度，依托云化的信息系统和智能算法，连接、调度各参与方进行分工协作。这是智慧物流的物理活动，既是一切物流活动的起点，也是智慧物流决策反馈作用的终点，形成了智慧物流系统闭环。它包括了物流作业活动的运输、仓储、包装、分拣、配送、加工、装卸、回收等所有环节。在仓储管理系统（WMS）、仓储控制系统（WCS）、运输管理系统（TMS）等业务运作系统的智能调度下，实现物流作业的高效率、低成本。各环节的高效协同是智慧物流运行的基础。

智能化作业是"四肢"，负责具体的作业执行，依托互联互通、自主控制的智能设施设备，连接生产和供应。通过RFID、二维码、传感器、音视频处理等技术捕捉物流运作过程中的流体、流速、流向、流量、环境等各种基础数据参数，实现物流业务数字化。智能化作业还包括物流基础设施的智能化改造以及地理信息数据、货物数据、数据交换等行业基础标准的建立。推进物流基础设施的智慧化升级，能为智慧物流发展提供有力支撑。

2. 智慧物流运行机制的典型案例

案例3-1

上汽通用的智慧物流建设

在全球工业4.0及中国制造2025大背景下，作为制造业标杆的汽车制造业正处于从传统行业向智能制造转变的关键阶段，而智慧物流作为工业4.0或智能制造的重要内容，更是传统汽车制造业转型的关键。历经20多年的发展，上汽通用始终是中国汽车行业的领跑者，业务规模以几何级数增长，经营范围不断扩大，在技术创新和模式变革的探索方面也走在行业前列。随着智能制造在全球兴起，上汽通用在业内率先开始对智能制造进行积极探索和严密布局，智能物流作为核心板块之一大胆尝试，稳步推进。

上汽通用智能物流的发展主线将围绕模块化、自动化、数字化、网联化、智能化五个方向展开，数字化的实现被视为智能化改造的基础。基于公司智能制造发展战略，上汽通用制定了供应链与物流数字化发展规划，在物流全过程中对传统业务流程进行全局数字化改造。同时，依托自动化物流设备、感知技术、物/务联网、大数据、智能优化算法等先进技术，对部分物流业务和系统进行智能化改造尝试，挖掘和寻找传统业务的突破点和新的效益增长点，为智能物流转型升级打下坚实基础。

为实现智慧供应链上下游高效衔接，上汽通用主要从两个方面入手，推进传统业务流各环节的数字化改造：一是疏通整个业务链；二是打通整个信息流。为此，上汽通用采用企业架构方法，对业务架构、应用架构、数据架构等，通过梳理、分解设计、构建、集成、扩展，形成端到端全局性规划，确保各数字化信息系统符合部门战略和业务、技术发展要求，互相之间实现互联互通；同时，在IT架构设计中采用数据模块化设计，保证相关系统未来再改动时只需改动特定模块即可，不对其他系统造成任何影响。

资料来源：上汽通用的智能制造与智慧物流探索［EB/OL］.（2018-07-10）［2020-11-07］. https://www.sohu.com/a/240401365_100010073.

近年来，自动化设备、智能机器人、新控制技术的不断涌现，物联网、视觉识别、大数据分析、云计算、机器学习等先进技术的不断发展成熟，都给智慧物流的发展提供了良好契机。智能物流体系的建设，能够精准对接需求与资源两端，全面对接产品设计、制造执行及市场销售等关键环节，支持快速精准的产品个性化、柔性生产，使不同生态层、不同元素之间产生更多的化学反应，更好地实现相互促进。

对于案例3-1中的上汽通用而言，物流智能化转型是企业保持优势、持续前进的目标，同时也是支撑公司智能制造顺利推进的重要组成部分。上汽通用作为汽车产业链的龙头，通过智能物流战略的推进，也将协同并带动汽车上下游产业链的共同发展，为全面实现智能物流转型升级打下坚实基础。

3.1.3 智慧供应链的运行机制

1. 智慧供应链的运行模式

智慧供应链的运行可以从底层支撑、中层运作、上层控制三个层面体现，如图3-2所示。

首先，底层的技术设备是智慧供应链运行的基础要素。在货物运输、仓储、配送、信息服务等各个环节中，通过系统感知、全面分析、及时处理及自我调整等功能实现有效控制。通过集成人工智能技术、大数据、云计算处理、传感通信技术等让货物在整个生态链实现自动化、可控化、信息化和网络化，在流通过程中获取信息，进而分析信息

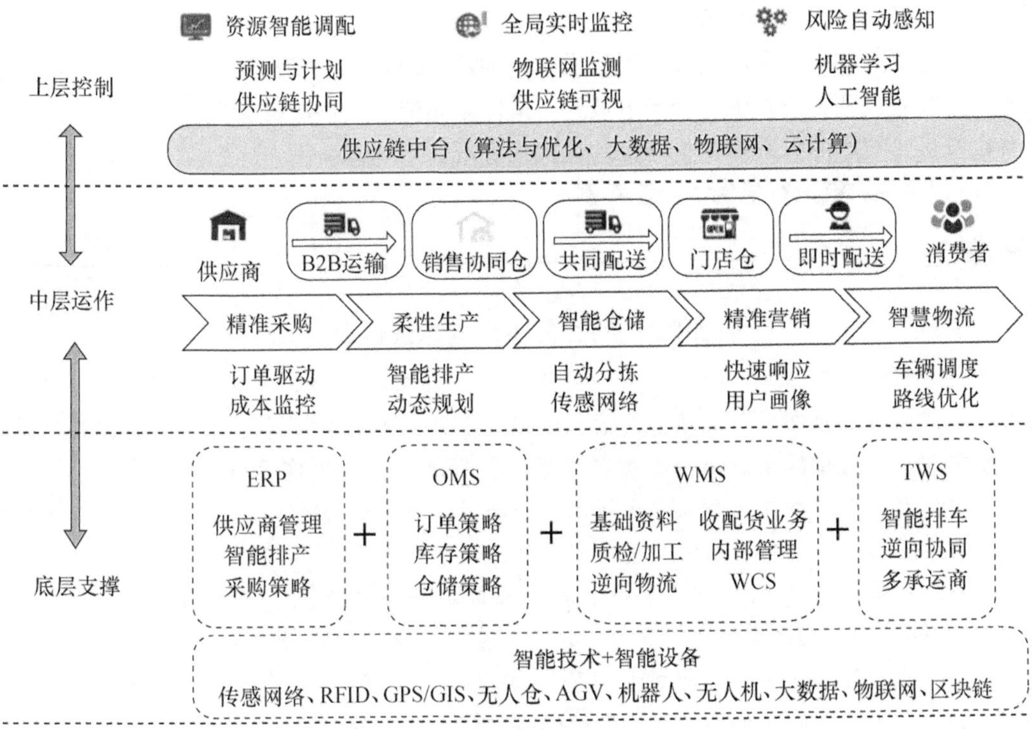

图 3－2　智慧供应链的运作模式

做出决策，使商品从源头开始被跟踪与管理。智慧供应链上各系统间的协调配合实现了企业内外部资源的整合。通过 ERP、OMS、WMS、TMS 把企业的人、财、物、产、供、销及相应的物流、信息流、资金流、管理流、增值流等紧密地集成起来实现资源优化和共享。

其次，中层的流程运作是智慧供应链运行的关键要素。它包括了从供应商到消费者整个供应链上的各个环节，主要由智慧采购、柔性生产、智能仓储、智慧物流和精准营销组成。智慧采购是通过大数据平台对消费者数据进行精准预测，真正实现按需采购，降低库存。消费者提出需求，由互联网＋将数据直接发送至生产商，智慧供应链平台协调各参与者进行柔性生产，满足消费者个性化需求。根据消费者画像进行分类，针对不同类型的消费者在各自适合的渠道推广个性化营销内容，实现精准营销。智慧物流是联结新零售模式线上线下的重要纽带，其效率由数据驱动，实现物流要素数据化（货）和地理信息数据化（场），大大缩短人与货之间的距离，提升消费者的物流体验。

最后，上层的决策控制是智慧供应链运行的决定要素。它包括资源智能调配、全局实时监控、风险自动感知以及供应链中台精准控制，在这个过程中永远离不开大数据、云端和算法上的整体改善和优化，也离不开供应链节点企业的深度协同和信息共享。资源智能调配离不开精确的预测与计划以及供应链协同，高效的供应链依赖于对原材料、产品、货物和车队的快速、准确、有效的跟踪。智慧供应链全局实时监控是在运用物联网技术的基础上实现智慧供应链运作的可视化管理。同时人工智能可以感知智慧供应链系统潜在的风险，在优化中学习，在学习中优化。供应链中台是以消费者驱动整个网络，通过强调协作和共享，以及算法和机器学习的使用，实时抓取供应链的运行状态，实现自主控制、自动作业、制定更好和更专业的决策。智慧供应链的运作模式可从精准采购、柔性生产、智能仓储、精准营销和智慧物流5个环节展开，借助聚焦流程的供应链智慧平台和供应链网络整合以及聚焦技术的大数据分析和自动化决策实现。①

2. 智慧供应链运行机制的典型案例

案例3-2

怡亚通的智慧供应链体系建设

强化智慧供应链体系的运作能力，可以极大提升物流的到达率、准时率和盈利能力。目前，智慧供应链正在成为价值物流的推动者，建设完善的供应链运行机制是物流业发展的重要方向。作为中国供应链服务的先驱者、引领者，怡亚通在2003年就成立了物流平台，深耕智慧供应链物流，积累了大量的行业经验，为制造型企业、品牌型企业、电商企业、零售企业提供多业态、智慧化的全产业物流服务。

怡亚通的全国分布式仓储、干线运输、城市配送、电商配送、VMI等一体化服务，可以通过SaaS平台实现全程可视化管理，提升配送效率，降低物流成本，优化库存结构，提升销量和企业综合竞争力。目前怡亚通物流已建立起产地仓、保税仓、销地仓、分拨仓、前置仓的立体化物流网络，将先进的供应链服务能力和热点区域紧密结合，在深圳龙岗、上海金桥、上海洋山港、大连、长沙，打造了5个一站式的智慧供应链整合物流中心。

怡亚通物流以开放式云平台为强大的系统核芯，以专业化的核心物流服务体系贯通智慧产业链，通过供应链＋互联网＋人工智能＋物联网打造新流通时代的供应链物流产业共同体。从系统化物流到智能化物流，再到智慧化物流，怡亚通整合物联网、大数据、人工智能等智慧化技术与手段，构建不同的智慧应用模块，致力于打造一个科技赋能的生态平台，帮助企业不断提高物流系统的分析决策和智能执行能力，带动物流产业智能化与自动化的整体发展。

资料来源：怡亚通新基建之二：构建供应链体系最完善的智慧物流网络［EB/OL］.（2020-05-26）［2020-11-09］. https://www.sohu.com/a/397691514_120645815?_trans_=000014_bdss_dkmwzacjP3p:CP=.

智慧供应链是新时代的主流趋势，受消费者需求驱动，以及智能技术的渗透，智慧供应链更加注重核心企业与客户及供应商的信息分享和互动协同。从微观层面来看，智慧供应链借助信息技术手段，对供应链业务流程进行优化，有利于提高市场响应速度，降低企业的成本，有利于供应链透明、柔性和敏捷，各个部门之间的协作能力加强，有利于企业建立核心竞争力。

① 汪娟，赵士凤. 新零售背景下智慧供应链协同运作机制研究［J］. 湖北文理学院学报，2019，40（5）：16-20.

案例 3－2 中的怡亚通企业聚焦“供应链＋互联网”的商业模式创新，为供应链的上下游企业搭建了沟通桥梁，推动供应链云服务能力的开放和赋能，重塑商品流通，打破消费边界，优化产业链的生产、流通环节，并实现流通产业扁平化和去中心化发展，以新流通的方式积极推动中国实现智慧供应链创新。

3.2　智慧物流与供应链的组织管理机制

3.2.1　组织管理机制的内涵与特征①

1. 组织管理机制的内涵

所谓的组织管理机制，是指复杂系统组成要素在系统外环境作用下相互联系、相互作用所产生的促进、维持、制约系统发挥功能的运作机理和控制方式。一个企业的组织管理机制，是由企业的发展历程、业务特点、发展战略、文化背景、管理风格等共同决定的。

组织管理机制既是一整套管理工作的运行模式，也是组织管理创新的重要保障。组织管理机制决定了企业的运作机理和管理模式，进而影响组织的发展以及智慧物流和供应链的创新。一方面，为了实现客户多样化需求的及时响应，需要各节点企业建立扁平化、柔性化的企业组织架构。但目前大部分企业的组织管理机制相对固化，即使有智能技术作支撑，也难以顺应企业发展所面临的动态环境，这样一来就会降低企业在智慧物流和供应链创新背景下管理效力的提升。另一方面，如今企业之间的竞争已不再是单个公司之间的竞争，而是供应链之间的竞争，这就需要企业与上下游合作伙伴共同打造协同共享的组织管理机制，因此如何构建保持供应链竞争优势的组织管理机制成为重要的课题。

2. 组织管理机制的特征

组织管理是对企业生产经营活动进行计划、组织、指挥、协调和控制等一系列活动的总称，是社会化大生产的客观要求。组织管理是尽可能利用企业的人力、物力、财力、信息等资源，实现省、快、多、好的目标，取得最大的投入产出效率。因此，组织管理机制在发展过程中表现出以下几个方面的特征：

首先是智能化特征。智慧技术的不断开发与完善，颠覆着企业的组织结构和模式。如今的组织管理将数据视为资产，通过分析企业内外部的信息数据，为企业的决策提供多方面参考。通过集成先进的信息技术，运用科学的管理决策理论与方法，组织运营可以做到“鱼与熊掌兼得”，即在降低管理成本的同时，提高服务质量，实现精准的决策与优化。

其次是柔性化特征。在复杂和多变的市场环境中，信息的传递速度和决策反应能力决定了企业对商机的把握和利用能力。同时良好的沟通协调机制，也是员工自我学习、创新的基础，通用电气历史上曾经有过一次重大的组织结构调整，就是杰克·韦尔奇所领导的

---

① 组织管理中的管理机制［EB/OL］.［2012－07－02］. https://wenku.baidu.com/view/cf75453c148884868762caaedd3383c4bb4cb4e3.html.

组织扁平化改革，将原来的金字塔型组织管理模式调整为扁平化的组织管理模式，压缩管理层级，缩短市场信息到决策者之间的距离，提高快速反应能力，彻底改变了通用电气机构臃肿、反应迟钝等问题。

最后是网络化特征。近年来，网络组织在企业实践中表现出了强大的生命力和不断发展的趋势，企业的组织结构也由过去的垂直型或水平型转向网络型。网络组织可以通过促进网络中各节点企业的跨组织合作以整合各项资源，提高组织的灵活性和柔性。由于网络组织能够适应高度复杂的环境，可以根据市场需求的变动情况对各个价值链部分随时进行有效调节，因此也是未来组织创新的重要形式。

3.2.2 智慧物流的组织管理机制

1. 智慧物流组织的基本模式和特点

智慧物流是自动化执行系统、基于物联网与互联网的信息管理系统以及顶层分析计算决策思维系统的集成体现。智慧物流组织管理模式的选择主要取决于企业的自身情况，包括资金能力、规模、产品特性、配送范围等。① 当前智慧物流组织主要有以下四种模式：

首先是自营智慧物流模式。自营智慧物流模式主要指资源充足，能够大规模建设智慧物流基础设施，具有商流、物流一体化供应链，由企业自己经营和管理物流配送业务的模式。这种组织管理模式的优势是企业能够基于运营数据和智能技术全程掌握商品流通的时间和距离，保证配送环节的全程监控，从而提高配送质量，缩短配送时间，提高服务水平。

其次是物流联盟组织模式。物流联盟组织模式主要指资源有限，对各企业的货源、设施设备、站场、仓库等资源进行整合，在资源集聚的基础上进行统一的运行调度、系统优化、分工协同，推进集约化经营的现代化物流技术与模式。物流联盟平台在该体系下有效地进行资源配置，能够与外部车辆、不同区域进行有效衔接，实现资源共享的网络化运作。此管理模式综合各方优势，取长补短，减少风险，实现共赢。同时，该模式能够帮助企业快速开拓市场，提高物流能力，争取市场份额。

再次是外包第三方模式。外包第三方模式是指企业将部分或全部物流配送服务委托专门的第三方物流企业进行物流环节的智慧化管理。依托于定制化业务模型，规范业务场景管理，提升业务单元价值，提供科学化辅助决策支撑，该模式能够强化企业核心竞争力。

最后是智慧物流生态圈模式。随着物流业与互联网的深度融合，新技术、新模式、新业态不断涌现，越来越多的企业进行智慧物流生态圈的探索和打造。通过智慧物流平台能使物流生态圈中的各方资源无缝对接，改变传统物流各方分隔封闭、信息不互通等现象，有利于各个物流要素之间的互动衔接，实现物流链条中各个主体的互通互联，从而进行信息的实时监控，及时处理异常情况，为构建智慧物流打下牢固的基础。

---

① 姜岚．基于大数据的智慧物流管理模式研究［J］．山西农经，2020（10）：135-136.

智慧物流作为智慧流通的关键要素，其组织管理日益呈现出以下三个特点：首先，物流方案制定智能化。智慧物流方案的制定一般包含目标服务分析、运输方式选择、资源整合与技术支持、订单分配、信息反馈、意外处理等诸多方面。智慧物流的介入，使上述几个步骤作为一个整体，在精准分析之后，直接快速给出既能满足要求、科学合理，又能使利润最大化的方案。其次，仓储管理去库存化。仓储管理在物流组织管理中处于核心地位，智慧物流中采用的智能技术使得数据传输速率更加高效，大大缩减了供应链末端需求传输至生产厂商的时间，万物互联可以直接将末端需求转化为生产信号，作用于生产的机器，使厂家零库存成为可能。最后，智慧物流过程管理一体化。一体化经营是指企业承揽物流全过程的业务，本质上就是由一个物流组织获得物流服务后，以满足客户物流需求为目标，对物流过程各个环节实施系统性管理。①

2. 智慧物流组织管理机制的典型案例

案例3-3

日日顺的智慧物流生态圈建设

近年来，智能技术与电商经济的发展推动着物流行业不断革新升级，智慧物流成为当下各物流企业争相布局的领域。日日顺物流深耕于大件物流领域，经过与用户持续交互以及不断地探索创新，实现了智能技术与物流的逐步融合，打造了以用户体验迭代为核心的智慧物流生态圈，成为智慧物流领域的领先者。

1. 辐射全国的三级云仓网络

日日顺已经建立起辐射全国的三级云仓网络，拥有10个前置揽货仓、136个智慧物流仓、6 000多家服务网点、总仓储面积600万平方米以上，同时，日日顺物流建立了行业内首个智慧无人仓，率先实现了从商品入库到出库全过程的无人化作业模式。日日顺实现了全国物流网络全覆盖，形成了包括智能多级云仓方案、干线集配方案、区域可视化配送方案、领先1公里送装方案、价值交互增值方案在内的智慧物流五大核心解决方案，从仓储到配送到安装，无断点地为用户提供全流程的解决方案。

2. 打造有温度的物流

日日顺以场景化交互为切入点，提供“线下体验+服务兵入户交互+线上导流”的一体化服务。日日顺通过有温度的触点和服务，一方面可以对接基础物流服务的口碑支撑，实现用户体验迭代，塑造终身用户；另一方面，在全国布局了30多万个有温度的触点，通过城市与乡村的社群小管家，搭建起以用户体验为核心的开放生态圈。举例来说，在为用户提供健身器材配送的同时，借助“车小微”感知用户对健身的需求，通过并联运动饮品、营养及有机食品方，健身器材硬件厂家，健身房，跑团等各方资源，提供整套的健身服务方案，着力打造“有温度的物流”。

3. 搭建全产业链生态圈

日日顺物流不是简单地做物流，而是搭建全产业链的生态圈，这个生态圈基于海尔智

---

① 田金龙. 浅谈5G技术对物流与供应链管理的影响［J］. 商讯，2019（27）：123-124.

能制造的基因，植入 COSMO 工业互联网平台，通过海尔的共享资源，变成一个开放的平台，打造一个产业集群的园区共创模式。这个模式将当地的品牌企业与资源方整合起来，解决规模小、承转高、效率低的痛点，共创各方的价值。

资料来源：日日顺的智慧物流生态圈 [EB/OL]. (2019-08-13) [2020-11-17]. https://www.sohu.com/a/333314404_100093760.

对于组织管理模式的创新，核心便是共建生态圈，实现各方价值的最大化，通过资源开放，实现企业的资源优势互补及协同效应，产生共享价值，实现多方价值最大化，实现用户体验升级。为适应互联网时代对智慧物流的要求，进军全产业链生态圈才是目的。

案例 3-3 中的日日顺通过共享资源获取用户的情景感知，为用户提供有温度的服务，在引领大件物流全流程解决方案、开创园区共创平台、开创触点网络方面实现用户体验的迭代，从而实现各方价值最大化。

3.2.3 智慧供应链的组织管理机制

1. 基本模式和特点

智慧供应链组织管理机制的模式和特点是由智慧供应链的关键特征和组织管理过程的四项基本职能决定的。

首先，智慧供应链的关键特征体现在智慧、技术、管理和组织四个方面。智慧供应链的智慧特征体现为可视化、可感知和可调节。自动识别与控制让供应链更快速，全程跟踪与追溯让供应链更加安全，实时应对与处理让供应链更高效，智能决策与应用让供应链更精准。智慧供应链的技术特征体现在智能技术和供应链的高度融合上，从自动识别到数据挖掘、万物互联，再到智能决策，使智慧供应链运行具有前瞻性和敏感性。智慧供应链的管理特征体现在智慧供应链的柔性化管理和快速响应上，围绕核心企业对上下游企业进行统一管理，形成一个系统的“供应网”，在企业外部实现关键信息的快速交换以提高整个供应链的工作效率。智慧供应链的组织特征体现在供应链多主体的合作以及供应链上下游的协调上，组织层面的协同即供应链中更加明确的分工和责任；业务流程层面的协同即流程的整合重组；信息层面的协同实现运营数据、市场数据的实时共享和交流。

其次，考虑管理的四项基本职能：计划、组织、执行、控制。在制定智慧供应链计划前充分掌握智慧供应链管理的驱动因素，保证计划精确全面、不脱离实际；在智慧供应链管理过程中，组织职能要求供应链上目标、资源和需求的相互协调，保证供应链的执行活动有条不紊地进行，并与计划保持一致；控制是对智慧供应链活动所引发的风险采取积极措施加以纠正，因此智慧供应链风险的识别与控制显得尤为重要。

在此基础上，智慧供应链组织管理机制包括以下四个方面：动力机制、协调机制、运行机制和风险机制。如图 3-3 所示。

动力机制方面，内部动力因素、外部动力因素以及创新技术的发展和应用三个方面构

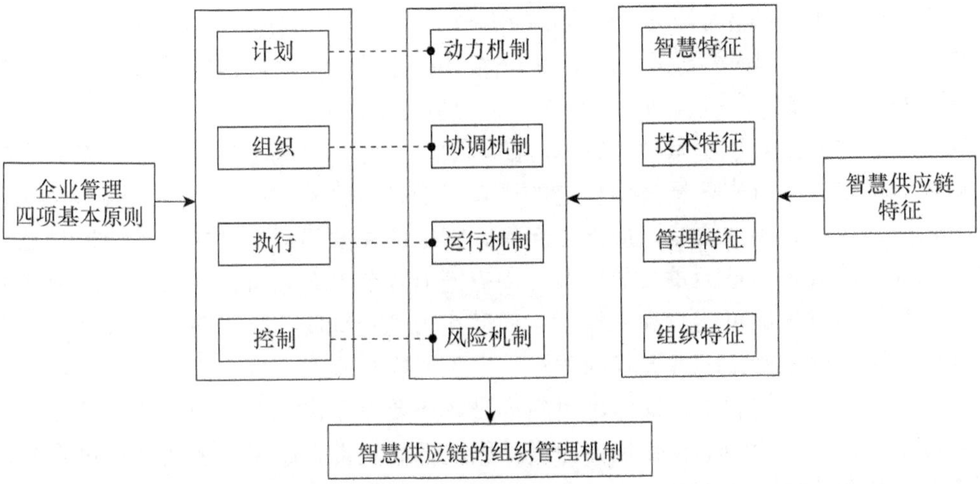

图3-3 智慧供应链的组织管理机制的提出

成了智慧供应链组织管理机制的驱动力，目的是为组织管理的计划提供方向和内容。首先，内部动力因素方面，组织内部面临供应链智慧化程度不断提高、非核心服务运作成本逐渐提高、企业的利润率不断下降的问题，因此越来越多的企业选择与上下游合作伙伴共同打造智慧供应链多主体协同运作管理机制。其次，外部动力因素方面，市场多元化及外部竞争的加剧对企业产品附加值和运营效率的提高提出了新的要求。最后，创新技术如5G、区块链等新兴技术的落地，以及大数据、物联网、机器学习等智能技术的深度挖掘，使得智慧供应链向着可视化、可感知、可调节的方向发展。

协调机制方面，作为智慧供应链组织管理机制的连接点，其作用体现在供应链的跨组织创新以及网络组织和治理机制三个方面。首先，对智慧供应链运作过程中的适应性和快速重构能力的要求使得供应链上的节点企业基于互联网平台主动形成供应链联盟，以实现源头上的成本管控和生产效率的提高，智慧供应链越来越呈现出跨组织协作的特点。其次，网络组织可以通过促进网络中各节点企业的跨组织合作以整合各项资源，提高供应链的灵活性和柔性。由于网络组织能够适应高度复杂的环境，可以根据市场需求的变动情况对各个价值链部分随时进行有效的调节，因此也是未来智慧供应链组织管理将要采取的重要形式。最后，治理机制作为调节性因素，能够对智慧供应链的组织管理机制产生一定的影响，灵活的治理机制能够针对智慧供应链上的资源和冲突进行有效协调，对提高企业智慧供应链创新效率有积极的影响。

运行机制方面，目前大多数企业采用的是基于供应链订单全流程模式下的运行机制，即企业为了维护供应链的平稳运行，以订单为中心建立配套的保障及支撑体系，在订单运作的整个过程中，供应链的内外部均处于不断变化的过程中，这就要求组织必须具备较强的学习能力以适应快速变化的形式与环境。然而，随着环境的变化以及顾客需求不确定性的加剧，越来越多的企业开始以顾客需求为中心，在智慧供应链的基础上强调柔性化运行和快速响应。供应链柔性是供应链中各节点企业根据市场环境及时做出响应的能力。一方面，供应链柔性的动态性、多维性能够有效解决供应链内部供给端的不确定性、需求端需求量的不确定性和中间层时间及运输成本的不确定性。另一方面，供应链柔性的时效性和鲁棒性能够在企业受到内外部环境因素冲击时，维持网络结构的稳定，帮助节点企业提高市场需求的响应速度和供应链功能重构能力，调整组织架构。

风险机制方面，对于智慧供应链风险的识别、控制、规避与转移是组织在管理过程中实施控制的前提。首先，智慧供应链的风险识别是风险管理的第一步，因此企业选择科学的供应链风险识别方法是供应链创新风险管理的首要问题。其次，风险控制是智慧供应链创新风险管理中最为重要的环节。供应链上各节点企业可以针对供应链现状和外部环境，将风险发生的可能性和风险影响程度作为两个维度建立风险评估模型，从而对供应链的风险管理进行持续性监控与改进。由于风险与收益一般呈正比例关系，所以智慧供应链创新的风险控制不仅要考虑风险本身，还要考虑供应链上企业的风险偏好与风险承受度。最后，供应链上合作伙伴为提高供应链稳定性，越来越多地采用风险分担的方法合理分担供应链上可能发生的风险，以应对竞争环境的激烈以及市场需求波动的问题。

以上智慧供应链组织管理机制中的四点之间呈紧密的闭环关系。其中动力机制作用于协调机制和运行机制；协调机制也作用于运行机制；风险机制与协调机制、运行机制之间相互作用。相应的智慧供应链的组织管理机制架构如图 3-4 所示。

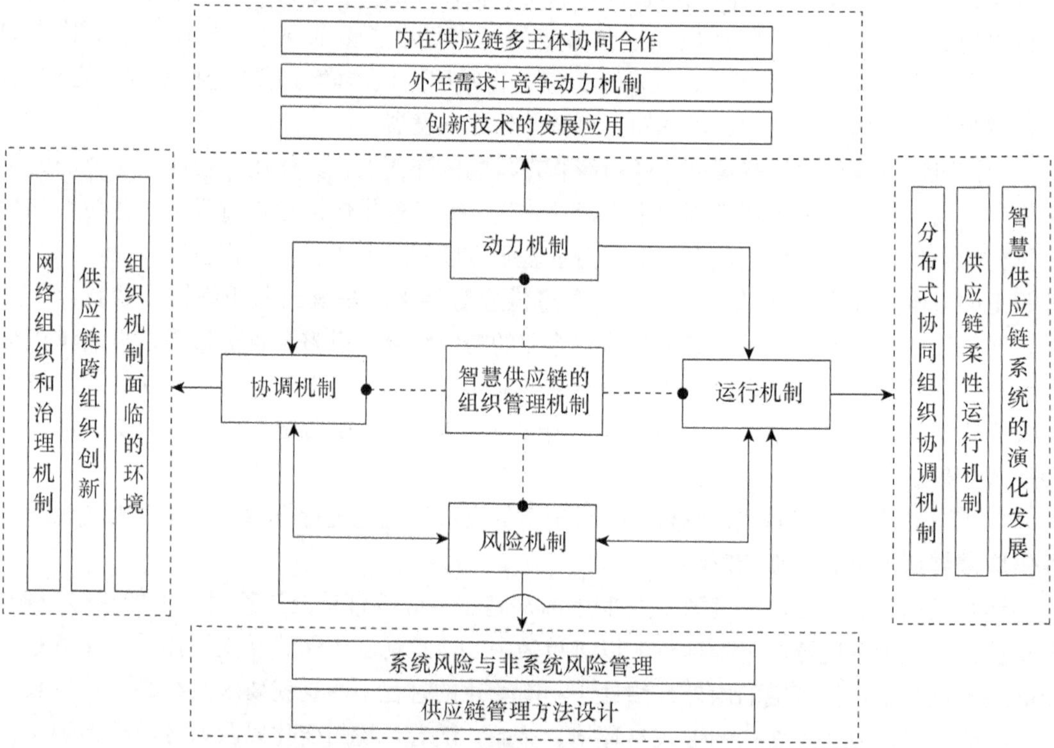

图 3-4　智慧供应链的组织管理机制架构

2. 智慧供应链组织管理机制的典型案例

案例 3-4

福耀集团智慧供应链组织管理体系建设

福耀集团于1987年成立，在9个国家和地区设立了分支机构，在全球设有玻璃制造基地21个、汽车饰件制造基地8个，具有3 600万套的汽车玻璃配套能力和450万套的汽车饰件配套能力，拥有全球市场25%的份额和国内市场65%的份额。

基于客户驱动、协同共享、数字创新、可持续发展的理念，福耀集团对供应链管理体系进行了顶层设计：客户需求导向供应模式、供应链精益屋、智慧供应链协同平台、360度供应商管理模型。首先，在建立客户需求导向供应模式时，福耀重点关注五个方向，分别是敏捷服务、TCO成本最优化、质量优先、风险防控、绿色可持续。其次，在精益管理方面，福耀提出三化理念：精细化、集约化、标准化，提出建设长期、安全、可靠、具有竞争力的供应链体系的目标。再次，通过供应链中枢SCB，福耀集成了资源调配、全局实时监控、风险感知的统一管理，为高层提供决策支持。全集团推进工业4.0建设，运用智能研发、智能产品、智能生产、智能改善、智能服务，以SOA数据总线为底层架构，实现CRM（客户关系管理）、PLM（智能设计）、CAPP（智能工艺）、SRM（供应链管理）、MES（制造执行）、IL（智能物流）、EPM（全面预算）、BI（商业智能）等多个信息化和自动化平台的纵向集成，以BPM打通端到端的流程集成，以EDI实现企业间的横向数据集成，从而构建长期、安全、可靠、有竞争力的供应链体系，实现大规模定制生产的智能制造。最后，福耀采用了360度供应商全生命周期管理，对供应商的全流程、全体系、全模块梳理与辅导，并将客户的需求、福耀的需求和供应商的需求进行联动，确保福耀的供应资源处于动态平衡中，保证日常业务更快捷、更高效。

资料来源：中物联采购委．福耀玻璃供应总监郑仲祥在线分享“供应链的数字赋能”[EB/OL]．(2020-10-30)[2020-11-17]．https://mp.weixin.qq.com/s/zJLfko-bUjhrtpzAjnADoA.

智慧供应链的组织管理分为三个部分。一是赋能于客户，让客户感到便捷、放心、有保障。二是赋能于企业内部，不仅要保障外部采购和供应，还要通过内部的精益管理，运用数字化保障成本最优，保障生产的高质量。三是赋能于供应商，企业与供应商之间不应是简单的买卖关系，而应是长期合作伙伴。通过数字化平台，实现供应链的精益化和全价值链的质量把控。

案例3-4中的福耀集团在智慧供应链组织管理过程中，形成了在汽车玻璃产业中的基础能力，包括做大产业配套规模的能力、较强的全球产业布局能力、全产业链的整合和协同能力。福耀集团在不断提升智慧供应链能力的过程中，逐渐推动了产业基础向高级化发展，如提升了产业的管理水平，优化了产业基础，增强了产业链、供应链的安全与稳定，推动了产业的创新能力。

3.3 智慧物流与供应链的创新机制

3.3.1 智慧物流与供应链创新的基本要素

1. 智慧物流与供应链创新的技术要素

现阶段，智慧物流与供应链创新的代表性技术包括感知技术、大数据技术、物联网技术以及人工智能四个方面，从感知（自动识别）到获取（信息采集、大数据技术），到集成（万物互联），再到决策（人工智能）。

目前，感知技术中应用范围最广的便是自动识别技术和车辆定位技术。首先，自动识别技术的应用使得产品的生产过程在识别码的监控下进行。当产品入库时读取标签就能够完成商品的交接入库，与此同时在数据库中保存商品的信息便于库存物流的管理。采用自动识别技术后经过计算机的信息处理，准确记录商品的库存信息，货物的移动通过条码识读使库房的信息能够及时更新，提高库存工作的效率以及准确性，降低库存成本，快速响应市场。在运输物流中，货物预先贴上条形码或加载电子标签后利用扫描器读取，不同物品就能够准确地分拣到特定的运输工具上。其次，车辆定位技术可以有效地对车辆进行实时监控，监督驾驶员的驾驶行为、实时跟踪货物位置及货物信息状态，并为生产决策提供帮助。

大数据技术可以为智慧物流与供应链的创新提供更好的数据准确性、清晰度和洞察力。在采购环节，应用大数据技术能够有效改善订单流程。以 IBM 为例，IBM 在采购流程中利用分析法来管理订单流程：一是订单到现金环节，处理生产与运行在内的订单；另一个是采购到付款环节，包括向供应商采购及付款，进一步改善采购流程。此外，大数据技术的应用还能够实现供应链的标准化与统一化，如 IBM 在全世界各个地区实行统一的订单处理流程，促进了 IBM 全球全天候的订单处理，实现了标准化与统一化。在生产制造环节，运用大数据技术可以提高产品质量、生产效率及劳动利用率等。目前已经有很多企业运用大数据分析法进行库存管理、优化库存量、优化日常维护与设施选址，逐步实现数据分析的实时性与规模化，进入“数字工厂”时代。在销售环节，应用大数据技术精细收集并分析消费者的需求信息，进行市场细分，并预测消费者行为，从而制定符合消费者需求的产品决策。大数据技术对物流的影响体现在三个方面。一是运输路线优化，运用大数据分析法预测货量需求，通过合并路线降低成本、拆分路线提高时效、新建中转优化成本等方面进行运输路线优化，从而降低运输成本、减少客户等待时间、提升车辆装载率。二是考虑物资供需状况、运输条件、自然环境等因素，对配送点的位置、数量、直达和中转的比例进行智能规划，建立一个有效率的网络系统，达到费用低、服务好、效益高的目的。三是利用大数据分析，实现包裹的可视化，加强物流过程中的监控，降低货损率。①

物联网技术的使用使整个智慧供应链和物流创新更加精准、高效、智慧、可控、可知

---

① 周才云. 大数据分析法打造智慧供应链 [J]. 中国自动识别技术，2019 (2)：56-58.

及可视，主要体现在以下几个方面：首先，通过在供应链各个环节运用物联网技术，对每个物品的流动信息进行采集，保证物流的可追溯性，利用互联网实现信息的共享和交换，通过信息平台可以查询这些数据信息，实现供应链的可视化管理。其次，物联网技术的应用实现了供应链上各环节的信息共享，减少了数据采集的失真现象。快速有效的数据流动，可以有效应对客户需求的变化，准确预测市场需求。最后，通过物与物的信息交换，实现自动化控制，减少对人工的依赖、节约成本、减少出错率。遇到紧急情况能够实现多系统的联动，提升供应链抵御风险的能力，实现真正意义上的智慧化。

人工智能技术应用于智慧物流和供应链创新领域，将对仓库选址、库存管理、仓储作业、运输配送和物流数据分析等产生重要的影响。① 首先，由于智慧物流与供应链运营产生的数据不仅是海量的，而且是实时的，因此需要人工智能系统对数据进行实时有效分析，帮助企业进行技术上的优化。其次，在采购过程中将人工智能与统计学相结合进行产品的预测和补货，实现智能化、自动化补货；在销售过程中运用运筹学和人工智能结合，建立用于预测价格的模型，结合价格的历史数据，实现动态定价；在配送方面，通过人工智能技术进行运输路线优化，降低运输成本，减少客户等待时间。

最后是区块链技术。区块链技术具备去中心化、共识机制、不可篡改、信息可追溯等特点，在智慧物流和供应链创新过程中发挥着越来越重要的作用。例如：京东推出了区块链防伪追溯平台，通过计步脚环等无线网设备，结合食品溯源技术，将农产品的生长信息进行采集并记录到区块链网络，消费者通过扫描产品包装上的二维码即可了解所购农产品的养殖、生长、加工等每个环节的信息，在提升消费体验的同时为贫困地区农民增加收入。在数字存证方面，京东区块链数字存证平台实现了可信存证、自动化取证、一键举证、侵权预警等，目前已经应用于电子合同、电子发票、电子证照、电子票据、互联网诉讼、版权保护等场景。②

2. 智慧物流与供应链创新的组织要素

在智慧物流与供应链创新过程中，组织要素既决定了企业的运作机理和管理模式，也是智慧物流与供应链创新的重要保障，是企业在不断重塑和发展过程中的重要竞争力。组织要素主要包括：动态协同、动态整合和动态配置。

首先是组织间的动态协同。动态协同是在一定的外部环境下组织内各部门之间相互作用产生的整体效应。智慧物流与供应链动态协同的外在动因显而易见，是为了应对竞争加剧和环境动态性强化的局面；其内在动因包括谋求中间组织效应，追求价值链优势，构造竞争优势群和保持核心文化的竞争力。动态协同有三层含义：一是组织层面的协同，由合作-博弈转变为彼此在供应链中更加明确的分工和责任；二是业务流程层面的协同，合作-整合即打破企业界限，围绕满足终端客户需求这一核心，进行流程的整合重组；三是信息层面的协同，通过互联网技术实现供应链伙伴成员间的信息系统的集成，实

① 当供应链物流撞上人工智能［EB/OL］.（2018－03－07）［2020－11－19］. https://zhuanlan.zhihu.com/p/34314840.

② 揭秘京东区块链开源项目——JD Chain［EB/OL］.（2019－04－11）［2020－11－19］. https://segmentfault.com/a/1190000018837535.

现运营数据、市场数据的实时共享和交流，从而实现伙伴间更快更好的协同，响应终端客户需求。①

其次是组织间的动态整合。动态整合是围绕核心企业，对上下游企业进行统一管理，形成一个系统的“供应网”，从而在企业内部实现信息共享，在企业外部实现关键信息的快速交换，以提高整个供应链的工作效率，最终提高企业管理水平和客户满意度。以丰田为例，其通过设置小型车、乘用车以及商用和休旅车三大独立的业务模块对内部结构进行调整，并安排专业人员负责每一模块的管理，采用磨合切磋模式对整个生产流程进行优化；除此之外，丰田通过模块化管理对零部件业务进行重组，提高了企业业务效率，从日益加剧的竞争中脱颖而出。在外部整合方面，丰田致力于将合作的供应商发展成为联盟企业。2017 年 8 月到 2019 年 9 月，丰田先后并购马自达、铃木、斯巴鲁，丰田家族不断壮大，生产技术不断创新，品牌的知名度也在不断提升。除了和整车厂整合，丰田还与松下、滴滴、Grab、优步等公司进行合作。在智能电动时代，丰田坚持延伸产业链，通过联盟获取并整合资源，扩大企业业务范围和规模，提高企业综合竞争力。②

最后是组织间的动态配置。动态配置表现为开展动态决策和快速变更业务流程、组织结构从而敏捷响应的能力。商业模式的复杂性提升了组织对于动态的、柔性的和可适应的组织能力的需求，通过快速地配置资源与动态调整业务流程，供应链上各节点企业可以在需求、存货、生产及物流等方面进行及时交流与沟通。一方面供应商能够及时准确地按照需求交货，当客户需求发生变化时能够快速调整生产，减少企业损失。另一方面，智慧供应链的动态配置还能够通过内部业务流程的更改缩短产品的生产时间，能够更好地满足客户的需求，提升企业的客户服务水平。

3. 智慧物流与供应链创新的运营要素

智慧物流与供应链创新的运营要素可从底层的技术装备、中层的数据互通以及上层的场景生态三个方面阐述。首先，技术装备利用互联网技术和智能技术，利用实物装备优化运作；其次，数据互通涉及跨组织的系统整合，以及智慧物流与供应链流程的优化；最后，场景生态是为了提升整个产业网络的竞争力，最终实现产业可持续和可循环。③

底层的技术设备，是实现智慧物流与供应链创新的基础要素。通过应用物联网技术、大数据、云计算及人工智能等相关信息技术，依托完善的网络信息，构建面向生产企业、流通企业和消费者的社会化共同体系。在货物运输、仓储、配送、信息服务等各个环节中，通过系统感知、全面分析、及时处理及自我调整等功能实现有效控制。利用集成人工智能技术、大数据、云计算处理、传感通信技术等让货物在整个生态链实现自动化、可控

---

① 供应链协同［EB/OL］．［2020－11－19］．https://wiki.mbalib.com/wiki/%E4%BE%9B%E5%BA%94%E9%93%BE%E5%8D%8F%E5%90%8C.

② 陈微笑，卢志平．我国汽车制造业供应链整合对策研究——以丰田为例［J］．物流科技，2020，43（10）：130－131.

③ 智慧供应链的核心要素与实现路径［EB/OL］．（2015－12－18）［2020－11－23］．http://www.scmor.com/view/2409.

化、信息化和网络化，在流通过程中获取信息，进而分析信息做出决策，从源头对商品实施跟踪与管理。

中层的数据互通，是实现智慧物流与供应链创新的关键要素。如今的智慧物流和供应链由数据驱动，以数字方式执行，可以提升透明度，支持高级规划，预测需求模式，以及充分利用资产可用性。同时，智慧供应链将供应商、生产商和客户整合起来，形成端到端的视图。为了充分利用新供应链的全部潜能，企业需要制定明确的数字供应链战略，形成新的能力，构建扎实的数据基础。供应链的运营从“链式”改造为“网状”，大大加强了企业内外部的互联互通，更进一步提升企业与供应商、客户之间的连接。

上层的场景生态，是实现智慧物流与供应链创新的决定因素。未来，没有任何一个企业能完全满足用户智慧家庭的所有需求，为此前瞻性企业正不断纳入生态资源方，共建生态平台，打造从场景到生态的生态链，加速实践场景替代产品、生态覆盖行业。智慧物流与供应链也将越来越呈现出网络性的状态，即集成所有的产业主体，形成跨条线、跨部门、跨区域的，与政府、企业、行业协会等广结联盟的，物联网和互联网相融合的产业共同进化的生产体系，既实现自组织的价值生产，同时又提升整个产业网络的竞争力，最终实现产业可持续和可循环，这就是组织生态化的过程。

3.3.2　智慧物流的创新机制

1. 智慧物流创新的基本模式和特点

伴随着物流业智慧化程度的不断提高，加快智慧物流的创新已成为行业共识。智慧物流创新也越来越表现出全面互联互通、高度透明化和柔性化、去中心化及平台化的特点。①新时代，智慧物流创新主要有以下两种基本模式。

首先是物流网络模式。例如，阿里“全球一张网”。阿里提出智能物流骨干网发展理念，多年来菜鸟物流不断发展和提升这一理念，2020 年 6 月菜鸟全球智能物流峰会上，阿里巴巴表示，物流是走向数字经济时代的基础设施，阿里巴巴和菜鸟希望与合作伙伴一起，在数字新基建基础上打造“全球一张网”。阿里巴巴建设智能物流骨干网有一个成功经验，就是通过标准统一的电子面单实现物流信息的无缝衔接与互联互通。这个经验可以借鉴到其他物流网络建设当中，从快递网，向快运网、B2B 物流网等各类物流网络延伸，通过标准电子货单推动中国物流网络数据化，进一步实现数据驱动、网络联动、智慧路由、数字赋能。

其次是共享物流创新模式，是指通过共享物流资源实现优化配置，从而提高物流资源使用效率，降低物流成本，推动物流系统变革的物流模式。互联互通的新基础设施天然具有共享的基因，共享思维是新基础设施运营的重要思维，必将推动共享经济发展。具体来看有以下几类模式：一是共享物流资源，共享物流资源有几十种创新模式，是目前物流创新发展的新趋势。二是共享设施资源，便利店与物流前置仓融合共享，即使销售场景、优势物流云仓网络的前置仓贴近消费者，对接即时物流，推动融合创新。三是

---

① 王继祥. 新基建推动的创新方向与智慧物流创新模式 [J]. 物流技术与应用，2020，25 (8)：56-57.

共享数据资源，目前共享数据资源的云服务模式已经成为阿里、腾讯、亚马逊等企业的核心竞争力。四是共享商业基础设施，阿里、腾讯已经充分认识到基础设施共享服务的特点，利用这一特点不断延伸智慧商业基础设施服务，不断整合线下零售企业，共享商业基础设施。

无论是物流网络模式还是物流共享创新模式，其特点均是以供应链为基础，将物流网络与信息网络融合，实现物流、商流、信息流、资金流合一，并在特定的位置聚集起各种“流”的资源要素，再通过“流”的辐射反过来推动智慧物流网络重构，营造更高水平的智慧物流创新。以物流为核心，推动聚“流”创新，以“流”为要素开展各种服务，推动资源要素高效协同。

2. 智慧物流创新机制的典型案例

案例 3－5

顺丰科技领跑智慧物流赛道 助力传统企业数字化转型

顺丰 26 年的物流快递从业经验，以及围绕物流进行的全场景生态建设，为顺丰科技开展智慧物流创新提供了坚实的基础。基于对物流领域多元的生产运营节点及痛点的精准洞察、分析和判断，顺丰科技有针对性地推出了一系列智能创新产品。

在库存及快件管理方面，顺丰科技在 2016 年上线了“数据灯塔”，帮助客户进行物流和仓储分析、决策。这款产品可以提供快递及仓储状态实时监控、历史快递分析、异常件提醒及处理、库存分析等多项智慧物流服务，目前已应用于生鲜、食品、3C、服装等诸多领域。凭借强大的物流网络优势，顺丰科技推出了路径管理及规划工具顺丰地图，为企业和个人提供智能位置决策服务。顺丰地图拥有国内领先的物流骨干网络及道路数据、丰富的骑行经验轨迹数据，让“每一票快递”都不走冤枉路，派送效率大幅提升；分词算法、LBS 等技术的加入，让智能录入、智能调度、智慧化分拣中转成为可能，降低了人工成本，提升了物流运转准确率。在大数据预测方面，顺丰科技也取得了突破性进展。目前，顺丰科技的件量预测精准度已提升至城市、行政区甚至每一个派送网点、每一个收派员的维度，实现了更加合理高效的整体资源配置。

海量的物流数据，也为顺丰科技搭建智慧物流生态系统，打通各业务板块数据、消除数据孤岛提供了良好的基础。目前顺丰体系拥有百万企业级客户和亿级终端客户，顺丰科技日均处理数据逾 PB 级，涵盖物流、金融、商业、产业园、国际业务、智能设备、IoT 设备等多个数据源。

顺丰将以物流大数据为切入点，持续助力智慧物流创新升级，通过“大数据生态体系＋丰富物流运营经验”，构建开放共赢的平台，发展数字经济，服务实体经济。

资料来源：顺丰科技领跑智慧物流赛道助力传统企业数字化转型 [EB/OL]. (2019－05－31) [2020－11－23]. http://www.sohu.com/a/317796232_161623.

随着人工智能、机器学习、云计算、物联网等技术的日臻成熟，在智慧物流的基础上进行创新是企业赢在未来的关键。智慧物流创新一方面可形成消费热力图，为仓库及门店选址、配送路线优化提供依据，提升运营效率；另一方面可生成预测模型，为生产环节提供决策支持。反过来，生产环节中的物流数据，也可为产品销售中的资源调度提供辅助性支持。

案例 3-5 中构建智慧大脑、建设智慧物流服务的顺丰科技，在加快数字化、在线化、智能化建设方面无疑走在时代前列。其通过聚焦技术、聚焦应用、聚焦整合，推动智慧物流的创新，通过“大数据生态体系＋丰富供应链运营经验”，构建开放共赢的平台，发展数字经济，服务实体经济。

3.3.3　智慧供应链的创新机制

1. 智慧供应链创新的发展模式及路径

在信息互联时代，识别智慧供应链创新的发展模式对企业发展至关重要，它将有助于企业更稳健地推进智慧供应链创新，以期在供应链竞争中取得优势。智慧供应链通过柔性化管理、快速化响应和智慧化协同，在创新的道路上向着以下三种模式不断发展。[①]

首先是跨界融合创新模式。跨界融合是数字经济时代流通产业创新发展的重要趋势，智慧供应链本身便是流通与智能数字技术深度融合改进的产物，用以满足顾客需要的复合型体验。现阶段，消费群体对多元化供应链商业模式的诉求显著增加，倒逼智慧供应链组织探索跨界融合与服务聚合，数字技术的嵌入加速了这一探索进程，并促使供应链体系衍生出众多新颖业态与创新模式，打破原有框架，营造出多维度、综合性的消费场景，形成跨产业、一体化的流通模式。

其次是服务增值创新模式。智慧供应链创新可以通过对商品状态与流通运行过程的实时监控，深入挖掘消费者衍生需求，并据此提供定制化配套服务，实现商品与流通服务的创新性结合。与此同时，智慧供应链创新可基于对消费者购物体验的重视，将顾客个性化创意适时融入产品设计与流通过程，这种逆向化服务性生产既能通过差异化定制服务满足当前顾客消费意愿，又能通过网络口碑效应吸引更多消费群体，激发潜在市场需求，还能为企业提供产品与配套增值服务创新的思路。[②]

最后是智慧供应链生态创新模式。基于数字化和互联网，构建供应链生态圈的主要驱动因素，是企业实现运营模式、商业模式和组织管理模式的全面升级。通过生态圈的构建，供应链中的企业将积累庞大的数据，借助大数据技术，可以有效地定位终端客户的需求，并以更短的时间反馈给供应链的各个参与者，最终帮助决策者做出准确的决策。在生态圈中，由于各个企业是互联互通的，因此将进一步优化配置资源投入，使得利益最大化，生态圈内的各个企业都可以持续发展。

随着 5G 时代的到来，智慧供应链创新的关键在于如何找到近零成本高效率实现接口非标准化到标准化的路径。智慧供应链的创新路径主要有以下三种：

---

① 刘伟华，邓明朗，梁艳杰，龙尚松，魏爽．智慧供应链创新的路径设计研究［J］．供应链管理，2020，1（1）：46-57.

② 俞彤晖，陈斐．数字经济时代的流通智慧化转型：特征、动力与实现路径［J］．中国流通经济，2020，34（11）：33-43.

首先是技术创新路径。智慧供应链技术创新是智慧供应链创新路径的首要选择，它为商业模式创新、制度创新以及其他类型创新的发展奠定了基础。随着科学技术的不断发展，丰富的供应链技术投入到企业生产、仓储、运输等各个环节，为企业带来了极大的效率提升。例如，利用区块链技术打造物流信息平台，去中心化且解决溯源问题；利用物联网标识技术打造智慧型供应链管理系统，满足产业链协同需求；利用大数据分析法，把繁杂的数据转换为商业智能，为消费者提供更优质的产品与服务。广泛零散的现有技术已然不能完全满足企业对构建智慧型供应链的需求，企业需要找寻其资产结构、所在供应链的特点以及其对技术创新需求的平衡点，选择不同的技术创新研发战略，例如合作研发、独立研发以及综合研发。

其次是商业模式创新路径。进行智慧供应链商业模式的创新设计，需要考虑到企业实际运作中的各个环节对构建智慧供应链所起的作用。实际上，商业模式主要考虑成本结构与收入来源两大方面，对企业的重要伙伴、关键业务、核心资源、价值主张、客户关系、渠道通路以及客户细分等方面进行分析，找出适合本供应链的商业模式。如今在发展创新型智慧供应链的大环境下，消费者不断对产品和服务提出新的个性化需求，企业对繁杂冗余的数据进行分析，其结果指向了多种机会与选择，衍生出三大类商业模式创新的路径，分别是共享化路径、封闭化路径以及综合化路径。

最后是制度创新路径。在宏观层面，供应链制度涉及生产者责任延伸制度、绿色供应链制度、供应链战略联盟制度等。在微观层面，子制度包括第三方监控制度、合作规范、认证制度、反馈制度和契约等。各种宏观与微观制度相互结合作用，使供应链成员朝着一个方向努力，从而减少内耗，增加供应链总盈余。当下，相对低效粗放的供应链制度限制了供应链企业发展的潜力，因此，研究者要重新审视这种模式带来的弊端，寻求建立创新型的制度。衍生出的三大类制度模式创新的路径分别是：随机演进路径、计划演进路径以及综合演进路径。

2. 智慧供应链创新机制的典型案例

案例 3-6

浙江天轮供应链创新发展实践

天轮供应链以产业互联网赋能轮胎供应链，协同厂家、经销商、零售店、物流服务商等上下游资源，搭建了集产品、技术、服务、仓储、物流、金融、信息、运营为一体的数字化、产业互联网服务平台，建立了新型的轮胎供应链服务生态圈。

在产品方面，天轮供应链以合作模式先后将山东淄博万鑫轮胎厂、桂林倍利轮胎厂、青岛黄海橡胶有限公司打造成天轮的三个生产基地，以来料加工和工厂托管的方式，实现对生产环节的轻资产运营，使工厂快速恢复生产，扩大产能。

在采购方面，天轮供应链协同三家工厂以及国内部分知名轮胎企业开展联合集采；与国内外知名原材料供应商（如贝卡、卡博特等）建立稳定的战略合作关系，在工厂设置原材料前置仓；与厦门国贸战略合作开展供应链金融业务，全面参与原材料采购与物流监管；并与上游原材料厂家开展来料加工合作，实现定制化供应，从源头降低成本。

在渠道分销方面，通过去中间化，天轮供应链目前在浙江、江苏、山东、云南、广东、广西、河北、陕甘青宁、马来西亚等地建立 12 个运营中心，合作门店已经超过 1 万家。在数字分销方面，天轮供应链于 2018 年 9 月上线了微商城和 App，提供产品交易、营销推广、仓储物流跟踪、销售管理、客户管理等功能及服务，对传统线下业务进行了有效优化与升级，为天轮与各第三方合作厂商提供了一个高效、全面、精准的分销平台。在品牌分销方面，天轮供应链建立了多元化品牌分销机制，利用入驻公司平台的倍耐力、金宇、中化、前进等 20 多个品牌厂家，以及天轮供应链公司打造的桀豹、明远、勇迈、海燕、安进、拜朗、辛动等 20 多个品牌，为各门店提供高、中、低产品组合销售策略，解决了合作门店品牌单一性的限制，同时使入驻天轮平台的各厂家品牌扩大了影响力和知名度，保证厂家、门店在品牌协同中都获得最大收益。

目前，天轮供应链正通过品牌、技术、管理输出，实现快速复制、快速扩张，上游打造核心工厂、托管工厂、OEM 共享工厂，下游打造运营中心、工厂仓＋中心仓＋共享仓、协同共享配送中心。同时与大型物流公司开展战略合作，融合双方生态圈中同业化的业务，依托物流公司配送门店的末端网络优势，直发终端零售渠道，减少轮胎储存及流通环节。天轮供应链充分利用渠道下沉和短平快的供应链创新模式，积极布局产业链的空白区域，并择机拓展全球业务，最终打造一个链接轮胎制造商（品牌方）、配送商、零售商、用户的全球轮胎智慧供应链生态平台。

资料来源：浙江天轮供应链王定杰在线分享轮胎供应链创新发展实践［EB/OL］.（2020-08-15）［2020-11-29］. https://mp.weixin.qq.com/s/w8j13qb7VsvbRv6OxLFbOw.

在智慧供应链创新的过程中，一是要对快速变化和高度不确定的外部环境保持高度敏感，形成持续变革转型、持续自我更新的能力；二是要找准行业问题和痛点，聚焦关键环节寻求战略突破，促进商业模式不断进化；三是在推进数字化转型过程中要正确理解模式创新、制度创新和技术创新的区别，选择正确的发展路径；四是要重视团队建设和职业培训，逐步培养既了解产业互联网，又熟悉供应链业务的人才队伍。

案例 3-6 中的天轮供应链在智慧供应链的基础上，在理念、技术和方法上进行创新升级，整合协同一个高度过剩的传统轮胎产业，其商业模式极具创新性和高成长性，具有很强的时代特征和正外部性。其充分利用渠道下沉和短平快的供应链创新模式，积极布局产业链的空白区域，择机拓展全球业务，最终打造一个链接轮胎制造商（品牌方）、配送商、零售商、用户的全球轮胎智慧供应链生态平台。

3.4　智慧物流与供应链的风险机制

3.4.1　智慧物流风险机制

1. 智慧物流风险产生的原因

智慧物流属于跨领域、信息协同共享的智能化物流体系，其实际运作效率与供应链各个节点主体都有一定的联系，面临的风险类型、数量也就远超传统物流体系。智慧物流具有多元驱动、实时感知、智能交互、智慧融合等特征，它们带来了技术更复杂、资金需求更大、连接更困难等风险。

第一，技术不成熟等问题会引发智慧物流企业的技术风险。智慧物流是以物联网、大数据、云计算、异构网络融合、移动互联等多种技术为基础运作的。在技术选择上既要考虑成熟度又要考虑前瞻性。因此，信息技术的不成熟与网络系统不稳定等问题，不仅会影响企业信息交互的及时性，造成物流运作的延迟和停滞，还可能导致数据安全风险，如系统漏洞、数据泄露、网络监听等问题。数字时代，企业拥有海量的用户个人信息，安全不容忽视，而物流行业一直是数据资产泄露的重灾区。2020 年 11 月，圆通快递多位员工有偿租借员工账号，40 万条公民个人信息被泄露，其中包括发件人地址、姓名、电话以及收件人地址、姓名、电话六个维度，此事引起公众对于个人隐私安全问题的高度重视。然而，此事件只是信息泄露的冰山一角，对于数据防窃密、防篡改、防泄露等安全技术的部署已经迫在眉睫。

第二，投资长期性和不确定性给企业带来了资金风险。智慧物流是一项庞大且长期的系统工程，其建设需要大笔启动资金和长期持续投入，和其他技术设备等投资不同，这种资金的投入在短期内难以见到直观效益。因此，企业对于智慧物流的长期大量投资限制了企业的现金流，可能引发企业的资金风险。

第三，上下游企业的信息壁垒会引发企业实施智慧物流的连接不畅或无法连接等风险。智慧物流的有效运行依赖于多环节的实时信息沟通，如果企业基于信息安全风险等目的，不分享信息，或者故意隐瞒、传递不准确信息，将会导致上下游企业信息不对称，信息无法按照智慧物流的要求在上下游环节进行传递，引发企业之间无法有效连接、智慧物流实施效率低下的风险。此外，某一环节单独运行良好并不意味该系统在进行多系统数据、服务融合后，依然能够提供准确、完整、及时的数据和服务，很可能该系统和其他系统不能实现良好集成，造成信息孤岛的出现。

2. 智慧物流风险应对策略

构建智慧物流实时风险管理机制应当有效结合风险管理理论与物联网技术，提高供应链企业的信息感知力，提高信息传输效率，帮助其有效识别物流运营中的风险，并评估风险，预测潜在风险。基于情景感知构建的实时风险管理机制将有效应对智慧物流体系面临的各种风险，提高风险识别、评估、控制能力。建立企业实时风险管理机制可以有效识别和应对风险，包含初始风险数据库、实时数据库、风险评价、行为响应四个方面的内容。

初始风险数据库的核心是收集智慧物流体系可能面临的风险的全部信息，找出互联网时代智慧物流实时风险管理的关键矛盾，层层分析、步步推进，识别关键矛盾的主要特征，列出详细的风险特征条目，为每个风险特征赋予不同的权重，构建风险因素集，依据互联网的发展实时更新风险数据，为后续的实时数据识别、风险评价以及行为响应提供可靠的数据支撑。其中，风险特征主要包含温度、形态、时间、地点以及数量。

实时数据库主要包含搜集、过滤、整合物流实体的实时信息。这些实时信息包括非结构化、结构化、半结构化数据，主要包含智慧物流体系基础层获取的各种物理信息，信息来源于视频监控、传感器、RFID标签等。利用计算机程序语言技术人员能够将这些信息处理为可被互联网识别的语言，以此确定各个物流实体的实时状态，将每个物流实体及与之对应的实时状态信息整合为一组情景，多组情景构成情景集合。

风险评价环节主要是用初始风险数据库的五大风险特征分别描述每组情景，确定每组情景的实时风险水平。行为响应环节则根据确定的实时风险水平划分风险区间，是实时风险管理环节及降低物流风险的实质性环节。其中风险区间包括绿色、橙色及红色区间。绿色区间表明物流实体的实时信息与初始数据较为吻合，发生物流风险的概率较低；橙色区间表明物流实体的实时信息与初始数据存在差异，发生风险的概率提高，警示物流企业及时作出相应调整，规避风险；红色区间则表明物流实体的实时信息与初始数据存在较大差异，极有可能会发生物流风险，物流企业应立即作出响应，制定有效的应急策略。

构建智慧物流的实时风险管理机制是一个动态循环的过程，并不是一蹴而就的，初始数据库为行为响应环节提供纠正依据，行为响应环节反过来为初始数据库的建设提供信息反馈，实现初始数据库的实时更新，有利于预测潜在物流风险，实现实时风险管理机制的自我优化。①

3. 智慧物流风险控制机制的典型案例

案例3-7

华夏邓白氏数字化创新赋能大型物流企业全方位风险管理

随着国内物流市场的高速发展，物流企业的业务规模也在不断扩大，企业亟须通过信息化和数字化的手段实现数据的统一收集和管理，为信用决策和合规风险管理提供科学合理的风险评估工具，进一步提升客户和供应商风险管理的效率和准确性，从而通过数字化实现降本增效。

华夏邓白氏多年来深入参与了某物流企业的数字化转型，尤其是在信控管理和合规风险管理领域。凭借在数据治理和风险评估建模领域的丰富经验，帮助一家物流企业梳理业务流程，并通过对一线员工和管理人员的充分调研，深入剖析业务流程中的痛点和风险形成原因，从大数据分析、流程优化和系统控制等维度提供全面详细的解决方案，助力企业提高管理效率并提升收益。

华夏邓白氏成功帮助该物流企业建立了统一的信用数据管理数据库，并基于大数据分析，为该企业建立了精准信用评估和授信政策测算模型，从而为信控团队的客户准入流程和日常信控管理及风险预警提供有效参考，从以下几方面帮助该企业实现信用管理全生命周期的数字化管理：

- 通过数据的清洗和补全，提升客户信用数据的完整性和准确度。
- 建立统一的信用管理数据库，实现内部不同系统间的订单数据、回款数据、业务数据等内部数据和司法数据、第三方数据、舆情数据等外部数据的统一收集与管理。

① 朱子梁. 基于“互联网+”视域下智慧物流实时风险管理机制研究［J］. 全国流通经济，2019（19）：19-20.

- 构建精准的信控评估模型和线上化的信控管理平台，实现事前精准授信、事中风险预警预测及事后监控应对的数字化管理，有效降低企业管理成本。
- 帮助该企业有效识别交易风险，规避逾期和坏账带来的潜在财务风险。

2021 年，该物流企业与华夏邓白氏展开了合规风险管理项目，用以解读员工不合规行为的行为模式，从源头解决不合规行为的根本原因，从以下几方面帮助公司减少特定风险带来的损失：通过流程优化规避不合规行为，提升企业整体收入，减少无效流程设置，提升业务效率；通过大数据机器学习构建风险识别模型，对高风险场景进行识别；结合行业内最佳管理实践，对系统操作和界面展示进行优化。

资料来源：数字化创新赋能大型物流企业全方位风险管理 [EB/OL]. (2021-04-15) [2021-06-12]. https://mp.weixin.qq.com/s/aaa62H33ottLfrHJsyYcbw.

在“互联网+”背景下，企业进行智慧物流创新，不可避免地面临一些风险，如数据来源的风险、线上线下业务整合的风险以及管理创新的风险等，企业需要从多个方面进行风险管理。然而在智慧物流创新的发展过程中，企业往往忽略风险管理机制的重要性，为确保智慧物流创新的质量和连续性，有效的风险管理机制必不可少。案例 3-7 中华夏邓白氏一直致力于凭借专业的数据及分析方法以及和中国中大型企业合作的丰富经验，将全球能力与本土需求相结合，为中国市场开发在不同应用场景下的数字化新产品和新服务，助力企业数字化、智能化发展，增强竞争力和抗风险能力。

3.4.2 智慧供应链风险机制

1. 智慧供应链风险产生的原因

智慧供应链在运作过程中常常存在不确定性，更需要较大的资源和技术投入，在尚无可借鉴经验和路径的情况下，风险会更加明显。随着智慧供应链的发展，供应链安全风险、资源信息共享风险是亟待解决的问题。

智慧供应链安全风险其中包括智慧供应链断裂风险和智慧供应链信息泄露风险。随着生产和消费的全球化，智慧供应链在不断延长的同时也越来越脆弱，目前智慧供应链成为一个广泛的生态系统，其中一个环节的失误很可能造成整个生态系统的毁灭。目前的智慧供应链无法做到在生态系统层面上进行重塑，并提供全球视角，虽然智能技术和设备的使用越来越趋于精准化，然而诸如新冠肺炎疫情等突发事件一直是智慧供应链发展道路上的威胁。另一方面，随着市场经济的迅速发展，信息共享机制成为供应链管理的关键，是智慧供应链高效协调运转的基本保障。在供应链参与者信息共享的过程中，往往伴随着信息泄露的情况。信息泄露在一定程度上削弱了供应链参与者之间达成信息共享机制的积极性，有时甚至会造成整条供应链的断裂。

在智慧供应链管理实践中，看似有百利而无一害的资源信息共享实施起来却存在一定的风险。事实上，很多时候信息共享更像智慧供应链管理“乌托邦”式的设想。因为在考虑其积极作用的同时，人们容易忽略信息共享的成本。即使有良好的 IT 基础支撑，企业在管理信息系统、硬件设备等方面的大量投入，以及供应链上节点成员智能技术和系统不兼容等风险都会带来相当高的转换成本。此外，在供应链中各企业的相互博弈下，企业对信息共享会面对类似囚徒困境的难题，身处智慧供应链动态联盟中的企业可能会做出有悖于整体最优的个体最优选择。也就是说，行业中竞争对手利益的冲突和严厉约束的缺失会使信息共享遇到严重障碍，甚至导致虚假信息，此外，企业对泄露商业机密的担心，如核心优势、生产技术和财务状况等，也会增加信息共享的风险。

2. 智慧供应链风险应对策略

管控智慧供应链风险，从被动防御到主动控制，是企业保持领先地位的必然选择。

首先，应对智慧供应链风险可以采取冗余策略。冗余策略是指重复配置系统的一些部件，当系统发生故障时，冗余配置的部件介入并承担故障部件的工作，由此减少系统的故障时间。过去很长一段时间，精益供应链的管理思想非常流行，它强调消除浪费或非增值的活动，保证成本最小化。然而，当采购、生产、运输等某个环节过于精益时，供应链的脆弱开始暴露，绩效出现偏离，供应中断，甚至发生灾难。2011年的日本地震，造成福岛核电站的严重泄漏，很多工厂因为关键零部件的短缺而停产。在中断后的恢复阶段，丰田的生产恢复慢于同行，很大原因来自丰田的精益模式，好在丰田不只有精益，还有持续改善的基因。从此丰田将提升供应链的弹性作为一项重要的策略，其要点在于两个方面：第一是加强对二级供应商和三级供应商的管理；第二是对供应商的库存和相互备份关系进行改善，以保证出现异常的时候，用最小的代价保证供应的连续性。

其次，发展替代能力是应对智慧供应链风险的有效方式。对于供应链来说，替代能力可以大大减少对某个领域的过度依赖。如果需求是高度定制化的，或者只有唯一来源可以满足，则无疑增加了供应的风险。通常情况下，可以利用两种手段来化解这种风险：一种是通过标准化的设计来简化对供应商的要求和对生产、发货的要求，从而提高供应链的弹性；另一种是通过减少对外部供应的依赖，提升供应链能见度。例如，一些领先的企业如思科、IBM等利用数字化的工具绘制供应风险地图，提升能见度，从而更加主动地管理智慧供应链风险。还有一些顶尖的供应链弹性和风险管理解决方案提供商，例如Resilinc公司的EeventWatch可以24小时对社交媒体和新闻进行实时监测，包括与企业的供应链相关的地震、飓风、洪灾、破产、网络攻击、供应短缺、工厂倒闭等，并可以根据突发事件对物料的影响给出提示，快速识别受影响的供应商，评估风险得分，估算财务损失和影响。此外，Resilinc公司通过对供应链网络实现可视化，来揭示链条中最脆弱的环节。每一级供应商、原材料的供应，甚至工厂的火灾，在供应链视图上都能一目了然。[①]

3. 智慧供应链风险控制机制的典型案例

案例3-8

思科：规避一份风险，带来十倍收获

思科的硬件、软件和服务产品都是组建互联网的基石。为提高整体灵活性并预防各种

① 供应链风险：从被动防御到主动控制［EB/OL］.（2020-11-22）［2020-12-07］. https://www.tobo1688.com/plugin.php? id=tom_tctoutiao&site=1&mod=info&aid=885.

可能的灾难事件发生，思科创建了一个智慧供应链风险管理体系，其中包括一个灵活的指标表和一组与事件、危机有关的阈值。思科供应链中的每个“节点”（供应商、制造合作伙伴和物流中心）都有责任跟踪和报告其“恢复时间”，并确保在实际灾难发生前所有恢复计划和能力建设都准备到位。

思科的解决方案是该行业的首个供应链解决方案，其雏形来源于一次为确定供应链最佳实践而举办的、由各行各业的供应链风险管理从业者参加的论坛。最初的设想是建设一个由多种流程和最佳实践构成的开源库，所有参与的公司都可以利用其中的内容来确定可能的风险并制定弹性计划，例如，备用货源、备用场所条件和风险规避方案。它起源于“业务应急计划”，目的在于了解供应链中的弱点和弹性。2008 年汶川地震发生后，思科通过其颇具前瞻性的业务应急流程确定出可能的威胁，并在发生会导致客户或收入损失的异常事件之前就启动了风险规避计划。思科可以确定哪些节点受到影响，亦可以评估事件发生前后几小时内可能会带来的影响。通过这种影响评估，思科可以与其供应商和制造伙伴协作，以避免任何环节出现异常情况。其精密的分析可帮助管理者评估一整套社会和环境因素。

资料来源：5 个顶级案例，教你实现智慧供应链管理 [EB/OL].（2018-09-18）[2020-12-07]. https://www.sohu.com/a/151028705_572698.

智慧供应链创新将风险视为一个系统问题。风险规避策略是通过利用数百万个智能对象来报告诸如温度波动、偷窃或篡改等威胁信息。企业通过共同的风险规避策略和战略中与供应链合作伙伴进行协作，利用实时连接对创新风险作出快速响应。随着智慧供应链变得更加复杂且紧密相连，风险管理也应当全面展开，扩展到企业所能控制的范围之外。

案例 3-8 中的思科通过引入智能系统来提高智慧供应链的效率和可靠性，从而节约能源和资源。该系统也可以用来检测自身潜在的问题、支持风险控制活动中的协作并展示出客户和供应链合作伙伴应对需求时的高度透明性。

本章小结

本章主要介绍了智慧物流与智慧供应链的运行机理。在智慧物流与智慧供应链的运行机制方面，阐述了智慧物流和供应链系统的关键特征、智慧物流及智慧供应链的运作模式。在智慧物流与智慧应链的组织管理机制方面，介绍了组织管理机制的内涵与特征、智慧物流组织管理机制和智慧供应链组织管理机制的基本模式及特点。在智慧物流与供应链创新机制方面，介绍智慧物流与供应链创新的基本要素以及智慧物流和智慧供应链创新的基本模式和路径。最后，在智慧物流与供应链的风险机制方面，主要介绍了智慧物流风险产生的原因和应对策略，智慧供应链风险产生的原因和应对策略。

关键概念

运行机制　组织管理机制　创新机制　风险机制　技术要素　组织要素　运营要素　创新路径　基本模式　智慧物流风险　智慧供应链风险　应对策略

思考题

1. 智慧物流与供应链的运作模式是怎样的?
2. 智慧物流与供应链创新的发展模式和路径分别包括哪几个方面?
3. 智慧物流与供应链创新的基本要素包括哪几个方面?
4. 智慧物流和供应链的组织管理机制分别存在怎样的基本模式和特点?
5. 智慧物流与供应链风险产生的原因有哪些?分别可以采取怎样的应对策略?

案例分析

智慧供应链十智慧物流 京东让零售效率全面提升

未来消费者享受的服务不仅来自前端的智慧物流技术，在背后还有智慧供应链和智慧物流的支持，这也是未来无人超市，或者说是无界零售的走向。是什么让消费者的“剁手”体验更加极致?我们将以京东作为经典案例，对智慧物流与供应链的运行展开深入探讨。

短链、智慧、共生定义未来物流新变革

在消费与产业、技术升级的当下，物流必将朝着以“3S”理论为核心的新一代物流方向发展，呈现出短链（short-chain)、智慧（smartness)、共生（symbiosis）的特征。当消费与产业、技术的影响叠加在一起，物流就不再只是连接生产端与销售端的工具，而逐渐成为厂商和终端消费者、虚拟经济和实体经济之间的重要链条。

开放赋能、体验升级，京东物流构建了短链、智慧、共生的新一代物流价值体系。与客户共生、与行业合作伙伴共生，以及与环境共生。首先，在仓储物流上，京东遍布全国的“亚洲一号”智慧物流中心实现了自动化、智能化设备全覆盖，入库、仓储、包装、分拣机器人各司其职，完全实现了智能化和无人化，日处理订单的能力超过20万单。其次，在配送环节，京东无人机、配送机器人的常态化运营范围也进一步扩大，京、浙、陕、湘等地的高校园区已有京东配送机器人的呆萌身影。最后，在覆盖城乡末梢物流方面，京东也发挥其一贯的竞争优势，借助大数据，布局更多本地仓，并利用京东各类线上线下结合的门店，就近发货，推进“前店后仓”模式。

科技驱动新一代物流 京东智慧物流引领的“新样板”

技术到底如何让物流更加智能?京东X事业部对智慧物流的探索已经有了答案，其致力于将包括无人机、无人车、无人仓、无人超市等在内的“黑科技”应用于真实场景中，无人化与智慧物流的发展将解放人力，让员工参与到更高价值的事情中去，发挥人的智慧。京东物流倡导共生发展理念，京东物流的高科技物流产品也将向全社会开放赋能。

以人工智能的应用为例，传统的商品识别方式是将京东的海量SKU通过条码让机器识别，这个过程是十分复杂的。随着人工智能、深度学习的进展和普及应用，现在京东商品在无人仓内是被机器“看出来”，无须二维码，其图像识别准确率已能满足应用的需求。

得益于智慧物流技术的发展，京东正在向世界宣告，创新技术正在为京东物流乃至整个物流行业塑造一个充满智慧的崭新样板。京东也将在未来依托智能科技，通过打通供应渠道、物流平台、服务场景、消费需求等多维度间的界限，实现跨行业的深度融合。

智慧供应链：让智慧的物流和零售未来真正到来

京东Y事业部如今在智慧供应链方面的优化已经卓有成效。

对内，京东实现了一定范围内的自动补货，在部分品类使用大数据和人工智能做商品的选品、定价，以及对相关供应链数据的分析和可视化。其中自动化补货分为两方面，一是智能库存系统自动下达采购单，解放运营人员的双手去做更有价值的工作；二是智能库存系统可以用数据更准确合理地下单，保证库存的水位不用太高就能满足销量需求。目前京东各事业部正在积极推进智能库存系统的广泛应用。

对外，京东正在对人工智能平台做深入的打造和更平台化的建设，基于人工智能平台在上面组建和抽离一些应用，正如前不久Y事业部发布的YAIR平台（Y AI Platform for Retail Business），集成了预测平台、运筹优化平台、模拟仿真平台、舆情分析平台四大平台。

智慧无界、产业升级的零售未来，能够让智慧物流和智慧供应链走得更远。在这个过程中，京东将为合作伙伴、全行业、整个社会全面创造新的价值，促进整个社会效率提升和协同发展。让我们一同期待，技术驱动下的新一代智慧物流和智慧供应链，正在带来的颠覆式新未来。

资料来源：风清. 智慧供应链+智慧物流 京东让零售效率全面提升［EB/OL］.（2017-12-14）［2020-11-07］. https://www.dsb.cn/70843.html.

案例思考题

1. 京东的智慧供应链和智慧物流的运行模式是怎样的？

2. 京东的智慧物流和智慧供应链的组织管理机制有哪些值得学习和借鉴的地方？

3. 请查阅其他资料，讨论京东进行智慧物流和智慧供应链创新的过程中可能会遇到的风险，以及可以采取哪些策略预防或应对。

04

Chapter

第4章

支撑智慧物流与供应链的关键技术——链接技术

学习目的

通过本章的学习，学生应该能够：

- 掌握物联网的概念与特征
- 掌握物联网的体系结构和技术架构
- 了解物联网的关键技术和应用场景
- 掌握移动互联网的概念和技术架构
- 了解移动互联网的关键技术和应用场景
- 掌握5G的特点
- 了解5G的关键技术和应用场景

案例4-1

阿里巴巴宣布全面进军物联网

2018年3月28日，2018云栖大会深圳峰会正式开幕，阿里巴巴集团资深副总裁、阿里云总裁胡晓明宣布，阿里巴巴将全面进军物联网领域，物联网（internet of things，IoT）是阿里巴巴集团继电商、金融、物流、云计算后新的主赛道。

胡晓明认为，互联网的上半场是将人类活动数字化，比如电商、社交、文化娱乐等，下半场则是将整个物理世界数字化，连到互联网上，实现物物交流、人物交互，是一场全新的生产力革命。

阿里云IoT的定位是物联网基础设施的搭建者，计划在未来5年内连接100亿台设备，打造全世界第一朵“无处不在的云”。此外，为应对物联网带来的新挑战，阿里云将在2018年战略投入“边缘计算”这一新兴的技术领域。

万物智联的实现离不开“三驾马车”——IoT、AI和云计算。IoT就像无处不在的神经网络，连接数据，将物数字化；但连接不是目的，要有一个大脑来调度，这就需要 AI；智能的背后是计算能力，需要借助于云计算。阿里云在物联网领域的核心价值就是解决三个问题：提供开放、便捷的 IoT 连接平台；提供强大的 AI 能力；实现云、边、端一体的协同计算。

早在 2014 年阿里云已开始启动物联网研发，到 2018 年已完成了城市、生活、制造、汽车四大物联网领域的核心技术布局。阿里云支持 2/3/4G、LoRa、NB-IoT、eMTC 等 95%的通信协议，开发者可快速接入阿里云 IoT 管理平台，降低 IoT 接入门槛。阿里云还提供了横跨云、边、端多个维度的计算服务和 AI 能力，在实际场景下，用户意图的识别率高达 95%，冰冷的设备开始拥有“思考”的能力，将物联网真正推向了智联网。

资料来源：郑志辉．新报快讯：阿里巴巴宣布全面进军物联网 [EB/OL]．(2018-03-29) https://www.sohu.com/a/226634088_119890；蓝鲸传媒．阿里巴巴全面进军物联网，IoT 将成阿里新业务方向 [EB/OL]．(2018-03-28) https://news.163.com/18/0328/11/DDVVAMFD000197V8.html.

4.1 物联网及其在智慧物流与供应链中的应用

4.1.1 物联网概述

1. 物联网的概念

物联网的英文名称是“Internet of Things”，简称 IoT。1995 年，比尔·盖茨在其所著的《未来之路》一书中对信息技术的未来发展进行了预测，开创性地对物联网的若干应用场景进行了描述，但限于当时的技术水平，并未引起人们的足够重视。1999 年，美国自动识别技术（AUTO-ID）实验室在射频识别技术（RFID）应用研究中，提出了以计算机互联网为基础，利用 RFID 技术和无线通信技术等，构建出一个实现全球物品信息实时共享的实物互联网“Internet of things”的概念，这被视为“物联网”概念的首次提出。2005 年 11 月，在突尼斯举行的信息社会世界峰会上，国际电信联盟（ITU）发布《ITU 互联网报告 2005：物联网》，引用和拓展了物联网的概念。该报告指出，射频识别技术、传感器、智能植入技术和纳米技术这 4 项高技术的应用，将使智能芯片可以植入到一根纤维当中，人类身边的物体将因此可以通过因特网主动进行数据交换，从而形成一个“物联网”。

物联网的概念自提出以来，内涵不断演进，至今并未形成权威的统一表述。目前广为接受的定义是：物联网是通过射频识别、红外感应器、全球定位系统、激光扫描器等信息传感设备，按约定的协议，将任何物品与互联网相连接，进行信息交换和通信，以实现智能化识别、定位、追踪、监控和管理的一种网络。① 物联网的基本思想就是将人类生存的物理世界信息化、网络化，将分离的物理世界和信息空间互联整合，实现万物互联。

---

① 胡向东．物联网研究与发展综述 [J]．数字通信，2010 (2)：17.

2. 物联网的三大特征

从本质上讲，物联网通过对物品信息的感知和传递，将传统互联网上的人与人的交互延伸和扩展为人与物、物与物之间的交互，实现对物的智能化管控。其具有以下三个特征：

- 全面感知。通过各种识别技术（如射频识别、激光扫描等）对安装在物品上的各类标识（如电子标签、条形码等）进行辨识，或借助各类传感器及追踪定位技术对物体进行感知，随时随地获取物品的即时信息。
- 可靠传递。借助各类有线（线缆、光纤等）和无线（蓝牙、Wi-Fi、移动通信、卫星等）通信传输技术，以及利用软硬件对异构网络进行相应的转换，按约定的通信协议接入互联网，实现人与物、物与物之间的信息有效传递。
- 智能管控。通过大数据、云计算、人工智能等智能计算技术，对海量数据进行存储、分析和处理，可针对不同的应用需求，对物品实施智能化识别、定位、追踪、监控和管理。

3. 物联网的体系结构

物联网的体系结构如图 4-1 所示。

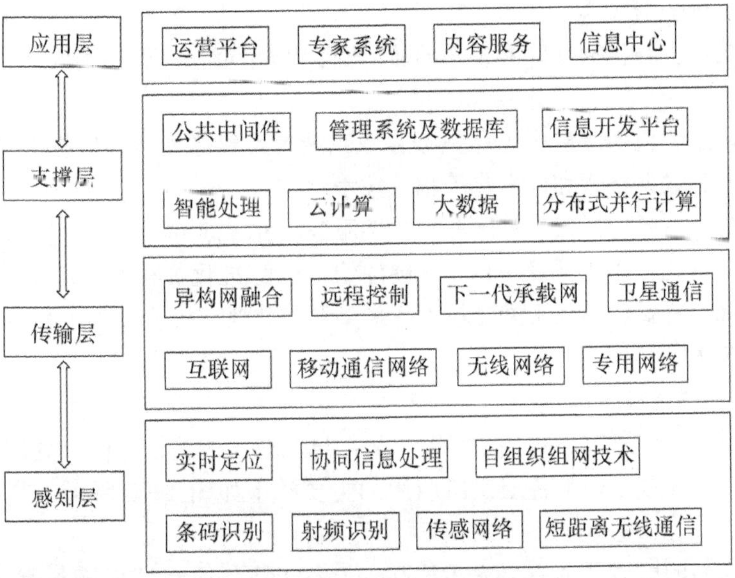

图 4-1　物联网的体系结构

自下而上，物联网的体系结构各层次和功能如下：

- 感知层，是物联网的感官系统，主要功能是信息采集。由各种类型的感知设备和控制模块以及相关网络技术组成，可对物品的物质属性、环境状态、行为态势等静态和动态信息进行获取与辨识，并在该层内实现数据间的处理和传输，还可以响应从传输层转发来的数字信号，从而实现对物品的管控。
- 传输层（或称网络层），是物联网的神经系统，主要功能是信息传输。以现有的各类有线和无线网络为基础，通过可以接入各种异构感知设备的承载网络和统一的网络体系架构，对来自感知层的信息进行接入和传输，也可将来自支撑层的指令信息传输到感知层。

● 支撑层（或称平台层），是物联网的大脑，主要功能是信息处理。借助于云计算、人工智能等技术，将从感知层获取的信息进行智能化的存储、计算、数据挖掘和信息融合等，形成有价值的信息，支撑跨系统、跨行业和跨应用的信息协同、共享和互通。当需要实现对感知层物品的控制时，支撑层还能完成控制指令生成和指令下发。

● 应用层，主要功能是用户服务。面向客户需要，在支撑层上建立相关的实际应用的管理和运营平台，通过用户接口提供智能化、便携化的人机交互等，满足政府、企业和消费者的各类需求，创造社会价值。丰富的应用是物联网发展的最终目标。

4. 物联网的技术架构

物联网功能的实现离不开其内部五个系统及所应用技术的共同支撑。这五个系统分别是感知（sensor network）系统、通信（communication）系统、数据海（data ocean）、计算（computation）系统和控制（control）系统。它们相互联系，共同作用，构成了物联网的C3SD技术架构。

● 感知系统，主要包括传感器技术、物品标识技术（RFID和二维码）、短距离无线传输技术（ZigBee和蓝牙）等。

● 通信系统，主要包括互联网、移动通信网、传感网络、通信和接口的标准化等相关技术。

● 数据海，主要包括海量多媒体数据存取系统、跨媒体搜索、数据融合与知识发掘、安全和保密技术、数据格式和标准化等相关技术。

● 计算系统，主要包括云计算服务、共性服务软件中间件、超级计算机硬件系统、嵌入式计算机支撑系统一体化开发平台、软硬件的I/O标准化等相关技术。

● 控制系统，主要包括人工智能技术、新型调节与执行机构（如电机等）、无人装备、管道系统控制技术等。

5. 物联网的关键技术

物联网体系结构中所应用的技术涵盖了从信息获取、传输、存储、处理直至应用全过程的各类技术，其体系结构中各层次所应用的主要技术如图4-1所示，其中包括以下几项关键技术。

（1）标识物品的射频识别技术（RFID）。RFID是一项利用射频信号通过空间耦合（交变磁场或电磁场）实现无接触信息传递与识别的技术。RFID主要由三部分组成：标签、天线、读写器。电子标签内按一定的格式存储标识性信息，读写器可按约定的通信协议通过天线与电子标签互传信息，从而获取标签内的信息，并传递到后台的软件系统进行处理。在物联网的感知层中，RFID系统可通过射频信号自动识别目标对象并获取物品的特征数据，将物品连接到同一个网络和数据库中。同传统的条码标识技术相比，RFID具有信息量大、识读速度快、保密性强、环境适应性强等诸多优势，其应用可大大提高物品识别的自动化水平，提高物联网的运作效率。

（2）感知事物的传感网络技术（sensor technologies）。传感网络由分布在某一范围的各传感器节点组网而成。无线传感网通过无线通信将多个传感器组成一个多跳的自组织网络，以协同感知、采集和处理网络覆盖区域中对象的信息，并传输给观察者。无线传感网由传感器节点、汇聚节点和管理节点组成。传感器节点用于感知对象数据的采集、转换和传输；汇聚节点将传感器节点的信息收集到一起传输给管理节点；用户通过管理节点对传感网进行配置和管理，发布监测任务以及收集监测数据。将传感网络技术应用于物联网的感知层中，可全面感知和获取网络覆盖区域中物品自身属性和状态等的动静态信息，以及物品所处环境状态的信息，进而实现物与网的连接。

(3) 思考事物的智能技术（smart technologies)。物联网中的智能技术主要包括大数据、云计算、人工智能等。大数据是指无法在一定时间范围内用常规软件工具进行捕捉、管理和处理的数据集合，大数据的两大核心技术是分布式存储和分布式处理。目前，Hadoop、MapReduce 和 Spark 等分布式处理方式已经成为大数据处理各环节的通用处理方法。云计算通过共享基础资源（硬件、平台、软件）的方法，将巨大的系统池连接在一起来提供各种 IT 服务，使企业与个人用户无须再投入昂贵的硬件购置成本，只需要通过互联网来租赁计算力等资源即可获取所需的服务，且大幅提升了计算能力。人工智能研究如何使计算机模拟人的某些思维过程和智能行为，包括智能机器人、虚拟现实技术与应用、工业过程建模与智能控制、机器翻译、知识发现与机器学习等技术。将大数据、云计算、人工智能等技术应用于物联网，可对感知层不断获取的海量信息进行存储和处理，从中获取有价值的各类信息，甚至可以使传感器网络大部分时间能够独立运行，只有在系统检测到问题并通知操作员时才需要人工输入，并能够使环境或流程自动地对自身优化。

(4) 微缩事物的纳米技术（nanotechnology)。纳米技术也称毫微技术，是研究结构尺寸在 1～100 纳米范围内材料的性质和应用的一种技术。纳米技术在物联网中的应用主要在两个方面：一是在传感器上使用纳米材料，可使传感器体积更小，测量灵敏度和精度更高，效率更高；二是用于创建物理网络，使数据能够通过在纳米级别通信的组件进行交换，即构建纳米物联网（IoNT)。

IoNT 由多个组件组成，这些组件可分为纳米节点、纳米路由器、纳米微接口设备和网关四大类，通常通过分子通信（其中信息被编码到分子）或电磁纳米通信（其中数据通过电磁波传输)，因此，纳米物联网体积小，传输效率高。

(5) 交互数据的网络技术。物联网中的泛在网络用于将感知层识别和采集的海量物品信息传输至广域的信息平台进行处理。这一网络必须能连接所有末端实物信息采集点，并能让分布式的网络信息采集点的信息通过最便利的传输通道登录到网络接口，这就需要给各个网络节点提供较多的选择，因此，物联网中应用的网络包括互联网、专用局域网、移动通信网、异构网和下一代求载网等，且可以采用各种网关设备实现信息传感局域网与广域网络的连接。网络技术的发展水平直接关系到物联网中信息传递的便利性、可靠性、及时性，以及信息传输成本，进而影响其整体运作效率。

(6) 窄带物联网（narrow band internet of things，NB-IoT)。近年来更加普遍高效的物联网技术 NB-IoT 逐渐兴起。NB-IoT 是 IoT 领域一个新兴的技术，支持低功耗设备在广域网的蜂窝数据连接，也叫低功耗广域网（LPWAN)。NB-IoT 支持待机时间长、对网络连接要求较高的设备的高效连接。NB-IoT 设备电池续航时间可达 10 年，同时还能提供非常全面的室内蜂窝数据连接覆盖。[①] NB-IoT 具备低功耗、广覆盖、低成本、大容量等优势，可应用在智能集装箱与高价值货物的运输管理中。

4.1.2 物联网在智慧物流与供应链中的应用

1. 物联网在智慧物流与供应链中的应用场景

随着技术的发展，物联网在物流与供应链管理领域的应用也在不断推进，并因此提升了物流与供应链管理的智慧化程度。

（1）智慧型采购供应。将物联网技术应用于供应链可实现采购供应的高度智慧化。当供应链成员企业均纳入物联网时，可冲破供应链管理的信息瓶颈，使物流和信息流呈现高度透明化。各成员企业通过物联网对供应链各环节物料流动信息的实时感知和传输，可即时获得和共享所有上下游成员企业的库存、生产、销售等信息，并可借助于物联网支撑层的智能分析，自动获取各企业的物料需求计划，以及由此派生出的生产和采购计划。上下游企业间的采购订单是供应链管理系统根据预先设置的规则自动生成并进行传输的，无须人工参与。此外，由于各企业的产品生产、仓储、运输等过程信息都是实时被感知、共享，并存储在系统中的，产品供应质量可被成员企业全程监控，质量问题可分析与追溯，采购成本也可分析与控制。因此，基于物联网技术的采购供应，可真正实现上下游企业供应物流的无缝衔接，满足整体供应链准时制生产的需要，避免供应不及时导致的缺货损失和积压导致的存货损失，降低供应成本。

（2）智慧型仓储。物联网技术在仓储运作中的应用可提升仓储管理的智慧化程度。在仓储规划方面，通过对供应链系统中存储货物数据的智能化分析，可合理规划仓库选址和空间布局、设备选型、人员配备等，优化仓储系统，并利用虚拟现实技术将规划结果进行可视化呈现，降低仓储建设成本。在仓储作业方面，利用物联网的感知技术（条码扫描、RFID、传感器等）可快速进行进出库货物的准确识别和计量，感知货物状态，自动完成出入库计量和验收，提高验收的准确性和效率；根据货物情况和仓库储位情况，通过智能算法合理选择储位，最大化利用存储空间；运用智能算法，规划最优存取路径，利用人工或自动存取拣选设备，特别是拣选机器人群组，实现快速存取及补货，大幅提升出入库作业效率；利用感知技术随时对货物在库数量、状态以及储存保管环境参数进行监控，实现自动盘点及环境状态控制，保证在库物品处于良好的保管状态，减少货损；根据需求预测、安全库存量等确定订货量和订货时间，自动发送订单或订货提示，通过智能化采购降低库存。供应链成员企业的信息共享，可优化各成员企业的库存计划，合理分配库存货品品种、数量，必要时可相互调货，通过多库协同实现总体效益的最大化。

（3）智慧型运输。将物联网技术运用到运输领域可促进运输的智慧化发展。当供应链成员企业均纳入物联网平台时，运输的货物和车辆、驾驶员等资源均通过识别和传感装置连接到系统中。当发货企业产生货物运输需求时，供应链管理系统会获取货物的数量、理

---

① https://baike.baidu.com/item/NB-IoT/19420464.

化特性、目的地、运输条件、送达时程等信息，搜寻系统中承运商可供调配车辆的载重量、车型、位置等信息，对供需双方进行智能化匹配，为承运企业提供具体车辆安排和可视化装载方案，以及通过路径规划算法得出的运输路线和时程安排，将任务指派给选定的承运方，同时将运输路线信息发送到车载终端或驾驶员的移动终端上，为车辆提供语音或可视化导航。在运输过程中，通过车载无线通信装置或驾驶员携带的移动终端，以及货物和车辆上安装的识别装置和传感器，供应链成员企业可对货物和车辆的实时位置及状态进行全程监控，可根据路况适时调整运输路线，并对异常情况及时处置，以保证货物和车辆的准时安全到达。在车辆到达目的地前，收货企业可得到准确的货物和时程信息，及时进行收货计划安排，准备收货所需的设备和人员，顺利完成卸货。整个运输过程的各项数据都可纳入系统中，实现运输过程的实时追踪和追溯管理。运输过程完成后，还可据此进行成本费用分析、承运企业绩效评估等。物联网技术在运输过程的应用实现了货运资源、车辆资源、驾驶员和市场消费等信息的全方位融合，不仅使运输过程透明化、可视化，也使各项资源实现了共享和优化配置，降低了运输成本，提升了运输的时效性和客户体验。

（4）基于NB-IoT的智能集装箱。智能集装箱通常是在普通集装箱上配备传感和通信设备以达到智能管理的目的。设备一般使用多个主动RFID产品（主动式电子标签内部自带电池，工作可靠性高，信号传送距离远。在结合GPS技术后，能在集装箱状态发生变化时实时将变化发生的时间、地点以及周围的环境信息传输到货主或管理人员的机器上，实现集装箱的实时跟踪），包括电子封条、传感器封条。这些标签可以贴在运输货物的集装箱上，随时将集装箱的一些关键信息如位置、安全状况、灯光、温度和湿度的变化传给读取器网络，读取器网络收集、过滤获得RFID的信息，并将有效信息通过NB-IoT模块输送到交通安全信息系统（transportation security system，TSS）。发货人通过TSS，就可以实现对货物的追踪，了解货物的即时方位、状态和安全状况。

（5）基于NB-IoT的高价值货物管理。NB-IoT在高价值货物定位及渠道管理方面，对于控制经销商窜货囤货、货物在物流过程中丢失、流通效率、货物消费趋势等有极好的效果。该方案结合了LBS定位、电子围栏、货物开箱检测等多种物联网技术，基于运营商NB-IoT网络及物联网开放平台，运用物联网专线技术，实现货物在仓、在途、开箱等状态的识别和及时上报，物流轨迹透明可见，操作流程有迹可循。[①]

2. 物联网典型应用实例

案例4-2

京东、斑马技术、神州数码共建物联网＋电商物流联合实验室

2017年1月，京东、斑马技术和神州数码联合宣布成立“物联网＋电商物流联合实验室”，聚焦三大场景的改善：提升现有拣选和复核打包的生产效率、实现托盘和笼车资产可视化智能管理、寻找视觉和数据分析在物流中的应用。

① 维科号 NB-IoT在智能物流运输方面的应用．[2020-01-08]．https://mp.ofweek.com/iot/a145693325136.

(1) 提升现有拣选和复核打包的生产效率。拣货是仓储作业中劳动力密集度和成本最高的一项任务，在仓储整体失误的成本中所占比例最大。而电商及时化、快速响应、多品类经营等特点对拣货作业的速度和准确率提出了较高的要求。目前通过采用手持移动终端，京东仓库已经实现了拣货效率的提升，未来需要采用更多移动设备来支持，提高生产力，降低成本。斑马技术企业级移动计算解决方案提供最广泛和多样的企业级移动智能终端产品系列，包括交通物流和仓储专用的坚固型手持设备，比如TC8000；佩戴式设备，比如RS6000指环式扫描器、WT6000工业佩戴式数据终端；平板电脑和车载移动智能终端等。通过扫描货物包装上的条码，直接进行货物信息的核对、检查和标记，帮助企业简化流程，优化工人生产力，显著提升仓库效率，并改善顾客服务。例如斑马技术全新推出的整体佩戴式解决方案可实现免持和语音指示拣选操作，能够提升仓库工人的移动性、舒适性和准确性。相较于传统的佩戴式设备，显著提升15%的生产力，并将失误降低39%。

(2) 实现托盘和笼车资产可视化智能管理。托盘和笼车是仓储中流动性极高的必需品。在作业高峰时期，一个库房可能会同时使用几万个托盘进行出入库、上架拣选等作业，如何管理这些数量庞大的托盘和笼车、避免资产流失是企业面临的一大挑战。作为RFID解决方案的领先供应商，斑马提供多样的RFID解决方案，从手持RFID标签读取器，比如RFD8500，到RFID标签打印机，比如ZT410 RFID工业打印机，再到固定式RFID读取器和RFID读取器天线。斑马技术RFID解决方案帮助企业实现库存和资产可视性的最大化，让仓库员工实时了解它们的数量、地点和状态，轻松实现企业资产的智能化管理。

(3) 寻找视觉和数据分析在物流中的应用。机器视觉、深度学习结合大数据分析带领物流行业进入一个新的应用发展阶段，比如全自动库房。在未来的仓储管理中，例如计算外包装尺寸和货车装载量、打包环节是否有步骤错误或缺失等复杂的分析性工作都可以通过视觉技术和数据分析处理。斑马技术的仓储解决方案在不断变化的供应链环境下，能自动“感知”商品和货物的状态及位置，实现货物的三维尺寸实时测量、传送流水线货物的在线高速识别及运行状态检测等，带来资产可视性、仓库生产力和供应链整合度的革命性提升。斑马技术交通和物流解决方案采用实时数据进行追踪，能优化运输路线，实现高效且精确的货运。依托京东斑马神州数码联合实验室，未来三方将不断探索、讨论研究视觉和数据分析在物流中的可行性应用。

资料来源：现代物流杂志社. 京东、斑马、神州数码共建物联网＋电商物流联合实验室.（2017-01-17）. http://news.rfidworld.com.cn/2017_01/529987b69c3a626d.html .

4.2 移动互联网及其在智慧物流与供应链中的应用

4.2.1 移动互联网概述

1. 移动互联网的概念和构成要素

互联网自产生以来，经历了由低速到高速、由窄带到宽带、由有线到无线的不断演进和发展。随着移动通信技术的迅猛发展，互联网的技术、平台、商业模式和应用与移动通信技术相结合，产生了移动互联网。借助移动互联网，用户可使用各类智能移动设备，如手机、平板电脑或其他手持终端等，通过无线通信网络接入互联网，获取所需要的信息及各类服务。移动互联网有三个构成要素：移动终端、移动网络和应用服务。同有线接入互联网的方式（俗称桌面互联网）相比，移动互联网的接入终端在地理位置上有更大的自由度。

2. 移动互联网的技术体系架构[①]

移动互联网的技术体系主要由三大模块组成，其体系结构如图4-2所示。

- 移动终端模块：分为软件和硬件两部分。软件包括应用软件、中间件、操作系统等；硬件包括手机、可穿戴设备、专用移动互联网终端和数据卡方式的便携电脑等具有运算处理能力、存储读写能力和显示输出能力的电子设备。
- 网络与服务模块：包括服务管理层和接入网络层。服务管理层包括应用平台、事件管理和服务质量管理等；接入网络层包括接入网络、承载网络和核心网络等，提供不同智能移动终端，以及移动终端和服务器进行数据交换的网络架构和数据传输条件。
- 服务应用模块：基于Web，WAP方式提供给移动终端的互联网应用，包括典型的互联网应用，比如网页浏览、在线视频、内容共享与下载、电子邮件等，以及基于移动网络特有的应用，如定位服务、移动业务搜索以及移动通信业务等。

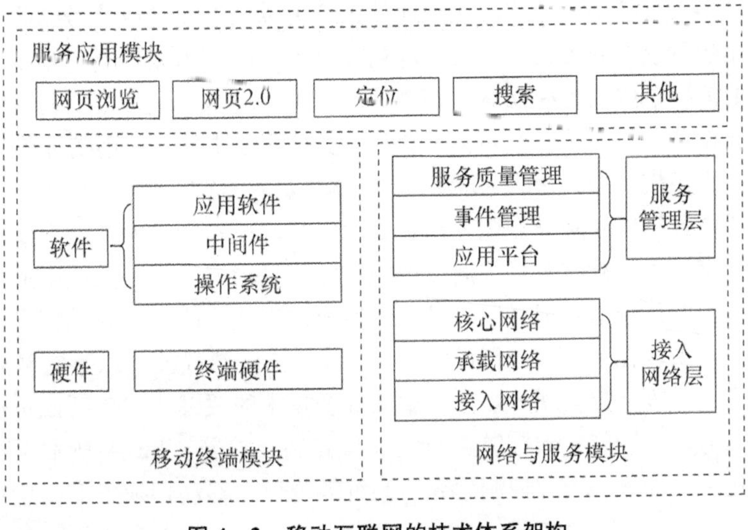

图4-2　移动互联网的技术体系架构

3. 移动互联网的关键技术

移动互联网的相关技术主要涉及终端研制、数据传输和服务供给三个方面，其中终端研制方面包括移动芯片设计技术，MEMS器件制备技术，关键元器件、模具及整机制造技术，软件操作系统开发；数据传输方面包括信号调制、解调和传输技术，信道分配技

① 吴吉义，李文娟，黄剑平，等. 移动互联网研究综述［J］. 中国科学（信息科学），2015，45（1）：45-69.

术，信息存储技术；服务供给方面包括移动应用开发、浏览器、VR 应用服务、移动定位、移动支付、移动社交、移动互联网安全技术等。

对移动互联网发展产生重要影响的关键技术主要包括以下方面[①]：

（1）移动芯片技术。移动芯片是安装在移动终端设备内部，负责完成数据运算、信息存储和对外进行无线通信等任务的通用集成电路。其中数字基带处理器和应用处理器是各类移动芯片中最为复杂的，也是最具代表性的，决定着移动终端设备的整体性能。近年来移动芯片技术的研究主要集中在与基带系统零部件、发射机以及调制载波系统的设计方法方面。追求的是多频、多模以及实现更快的处理速度，支持更多不同制式的移动网络，同时向下兼容其他代际的通信网络，以及通过芯片的微型化提高芯片主频、降低芯片功耗。5G 移动芯片已成为研究热点。

（2）近场通信技术。近场通信技术（near field communication，NFC）是一种工作在 13.56MHz 频率的低速、近距离无线通信技术，它允许在多个电子设备之间实现简易数据的双向交互，有卡模拟、读写和点对点通信三种工作模式。NFC 适用于短距离通信，可应用于与安全识别相关的门禁、支付，以及数字海报、数据传输等场景。NFC 需要解决的关键问题是如何提高传输速率，或与其他无线传输设备兼容以便相互结合使用来提高数据传输的速度；实现天线的技术参数选择、尺寸选择、静电释放保护以及整个标签模组性能的改善；以及信息安全保护方式选择与开发等。

（3）大规模多天线技术。传统的无线通信系统由单根天线完成信号的收发，大规模多天线技术则采用数量众多的天线，让天线阵列在一个方向上的能量更为集中，在不增加功率和宽带资源的前提下提高无线网络的频谱效率。大规模多天线技术的关键包括信道信息获取技术（导频设计、信道估计）、传输方法（波束成形技术、利用统计信道信息的空分多址传输方法、大规模分布式 MIMO 的下行传输方法）、资源调度与分配技术。研究热点是如何提高信道估计精度、降低导频开销，如何实现高速移动下大规模天线的无线传输。

（4）载波聚合技术。载波技术是通过载波传输信息的技术，是无线电通信中较为基础的技术，绝大多数的射频信号都必须经过调制后经由载波才能从发射端传送出去。载波聚合技术将成员载波聚合在一起，扩展成 LTE-A 系统的传输载波，以整合频带资源、提高带宽利用率，满足无线宽带互联的需求。载波聚合技术的关键技术包括成员载波的聚合方式、信道资源的分配与调度、数据链路的设计与控制。随着 LTE-A 技术的不断演进和发展，未来在优化室内场景、设计控制信令、系统兼容性、移动切换方案等应用层面的研发也将得到扩展。

（5）虚拟现实（virtual reality，VR）技术。VR 技术，也称人工环境、灵境技术，是以沉浸性、想象力和交互性为基本特征的人机交互界面。VR 技术采用计算机图形学、人机交互、计算机网络技术、人工智能技术、多媒体技术、传感技术和并行处理技术来模拟人的视觉、听觉、触觉等感官功能，使人沉浸在计算机生成的虚拟环境中，甚至通过语言、手势等自然的方式与之进行实时交互，以创建高度逼真的多维通信空间。

---

① 刘毅，李岱素. 全球移动互联网产业重点领域专利分析研究［M］. 广州：广东人民出版社，2018.

VR 的关键技术包括动态环境建模技术、实时三维图形生成技术、立体显示和传感器技术、应用系统开发工具（虚拟现实系统开发平台、分布式虚拟现实技术等）、系统集成技术（包括信息的同步技术、模型的标定技术、数据转换技术、数据管理模型、识别和合成技术等）。

（6）精准定位技术。通过移动通信方式获取、传输和分析用户精准位置的位置服务（LBS）是移动互联网的一种典型应用技术。为用户提供移动定位的三类较为常用的无线电信号包括卫星广播信号、蜂窝移动通信信号和短距离无线通信信号。精准定位技术可应用于无人驾驶、室内外导航等领域。精准定位技术的关键包括多卫星/多模组合定位技术、地基型卫星信号处理技术和短距离移动通信增强技术。该领域技术未来的发展趋势是“星基”与“地基”一体化、卫星信号与移动通信信号一体化、室内与室外定位一体化的高精度无缝融合。

4.2.2　移动互联网在智慧物流与供应链中的应用

随着移动互联网的迅速发展和智能手机的普及，基于移动互联网的智慧物流与供应链生态模式日渐成熟，移动物联网在物流领域各环节的应用日趋广泛。物联网在智慧物流与供应链中的应用场景包括以下方面。

1. 移动物流信息公共平台

基于移动互联网的物流公共信息平台，可根据物流信息化系统需求及移动互联技术规范，从移动网络核心与专有技术、USS 综合安全系统、MTools 无线中间件、App 应用及技术解决方案等方面实现对物流信息的一体化管理，提升物流数字化管理水平。平台可根据物流业务需求进行定制设计，包括手机 App 综合运输配货系统、移动 OA、移动 CRM、移动 ERP（采购、生产、库存管理、销售、补货检货等）、移动配送、移动维保等一系列服务内容。用户不必借助任何其他设备，使用手机就可随时随地进行物流业务的处理与管理，享受移动互联带来的更多便利。

2. 移动物流服务交易

移动物流信息服务平台依托汇聚在平台上的大量经认证的第三方物流公司、社会车辆、货主以及货代所提供的货源和车源信息，可实现更为安全、快捷、高效的车货匹配交易服务。平台上的司机、货代（或信息部）使用手机或物流专用 PAD，可实现车源、货源在线即时发布，并得到平台据此智能化车货匹配后的反馈信息。平台还可实现订单在线处理、货款（或运费）在线支付。

3. 移动运输可视化管理服务

基于移动互联网的物联网技术可覆盖装货、在途以及签收整个运输过程的管理。运输前，可在手机端为司机提供运输路径规划及可视化显示。在运输途中，通过集成车载设备，可实现运输途中对温度、湿度、车速、车辆行驶轨迹等信息的实时采集；通过视频、音频、图片、文字等手段对采集信息进行最直接的反馈，帮助司机、运输公司或客户全面了解货物情况；同时也可以通过车载系统向驾驶员发送控制及调度指令，实现对配送过程及产品质量状态的实时监控。在签收时，支持签收单据以及收货人身份证件拍摄和上传，实现电子签收。此外还可在移动端为司机提供所在地的汽修汽配、餐饮住宿等信息以及紧急情况下的在途救援等服务。

4. 移动智慧仓储管理

基于移动互联网的物联网技术可实现仓储作业的智慧管理。将 RFID、传感器、可穿戴设备、自动拣选设备、智能手机等终端设备通过移动互联网连接到仓储管理系统中，可以实现货物出入库、盘点等作业的智能化处理，包括出入库货物数量计量和状态感知、储位规划、自动拣货、可视化拣货路径规划与指示、自动盘点与存货控制、仓储环境自动监测与温湿度控制等。

案例 4-3

优克联与中车互联运力开拓新应用领域

优克联是一家移动通信创新技术公司，致力于创建全球领先的移动数据流量共享市场。优克联与集装箱运输物流企业中车互联运力科技有限公司（以下简称“中车互联运力”）签署一项战略合作框架协议。两家公司将借助优克联的核心专利云卡技术，开发面向国内国际货运市场的创新智能集装箱解决方案，进一步推动全球集装箱运输行业的发展。

集装箱运输通常风险较高，急需开发出一种能够实时追踪并监控货物、集装箱及运输状态的智能系统，以改善企业乃至整个行业的透明度、安全性和服务水平。这种系统的成功有赖于更好、更稳定的移动网络信号，大覆盖面，高速的传输和低延迟，尤其是在集装箱运输途中。

优克联与中车互联运力的战略合作将发挥两家企业的优势，解决上述难题，建立全球创新的集装箱多式联运跨运力模式。根据本次协议，优克联将为中车互联运力的客户提供科技平台，包括国内和跨境运输的集装箱共享运营，运力交易平台和公路甩挂经营平台等。

作为领先的国内集装箱运输和物流企业，中车互联运力运用技术连接各种运输模式，打造一个集中化、统一化的互联运力平台。借助优克联的云卡技术，集装箱物流企业能够不再受地域、运营商或网络服务商的限制，自由灵活地使用移动数据服务，获取关于使用状态的实时反馈。此外，优克联的跨网秒切技术还可将跨移动网络的切换时间缩短至毫秒级，使网络连接始终稳定，与物联网应用的多样化需求高度匹配。

智能集装箱解决方案只是云卡技术在物联网应用中的一个场景。优克联正寻求将其业务领域拓展到新的行业，将云卡技术用于自动驾驶、AR 和 VR、云计算等物联网应用场景，与中车互联运力的合作协议是一个重要的里程碑。在创建全球 PaaS 和 SaaS 平台生态圈的过程中，优克联将帮助更多的商业伙伴把握 5G 云技术的高网速、低延迟，以及用户对优质服务需求不断提升带来的机遇。

资料来源：美通社. 优克联与中车互联运力开拓新应用领域将云卡技术用于智能集装箱和集装箱物流［EB/OL］.（2021-01-19）. https://www.prnasia.com/lightnews/lightnews-1-102-32224.shtml.

4.3　5G 技术及其在智慧物流与供应链中的应用

4.3.1　5G 技术概述

1. 移动通信技术的发展历程

5G 是第五代移动通信技术的简称。自 20 世纪 70 年代贝尔实验室提出“蜂窝网络”概念以来，移动通信技术几乎每十年经历一次制式更替，至今已发展到第五代。

第一代移动通信技术（1G）是模拟蜂窝移动通信网。1978 年，贝尔实验室研制成功先进移动电话系统（AMPS），建成了蜂窝状移动通信系统。1986 年，第一套移动通信系统在芝加哥诞生。第一代移动通信系统的主要特点是采用频分复用，语音信号为模拟调制，每隔 30KHz/25KHz 一个模拟用户信道，只能进行语音传输，且语音品质低，信号不稳定，涵盖范围也不全。1G 主要提供无线移动通话业务，作为固定通话的补充，所使用的移动设备是手机。

第二代移动通信技术（2G）是窄带数字移动通信系统。20 世纪 80 年代中期，出现了第二代移动通信系统。2G 通信技术以 GSM、IS-95 为代表，提高了频谱利用率，支持多种业务服务，并与 ISDN 等兼容。2G 比以前的模拟信号传输速度更快、更稳定，距离更长。在有效性与可靠性方面，2G 移动通信的加密程度较弱，对信息保密能力不强，容易被攻击者监听。2G 的服务主要是语音和低速数据的传输业务（短信消息，以黑白文字为主），因此又称窄带数字通信系统。

第三代移动通信技术（3G）是移动宽带多媒体通信。第三代移动通信最早由国际电信联盟（ITU）于 1985 年提出，系统工作在 2 000MHz 频段，最高业务速率可达 2 000kbps，是移动宽带多媒体通信。1999 年 3 月芬兰以招标方式发放全球第一张 3G 许可证。第三代移动通信标准以 CDMA 为核心技术，其最大的特点是移动终端智能化，在通信加密保护和抗干扰能力方面表现优秀，有效性与可靠性高。3G 真正实现了移动通信和互联网技术的结合，在改善话音质量的基础上，提供中高速的数据和多媒体服务，影像电话和大量数据传输更为广泛，形成了全新的通信系统。2009 年初，我国工信部向电信运营商发放 3G 牌照，标志着 3G 技术的商用化，移动互联网真正开始改变人们的日常生活。

第四代移动通信技术（4G）是无线蜂窝电话协议。2012 年 1 月，ITU 通过了 4G（IMT-Advanced）标准，共有 4 种，分别是 LTE，LTE-Advanced，WiMAX 以及 Wireless MAN-Advanced。我国自主研发的 TD-LTE 是 LTE-Advanced 技术的标准分支之一，在 4G 领域的发展中占有重要地位。4G 采用 OFDM 正交频分复用技术，通信速度是 3G 的数十倍乃至数百倍，通信方式非常灵活多变；采用软件无线电技术、智能天线技术和 MIMO 技术，集 3G 与 WLAN 于一体并能够传输高质量图像，实现了全 IP 化的无线网络宽带化。4G 主要提供数据业务，基本能够满足各种移动通信业务的需求。2013 年 12 月 4 日，工信部向运营商发放了 4G 牌照，标志着中国移动通信正式进入 4G 时代。

第五代移动通信技术（5G）是 3G/4G 技术的升级版。2015 年 9 月在美国凤凰城举行的全球标准化组织——第三代合作伙伴计划（3GPP）的工作会议中，正式提出下一代无线电技术将向增强型宽带（eMBB）、大规模机器通信（mMTC）和高可靠性超低时延通信（URLLC）三大方向发展。2018年6月，5G的NR独立组网SA标准正式出台，将空中接口时延缩短到1毫秒、峰值速率达到1GB/s、连续广域和高移动性下用户体验速率达到100MB/s。2019年6月6日，工信部向中国电信、中国移动、中国联通和中广电正式发放了5G商用牌照，标志着中国在2019年进入了“5G商用元年”；2020年“新基建”又把5G基础设施建设放在首要位置，预计2025年5G基站将达到550万个。

2. 5G的特点①

● 超级带宽。其GB级接入速率已经超越了互联网接入、视频通信应用流量的基本速率，其拥塞和时延也趋于零，终端用户可以感受到具有无限流量的网络。

● 海量物联。采取网络自动化技术并基于服务架构，实现对海量网联设备全生命周期的管理与安全性保证。

● 即时可靠通信。保证高可靠性、超低时延通信的能力，以实现全球网上远距离的真实临场感。

如果说1G时代到4G时代是人与人的互联，那么5G时代将要实现的是万物互联，并最终实现“信息随心至，万物触手及”的愿景。

3. 5G的关键技术

（1）超密集异构网络。在5G网络中，减小小区半径，增加低功率节点数量，是保证5G网络支持1 000倍流量增长的核心技术之一。因此，超密集异构网络成为提高数据流量的关键技术。

（2）自组织网络。在5G网络中，将面临网络的部署、运营及维护的挑战，这主要是由于网络存在各种无线接入技术，且网络节点覆盖能力各不相同，它们之间的关系错综复杂。因此，自组织网络（self-organizing network，SON）的智能化将成为5G网络必不可少的一项关键技术。自组织网络技术解决的关键问题主要有以下两点：网络部署阶段的自规划和自配；网络维护阶段的自优化和自愈合。

（3）内容分发网络（content distribution network，CDN）。在5G网络中，面向大规模用户的音频、视频、图像等业务急剧增长，网络流量的爆炸式增长会极大地影响用户访问互联网的服务质量。CDN对未来5G网络的容量与用户访问具有重要的支撑作用。

（4）设备到设备通信（device-to-device communication，D2D）。在5G网络中，网络容量、频谱效率需要进一步提升，更丰富的通信模式以及更好的终端用户体验也是5G的演进方向。D2D作为基于蜂窝系统的近距离数据直接传输技术，具有潜在的提升系统性能、增强用户体验、减轻基站压力、提高频谱利用率的前景。

（5）M2M（machine to machine，M2M）。M2M作为物联网在现阶段最常见的应用形式，在智能电网、安全监测、城市信息化、环境监测等领域实现了商业化应用。M2M市场蕴藏着巨大的商机。因此，研究M2M技术对5G网络具有非比寻常的意义。M2M的定

① 刘大成. 5G技术与智慧物流供应链的互动式演进 [J]. 物流时代周刊，2020（11）：30-33.

义主要有广义和狭义两种。广义的 M2M 主要是指机器对机器、人与机器间以及移动网络和机器之间的通信，它涵盖了所有实现人、机器、系统之间通信的技术；从狭义上说，M2M 仅仅指机器与机器之间的通信。

（6）信息中心网络（information-centric network，ICN）。随着实时音频、高清视频等服务的激增，基于位置通信的传统 TCP/IP 网络无法满足海量数据流量分发的要求。网络呈现出以信息为中心的发展趋势。ICN 的目标是取代现有的 IP。ICN 所指的信息包括实时媒体流、网页服务、多媒体通信等，信息中心网络就是这些片段信息的总集合。因此，ICN 的主要概念是信息的分发、查找和传递，不再是维护目标主机的可连通性。ICN 采用的是以信息为中心的网络通信模型，忽略 IP 地址的作用，甚至只是将其作为一种传输标识。全新的网络协议栈能够实现网络层解析信息名称、路由缓存信息数据、多播传递信息等功能。ICN 信息传递流程是一种基于发布订阅方式的信息传递流程。

（7）移动云计算。移动云计算是一种全新的 IT 资源或信息服务的交付与使用模式，它是在移动互联网中引入云计算的产物。移动网络中的移动智能终端以按需、易扩展的方式连接到远端的服务提供商，获得所需资源，主要包含基础设施、平台、计算存储能力和应用资源。SDN（software-defined networking，软件定义网络）/NFV（network function virtualization，网络功能虚拟化）作为一种新型的网络架构与构建技术，其倡导的控制与数据分离、软件化、虚拟化思想，为突破现有网络的困境带来了希望。在欧盟公布的 5G 愿景中，明确提出将利用 SDN/NFV 作为基础技术支撑未来 5G 网络发展。SDN 架构的核心特点是开放性、灵活性和可编程性。

（8）带内全双工（IBFD）。所有现有的移动通信网络都依赖双工模式来管理上传和下载，有时分双工及频分双工。比如说 LTEFDD，其上行和下行需要两个单独的信道，而 TDD 无论上行还是下行都采用同一个信道，只是时隙不同。不管是 FDD 还是 TDD 都不是全双工，因为都不能实现在同一频率信道下同时发射和接收信号，带内全双工则可以在相同的频段中实现同时发送和接收，这与半双工方案相比可以将传输速率提高一倍。这项技术也存在巨大的挑战：需要从根本上消除自干扰，网络和设备都需要巨大变化，复杂度和成本非常高。

（9）低时延技术。为了满足 5G URLLC 场景，比如自动驾驶、远程控制等应用，低时延是 5G 关键技术之一。为了降低网络数据包传输时延，5G 主要从无线空口和有线回传两方面来实现。在无线空口侧，5G 主要通过缩短 TTI 时长、增强调度算法等来减低空口时延；在有线回传方面，通过 MEC 部署，使数据和计算更接近用户侧，从而减少网络回传带来的物理时延。

（10）低功耗广域网络技术（LPWA）。mMTC 是 5G 的一大场景，5G 的目标是万物互联，考虑未来物联网设备数量指数级增长，LPWA 在 5G 时代至关重要。一些 LPWA 正在广泛部署，比如 LTE-M（也称为 CAT-M1）、NB-IoT（CAT-NB1）、Lora、Sigfox 等，功耗低、覆盖广、成本低以及连接数量大，是这些技术共有的特点，但这些技术特点之间本身是相互矛盾的：一方面，我们通过降低功耗的办法，比如让物联网终端发送完数据后就进入休眠状态，或缩小覆盖范围，来延长电池寿命（通常几年到十年）；另一方面，又不得不提高传输功率，降低数据速率来增强覆盖范围。因此，根据不同的应用场景权衡利弊，在这些矛盾中寻求最佳的平衡点，是 LPWA 的长期课题。在 4G 时代已定义了 NB-IoT 和 LTE-M 两大蜂窝物联网技术，NB-IoT 和 LTE-M 将继续从 4GR13、R14 一路演进到 5G R15、R16、R17，它们属于未来 5G mMTC 场景，是 5G 万物互联的重要组成部分。

4.3.2 5G 技术在智慧物流与供应链中的应用

智慧物流与供应链中广泛采用的人工智能、大数据、云计算、物联网以及区块链等核心技术都离不开高质量通信技术的支撑，因此，5G 移动通信技术的全面商用，将加快上述技术应用的推进，促进物流与供应链的智慧化发展。

1. 5G 技术在智慧物流中的应用①

物流信息互通共享技术及应用国家工程实验室在其发布的《5G 网络技术在新一代物流行业中的应用报告》中，描绘了如图 4－3 所示的基于 5G 的新一代物流阶段与场景演绎进程，明确了 5G 技术在智慧物流领域中的应用场景。

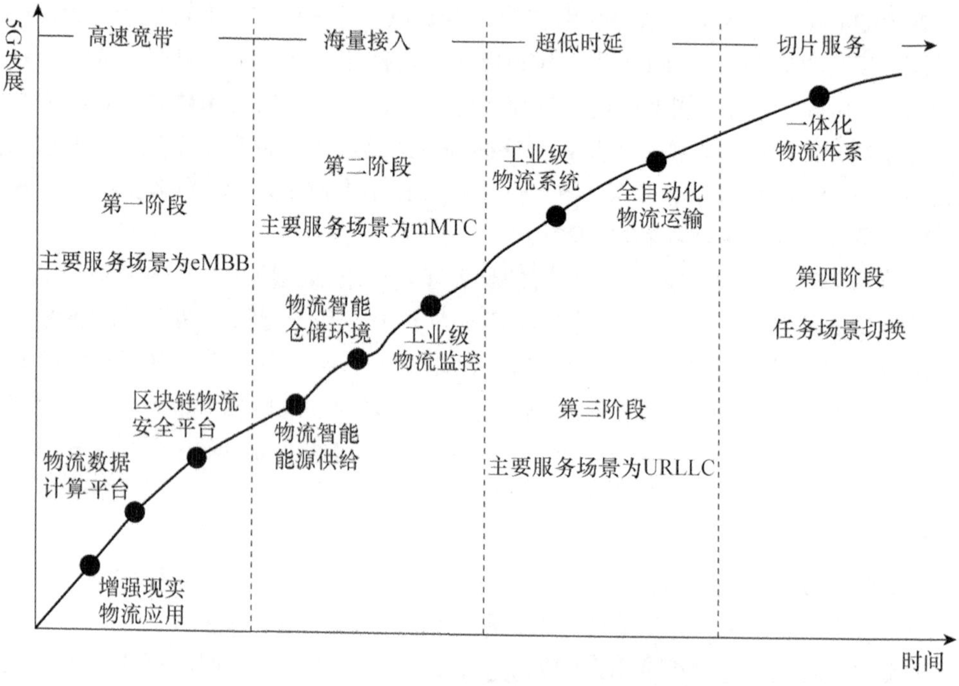

图 4－3 基于 5G 的新一代物流阶段与场景演绎进程

（1）增强现实物流应用。AR 技术是 5G 高带宽特性应用的重要场景，因为 AR 设备作为一种辅助设备，能够引导物流工作人员高效地完成储运环境下的工作。在仓储作业中，AR 技术可以在视觉环境中使用箭头导航员工到具体的拣货位置，由系统显示需要进行挑拣的货物的数量，指示员工完成拣选操作；AR 技术还可以帮助工程师查看仓库三维

① 重磅 5G 将怎样改造物流？这份报告做了大盘点！［EB/OL］. 2019－05－04. https://www.sohu.com/a/311673185_343156.

布局然后进行调整，完成仓储设计。在运输过程中，基于 AR 技术和后台运算的支撑，可以优化运输物品的配载和装载顺序，实现更高效、更准确的装卸调货流程。在配送环节，AR 技术可以优化配送路线，准确及时地显示路况。负责配送的员工给客户散发快递时可以使用 AR 眼镜对快递进行编号检索和门牌号识别，提高派件效率，保障最后一公里派送。

目前，AR 技术没有大量在企业级中推广的主要原因是现有通信技术的带宽无法支撑 AR 技术的商业应用。而 5G 具有很高的带宽，通信稳定，且可支撑移动边缘计算，可以作为 AR 这种高效能视觉应用的数据通信技术。

（2）物流数据计算平台。大数据与云计算是智慧物流与供应链中实现高效的信息存储和分析能力的关键技术，高效的数据存储和分析架构使得物流数据能够及时存储和挖掘，强大的云计算架构使物流应用得到高性能的计算服务。5G 高带宽的特性使基于大数据和云计算的“云物流”架构更加实用。5G 在新一代物流计算方案中能够提供边缘计算的高速通信，同样海量接入的特性也使得边缘计算和集中式计算可以无缝融合。新一代物流中 5G 使所有移动节点能够将数据的计算、存储、缓存等置于终端的网络边缘，然后边缘服务器再负责和远端数据云计算通信进行数据同步。分布式的移动云边缘计算方案使物流数据计算平台不再担任集中管理的角色，而是利用边缘服务器完成与其较近节点的计算和数据存储等操作，计算更加高效。

（3）区块链物流安全平台。基于区块链技术的物流信息的交换需要高效快速的通信技术的支持，5G 作为其传输通信方式是最佳的选择。依靠区块链技术能够真实可靠地记录和传递物流过程产生的资金信息、产品信息以及物流位置信息，5G 技术可以保证信息传递过程的实时性和高效性，提升行业整体效率。5G 支撑的基于区块链技术的物流安全体系以架设在区块链上的智能合约代替传统的服务器程序，将隐私保护、自动化和智能带入物流安全体系，提升了物流供应链中数据的真实性和可信任性。5G 因为具有高带宽特性，区块链能够更高效地完成秘钥计算和数据处理，和上游的电商平台的安全方案一起维护物流体系的安全。

（4）物流智能能源供给。物流中能源供给主要在仓储环节，智能电网将是新一代物流的高效能源供给模式。5G 通信的高带宽和海量接入特性，使其能够充分满足智能电网的数据通信需求。5G 网络切片安全性和隔离性使得企业自建组网框架比较简单，每个物流企业都可以进行独立电网系统的组配。当然，智能电网在物流中的应用需要国家和企业相互配合。5G 作为传输层通信技术主要应用场景有很多。对于物流智能配电自动化来讲，分布式相比集中式更加灵活，物流用电终端之间可以相互通信，传输数据的过程中可以对节点进行智能判断、分析故障以及供电恢复等智能操控，可以使得物流能源供给系统及时处理故障。5G 对物流系统的电能负荷可以严格把关控制，高效率的数据通信可以及时调整各用电终端的负荷。用电终端节点信息采集依赖于 5G 将数据秒级上传，与远程计电终端数据同步，实现高效能源计算。新能源的分布式接入也需要 5G 对异构能源网络的接入融合，例如风能、太阳能等物流企业自给的能源系统，高效数据传输才能使其他电网无缝地进行分布式接入。

（5）物流智能仓储环境。智能仓储是人工智能技术应用最为广泛的场景之一，目前已经有很多智能化的无人机、机器人、穿梭车、穿戴设备以及分拣设备等用于仓储环节以实现物流分拣、物品传输以及出入库的自动化。很多智能设备嵌入的硬件芯片在已有通信技术支撑下由于时延、能耗等问题往往不能发挥更多作用，而将 5G 作为人工智能技术在物流仓储中的数据通信保障，其海量接入特性和可靠传输性不仅能够推动智能终端的使用，而且能够提供有力的通信环境保障。

（6）工业级物流监控。物流监控是指通过信息技术实现在仓储和运输环节中，对物流产品即时监控与全程跟踪，其目的是实现物流信息的集成共享，以及物流过程的有效管控。监控系统总体上由终端数据采集、数据库存储管理、共享信息平台、监控分析查询上层应用等模块组成。信息采集终端由一些硬件设备组成，例如 RFID、传感器节点、摄像头以及 GPS 等，完成产品基本环境信息的数据采集工作。工业级物流监控由于终端设备数量大、种类多并且要易于接入扩展，因此需要通信平台具有海量接入的特性。5G 通信技术能够为其提供这样的数据传输环境。大量的硬件终端可以无缝接入整个 5G 通信平台中，同时可以随意剔除和调整，形成一体化监控体系。5G 稳定的高带宽特性使其可以将运输和仓储过程中出现的问题以视频或者图像等数据形式及时反馈到数据中心，物流监控更加高效智能。虽然应用端和监控中心之间的传输不一定需要 5G 通道，但是如果远程移动终端（例如驾驶员）要从监控中心下载数据，也需要 5G 作为数据传输技术。

（7）物流工业级视觉系统。计算机视觉识别技术主要用来对物体图像或者视频进行采集、加工、处理和识别，然后挖掘出图像或者视频中的高层信息。对于物流业，计算机视觉技术成为其智慧化进程的加速器。工业级视觉系统将在新一代物流中广泛应用，同时 5G 作为其传输通信方式，使视觉分析的准确率和实时性更高。在物流的分拣环节，视觉技术通过图像识别技术可以迅速定位物流的基本信息用于智能分拣；在监控环节，人脸识别技术可以对负责物流的员工的身份进行确认和记录；在生产线作业的过程中，目标检测技术可以完成物品的检测和标注；在配送过程中，图像识别技术可以协助员工进行表单识别和电子录入等，视频分析技术可以协助员工提高快递动作的合理性等。总之，工业级视觉系统将通过深度学习等智能学习技术和高带宽的 5G 通信技术完成高效实时的物流作业。

（8）全自动化物流运输。物流运输的全自动化控制依赖于无人驾驶技术，包括物流货车自动驾驶、物流车队编队行驶、无人机快递系统以及远程物流节点控制等。其中自动驾驶需要车联网技术的支撑，车联网技术能够使得物流中的车辆等设备轻易接入网络平台，使远程的控制中心能够对其进行调度规划，并且下发必要指令。车联网采用的数据传输技术有很多，无线移动通信技术一直被认为是车联网的最佳选择。5G 主要用于物流运输的终端通信，可以有效地将自动驾驶物流车辆的雷达等探测设备从数十米的视距扩展到上百米，同时低时延、高带宽的特性能够提升物流车辆载入 AI 系统的效能，在复杂的运输环境下实现自动化物流运输，使物流运输突破非视距感知、数据信息即时共享等技术的智慧化进程瓶颈，推动物流运输全自动化的发展。

由中国移动、华为、昆船集团和倍福（中国）四方联合在 2020 年 6 月 8 日重磅发布的《5G 智慧物流应用场景与解决方案白皮书》，从物流全流程角度给出了如表 4-1 所示的 5G 应用场景汇总。①

表 4-1　对应物流全流程的 5G 技术应用场景

序号	流程	区域	作业	物流设备	5G 智慧物流应用场景
1	原料搬运	入库暂存区	无轨搬运、有轨搬运	无人叉车 环形穿梭车	AGV 云化控制 RGV C2C 控制
2	质量检测	检验区	外观检测	工业相机	机器视觉质检
3	原料出入库	原料高架库	出入库	堆垛机 多层穿梭车	RGV C2C 控制
4	生产配料	翻包区	拣选、排序	PTL 货架	数字货架
5	生产总装	总装线	无轨搬运（大件）、有轨搬运	AGV 悬挂单轨小车	AGV 协同控制 RGV C2C 控制
6	成品储存	成品仓库	整库定期盘点、动态盘点	RFID	批量盘点
7	成品出库	道口	出入库盘点	RFID	批量盘点
8	销售配货	站台	拣选	AR 眼镜	智能拣选
9	过程管控	全工车间、全仓库	收-发-存-盘-供等异常处理、对人车货的定位	手持终端 5G 终端	移动作业 融合定位
10	在途运输	道路	车辆监控、司机监控	摄像机	在途监控
11	电商销售	分拣中心	分拣	分拣 AGV 交叉带分拣机	AGV 集群调度 RGV C2C 控制
12	快递送达	园区、社区	配送	无人物流小车 无人机	云化 VLSAM 远程控制

从表 4-1 中可以看到，5G 智慧物流的应用场景贯穿从生产组装到运输管控再到分拣配送的全流程，涉及产品生产、流通、消费的全环节。其中，物流设备的 5G 化是关键举措，从负责原料搬运的无人叉车、堆垛机，到负责生产总装和电商分拣的 AGV，以及贯穿其中的质量检测和运输管控设备，都需要植入 5G 模块实现高质联网，保障关键节拍的安全高效运转。

2. 5G 技术在智慧供应链中的应用

（1）应用 5G 技术实现供应链基本功能的升级。5G 可以提升供应链的柔性化、敏捷性、可定制化能力。现在人们的消费习惯越来越个性化，在生产端也出现了定制化的需求和趋势，要求供应链除了安全、稳定和高效，还必须具有柔性化、敏捷化、可定制的特点。传统的技术难以满足这一要求，而 5G 技术的应用在现代供应链中大有用武之地。基于 5G 技术高带宽、低时延和广连接的技术特征，供应链的基本功能进一步提升，除了整

① "5G 智慧物流"应用场景白皮书发布，5G 行业应用驶入纵深. 极客网官方搜狐号［EB/OL］.［2020-06-10］. https://www.sohu.com/a/401002028_131203.

合、优化、协同，还突破了供应链各模块之间的边界，突破了产业的边界，实现产业之间的融合。

（2）5G技术在智慧供应链中的连接、替代与创造。[①] 在连接方面，5G可用于供应链中数据和信息相连，实现供应链的可视化，通过可视化解决现在由需求变动引发的一些无效库存、低效配送的问题，缩短前置时间。同时，通过构建信息物理系统（CPS），还可以解决在突然发生自然灾害或公共卫生事件等问题时，通过应急物流、应急供应链即时处理。在替代方面，在劳动密集型产业，特别是容易出错的劳动密集型分拣作业，可由机器人替代。同时，利用智能运输系统（ITS），帮助更多卡车司机轻松做好驾驶工作。在特殊地区，如人口稀疏的地区，或者特殊的工作环境，如深海、危险地带等，都可以运用5G技术和智慧供应链实现替代。在创造方面，在CPS之下，进行各类优化、挖掘潜在客户需求，从而创造价值，促使物流业由成本竞争转变为价值创造。通过这种价值创造，将原有供应链的数据转变成有价值的信息内容，通过一定计算方法，再把这些信息转变为有价值的、高质量的服务，实现赋能。

3. 5G技术在智慧物流与供应链中的典型应用案例

案例4-4

四方联合携手打造全国首个5G全场景智慧物流新装备孵化基地

2020年6月6日，中国5G牌照发放届满周年。在这一年里，我国5G网络发展迅速，全国已建成25万个5G基站，5G套餐用户规模超过7 500万，千家万户正在接纳并享受5G带来的极致体验。不仅如此，5G在企业场景的应用也遍地开花，医疗、教育、车联等多个行业正在部署5G网络，开展数字化、智能化转型升级，全面释放5G使能千行百业的能力。

6月8日，5G行业应用再加码，中国移动、华为、昆船集团和倍福（中国）四方联合在昆明举办“5G智慧物流成果”发布会，重磅发布《5G智慧物流应用场景与解决方案白皮书》，宣布携手打造全国首个5G全场景智慧物流新装备孵化基地。

据发布会介绍，云南移动在2019年联合昆船集团、华为公司落地云南首家智能制造5G应用创新基地，并于2019年9月完成了基于5G的AGV、RGV、自动堆垛机等业务场景的实现，推动5G智能仓储物流应用创新，赋能智慧工厂、智慧物流。

中国移动通过华为提供的5G端到端解决方案（包括5G核心网、承载网、无线接入网和5G工业级智能终端等），在昆船物流（昆船智能）园区部署5G一张网，实现整个室内外园区车间、办公区、路面道路10万平方米深度覆盖，助力昆船构建统一的5G无线网络，打造5G智慧物流园区，实现从传统制造向智能制造数字化转型。

昆船物流（昆船智能）也发布了最新研制的巷道堆垛机、环形穿梭车、叉车类AGV、仓储分拣类AGV等5G物流装备全系列新产品，采用华为5GCPE和基于华为MH5000模

① “智慧供应链，5G新未来”在线论坛概述．中国物流与采购联合会．2020-05-13．http://www.chinawuliu.com.cn/zixun/202005/13/503470.shtml.

组的5G工业智能网关，运行稳定可靠，可以满足5G智慧物流先进装备全业务应用部署的需要。

总体而言，5G化的物流设备产品与5G智慧物流园区通过使用更擅长移动场景的5G替换传统的Wi-Fi和有线，用一张网承载制造物流、园区物流和在途物流，实现了信息流、物流和业务流的统一连接、统一管控，物流系统得以更高效率、更大规模、更低成本、更高性能地运行。

与会各方还表达了未来进一步推进5G智慧物流落地的计划。

基于5G智慧应用示范项目合作的基础，云南移动将持续协同好昆船、华为等相关的合作伙伴，从三个方面深入推进5G智慧物流落地：一是共同推动产品能力的整合，共同推动5G专网场景落地及应用的合作；二是做好示范推广成果相应的落地，聚焦烟草、机床等较成熟的行业，打造落地相应的标杆，推动5G智慧物流解决方案在全国的推广；三是共同探索商业模式的创新，探索面向最终客户成本的共担和收入分成模式的尝试。

昆船物流（昆船智能）也展示了与运营商、华为等合作伙伴一起打造的面向制造业、电力、医药、烟草、电商等行业的5G智慧物流解决方案，全面涵盖制造物流、园区物流和在途物流的各个环节，做好了5G智慧物流深入行业应用的准备。

资料来源："5G智慧物流"应用场景白皮书发布，5G行业应用驶入纵深. 极客网官方搜狐号. 2020-06-10. https://www.sohu.com/a/401002028_131203.

本章小结

本章主要介绍了支撑智慧物流与智慧供应链的关键技术中的链接技术。在物联网技术方面，介绍了物联网的概念、特征、体系结构、技术架构和关键技术，以及物联网的应用场景。在移动互联网技术方面，介绍了移动互联网的概念、技术架构和关键技术，以及移动互联网的应用场景。在第五代移动通信技术（5G）方面，介绍了移动通信技术的发展历程、5G的特点和关键技术，以及5G在新一代物流中的应用场景。

关键概念

物联网　窄带物联网　移动互联网　第五代移动通信技术　特征　体系结构　技术架构　关键技术　应用场景

思考题

1. 物联网的体系结构和技术架构是怎样的？
2. 物联网的关键技术有哪些？
3. 物联网技术在智慧物流与供应链中有哪些应用场景？
4. 移动互联网的技术体系架构是怎样的？
5. 移动互联网的关键技术有哪些？
6. 移动互联网技术在智慧物流与供应链中有哪些应用场景？
7. 5G有哪些特点？

8. 5G 的关键技术有哪些？

9. 5G 技术在智慧物流与供应链中有哪些应用场景？

案例分析

北京长久物流股份有限公司：物联网打造物流新业态

北京长久物流股份有限公司（以下简称“长久物流”）涵盖汽车供应链中的整车物流、零部件物流、国际物流、多式联运及供应链金融业务，提供汽车行业专业的物流规划、运输、仓储、配送等相关服务。

2018 年，长久物流结合业务需要，自主研发位置服务平台，并成功上线运营，成为行业领先的拥有位置服务平台的汽车物流公司。平台将 AI 与 IoT 结合，应用 EDI、GPS、RFID、GIS、大数据等信息技术，采集多维物流运输在途数据，基于司机、运输工具、道路三个维度和疲劳驾驶、超速、车道偏离等 38 个危险场景进行智能风险预警，实现对物流运输过程中的异常识别和自动处理。

1. 平台智能化自主决策

通过车载终端把温度传感器、GPS、识别卡等传感器数据汇聚，通过网络回传至平台，系统进行数据分析，实现运输信息的实时畅享，业务数字化实现物流运输全过程透明可追溯，以数据驱动决策与执行，基于全局优化的智能算法，调度整个物流系统中各参与方高效分工协作。通过大数据、云计算与人工智能构建物流大脑，在感知中决策，在执行中学习，在学习中优化，在物流实际运作中不断升级和学习提升。对企业来说，可以提升日常运输过程中的运行效率，洞察先机，不断调整营运方案，进而实现物流资源的高效协同和优化。对客户而言，重视信誉度及可靠性，平台物流信息会让客户对服务充满信心，让一切都如期进行。

2. 互联互通数据驱动

平台与各个业务系统对接，加强对信息数据的挖掘利用，充分发挥出各项信息资源和物资的作用，实现整个物流生态的“智慧”驱动，使货主可以预测订单晚发/晚到风险。货主收到订单后，根据车辆实时位置监控、站点信息、车速、距离、历史数据等各个维度进行晚发/晚到风险计算，并及时提醒给管理人员进行干预，从业务交付的视角实现先知先觉。

3. 深度协同高效执行

平台对外提供车辆共享服务，能将本单位的运力共享给需要的机构，机构也能将车辆闲置运力共享出来。功能包含了共享出的车辆的管理和收到的共享车辆的管理，共享出车辆功能包含新增共享车辆、批量共享、共享机构和共享期限等。创新思维和先进技术的应用使物流过程变得智能，物流环节变得更加高效简单，减少人员依赖。

4. 标准化服务

平台支持《道路运输车辆卫星定位系统终端通讯协议及数据格式》和《道路运输车辆卫星定位系统平台数据交换》，可与第三方系统互联互通，享受平台的定位信息服务。

未来长久物流将把技术与场景深度融合，让物流自动化系统更柔性、更智能。区块链技术的应用将落地，与业务相关的上下游企业建立联盟链，物流信息、账户账务、用户信用等方向的区块链进行尝试。另一方面将 AI 技术与各业务系统结合，进行数据整体分析，在原有基础上进行更高层次的决策分析，如智能线路规划、客户增长或流失率分析决策体系、航运高峰预警等，实现物流系统的状态感知、实时分析、精准执行，进一步达到自主决策和学习提升，建设拥有智慧操控能力的现代物流体系。

资料来源：中国物流与采购网. 北京长久物流股份有限公司：物联网打造物流新业态[EB/OL]. (2020-01-17). http://www.chinawuliu.com.cn/xsyj/202001/17/489547.shtml.

案例思考题

1. 长久物流的业务平台主要有哪些功能？
2. 长久物流平台功能的实现需要哪些物流信息技术的支撑？
3. 长久物流的平台可为企业和客户带来哪些利益？你认为未来公司平台的发展前景如何？

05
Chapter

第5章

支撑智慧物流与供应链的关键技术——计算技术

学习目的

通过本章的学习，学生应该能够：

- 理解智慧物流与智慧供应链中智能计算技术的重要性
- 了解智慧物流与智慧供应链中常用的智能优化算法
- 掌握常用智能优化算法、云计算与大数据的基本原理
- 了解智能计算技术在物流与供应链中的应用

案例5-1

进入智慧物流与智慧供应链时代，关键是计算技术

加拿大阿尔伯塔大学计算机科学教授理查德·萨顿（Richard Sutton）被称为“现代强化学习之父”，是DeepMind的杰出研究科学家。2019年他在《苦涩的教训》一文中指出，人工智能在多年的发展中所走的弯路是没有很好地利用计算能力，他认为人工智能中的搜索和算法是智能与智慧技术水平的长期提升动力。

例如，IBM开发的基于RS6000的超级计算机“深蓝”，其中输入了100年以来所有国际象棋特级大师的开局、残局的下法，其在2017年击败世界冠军卡斯帕罗夫的方法，就基于计算机强大的存储能力、快速深度的搜索与匹配计算技术。目前越来越多科学家认可搜索优化与深度学习是人工智能研究中利用大量计算的两种最重要技术。

在物流与供应链领域中，每天都会产生大量的交易与业务数据，如淘宝网新增的交易数量每天超过10TB，亚马逊在其电子商务平台上每秒处理订单超过70个，eBay的数据

处理和分析能力是每天 100PB。依据国际数据公司（IDC）的推断，全世界数据量每 18 个月就会翻一番。伴随着这么大数据量的商业订单交易过程，商品、货物等会通过遍布全国甚至全球的物流系统网络或者供应链信息集成系统，来控制与协调其中的各种各样物流活动，如仓储进出、分拣与装载等调度、运输多资源多式联运的衔接、车辆配送路径优化等问题。因为网络规模大、资源协调因素多、环境复杂多变，故常常属于 NP-hard 问题，为了求解智慧物流与智慧供应链中的这些问题，智能优化技术与算法发挥了巨大的作用。

资料来源：Rich Sutton. The Bitter Lesson [EB/OL]. (2019－3－13) [2020－11－07]. http://www.incompleteideas.net/IncIdeas/BitterLesson.html.

5.1　智能优化算法及其在物流供应链中的应用

本节主要阐述计算技术中涉及的优化方法，比较了传统优化方法与智能优化算法的不同，并列举了一些物流与供应链领域常见的智能优化算法的原理及相关特点。

5.1.1　传统优化方法与智能优化算法及其区别

在物流与供应链系统中处处会用到优化方法，如配送中心的选址优化、车辆路径优化问题等。优化是在给定的约束条件情况下，从众多解决方案中获得最佳结果的行为。事实上，优化是一种以数学为基础的方法，主要用于求解各种问题的应用技术。各种优化方法在很多领域都得到了广泛应用，产生了巨大的经济效益和社会效益。实践证明，通过优化方法，能够合理利用资源，提高系统效率，降低能耗，并且随着处理对象规模的增加，效果也会更加明显。

然而，随着经济的全球化发展，在全国性供应链网络、全球性跨境电商配送系统中，正在不断涌现出许多大型复杂的优化问题，规模大、节点多、网络连接复杂。面对这种问题，传统运筹学中的优化方法如牛顿法、共轭梯度法、模式搜索法和单纯形法等需要遍历整个搜索空间，无法在短时间内完成搜索，且容易产生搜索的“组合爆炸”。因此，探索高效的智能优化算法成为必然。

受到人类智能、生物群体社会性或自然现象规律的启发，很多智能优化算法被开发研究来解决诸如物流与供应链领域的大型复杂优化问题。常用的智能优化算法主要包括：模仿自然界生物进化机制的遗传算法（genetic algorithm，GA）、模拟蚂蚁集体寻径行为的蚁群算法（ant clony optimization，ACO）、模拟鸟群和鱼群群体行为的粒子群算法（particle swarm optimization，PSO）、源于固体物质退火过程的模拟退火算法（simulated annealing algorithm，SAA）、模拟人类智力记忆过程的禁忌搜索算法（tabu search，TS）、模拟生物免疫系统学习和认知功能的免疫算法（immune algorithm，IA）等，在优化领域称它们为智能优化算法。

以上这些智能算法都有一个共同点，就是通过模拟或揭示某些自然界的现象和过程或生物群体的智能行为而得到发展，具有简单、通用、便于并行处理等特点。表 5－1 给出了智能优化算法与传统优化方法之间的区别。

表 5－1　智能优化算法和传统的优化方法之间的区别

智能优化算法	传统优化方法
一般针对较为普适的问题描述，缺乏问题的结构性信息	一般针对结构化问题，有较为明确的问题和条件描述
绝大多数属于多极值问题，旨在防止陷入局部最优，尽可能找到全局最优	大多属于凸优化范畴，有唯一明确的全局最优点
属于启发性算法范畴，收敛速度较慢，计算复杂度较高	一般是确定性算法，有固定的结构和参数，计算复杂度和收敛性可做理论分析

上文列举的智能优化算法，其原理都是模拟自然界的生物系统，依赖生物体的自身本能，通过无意识的寻优搜索行为来优化其生存状态。智能优化算法根据所使用智能体的数量可分为基于个体的智能优化算法和基于种群的智能优化算法，其中模拟退火算法等是基于个体的智能优化算法，遗传算法、蚁群算法和粒子群优化算法等都是基于种群的智能优化算法。

在物流与供应链领域，常常采用基于种群的智能优化方法来进行问题的优化学习，其主要特点可概括如下：

（1）是一类不确定的优化算法。不确定性体现了自然界生物的生理机制，并且在求解某些问题时优于确定性算法。

（2）是一类概率型的全局搜索算法。随着搜索优化过程的不断推进，找到优质解的概率大于得到劣质解的概率，能以更大概率求得全局最优解。

（3）在优化过程中，不依赖优化问题本身的某些数学特性，如目标函数和约束条件的精确数学描述、目标函数的连续性及可导性等。

（4）是一类基于多个智能体的算法。各个智能体之间通过相互协作来更好适应环境，以获取所需性能，具有潜在的并行性。

（5）搜索过程同时从多点出发，分布式并行计算模式极大地提高了整个算法的运行效率、鲁棒性和反应能力，具有很好的学习能力。

（6）在复杂的、不确定的、时变的物流与供应链的问题环境中，能通过自我学习不断提高个体的适应性。

5.1.2 智能优化方法简介

智能优化方法的主要思想来源于人类对物理、生物和社会等自然现象的长期观察和深刻理解，这些方法都是从随机的可行初始解出发，采用优胜劣汰策略，在可接受的计算成本内去搜寻满意解。虽然不能保证最终一定能求得最优解，但智能优化方法能在搜索精度和算法复杂度之间达到某种平衡，下面介绍几种常用的智能优化方法。

1. 遗传算法

遗传算法（GA）对于组合优化中的NP-hard问题非常有效，已经在求解旅行商问题、背包问题、装箱问题、物流配送中心选址问题、物流配送问题等方面得到了成功应用。GA 最早是由美国密歇根大学霍兰德（Holland）教授于 20 世纪 70 年代提出，是模拟生物在自然环境中遗传与进化过程中形成的一种自适应全局优化概率搜索算法。

遗传算法的基本原理是仿效生物界中“物竞天择、适者生存”的演化法则。其具体做法是把问题参数编码为染色体，再利用迭代方式进行选择、交叉以及变异等运算来交换种群中染色体的信息，最终生成符合优化目标的染色体，即优化问题的最优解或满意解。遗传算法的优化流程如图 5－1 所示，其中的适应度一般就是优化问题的目标函数，如成本最小化或利润最大化等。

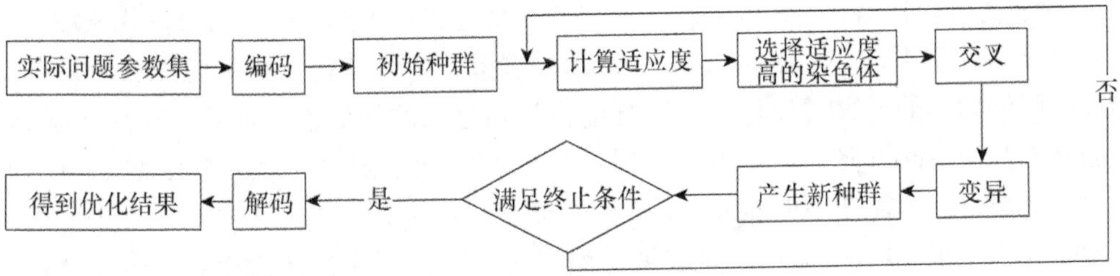

图 5－1　遗传算法的流程图

遗传算法中包括三种关键的基本操作算子：

(1) 选择算子：从群体中选择优质个体，淘汰劣质个体的操作叫选择算子。选择算子有时又称再生算子（reproduction operator）。选择的目的是把优化的个体（或解）直接遗传到下一代或通过配对交叉产生新的个体再遗传到下一代，选择操作是建立在群体中个体的适应度评估基础上的。

(2) 交叉算子：在自然界生物进化过程中起核心作用的是生物遗传基因的重组（包括变异）。同样，遗传算法中起核心作用的是遗传操作的交叉算子，交叉是指把两个父代个体的部分结构加以替换重组生成新个体的操作。

(3) 变异算子：变异算子主要是模拟生物在自然的遗传环境中由于各种偶然因素引起的基因突变，其基本内容是对群体中表示染色体的符号串的某一位的值做变动。

从图 5－1 可以看出，遗传算法具有以下一些特点：

- 算法从问题解的串集开始搜索，而不是从单个解开始。可以有效防止搜索过程收敛于局部最优，有较大的可能求得全部的最优解。
- 遗传算法具有并行计算的特点，可通过大规模并行计算提高计算速度。
- 遗传算法对于适应度函数基本无限制，它既不要求函数连续，更不要求可微；既可以是数学解析式所表达的显函数，也可以是映射矩阵甚至是神经网络等隐函数，因而应用范围较广。
- 遗传算法不是采用确定性规则，而是采用概率的变迁规则来指导搜索方向。
- 具有自组织、自适应和自学习性。遗传算法利用进化过程获得的信息自行组织搜索时，适应度大的个体具有较高的生存概率，并获得更适应环境的基因结构。

此外，算法本身也可以采用动态自适应技术，在进化过程中自动调整算法控制参数和编码精度，比如使用模糊自适应法。

总体来说，遗传算法是一种概率化的随机搜索方法，具有自我调节机制，能根据搜索结果自适应地调整搜索方向。同时，还是一种隐性的并行算法，具有较强的全局搜索性能，且算法的通用性强，对问题的已有知识和性能要求不高。但其也有一定的缺点，如初始解的选取对算法的效率和求解质量有较大影响；对于复杂问题，需要搜索的空间大，造成较长时间的搜索；早熟收敛的现象也时常发生。

2. 模拟退火算法

模拟退火算法（SAA）常用于求解车辆路径优化、物流整车运输、物流网络优化等问题。模拟退火算法最早是由 N. 梅特罗波利斯（N. Metropolis）等人于 1953 年提出的。1983 年，S. 柯特帕特里克（S. Kirkpatrick）等成功地将退火思想引入组合优化领域。

SAA 是基于蒙特卡罗（Monte-Carlo）迭代求解策略的一种随机寻优算法，其出发点是物理中固体物质的退火过程与一般组合优化问题之间的相似性。从某一较高初温出发，伴随温度参数的不断下降，结合概率突跳特性在解空间中随机寻找目标函数的全局最优解，即在局部最优解能概率性地跳出并最终趋于全局最优。

SAA 来源于固体退火原理，将固体加温至充分高，再让其徐徐冷却，加温时，固体内部粒子随温度升高变为无序状，内能增大，而徐徐冷却时粒子渐趋有序，在每个温度都达到平衡态，最后在常温时达到基态，内能减为最小。

SAA 算法的基本步骤如图 5-2 所示。

（1）初始化：初始温度 T（充分大），初始解状态 S（是算法迭代的起点），每个 T 值的迭代次数 L。

（2）对 $k=1, \cdots, L$ 做第（3）～（6）步。

（3）产生新解 S'。

（4）计算增量 $\Delta T=C(S')-C(S)$，其中 $C(S)$ 为评价函数，即优化的目标函数。

（5）若 $\Delta T<0$ 则接受 S' 作为新的当前解；否则以概率 $\exp(-\Delta T/T)$ 接受 S' 作为新的当前解。

（6）如果满足终止条件则输出当前解作为最优解，结束程序。连续若干个新解都没有被接受时终止算法。

（7）T 逐渐减小，且 $T=T-1$，$T>0$，然后转第 2 步。

SAA 是一种通用的优化算法，是局部搜索算法的扩展。它与局部搜索算法的不同之处在于以一定的概率选择邻域中目标值大的状态。从理论上讲，它是一种全局最优算法。另外，SAA 具有十分强大的全局搜索性能，这是因为它采用了许多独特的方法和技术，基本不用搜索空间的知识或者其他的辅助信息，而只是定义邻域结构，在邻域结构内选取相邻解，再利用目标函数进行评估。同时，它采用概率的变迁来指导搜索方向，将概率作为一种工具引导其搜索过程朝着更优化解的区域移动。因此，虽然看起来它是一种盲目的搜索方法，实际上有明确的搜索方向。

SAA 的优点是搜索过程根据 Metropolis 准则决定是否接受新解，即以一定概率接受劣解，使算法具有避免陷入局部极值与过早收敛的全局优化能力，具有较强的跳出局部最优值的能力，该算法求解效率高、灵活性强，同时具有较好的鲁棒性和通用性。但是，SAA

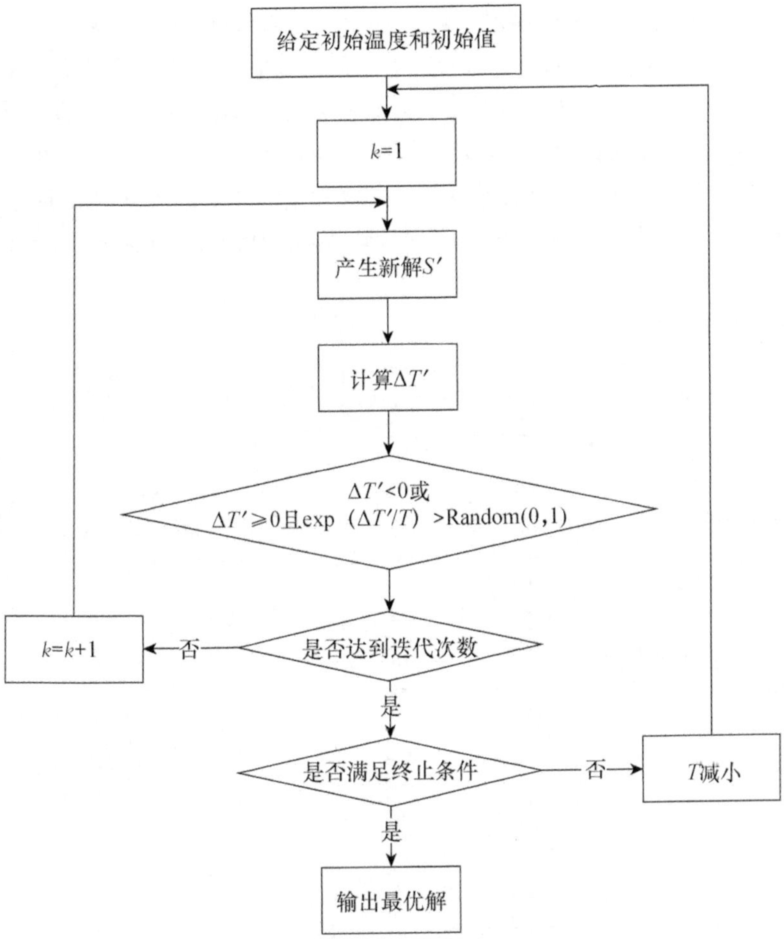

图 5－2　SAA 流程图

对初始值，如初始湿度和退温系数有较强的依赖性，初始参数选择合理与否对结果影响较大。

3. 禁忌搜索算法

禁忌搜索算法（TS）常用于物流多车配送优化、配送多车辆调度决策等问题中。TS 的思想最早由美国工程院院士格洛弗（Glover）教授在 1986 年提出，并在 1989 年和 1990 年对该方法做了进一步的定义和发展。TS 是对局部邻域搜索的一种扩展，是一种全局逐步寻优算法，是对人类智力过程的一种模拟。禁忌搜索通过引入一种灵活的存储结构和相应的禁忌规则来避免迂回搜索，并通过藐视原则来赦免一些被禁忌的优良状态，以实现全局优化。

TS 的基本思想为：考虑最优化问题 $\min f(x)|x\in X$，对于 X 中每一个解 x，定义一个邻域 $N(x)$，禁忌搜索算法首先确定一个初始可行解 x，初始可行解 x 可以从一个启发式算法获得或者在可行解集合 X 中任意选择，确定完初始可行解后，定义可行解 x 的邻域移动集 $s(x)\subset N(x)$，然后从邻域移动中挑选一个能改进当前解 x 的移动 $s\in s(x)$，再从新解 x 开始，重复搜索。如果邻域移动中只接受比当前解 x 好的解，搜索就可能陷入

循环的危险。为避免陷入循环和局部最优，构造一个短期循环记忆表——禁忌表（tabu list)，禁忌表中存放刚刚进行过的 $|T|$（$|T|$ 称为禁忌表长度）个邻域移动，这些移动称作禁忌移动（tabu move)。对于当前的移动，在以后的 T 次循环内是禁止的，以避免回到原先的解，$|T|$ 次以后释放该移动。禁忌表是一个循环表，搜索过程中被循环修改，使禁忌表始终保存着 $|T|$ 个移动。即使引入了一个禁忌表，TS 仍有可能出现循环。因此必须给定停止准则以避免算法出现循环，当迭代内所发现的最好解无法改进或无法离开它时，算法停止。

TS 的基本流程如图 5－3 所示。

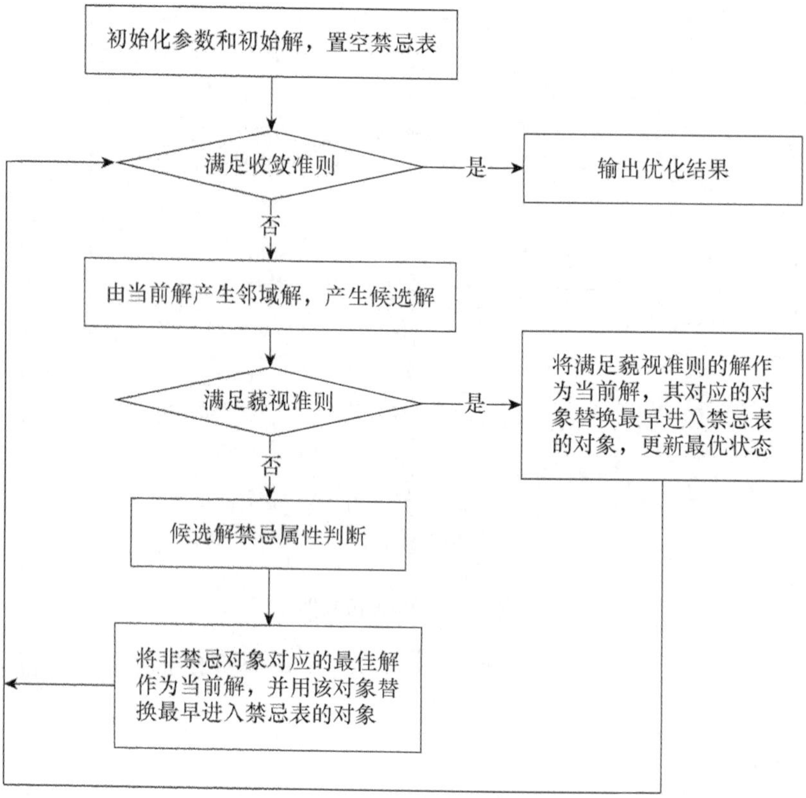

图 5－3　TS 流程图

（1）给定算法参数，随机产生初始解 x，置禁忌表为空。

（2）判断算法终止条件是否满足。若是，则结束算法并输出优化结果；否则，继续以下步骤。

（3）利用当前解的邻域函数产生其所有（或若干）邻域解，并从中确定若干候选解。

（4）对候选解判断藐视准则是否满足。若满足，则用满足藐视准则的最佳状态 y 替代 x 成为新的当前解，即 $x=y$，并用与 y 对应的禁忌对象替换最早进入禁忌表的禁忌对象，同时用 y 替换列表中“目前最好”状态，然后转步骤（6)；否则，继续以下步骤。

（5）判断候选解对应的各对象的禁忌属性，选择候选解集中非禁忌对象对应的最佳状态为新的当前解，同时用与之对应的禁忌对象替换最早进入禁忌表的禁忌对象元素。

(6) 转步骤 (2)。

TS 的主要特点是在搜索过程中可以接受劣解，因此具有较强的“爬山”能力；同时，新解不是在当前解的邻域中随机产生，而是或优于“best so far”的解，或非禁忌的最佳解，因此选取优良解的概率远远大于其他解。由于 TS 具有灵活的记忆功能和藐视准则，并且在搜索过程中可以接受劣解，所以具有较强的“爬山”能力，搜索时能够跳出局部最优解，转向解空间的其他区域，从而增强获得更好的全局最优解的概率，所以 TS 是一种局部搜索能力很强的全局迭代寻优算法。

另外，通过采用禁忌搜索技术，前面搜索过的节点将被跳过，避免了重复搜索。通过将已访问的局部最优节点记录到禁忌表，此后不再重复访问，可帮助算法摆脱局部最优。但 TS 执行过程是串行的，不能并行执行，从而降低了求解效率。另外，算法对初始解的依赖性很强，对不同质量的初始解，求解结果将会出现很大的差异性。

4. 蚁群算法

现代物流系统中蚁群算法 (ACO) 的应用主要集中在物流配送路径优化问题中，通过应用 ACO 可降低物流成本，提高经济效益。ACO 是由意大利学者 M. 多里戈、V. 马聂佐和 A. 科洛尔尼 (M. Dorigo、V. Maniezzo and A. Colorni) 等人于 20 世纪 90 年代初期通过模拟自然界中蚂蚁集体寻径行为提出的一种基于种群的启发式随机搜索算法，是群智能理论研究领域的一种主要算法。蚂蚁间借助信息素这种化学物质进行信息的交流和传递，并表现出正反馈现象：某段路径上经过的蚂蚁越多，该路径被重复选择的概率就越高。正反馈机制和通信机制是蚁群算法的两个重要基础。

将 ACO 应用于解决优化问题的基本思路为：用蚂蚁的行走路径表示待优化问题的可行解，整个蚂蚁群体的所有路径构成待优化问题的解空间。路径较短的蚂蚁释放的信息素数量较多，随着时间的推进，较短的路径上累积的信息素浓度逐渐增高，选择该路径的蚂蚁数量也愈来愈多。最终，整个蚁群会在正反馈的作用下集中到最佳路径上，此时对应的便是待优化问题的最优解，算法的基本流程如图 5-4 所示。

ACO 的特点包括：

(1) 采用正反馈机制，搜索过程不断收敛，最终逼近最优解。

(2) 每个个体可以通过释放信息素来改变周围的环境，且每个个体能够感知周围环境的实时变化，个体间通过环境进行间接通信。

(3) 搜索过程采用分布式计算方式，多个个体同时进行并行计算，大大提高了算法的计算能力和运行效率。

ACO 容易实现，且不需要调整太多的参数。但 ACO 也容易受到群体全局的最优位置的影响，陷入局部最优解。

5. 免疫算法

最早的免疫系统模型是由杰尼 (Jerne) 于 1973 年提出的，他基于伯内特 (Burnet) 的克隆选择学说，开创了独特型网络理论，给出了免疫系统的数学框架，并采用微分方程建模来仿真淋巴细胞的动态变化。福尔马 (Farmal) 等人于 1986 年基于免疫网络学说理论构造出免疫系统的动态模型，展示了免疫系统与其他人工智能方法相结合的可能性，开

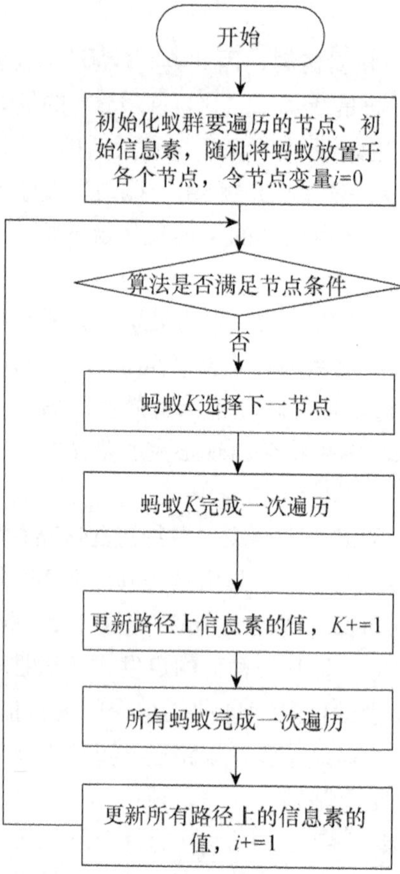

图 5-4　ACO 基本流程图

创了免疫系统研究的先河。

免疫算法（IA）是模仿生物免疫机制，结合基因的进化机理，人工构造出的一种新型智能搜索算法。IA 具有一般免疫系统的特征，采用群体搜索策略，通过迭代计算，最终以较大的概率得到问题的最优解。

IA 的基本思想是将想要求解的各类优化问题的目标函数（约束条件）与抗原相对应，找到可以与抗原进行亲和反应的抗体，该抗体就是要求的最优解。

IA 的具体步骤如图 5-5 所示。

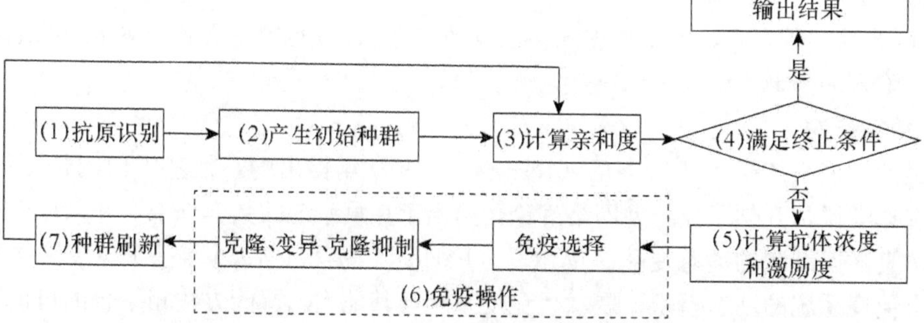

图 5-5　IA 流程图

（1）抗原识别，即理解待优化的问题，对问题进行可行性分析，提取先验知识，构造出合适的亲和度函数，并制定各种约束条件。

（2）产生初始种群，通过编码把问题的可行解表示成解空间中的抗体，在解的空间内随机产生一个初始种群。

（3）对种群中的每一个可行解进行亲和度评价。（记忆单元的更新：将与抗原亲和性高的抗体加入记忆单元，并用新加入的抗体取代与其亲和性最高的原有抗体（抗体和抗体的亲和性计算）。）

（4）判断是否满足算法终止条件；如果满足条件则终止算法寻优过程，输出计算结果；否则继续寻优运算，迭代（5）（6）（7）。

（5）计算抗体浓度和激励度。（促进和抑制抗体的产生：计算每个抗体的期望值，抑制期望值低于阈值的抗体；可以知道与抗原间具有的亲和力越高，该抗体的克隆数目越高，其变异率也越低。）

（6）进行免疫操作，包括免疫选择、克隆、变异和克隆抑制。免疫选择：根据种群中抗体的亲和度和浓度计算结果选择优质抗体，使其活化；克隆：对活化的抗体进行克隆复制，得到若干副本；变异：对克隆得到的副本进行变异操作，使其发生亲和度突变；克隆抑制：对变异结果进行再选择，抑制亲和度低的抗体，保留亲和度高的变异结果。

（7）种群刷新，以随机生成的新抗体替代种群中激励度较低的抗体，形成新一代抗体，转步骤（3）。

相比较于其他算法，IA 利用自身产生多样性和维持机制，保证了种群的多样性，克服了一般寻优过程中（特别是多峰值的寻优过程中）不可避免的“早熟”问题，可求得全局最优解。免疫算法具有自适应性、随机性、并行性、全局收敛性、种群多样性等优点。

5.1.3　智能算法在物流与供应链中的应用

下面阐述几个物流与供应链领域常使用智能计算进行优化的应用领域。

1. 车辆路径问题（vehicle routing problem，VRP）

VRP 可简要描述为：在某个货物的供求物流系统中，有若干个装货节点（如配送中心、仓储中心等）和多个卸货节点（如客户的位置），要求合理安排车辆的行车路线和旅行时间，从而在满足一定约束条件下，如货物需求量、车辆容量、单次最大行驶距离、时间窗限制等，把客户需求的货物从配送中心运送到客户所在地，并实现一定的优化目标，如费用最省、行驶里程最短、所需车辆数最少等。

由于 VRP 是典型的 NP-hard 问题，随着客户节点数的增加，问题的解集将会呈现指数级增长，优化问题的计算时间也将呈指数级增长，即出现组合爆炸现象。由此，精确算法很难在有限时间内获得满意的可行解，故构建高效的智能启发式算法有着重要意义。

2. 物流配送中心选址问题（logistics location of distribution center）

配送中心是物流系统中的一个重要节点。配送中心通过集货、拣选、配装和送货等活动可获得规模效应、减少流通环节和上下游的库存等。配送中心可以看做一个物流系统的神经中枢，其作为企业物流系统的信息中心和指挥调度中心的作用越来越重要。配送中心的集约化运作不仅降低了企业的运营成本、提高了服务水平，还有效降低了整个社会的物流成本。因此，作为企业物流系统规划或优化的首要问题，配送中心选址的合理与否至关重要，配送中心选址成为热点问题。

配送中心的选址决策主要是确定配送中心的数量、位置和分配方案。其方法主要有传统的重心法、数学规划法、多准则法等，但随着供应链网络的急剧扩张，全球性、全国性的配送中心的选址问题变得越来越复杂，采用启发式算法进行优化计算成为研究热点。

图 5-6 展示了一个顺丰速递的云仓定位网络图。云仓是多个超级货物集散中心，以共同集成供应链系统的上下游资源，为供应商和消费者实现一体化的服务。当前云仓的思想在我国大型电商企业大量实施。如顺丰通过遍布全国的云仓间骨干网络，形成高效配载的供应链网络系统，可为中小规模各种供应商提供少量化、多频次、快进快出的仓储一体化优化方案。另外，云仓的定位与建设还能支持人工智能、大数据技术支持下的整体供应链网络的货物调拨。显然，各个云仓的实时动态库存管理需要在供应链成本最优化下，快速实现云仓间资源的智能调度和大数据的优化支持。因此，云仓成功运营的基础是人工智能、大数据、智能优化算法的支持。

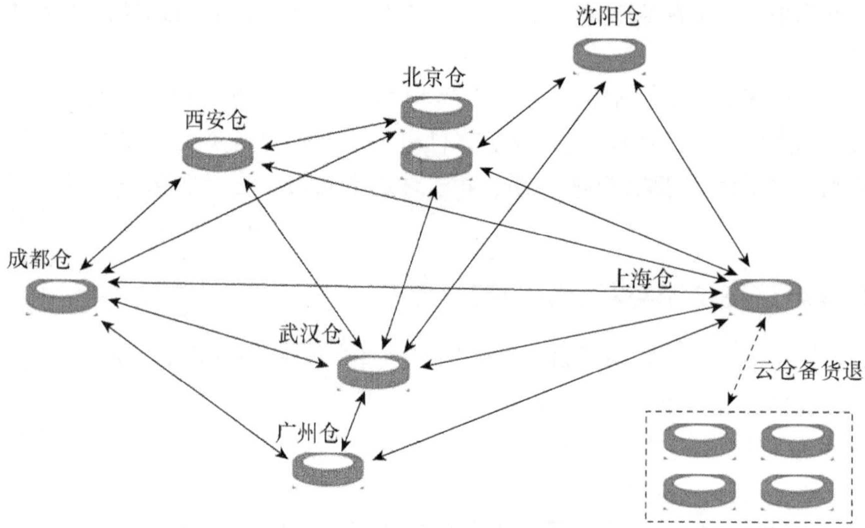

图 5-6　顺丰速递云仓布局的供应链网络系统

3. 汽车零配件供应链中的循环取货问题

在目前汽车装配厂的前端零配件供应物流中，常采用多频少批、循环取货的物料供应方式。这里的循环取货就是运输卡车依据生产订单安排，从汽车整车装配厂出发，沿着一定的固定路径行驶，也就是每次取货的路径路线是相同的，前往此条路线上的所有供应商处依次进行零部件的取货作业，然后再返回装配厂，就算完成了一次取货的供应过程，如图 5-7 所示。图 5-7 中汽车整车总装厂直接从区域配送中心（RDC）供应零配件，循环取货的卡车从 RDC 出发，在各个供应商（S1～SN）处进行循环取货，每个循环取货也称牛奶取货（Milk-Run）。

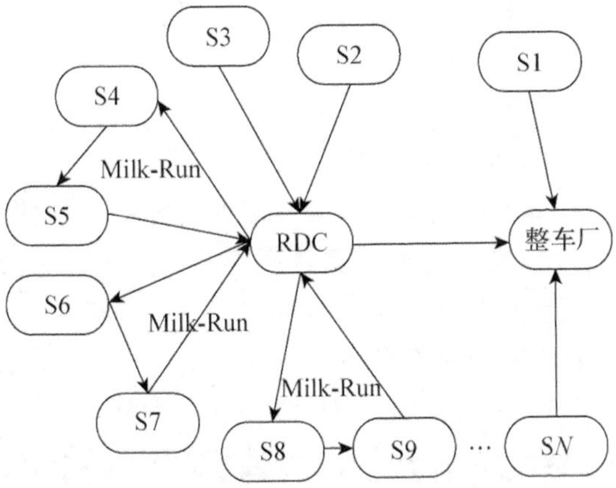

图 5-7　汽车整车总装厂与零部件供应商组成的循环取货供应链网络系统

资料来源：王超然. 基于循环取货的机动车零部件入厂物流整合［D］. 天津：天津大学，2013.

一般取货中都采用标准箱来装运相关的汽车零部件，依据零部件的规格大小，标准箱中装载的汽车零部件的数量不同。由此，该问题会涉及标准箱的数量、每个标准箱中装载的零部件数量。同时，依据汽车生产中对于不同零部件的需求量变化、各个供应商离汽车总装配厂的距离，每天每条线路上运输卡车取货的次数也不相同。例如，有时一条路线一天就一趟，有时一天又会有多趟循环取货来满足汽车总装配厂的生产需求。

供应循环取货问题考虑的因素多，如零配件及标准箱的数量、汽车数量、运输路线、时间窗、供应商地点等，因此属于一个 NP-hard 问题，传统优化方法无法处理大规模的这种问题，常会采用智能优化算法，如遗传算法等，来进行所有优化求解。

总之，智能优化算法就是指基于概率的一类随机搜索算法，各算法间存在结构、内容及计算方法等的相似性，这些算法或理论都具有模拟自然过程的特性，在解决复杂的物流与供应链问题中大有用武之地。

案例 5-2

日日顺物流的仓储排产优化问题

日日顺物流是物联网场景物流生态品牌，基于数字化、科技化、场景化创新服务，致力于为品牌商和用户提供“仓、干、配、装、揽、鉴、修、访”全链路、全场景服务体验。

日日顺建立了辐射全国的分布式三级云仓网络，在全国建立了 10 个前置仓，178 个智慧仓，6 000 余个大件送装网点，总仓储面积达 650 万平方米，并在全国 2 915 个区县实现了“按约送达，送装同步”，基本实现了全网覆盖，是全国首个大件“国家智能化仓储物流示范基地”。但其仓储出库环节仍有一些发展痛点。

日日顺出库作业的现状为：首先从京东、小米等平台通过接口获得订单，订单实时获取进入日日顺系统的订单池；其次，判断订单的时效、路由、末端配送的车辆、网点等信息；然后，将配送任务分配到车队调度；接着司机会根据应达时间倒推提货时间；最后配车完成后，仓储管理系统按照订单的顺序安排拣货。

在以上出库作业中，存在的主要问题有：

1. 人工配车下，多车型最优装载率实现困难

目前大部分配送司机的工作模式是凭经验规划取货时间，并安排每趟车所载货物的送货顺序，联系门店预约送达时间。人为推算总会存在一定的主观偏差，多车型最优装载率、约束条件下的装载方式仅仅依靠人工是难以完成的，需要一个智慧化系统进行智能计算，依据成本、时效、运能与路径最优等进行分配，提高配送效率。

2. 出库拣货与提货环节衔接不畅通

在完成配车环节后，司机根据应达时间倒推进行提货，并未有强制规划，而仓库管理系统按照订单顺序进行拣货，忽略了车辆到达时间，只关注拣货作业进度，于是产生了一个时序问题，即匹配的货物已经在拣货区等待而提货司机并未到达；同时缺乏两环节之间的信息交互，当两端作业出现不匹配时司机并不能及时知晓并做出调整，对于司机来说该拣货作业的任务量无效，甚至会导致拣货区过载难以继续拣货。

3. 拣货排程任务缺乏动态调优

拣货作业排程的唯一依据是订单的时效顺序，如果有紧急订单或其他订单调整，拣货作业排程只能依靠人工进行安排，处理缺乏智能化，拣货作业的节奏与波次难以实现动态调优。

可能的优化方案包括：第一，对货车分配问题建立多车型车辆的路径规划模型，配送中心可根据订单需求，安排出运计划的车辆时刻表，寻找最佳配送线路，从而更好地实现出入库的车货匹配；第二，根据存取协同的拣货策略，建立拣选路径的优化模型，旨在解决拣货排定混乱、与车辆信息不对称的问题，提高拣货出入库效率。

以上的优化方案中，多车型车辆路径规划模型和拣选路径优化模型都可通过合适的优化算法来求解，如遗传算法、蚁群算法等。

资料来源：日日顺物流官方网站［EB/OL］.［2021-2-17］. https://www.rrswl.com/.

5.2 云计算及其在智慧物流与供应链中的应用

本节主要阐述云计算的基本概念、特点及其框架结构和主要作用，并给出其在智慧物流与智慧供应链领域的应用。

5.2.1 云计算的概念与特点

1. 云计算的概念

随着计算机技术的不断发展，云计算已经成为推动社会生产力变革的新生力量，那么什么是云计算？它有什么特点？以下进行阐述。

到目前为止，业界对云计算的定义已有上百种，尚未统一。云计算行业的领先者如谷

歌、微软等 IT 厂商及研究机构，依据各自的利益和各自不同的研究视角给出了对云计算的定义和理解，以下做简单举例。

(1) 谷歌：作为大数据应用最为广泛的互联网公司之一，谷歌于 2006 年率先提出了云计算的概念：将所有的计算和应用放置在“云”中，终端设备不需要安装任何软件，通过互联网来分享程序和服务。

(2) IBM：将云计算定义为一种用户通过访问互联网按需租用服务商提供的硬件或软件，从而获取与地域无关的计算资源并根据使用情况付费的模式。

(3) 微软：与谷歌忽略终端的计算资源不同，微软将云计算定义为“云＋端”的计算，认为计算资源是分散分布的，部分资源放在云上，部分资源放在用户终端，部分资源放在合作伙伴处，最终由用户选择合理的计算资源。

以上三种定义的总结如表 5-2 所示。

表 5-2　三大云厂商对云计算的定义差异

公司	时间	要点	相关应用和平台
谷歌	2006 年 8 月	强调“云”淡化“端”	Google DocS、Google Apps、Google Sites、Google App Engine
IBM	2007 年 11 月	仅关注“云”	BlueCloud、Analysis Cloud
微软	2008 年 10 月	强调“云”和“端”	Windows Azure、动态数据中心、Live 和 Online 解决方案

随着云计算的发展，维基百科对云计算的定义也在不断更新，2020 年给出的定义是：云计算是一种基于互联网的计算方式，通过这种方式，共享的软硬件资源和信息可以按需求提供给计算机各种终端和其他设备，使用服务商提供的电脑基建作计算和资源。

虽然云计算有许多含义，但概括而言，云计算作为一种独特的 IT 服务模式，其本质是一种服务提供模型，通过这种模型可以随时、随地、按需地通过网络访问共享资源池里可被动态分配、灵活划分和调整的资源，这个资源池的内容包括计算资源、网络资源、存储资源等。

2. 云计算的特征与优势

为了将云计算更方便地匹配到现实世界的 IT 架构中，美国国家标准与技术研究院(National Institute of Standards and Technology，NIST) 提出了一个定义云计算的标准“NIST Working Definition of Cloud Computing/NIST 800-145”，即一个标准的云计算需要具备五个基本特征，分别是：广泛的网络访问方式、按需自助服务、资源池化、灵活调度和可计量的服务，通过这五个特征能够快速地将云计算系统同传统计算机系统区分开来，如图 5-8 所示。

这五个基本特征详述如下：

(1) 广泛的网络访问方式：客户可以通过各种网络渠道，使用多种多样的客户端（如移动电话、笔记本电脑、平板电脑和工作站等)，以统一标准的机制（如相同的 API，浏览器等）获取服务。

(2) 按需自助服务：客户可以根据需要方便地获得如服务器时间和网络存储等计算资

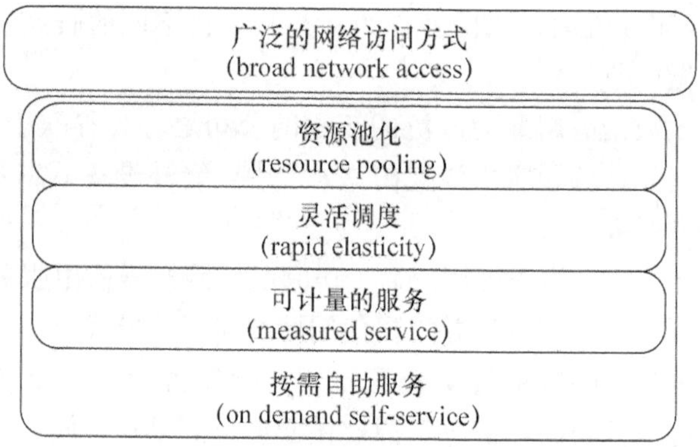

图 5-8　云计算的五大基本特征

源，而不需要与服务供应商进行人工交互，获得了更加快捷、高效的体验。

(3) 资源池化：供应商的计算资源可以整合为一个动态资源池，根据客户需求动态分配不同的物理和虚拟资源，以多租户模式服务所有客户。客户一般不需要了解所使用的资源的确切地理位置，但在需要的时候客户可以指定资源位置（如国家、数据中心等）。

(4) 灵活调度：可以迅速、弹性地提供和释放服务。对客户来说，可以租用的资源看起来似乎是无限的，可在任何时间购买并占用任何数量的资源；对供应商来说，可以快速地添加新设备到资源池中，满足不断增长的需求。

(5) 可计量的服务：系统以不同服务需求（如存储空间、CPU 运算时间、网络带宽、用户账号的使用率高低等）来计量资源的使用情况和定价，从而提高对资源的管控能力和资源的使用效率。整个系统资源可以通过监控和报表的方式对服务提供者和使用者透明化。

与传统计算机系统相比，云计算还具有以下优势：

(1) 大规模并行计算能力。基于云端的强大且廉价的计算能力，为大粒度应用提供传统计算系统或用户终端无法完成的计算服务。一般企业私有云有成百上千台服务器，有的甚至是上百万台服务器。

(2) 数据量巨大并且增速迅猛。在云计算环境下，人们既是信息的使用者，也是信息的创造者，互联网上的信息量剧增。数据创造价值，如何使用这些数据为人们提供更好的服务成为研究热点，也产生了典型的大数据处理技术，如 Hadoop、Spark、Storm 等，这些技术都与云计算密不可分。

(3) 虚拟化。虚拟化体现为资源虚拟化和应用虚拟化。每一个应用部署的环境和物理平台是没有任何联系的，通过虚拟平台进行管理完成对应用的扩展、迁移、备份等操作。

(4) 高可靠性。云计算应用了数据多副本备份、计算节点同构可互换等措施保证高可靠性，单点服务器出现故障也可以通过虚拟化技术将分布在不同物理服务器上的应用进行恢复或利用动态扩展功能部署新的服务器进行计算。

(5) 通用性。云计算不针对特定的应用，同一个云可以支持不同的应用运行。

(6) 高性价比。云计算的服务器能够兼容不同的型号和规格，对物理资源的要求较低，用户可以使用廉价的服务器组成云，以减少成本和费用的支出。

5.2.2　云计算的框架结构及作用

1. 云计算的概念模型

从以上云计算的概念可知，云计算包含了多层含义，其业务实现的概念模型如图 5－9 所示。

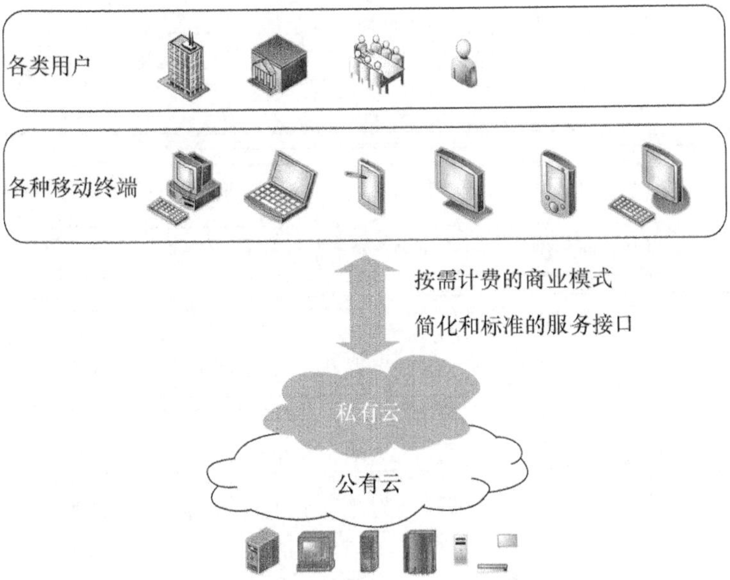

图 5－9　云计算的概念模型

(1) 用户的公共性。云计算面向各类用户，包括企业、政府部门、学术机构、个人等最终用户，也包括应用软件、中间件平台等“用户”。中间件是一种独立的系统软件或服务程序，分布式应用软件借助这种软件在不同的技术之间共享资源。中间件位于客户机/服务器的操作系统之上，管理计算机资源和网络通信，是连接两个独立应用程序或独立系统的软件。

(2) 设备的多样性。云计算用于提供服务的设备是多样的，既包括各种规模的服务器、主机、存储设备，也包括各种类型的终端设备，如计算机、智能手机、智能传感器、RFID 设备等。

(3) 商业模式的服务性。云计算以服务的方式提供设备和应用，它的服务特性体现在两个方面：简化和标准的服务接口、按需计费的商业模式。

(4) 提供方式的灵活性。云计算既可以作为一种公用设施提供社会服务，即公有云，也可以作为企业信息化的集中计算平台来提供，即私有云。

2. 云计算的分层服务模式

深入剖析现有的云计算系统可知，云计算系统内部可以看作一组服务的集合。虽然云计算的服务模式仍在不断进化，但业界普遍接受将云计算按照服务的提供方式划分为三个大类：软件即服务（software as a service，SaaS）、平台即服务（platform as a service，PaaS）和基础架构即服务（infrastructure as a service，IaaS），如图 5－10 所示。三类分别面对不同的需求，下面分别进行介绍。

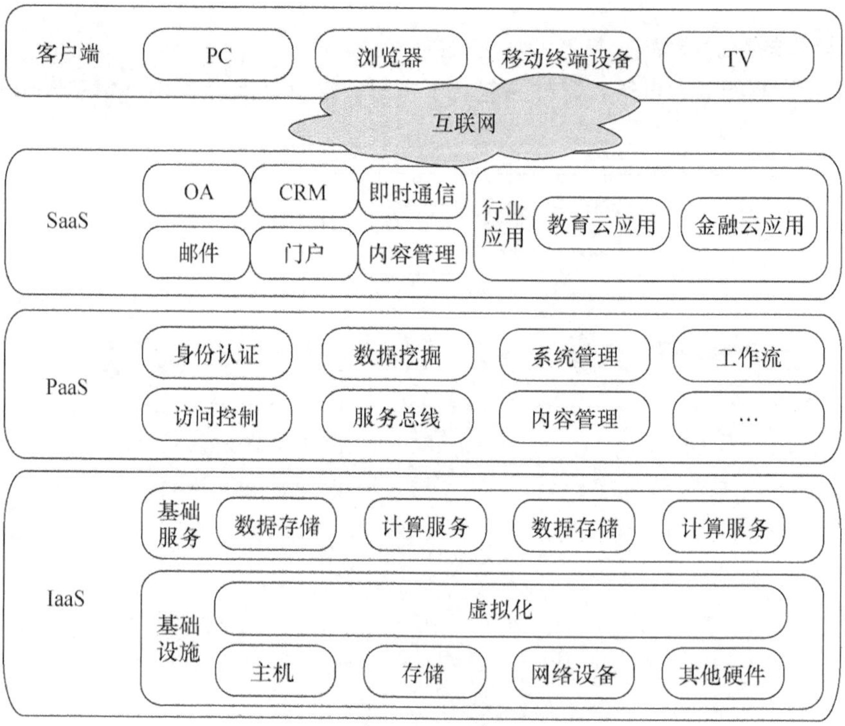

图 5-10　云计算的服务模式

（1）IaaS。位于最底层的 IaaS 为用户提供直接访问底层实体或虚拟的计算资源、存储资源和网络资源的服务。为了优化硬件资源的分配，IaaS 层引用虚拟化技术将服务器等计算平台同存储和网络资源打包，通过 API 接口的形式提供给用户。用户无须租用机房、维护服务器和交换机，只需购买 IaaS 服务就能够获得这些资源。亚马逊是目前最大的 IaaS 服务提供商之一，亚马逊 EC2 不但包括基础架构环境，还通过自身强大的数据中心为用户提供一定级别的高可用性保障，提供可靠性高、定制性强、规模可扩展的 IaaS 层服务。

（2）PaaS。位于 IaaS 之上的 PaaS 为程序开发者提供应用程序部署与管理服务，主要包括并行程序设计和开发环境、结构化海量数据的分布式存储管理系统、海量数据分布式文件系统以及实现云计算的其他系统管理工具。开发者通过使用 PaaS 服务，不用担心应用运行时所需要的资源，可以将更多的精力投入到业务软件的开发中。除了形成软件本身运行的环境，PaaS 通常还具备相应的存储接口，这些资源可以直接通过 FTP 等方式调用，用户无须从头进行裸盘的初始化工作。互联网上比较著名的 PaaS 包括 Google App Engine、Microsoft Azure 和 Hadoop 等。

（3）SaaS。位于最上层的 SaaS 为企业和需要软件应用的用户提供基于互联网的软件应用服务和用户交互接口等。SaaS 的目标是将一切业务运行的后台环境放入云端，通过一个瘦客户端（如 Web 浏览器）向最终用户直接提供服务。最终用户按需向云端请求服务，本地无须维护任何基础架构或软件运行环境。目前，SaaS 已经是一个经过验证的成功商业模式，Salesforce.com 通过向大企业销售云端 CRM 服务已经成长为一家年收入超过 20 亿美元的纳斯达克上市公司。

3. 云计算的部署模式

美国联邦云计算战略报告中，云计算按照部署模式可以分为公有云、私有云、社区云与混合云四种，如表 5-3 所示。

表 5-3　云计算的部署模式

模式	服务对象	特点	举例
公有云	社会大众 公共群体	规模化、低成本、安全性受服务供应商制约	百度云、阿里云、微软 Windows Azure、Amazon AWS
私有云	某一企业或组织	高安全、高性能、高可靠、高成本	3A Cloud、OATOS、Eucalyptus
社区云	社团组织	较高的隐私度和安全性、区域性、行业性	Nebula 云平台
混合云	个人或组织	更大的灵活性和可扩展性、更高的成本	青云 QingCloud、天翼混合云

从表 5-3 可以看出，每种云计算的部署模式各有特点：

(1) 公有云：提供面向社会大众、公共群体的云计算服务，如亚马逊云平台等。公有云一般规模较大，规模共享经济性较好，对可靠性、安全性的要求较高，但基础架构的组成往往也比较复杂，并且存在难以保证数据私密性的缺点。

(2) 私有云：提供面向企业或组织内的云计算服务。如政府机关、企事业单位、学校等内部使用的云平台。私有云可较好地解决数据私密性问题，对数据私密性要求特别高的行业或组织，建设私有云将是一个必然的选择。

(3) 社区云：提供面向社团组织内有共同目标、利益的用户群体使用的云计算服务。如美国国家航空航天局（National Aeronautics and Space Administration，NASA）的 Nebula 云平台为 NASA 的研究人员提供快速的 IT 访问服务。

(4) 混合云：包含上述两种以上云计算类型的混合式云平台。同单独的公有云、私有云或社区云相比，混合云具备更大的灵活性和可扩展性，能够更好地应对需求的快速变化。

5.2.3　云计算在智慧物流与供应链中的应用

1. 云计算在智慧物流中的应用

智慧物流是指通过智能硬件、物联网、大数据等智慧化技术与手段，提高物流系统分析决策和智能执行的能力，提升整个物流系统的智能化、自动化水平。

当前，物流企业对智慧物流的需求主要包括物流数据、物流云、物流设备三大领域。①

---

① https://www.163.com/dy/article/FNHCAMV70519811T.html.

随着智慧物流技术不断发展，集成共享大系统的物流信息资源，以“云”的方式来为各类用户提供各类按需使用的物流服务，解决大系统动态性差、响应迟缓、可传递性低以及系统维护和扩展成本极高的问题，是业界的共识。

云物流是依托云计算并引入物流管理的现代物流模式，依托云计算的信息处理能力，实现物流信息共享及智能决策。通过建立云计算物流体系、云计算服务平台、云物流运作标准化流程等组成环节，扩展物流业务的覆盖面及物流企业对各环节业务的控制能力。

从业务角度，云物流由云物流服务提供端、云物流服务平台以及云物流服务请求端三个重要部分组成，如图 5-11 所示。

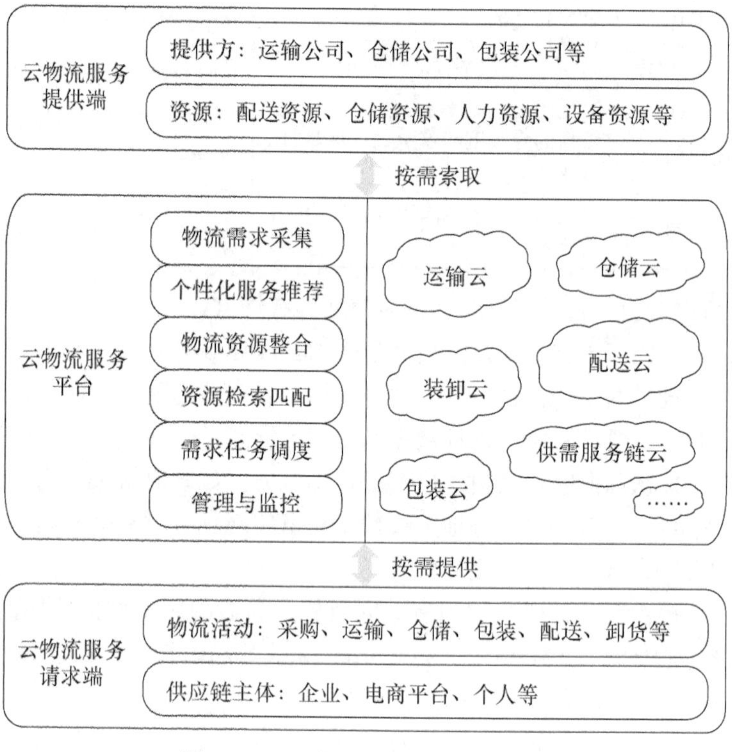

图 5-11　云物流服务平台体系结构

云物流服务提供端指向云物流服务平台提供各种异构的物流资源和物流服务的运输车队、仓储公司等；云物流服务请求端指整个供应链或供应链上个别成员；云物流服务平台是以云计算和大数据为支撑的操作平台，它将云物流服务提供端提供的物流资源进行整合，针对云物流服务请求端提出的个性化服务需求在“资源池”中进行检索和匹配，通过信息的配对达成共同意向，建立适合客户的个性化服务解决方案并进行物流云调度，同时在服务过程中对服务质量进行管理和监控，为双方创造不断优化的服务质量和服务价值，降低物流产业链运营成本，提高物流运作效率。

相比于传统物流模式，云物流具有以下特点：

（1）业务覆盖范围更广。传统物流模式服务单一，具有分散及跨区域的特征，只能提供已经计划好的物流业务服务。而云物流基于云计算的信息处理能力和平台的物流资源整合能力，可以充分利用平台中的所有资源，拓展物流企业业务服务范围，满足消费者的个性化物流服务需求。实现物流信息共享、物流各环节高效协同，提高物流运作效率。

（2）物流技术更高。在云物流模式中，云计算、大数据、云仓储、物联网等新型互联网技术相互融合，物流企业可以通过 GPS、RFID 等技术对运输产品进行实时监控。云物流平台也可以对物流服务业务进行全生命周期的监督管理，保证服务质量和信息安全。

（3）物流企业运作成本更低。云物流平台对数据资源的整合与共享可以减少市场信息的不对称问题，帮助物流企业优化配送路线。通过云物流服务平台也可以使多个物流企业协同完成同一物流业务，根据不同物流企业的布局减少物流转运环节及物流运输的空载率，实现成本的降低，同时提高物流业务运作效率。

采用云物流模式，可以将我国大部分规模较小、业务功能单一、信息能力弱的物流、运输企业进行有效整合，解决服务同质化、物流布局不合理等问题。

2. 云计算在智慧供应链中的应用

在信息技术助推下，如今的供应链已发展到智慧供应链阶段，逐步实现业务全流程的数字化和网络化。新兴技术在供应链中的渗透日益增强，形成云计算、互联网、物联网、大数据、人工智能、5G 网络等在内的智慧供应链技术支撑体系。其中，云计算技术结合网络与互联网的虚拟化资源，使智慧供应链拥有强大的运算能力。

传统供应链是由产品生产和流通过程中所涉及的供应商、制造商、分销商、零售商、客户组成的一个自下而上的网链结构，信息只在供应链相邻节点之间流动。然而整个供应链管理环节是非常复杂的。例如，生产型企业可能会充当原材料供应商、零部件供应商、终端产品制造商等供应链上中游的多种角色。由于传统的企业内部管理系统过于封闭，主体之间无法进行实时共享，信息难以准确汇总，协同性差，供应链流程不统一，上游的企业无法及时了解用户的真实需求，只能依据下游的企业来预判产量，最终造成库存大量积压、资金周转不灵、产品线无法及时调整等问题，制约着企业的发展。

在云计算模式下，所有的供应链节点通过云计算供应链平台进行连接，使供应链的信息传递方式由线性转变为非线性，基于云计算平台强大的运算能力，处理大规模集成的供应链信息，实现跨级的信息实时共享、上下游交易可视化和交易全过程的监控和管理，如图 5-12 所示。

此外，云计算产业链（包括硬件设备制造商、云平台开发商、系统集成商、云应用开发商、云资源服务提供商、云平台服务提供商、云应用服务提供商、网络运营商、终端供应商和最终用户十大关键环节）的完善和成熟为企业转变发展模式提供了有力的支持，企业通过云计算 SaaS 服务，无须再配备网络基础设置及软硬件运作平台，不用在 IT 部门增加投入，前期投资少、部署速度快、实施周期短，有利于企业更快地实现信息化管理，提高管理效率，降低管理成本。基于云计算灵活调度、高可靠性、资源共享等特点，企业也

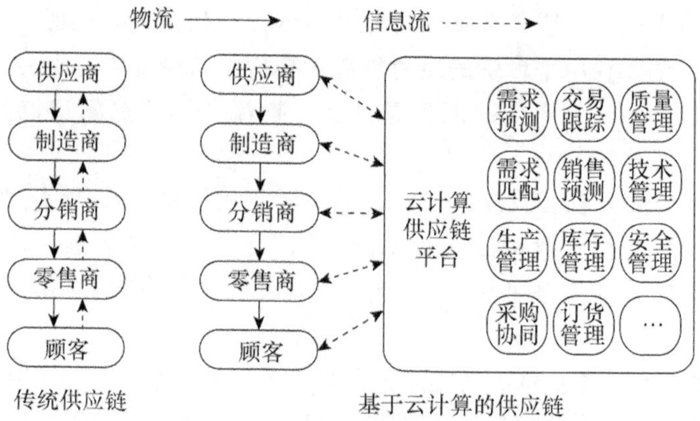

图 5-12　云计算供应链组织模式

能够方便地扩展其他功能或模块，无须顾忌数据丢失、毁坏及泄露，还可以根据系统中的信息，更快地做出决策并执行，及时把握住供应链中的商机。

在实际运营中，针对供应链不同的业务场景，不同云厂商提供了不同的解决方案。例如，唯智供应链平台[①]与在途监控相配合，实现对订单全生命周期实时可视化的透明物流监控和产品全程跟踪定位，为顾客提供物流混合云全面解决方案；SAP 基于 SAP Ariba 产品[②]，帮助客户高效执行采购管理、战略寻源和供应商管理等；Infor 基于 Infor LN 产品[③]，为业务复杂的制造企业提供 ERP 云解决方案，帮助企业在生产车间和整个供应链中集成财务运作、质量管理和订单管理等；阿里云结合区块链和物联网技术，通过区块链溯源服务平台[④]，提供从品牌到商品的精细化溯源管理服务、多标识（如二维码、RFID、NFC 芯片）的全生命周期管理服务和基于扫码数据的客群洞察服务等。

案例 5-3

华为云——智慧物流行业解决方案

华为云是致力于提供专业的公有云服务的华为品牌。基于华为自身供应链实践，华为云与物流客户和合作伙伴共同孵化了智慧物流行业解决方案。[⑤] 利用云计算、大数据、物联网和人工智能等数字化技术，打通生产、运输、仓储、分销等供应链信息流，降低物流成本，提高物流效率，促进物流业务向数字化、智能化的转型和升级。

针对目前物流行业仓储业务效率低下、自动化程度低、公路运输“小散乱差”、货损率高、难以追溯、物流多方信息不透明等痛点，华为云利用 IoT 技术智能识别出库入库、实时感知仓内货物位置；通过云计算构建 AI 开发所需的大量算力，减少人工干预环节，提高物流运作效率；利用区块链技术实现货物运输的监管和追溯、整合规范道路运输；搭

① http://www.vtradex.com/about_intro.html.
② https://www.sap.cn/products/e-procurement.html.
③ https://www.infor.cn/products/ln.
④ https://www.aliyun.com/solution/blockchain/mytc.
⑤ https://www.huaweicloud.com/solution/logistics/.

建统一的物流云平台，实现多方数据可视可信，实现物流的改进和创新。

具体而言，华为云基于其丰富的云服务产品组合，结合客户的终端或应用，面向物流不同的领域和市场，提供了5种典型的端到端的场景化解决方案，如图5-13所示。

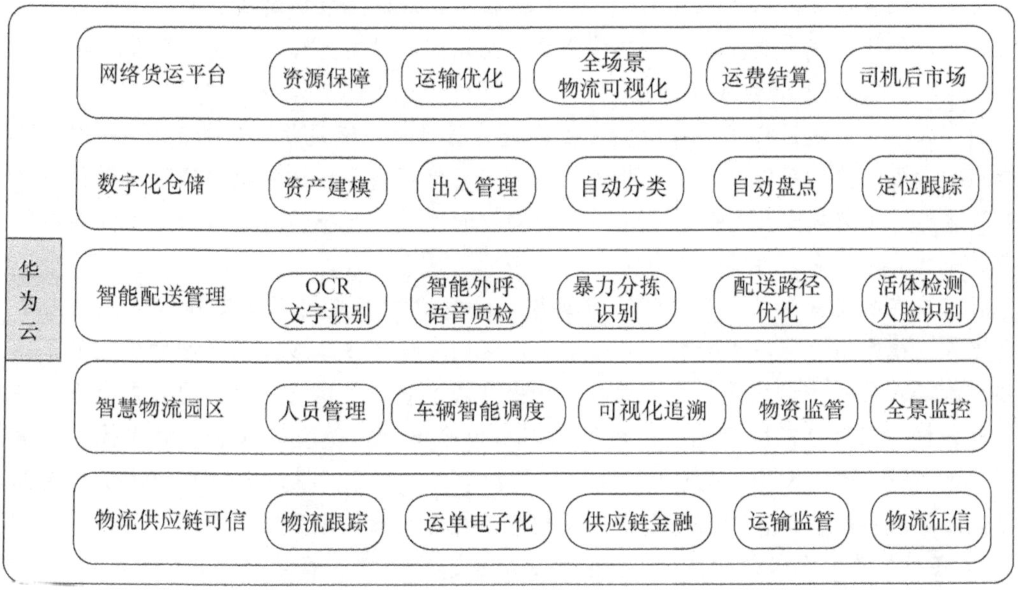

图5-13 华为云智慧物流解决方案

1. 网络货运平台解决方案

通过构建基于大数据底座的网络货运平台，整合配置运输资源，实现销售、采购、物流、仓储、质检、财务环节的相互连接。通过IoT车联网技术，实现全场景物流可视化，对车、货、司机进行实时监控和管理。同时，通过车货匹配、智能装箱、路径优化等服务，提升厂内运转和运力周转效率，帮助建设者构建专业物流服务能力和精细化运营体系。

2. 数字化仓储解决方案

通过将华为RFID接发器和接收器分布式地部署在仓内，达到信号全覆盖，感应仓内任何位置与货物资产关联的RFID标签，实现对资产的出入库管理、自动分拣、自动盘点和定位追踪，为客户实现透明化、自动化、智能化资产管理，帮助企业提升工作效率和整合系统资源。

3. 智能配送管理解决方案

华为云将快递全流程业务归纳为4步流程：下单收件、运输中转、配送签收和售后服务。在这4个快递流程中通过提供OCR文字识别服务，实现身份证、电子面单、网络截图、纸质面单等信息的自动识别，提升自动化分拣效率；自动识别配送流程中分拣装卸出现的暴力分拣行为，规范现场作业，有效降低包裹损坏率；通过配送信息汇总分析，导入配送路径优化算法模型，实现对快递员的配送工作优化管理；通过智能外呼机器人，帮助企业做客户回访、预约服务、问卷调查等，节省客服人力，并结合智能快递柜等设备，用户取件更便捷。助力ToC快递企业提升揽收、运输、配送、取件、售后、管理等各环节的运作效率。

4. 智慧物流园区解决方案

华为云智慧物流园区围绕人、车、货、场四个方面进行了全方位覆盖，结合大数据、车联网、AI 算法等技术，实现园区内人员考勤及定位、车辆智能调度、货物可视管理和园区安全风险管理等。基于 ROMA 构建多设备、多系统的数据集成平台，集成对接监控系统、物流应用系统、仓储设备，支撑资源动态调配和异常处理，以支撑高效决策。

5. 物流供应链可信解决方案

华为云基于区块链技术，打造物流供应链关联平台，满足供应链物流业务中的征信、无纸化、融资、监管等需求，实现物流供应链的可信可追溯。该解决方案可用于供应链物流全程跟踪、运单电子化、供应链金融、运输监管以及物流征信等需求场景，并具有配置简单、系统安全性高、性能行业领先、支持多云互通等优势。

目前，在物流行业，华为云提供的智慧物流解决方案赢得了多家知名物流企业的青睐，比如：德邦快递与华为云联合打造智慧园区。在德邦多车多人的复杂物流场景下，通过实现园区人员人脸识别通行和考勤打卡，提升园区管理及运营效率；通过对上万路视频的智能分析，实现分拣路径优化；通过识别暴力分拣行为及自动告警，极大提升物流效率。顺丰 DHL 基于 RFID 识别和华为云 IoT 智慧仓储服务，推出 RFID+AIoT 的智慧新仓储。通过对料箱数量、进出门方向、装载料箱耗时及周转率等进行全面监控分析，实现 100%标签读取率和高效库内作业。J&T Express 基于华为云全球化部署能力，通过上云，在优化跨国 IT 架构的同时降低运营成本，实现高效服务东南亚及南太平洋七国的 6 亿+用户的快递业务需求以及业务的快速扩张。华能智链基于华为云区块链服务搭建供应链金融服务平台，将核心企业的优质信用延伸至供应链上下游的客户和供应商，实现采购供应链信息全流程明晰展示，帮助供应链上中小企业获得高效率、低成本的供应链金融合同存证等服务，建立采购供应商产业的生态圈。

资料来源：华为云智慧物流解决方案介绍 [EB/OL]. https://www.huaweicloud.com/solution/logistics/.

5.3 大数据技术及其在智慧物流与供应链中的应用

21 世纪是信息与技术的时代，随之发展的还有大数据及其相关技术。由计算机、信息技术以及通信等各行各业所产生的数据呈指数爆炸型增长。早在 2006 年，个人用户的数据量便已迈进 TB 时代，个人计算机硬盘的容量从 GB 级扩展到 TB 级，而全球新产生的数据约达 180EB。到 2010 年，全球数据量便达到了 ZB 级规模。此前，国际数据公司曾预计到 2020 年全球的数据总量将接近 40ZB。其中，数据量的单位对应大小分别为：1TB=1024GB，1PB=1024TB，1EB=1024PB，1ZB=1024EB，ZB 之后还有 YB、NB 以及 DB，PB 级的数据便可称为大数据。

本节将阐述大数据的概念和特点，然后针对大数据体现出来的价值、处理技术及其在物流与供应链中的应用进行概述。

5.3.1 大数据技术的概念与特点

从字面上看大数据似乎仅仅代表了大规模数据（large data）和海量数据（massive data），事实上大数据的概念随着技术的发展而发展，定义也有多种。

维基百科上给出的大数据的概念为：大数据又称巨量资料，指的是传统数据处理应用软件不足以处理的、大或复杂的数据集。此外，大数据也可以定义为各种来源的大量非结构化和结构化数据。大数据通常包含的数据量超出了传统软件在人们可接受的时间内进行处理的能力。

智库百科的定义为：大数据是指无法在一定时间内用常规软件工具对其内容进行抓取、管理和处理的数据集合。大数据技术是指从各种各样类型的数据中，快速获得有价值信息的能力。适用于大数据的技术，包括大规模并行处理（massively parallel processing，MPP）数据库、数据挖掘、分布式文件系统、分布式数据库、云计算平台、互联网及可扩展的存储系统。

从上述两个对大数据的概念描述可以看出，大数据技术与传统的数据管理技术，如数据库技术，具有很大的区别，即在数据规模、数据类型、数据处理模式和数据处理工具、技术等方面都有区别。事实上，大数据是现有数据库管理工具和传统数据处理方法很难处理的大型、复杂的数据集，大数据技术的范畴包括大数据的采集、存储、搜索、共享、传输、分析和可视化等。

大数据的产生来自各种传感器技术的飞速发展，如大街小巷、工作场所、港口场站和楼层通道等，都安装了大量很微小但带有处理功能的传感器，这些传感器记录下大量数据，形成了大数据资源。这些数据量很大，类型多种多样，随着时间动态变化，而且它们不像企业ERP数据库中都是业务数据，比较纯净，各种传感器记录下来的数据很繁杂，需要大量的转换、清洗、抽取和集成工作，需要通过相关性关联与聚合，采用一致性的结构来存储抽取的数据。但因为数据量太大，对所有数据的分布特点难以很好掌握，由此，在设计算法评价目标时会有困难。

IBM提出大数据的“5V”特点：大量（volume）、高速（velocity）、多样（variety）、低价值密度（value）和真实性（veracity）。其中，大量指的是数据量大，包括采集、存储和计算的量都非常大。大数据的起始计量单位至少是PB（1000TB）、EB（100万TB）或ZB（10亿TB）。高速表明数据增长速度快，处理速度也快，时效性要求高。比如搜索引擎要求几分钟前的新闻能够被用户查询到，个性化推荐算法尽可能要求实时完成推荐。这是大数据区别于传统数据挖掘的显著特征。多样说明大数据的种类和来源多样化。包括结构化、半结构化和非结构化数据，具体表现为网络日志、音频、视频、图片、地理位置信息等，多类型的数据对数据的处理能力提出了更高的要求。低价值密度表明大数据的价值密度相对较低。随着互联网以及物联网的广泛应用，信息感知无处不在，信息海量，但价值密度较低，如何结合业务逻辑并通过强大的机器算法来挖掘数据价值，是大数据时代最需要解决的问题。真实性代表大数据技术要保证数据的准确性和可信赖度，即数据的质量。表5-4归纳了以上特点。

表 5-4 大数据技术的"5V"特点

特点名称	特点描述
大量	数据量大，包括采集、存储和计算的量都非常大
高速	数据增长速度快，处理速度也快，时效性要求高
多样	数据的种类和来源多样化
低价值密度	数据的价值密度相对较低
真实性	数据的准确性和可信赖度，即数据的质量

案例 5-4

阿里对大润发的数字化改造

2017 年 11 月 20 日，阿里集团合计投资 224 亿港元入主高鑫零售（大润发母公司），占股 36.16%。阿里战略投资大润发并帮助其进行新零售数字化改造，其核心力量源于阿里强大的大数据技术能力，期望为线下零售业的转型和发展提供借鉴参考。在接受阿里投资半年后，大润发已有 100 家门店完成了新零售数字化改造，实现 3 公里范围 1 小时送达，并全面加入天猫 618 狂欢节。

大润发数字化改造的重点内容有：

(1) 淘鲜达项目落地，大润发门店周围 3 公里的消费者均可线上下单，1 小时内收到商品。

(2) 借鉴盒马鲜生的模式，在生鲜餐饮和物流配送方面进行升级，缩短了从下单出货到配送的时间。

(3) 借助大数据技术陈列商品，基于大数据分析将热门商品摆放在醒目位置，通过后台数据查看每日销量以进行每日微调、每周大调，保证商品及时进出。

(4) 推出智能购物区，大润发率先在上海杨浦店推出"天猫智能母婴区"以实现货品的跨界升级。智能专区的设立可以帮助后台更好地统计消费数据，以便掌握消费者需求，进行精准营销。

(5) 黑科技的运用。部分大润发门店通过配置天猫云货架、天猫智能试衣魔镜和智能试衣间，打造沉浸式和趣味性的购物场景，为客户带来更佳的购物体验，以吸引更多消费者。

资料来源：曝光！阿里改造大润发第一份成绩单！[EB/OL].（2018-06-30）[2021-03-07]. https://www.fkdmg.com/article/2485.html.

5.3.2 大数据的关键技术及其价值

大数据技术用于在成本可承受的条件下，通过高速的采集、发现和分析，从大量、多样的数据中提取价值。目前对大数据的操作方式主要包括：数据生成（也叫数据采集或数据获取）、数据存储、数据处理和数据应用（也叫数据分析与挖掘）。为了完成这四项任务，需要计算机从硬件到软件的全面支持，每层完成不同的功能，也就需要相应的技术支持。

图 5-14 展示了计算机的不同架构层面是如何支持大数据的不同处理方式的。可以看出，在 IT 硬件方面，需要各种诸如传感器、红外线、RFID 等物联网系统中的采集设备、存储设备和服务器的支持；在基础软件方面，数据库软件系统、分布式系统也是必需的；在应用软件方面，需要大量的面向应用视角的采集、监测系统，如 GPS、GIS、室内监测系统等，还需要一些智能搜索与分析软件系统；最后是面向用户提供的信息服务功能和信息安全功能，如需求预测分析、客户流向分析、物流资源调度分析等。

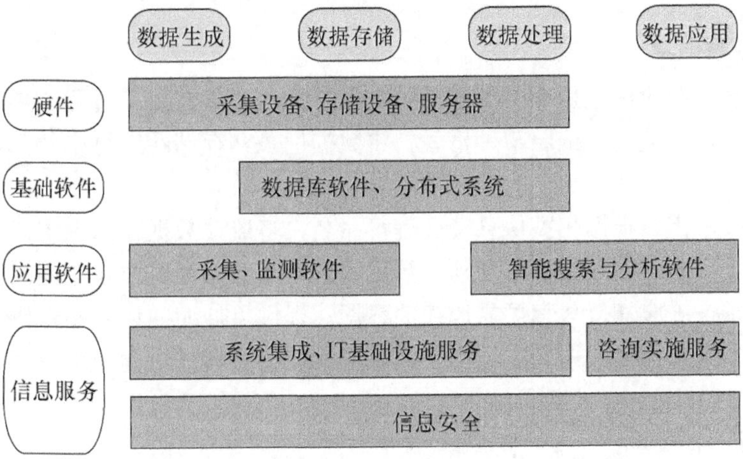

图 5-14　大数据处理方式及其相应支持的计算机结构图

针对大数据的不同关键技术，表 5-5 给出其具体实现的方面。

表 5-5　大数据中的关键技术

技术	具体实现的方面
大数据预处理技术	数据采集；数据存取；基础架构支持；计算结果展现
大数据存储技术	1. 存储基础设施应能持久和可靠地存储数据 2. 提供可伸缩的访问接口供用户查询和分析海量数据 3. 对于结构化和非结构化的海量数据要能够提供高效的查询、统计、更新等操作
大数据分析技术	数据处理；统计和分析；数据挖掘；模型预测
大数据计算技术	1. 能够高效处理非结构化和半结构化数据 2. 在不同的数据类型中进行交叉计算 3. 分为批处理计算（针对大容量、静态的数据集）和流处理计算（针对随时进入的数据）

大数据的四项关键技术及其细分技术阐述如下。

1. 大数据预处理技术

大数据预处理技术包括以下几个方面。

（1）数据采集：常采用 ETL（Extract-Transform-Load）技术，利用某种装置（比如摄像头，麦克风)，从系统外部采集数据并输入到系统内部的一个接口，即将数据从来源端通过抽取（extract)、转换（transform）与加载（load）至目的端。在互联网快速发展的今天，数据采集已广泛应用于互联网及分布式领域。

(2）数据存取：常采用关系型数据库，诸如 SQL，来对数据进行存储。

(3）基础架构支持：指的是采用云存储、分布式文件系统等来支持大数据的存入、取出及其他计算工作。

(4）计算结果展现：可采用诸如云计算、标签云（关键词的视觉化描述，用来汇总用户生成的标签)、关系图等对大数据的计算结果进行形象展示，以便用户决策应用。

2. 大数据存储技术

数据存储技术在应用过程中主要使用的对象是临时文件在加工过程中形成的一种数据流，通过基本信息的查找，依照某种格式，将数据记录和存储在计算机外部存储介质和内部存储介质上。

数据存储技术需要根据相关信息特征进行命名，将流动数据在系统中以数据流的形式反映出来，同步呈现静态数据特征和动态数据特征。大数据存储技术应同时满足以下三点要求：存储基础设施应能持久和可靠地存储数据；提供可伸缩的访问接口供用户查询和分析海量数据；对于结构化数据和非结构化的海量数据要能够提供高效的查询、统计、更新等操作。

3. 大数据分析技术

大数据结构复杂，数据构成中更多的是非结构化数据，单纯靠数据库管理系统对结构化数据进行分析已经不太适用，所以需要技术的创新，这就产生了大数据分析技术，主要包括：

(1）数据处理：主要采用自然语言处理技术、多媒体内容识别技术、图文转换技术和地理信息技术等来处理各种数据。

(2）统计和分析：包括应用文本情感分析技术、语义分析技术、A/B test、top *N* 排行榜、地域占比等技术来实施分析。

(3）数据挖掘：常采用诸如关联规则分析、分类与聚类分析、智能优化算法等。

(4）模型预测：诸如各类预测模型、机器学习模型、建模仿真工具及其模式识别技术等。

4. 大数据计算技术

目前采集到的大数据 85%以上是非结构化和半结构化数据，传统的关系型数据库系统无法胜任这些数据的处理。如何高效处理非结构化和半结构化数据，是大数据计算技术的核心要点。如何能够在不同的数据类型中进行交叉计算，是大数据计算技术要解决的另一核心问题。

大数据计算技术可分为批处理计算和流处理计算，批处理计算主要操作大容量、静态的数据集，并在计算过程完成后返回结果，适用于需要计算全部数据后才能完成的计算工作；流处理计算会对随时进入的数据进行计算，流处理计算无须对整个数据集执行操作，而是对通过传输的每个数据项执行操作，处理结果立刻可用，并会随着新数据的抵达继续更新结果。

案例 5 - 5

利用大数据技术的苏宁与美的 C2M 反向定制计划

2019 年 12 月，苏宁易购对外公布“冰箱、洗衣机 C2M（Customer to Manufacturer）反向定制计划”，首批苏宁 & 美的定制洗衣机下线仪式亮相江苏无锡。然后，苏宁计划将在 2020 年持续高效推进，联合其他行业领先品牌，推出更多用户期待的深度定制产品，开启家电厂商与渠道方合作反向定制的新模式。

冰箱、洗衣机 C2M 反向定制计划是苏宁易购通过用户大数据挖掘，联合品牌厂商，整合产业资源，共同打造的满足用户需求、超出用户期望的高质量冰箱、洗衣机产品战略，也是“更好的产品＋更好的服务”战略和一项持续 20 年的长线战略。苏宁拥有线上线下的数据整合及用户运营能力，而美的多年来持续不断探索以用户为中心，探索反向定制新战略。

苏宁与美的小天鹅携手推出的首批 C2M 定制洗衣机——小天鹅水魔方系列、比佛利国米联名款反向定制洗烘一体机，为高端消费群体带来了高品质的定制化洗衣体验，6 挡烘干功能，高效解决用户除菌健康洗、高端精致面料呵护洗、即洗即穿免晾晒的需求。此外定制洗衣机无论零部件还是外观都是根据苏宁收集的消费者数据制作的，自然更加受到消费者的喜爱。基于大数据分析，直面用户需求，反向定制推动了产业升级。

资料来源：苏宁美的首批反向定制洗衣机发布，C2M 计划引爆家电市场 [EB/OL].（2021-01-01）[2021-03-10]. https://baijiahao.baidu.com/s?id=1654518656230041640&wfr=spider&for=pc.

5.3.3　大数据在物流与供应链中的应用

在现实的物流与供应链的环境中，很多企业常常为一些问题困惑，例如，如何改善目前的企业运营现状？客户群体到底都有谁？客户具有哪些特点？相比竞争对手，企业自身的优势在哪里？目前供应链的合作中存在哪些问题？这些似乎简单的问题背后隐藏着海量数据的分析挖掘：客流数据、各类经营数据（采购数据、存库数据、销售数据等）、历史活动数据、竞品数据等。深入分析这些数据，企业才能更好地进行商业经营活动。因此，从企业经营视角出发，数据就是一种度量方式，能够反映企业目前真实的运营状况，帮助企业更全面、深入地了解产品、用户以及供应链渠道，从而优化运营策略，实现快速发展。

通过数据分析的结果来驱动企业的运营方式，最终能帮助企业的决策者和运营者依据数据和逻辑分析指导业务实践。大数据中企业与客户的交互数据是其商业价值所在，例如用户在网页、App 和软件上的浏览痕迹以及在实体店的足迹等，这些数据本身代表的是客户单向的行为。如果说直接的交易数据更多的是带给企业商品质量差异的反馈，那么这些单向的客户行为数据则能够反映出用户的习惯和喜好等差异，帮助企业更好地了解用户的需求、倾向，以便做出更及时精准的调整、推荐，推出更适合顾客的产品以吸引潜在客户。大数据的商业价值让业务更高效、更精准，成本更低，依据更可靠，更便于优化和长远发展，能够带来不可计量的实际和潜在商业价值。实际的案例和众多理论研究表明，数据驱动已经成为现代企业的新兴业务增长力。以下简要概述大数据技术在零售端、制造端及供应链系统上的应用。

1. 在零售端的应用

零售连接着终端消费者与上游供应商，也是商品在市场流通中的主要关键点。随着经济和信息化技术的发展，公众的消费水平越来越高，传统零售模式已无法应对这一现状。因此，需要借助大数据技术对零售端进行改革和创新。

大数据技术在零售端主要通过以下四个方面来发挥作用。

（1）消费者：在大数据背景下，信息化技术让消费者获取商品信息的途径更加多样且简便，有利于客户更加充分地了解各类商品，从而提高消费者的购买主动性。大数据技术可以通过收集客户感兴趣的商品信息数据并进行分析，预测消费者的消费习惯并推荐商品，还可以通过监视社交媒体，及时做出响应。

（2）零售商：消费者在店内（线上线下的店铺）有购买行为时，可以利用大数据技术进行信息浏览跟踪并对采集到的信息进行数据分析。还可以对店铺中的产品卖点和活动进行数据统计并以此分析预测，或者通过人流量进行商品优化。由于企业的数据信息类别和结构有所不同，所在的地区也不同，因此可以利用大数据技术实现零售企业内部各个部门之间的数据信息共享，以提高零售商的市场分析能力。

（3）营销：大数据技术可以帮助零售商精准发掘潜在消费者，建立精细化的营销体系，从而扩大消费市场。首先，企业可以根据历史消费信息进行数据分析，挖掘消费者的购买需求以及预测市场消费动向；其次，大数据技术可以帮助企业对消费群体进行基本画像和划分，然后基于此预测不同消费群体的购买承载力并进行有针对性的营销工作，从而实现精准营销。

（4）商品：零售商可以借助大数据技术监测记录商品销售情况，并根据销售业绩数据对下一销售季的销售额进行预测。通过分析历史价格数据和销售数据，还可以对商品的价格进行优化。在商品产生的成本方面，大数据技术可以对商品的库存、进补货、退货等一系列环节进行监控和信息记录，在数据统计的基础上进行分析，据此提出更完善有效的商品库存策略和售后方案。

2. 在制造端的应用

制造环节是供应链物流的重要传输环节，它将生产企业的所有生产资料投入转变成最终产品与服务。大数据技术应用于供应链物流的制造环节，可以帮助生产企业进行合理的生产调度安排。例如，大数据技术在生产企业库存管理中的应用可以让生产企业有更多的精力和资源专心用于生产环节，不仅可以提升生产企业的生产效率，同时还可以改善生产企业的产品服务质量，对生产资源进行最优化安排。

此外，互联网大数据技术也可以帮助生产企业对自身的生产能力进行科学评价，帮助制造企业在生产环节进行针对性调整。制造企业对大数据技术、基于数据的应用和服务的采纳行为及选择决策，有助于实现有效预测，作出相关决策，进而获取竞争优势，创造企业价值。

3. 在供应链系统中的应用

大数据产业的兴起使得互联网与各个行业开始出现深度融合，这一特点在供应链领域尤为突出。大数据技术在供应链管理中的不同环节都有着重要的应用，主要可以分为产品设计研发、需求计划制定、采购、产品的生产与库存、供应链网络设计以及终端营销等环节。表5-6展示了大数据技术在供应链的各个主要环节中的作用。

表5-6　大数据技术在供应链主要环节的作用

供应链环节	大数据技术的作用
产品设计研发	采集并统计相关消费数据；挖掘客户需求，完善产品方案
需求计划制定	分析历史销售数据，开展需求预测及分析；统筹规划需求、销售、运营等计划
采购	合理规划采购资金；分析供应商信息，提高采购效率，增加谈判优势，节约采购开支
产品生产与库存	有效安排生产线程及进度；合理规划生产资源分配及利用；根据历史库存信息做出预测以便及时调整库存策略
供应链网络设计	根据相关数据设置目标函数，实现供应链绩效优化
终端营销	根据历史数据，以顾客为导向，预测并细分客户群体，有针对性地展开精准营销

具体地，在产品设计研发环节，可以通过大数据技术对客户的购买记录以及线上线下的购买行为进行相关数据的采集与统计，通过数据分析，挖掘客户的需求并更加精准地完善产品的设计研发方案。在需求计划制定环节，可以利用大数据技术开展独立预测和分析，立足于渠道、品牌以及产品等多个层面以全面分析客户群体的需求。通过深入分析历史销售数据，在预测客户群未来需求的同时，制定销售计划、运营计划。在采购环节，由于采购数据可以从多方渠道获得，因此利用大数据技术进行采购工作，可以提高采购效率，规避供应风险，并且掌握分析供应商的信息，有利于增加企业在采购谈判中的优势。由于采购在企业支出中占比较大，而采购又影响后续产品的生产及销售等环节，因此在采购环节运用大数据技术可以有效节约成本并提高采购效率及质量。在产品生产及库存环节，可以利用大数据技术提高生产能力，协助生产厂商或人员有效安排生产线程及进度，合理精准分配资源，使资源利用最大化。在库存中利用大数据技术可以提高库存需求预测的准确性并及时调整库存策略，最大程度上保证安全库存又不会造成库存积压。在供应链网络设计环节，由于数据量较大，可以将供应链管理技术与大数据技术相结合，通过收集相关数据并分析整理，设置相应的目标函数以实现供应链的绩效评估和优化。在终端营销环节，大数据技术可以协助企业在以客户需求为导向、以细分并预测客户群体的消费行为的前提下，更加有效地开展精准营销工作。

由此可见，大数据在供应链中的价值并不是单一的，由于大数据的功能强大且全面，其在供应链的各个环节都能体现不同的价值。通过收集整理大量有价值的数据信息，供应链的参与者与管理者借助大数据技术可以更好地针对产品、渠道以及客户进行有效管理。因此，大数据在供应链物流中起到了驱动和联结的作用。通过技术驱动创新，大数据技术帮助供应链中的上下游企业做到信息的共享和协调，了解市场需求和消费者行为并与之建立紧密联系，展开精准生产，进行精准营销，平衡市场需求和产品库存，为供应链系统中的企业带来巨大的竞争优势，实现整个供应链的整体利益最大化。

案例 5-6

DHL Express——快递业中的大数据应用

DHL Express 是一家跨国快递公司，其业务遍及全球。想要在全球范围成功需要从每一个区域做起。因此，DHL Express 一直在思考如何利用数据创造价值，目前其已经实现了数据可视化，以及利用大数据进行商业模式创新。

DHL 是全球著名的邮递和物流集团 Deutsche Post DHL 旗下公司，成立于 1969 年，业务覆盖 220 多个国家和地区的 12 万个目的地，拥有 33 000 部车辆和 4 000 处物流设施。交通运输行业是一个竞争非常激烈的行业，想要与众不同，大数据是一个很好的帮手。DHL Express 作为 DHL 的快递部门，每天收集到来自各种不同数据源的海量数据项，这就需要 DHL Express 具备全天候数据流处理能力。

例如，DHL 的快运卡车特别改装成为 Smart Truck，并装有摩托罗拉的 XR48ORFIO 阅读器，每当运输车辆装载和卸载货物时，车载计算机会将货物上 RFID 传感器的信息上传至服务器，服务器会在更新数据之后动态计算出最新最优的配送序列和路径。在运送途中，远程信息处理数据库会根据即时交通状况和 GPS 数据实时更新配送路径，做到更精确的取货和交货，对随时接收的订单做出更灵活的反应，以及向客户提供有关取货时间的精确信息。

DHL 通过对末端运营大数据的采集，实现全程可视化的监控，实现最优路径的调度，同时精确到每一个运营节点。此外，拥有 Crowd-Based App 的顾客可以实时更新他们的位置或者即将到达的目的地，DHL 的包裹配送人员能够实时收到顾客的位置信息，防止配送失败，甚至按需更新配送目的地，整个过程如图 5-15 所示。

通过对业务数据的采集、处理和大数据分析，DHL 能实现的功能包括：

1. 公司能从数据中读懂客户

通过大数据的分析与处理，DHL Express 不仅可以提升用户体验，还可以改善每次运输的成本、收入和收益率。DHL Express 运营控制部副总裁格雷姆·艾特肯在数据分析中发现，有一类大客户虽然长期合作但利润不高。DHL Express 通过分析这类客户的业务发现，其大部分业务都是向偏远地区运输，在运输过程中会遇到很多不可控的困难，无形当中增加成本，盈利不高。在分析客户的同时，DHL Express 也从自身角度进行分析。在给客户提供快捷的快递服务时，评估目前所提供的服务是不是客户所需要的。当客户不需要很快的投递服务时，可以采用较慢方式投递，这样不仅降低了客户的成本，自己的利润也会得到提升。

2. 公司的数据可视化带来更多互动

Teradata 在运输行业中一直辅助铁路、航空等各类型客户开展业务。铁路运输中可以产生大量的信息和数据，特别是传感器数据，它们可以帮助交通运输业改进业务。DHL

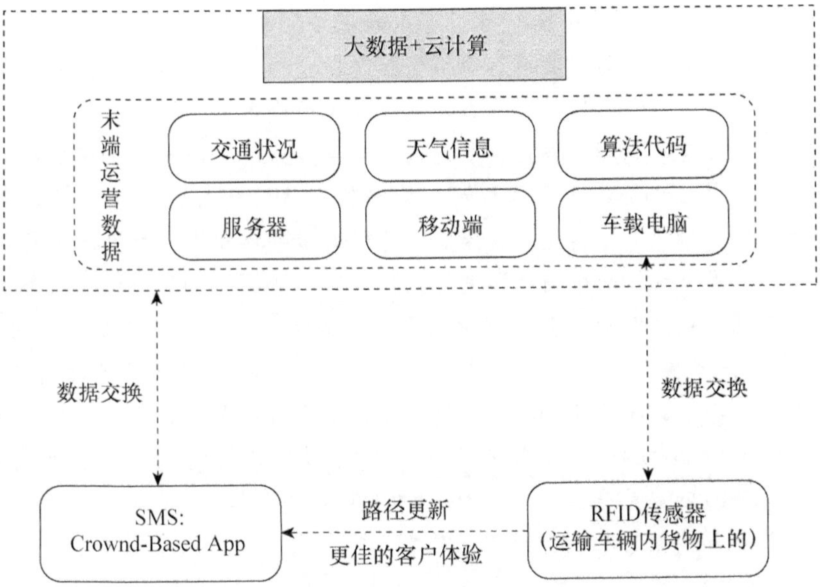

图 5－15　DHL 的快运卡车中的数据采集、数据交换、数据分析

Express 目前部署了 Teradata 的数据仓库平台，其中包括成本分析模型，将成本对应分布到每一次运输和每一个客户，以此进行成本划分。DHL Express 还通过数据可视化进行业务优化，数据可视化是将数据直观展现出来，企业可以从不同维度了解数据，从而进行更加全面深入的分析。

DHL 通过数据可视化实现数据的发现能力，帮助 DHL 追踪到一些问题的具体细节，而不是仅仅停留在宏观层面。DHL Express 同 Tableau 合作数据可视化项目，能够关注某一个具体的国家的业务运营情况。界面中出现红色，说明这个国家的业务出现了问题，团队立刻在线细化具体细节，发现哪个城市、哪个行业，甚至具体到哪个客户会出现什么问题。可视化的过程让数据更加透明，并且可以实时响应，在格雷姆看来传统 PPT 形式的报告提交后很难有后续的互动，数据可视化则可以通过细化带来更多互动。

3. 公司的商业模式创新从大数据开始

大数据正在驱动着商业模式的创新，Teradata 公司交通、物流、邮政和供应链国际项目总监曾收到过用户提出的预测车头故障的挑战，最终 Teradata 通过传感器数据可以提前六小时到六天预测车头可能出现故障的情况。Teradata 也在帮助铁路部门实现转型，使铁路运输企业从过去只提供两点之间运输的铁路商，转变成一种为客户移动出行提供服务的增值服务商。

同样，DHL Express 也在利用大数据进行商业模式创新，其业务有一个明显的变化，即 B2C 业务的增长速度要快于 B2B，尤其像电子商务。这对于系统带来了很大的挑战，难点从运输变成了交付，很多情况下因为各种因素不能实现一次交付。多次投递带来的是成本的提高。为了改善服务，DHL Express 要求客户提供电子邮件地址、电话等联系方式，一旦到货快递员就会联系客户，确保能正确、快速并成功投递。如果商品需要付税，客户必须提前在网上完成，这样快递员在交付货物时可简化环节。DHL Express 在运送货物时可以知道货物的具体内容，这些数据是否可以帮助商业模式创新呢？格雷姆也给出了答案，目前是很难做到的，因为货物内容有可能产生误报，目前只能利用这些已掌握的信息进一步提升服务，使一些特殊物品可以在运输过程中得到更好的保护。B2C 或者电商公司有着非常敏捷的供应链，它们能够追踪所运商品直到最终用户收货，所以电商会选择更贴近最终用户的经销中心送货，而不是通过长距离的运输实现货品交付。而 DHL Express 是一家国际性快递公司，更多提供跨国服务，可以通过长期积累的数据库信息帮助电商公司找到收件人的正确位置，减少因错误地址无法投递的情况。DHL Express 最近的一项创新尝试是汽车交付，可以把货品直接交付到收件人的沃尔沃汽车后备厢。通过定位 DHL Express 可以知道汽车停在什么位置，快递员拥有一次性打开汽车后备厢的权限。同时，收件人也可以选择车站、加油站、汽车、超市储物箱等地点进行交付。

资料来源：DHL Express：快递中的大数据应用已渐入佳境［EB/OL］.（2017-08-23）［2020-12-07］. https://blog.csdn.net/weixin_34138521/article/details/90351252.

本章小结

进入智慧物流与智慧供应链时代关键技术是搜索与优化技术。很多智能优化算法被开发来解决诸如物流与供应链领域的大型复杂优化问题。常用的智能优化算法主要包括：遗传算法、蚁群算法、粒子群算法、模拟退火算法、禁忌搜索算法、免疫算法等。

云计算是一种基于互联网的计算方式，通过这种方式，共享的软硬件资源和信息可以按需求提供给计算机各种终端和其他设备，用户使用服务商提供的电脑基建作计算和资源。云计算按照服务的提供方式划分为三个大类：软件即服务（SaaS）、平台即服务（PaaS）和基础架构即服务（IaaS），云计算在智慧物流与智慧供应链中已经得到广泛应用。

大数据不仅仅代表大规模数据（large data）和海量数据（massive data），还具有 5V 的特点，即大量（volume）、高速（velocity）、多样（variety）、低价值密度（value）和真实性（veracity）。大数据的关键技术中包括：在成本可承受的条件下，通过高速的采集、发现和分析，从大量、多样的数据中提取价值，即数据生成（也叫数据采集或数据获取）、数据存储、数据处理和数据应用（也叫数据分析与挖掘）。大数据在零售端、制造端和整个供应链上都具有广泛的应用价值。

关键概念

计算技术　智能优化方法　云计算　大数据

思考题

1. 如何理解智慧物流与供应链中的智能与智慧通过计算技术来体现？
2. 什么是优化问题？简述传统优化方法与智能优化方法的区别。
3. 理解某种智能优化方法的原理和计算步骤，如遗传算法。
4. 什么是云计算？查阅实际资料，了解公有云与私有云的不同。
5. 大数据的特征是什么？其关键技术中哪一环节决定了数据分析的正确性？

案例分析

腾讯云的产业智变

1. 发展历程①

腾讯云是腾讯集团倾力打造的云计算品牌，面向全世界各个国家和地区的政府机构、企业组织和个人开发者，提供全球领先的云计算、大数据、人工智能等技术产品与服务，以卓越的科技能力打造丰富的行业解决方案，构建开放共赢的云端生态，推动产业互联网建设，助力各行各业实现数字化升级。截止到 2021 年 9 月，腾讯云已经实现全球服务器达 100 多万台、数据存储规模达 EB 级别，全球加速节点数达 2 800 多个、权威认证 400 多项、云产品服务 300 多项的斐然成绩。表 5-7 给出了腾讯云的发展历程。

表 5-7　腾讯云的发展历程

时间（年）	发展历程	发展状况
1999—2010	孵化期	QQ 以及延伸产品的高速发展为腾讯云孵化积累了大量云经验
2010—2013	创业期	专注为腾讯开放平台上的创业者提供稳定、可靠、安全的底层架构，诸如云数据库、云监控、Web 弹性引擎等上线
2013—至今	成长期	全面开放，所有用户都有机会使用腾讯的云服务，借助云计算加速成功之路。2016 年，腾讯云宣布出海计划，与全球合作伙伴共建生态，成为国内首批通过 ISO 22301 国际认证的云服务商。新冠肺炎疫情期间，腾讯云助力 100 多个中央部委及地方政府上线防疫相关小程序，在科技抗疫中发挥重要作用

2. 腾讯云产品与服务体系

从基础设施到行业应用领域，腾讯云包含 300 多款产品，提供多样化的服务支持，构建了完善的产品体系，与合作伙伴在产业链上下游通力合作，为各种业务场景提供全面解决方案，助力业务腾飞。图 5-16 给出了腾讯云产品与服务体系示意图。

从图 5-16 可以看出，腾讯云产品覆盖计算、存储、大数据、人工智能、物联网、数据库、安全、企业应用、行业应用、开发者服务等各个方面。

（1）在基础设施层，腾讯的云 CVM 服务器不仅为用户提供通用和标准的云虚拟机，同时依据不同的业务需求还提供了 GPU 服务器、FPGA 服务器、专用宿主机、黑石物理服务器等，用户可以根据不同业务需求和场景选择不同的云服务器产品。腾讯云存储产品包括对象存储、文件存储、归档存储、存储网关以及私有云存储。

（2）在平台层，用户可以依据业务系统的需求，在腾讯云数据库平台中选择 Mysql、Sqlserver MariaDB、Postgresql 等不同数据库产品和数据库平台。

（3）在最上层，除了服务器、网络、存储、数据库这些基础应用外，腾讯云计算还为用户提供大量的云计算应用，这些应用覆盖移动互联网、大数据、人工智能、语音图像识别以及游戏等多个领域。

① 腾讯云：提供全球领先的云计算服务［EB/OL］.［2021-09-15］. https://cloud.tencent.com/about.

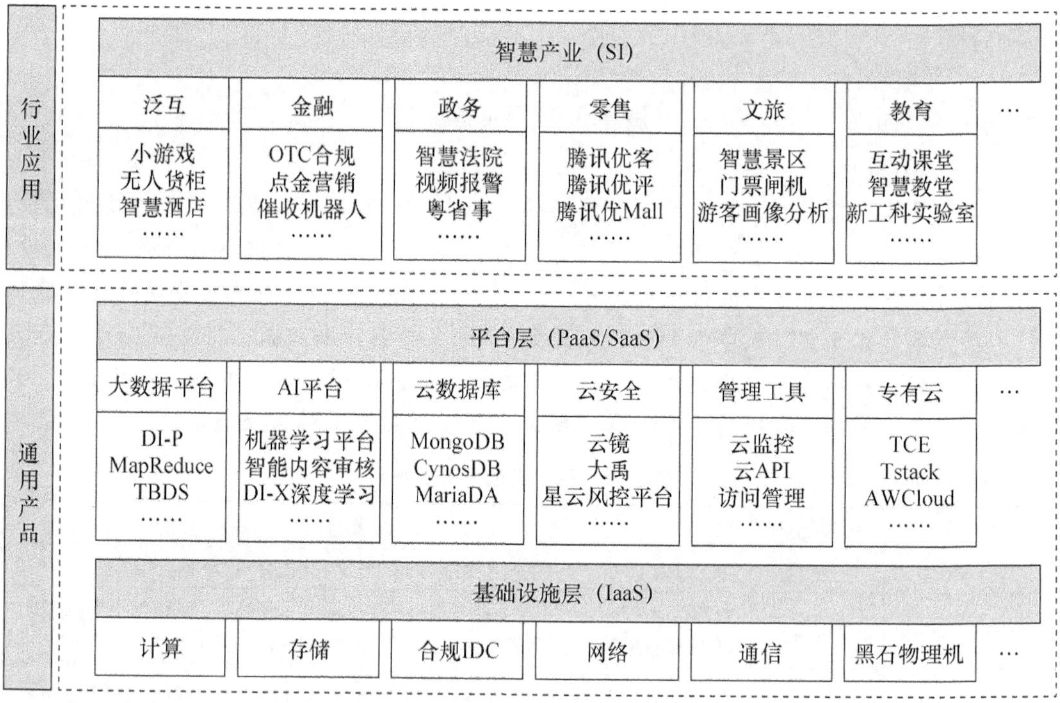

图 5-16 腾讯云产品和服务体系

资料来源：腾讯云简介［EB/OL］.（2020-07-08）［2021-09-15］. https://www.jianshu.com/p/389c22976881.

3. 供应链金融智慧服务平台①

2020年，腾讯云正式发布供应链金融智慧服务平台，将大数据、云计算、人工智能、物联网、区块链等金融科技能力整合应用在贷前风险评估、贷中资产审核、贷后运营监管等供应链业务全流程中，为商业银行、大型核心企业、金控集团、金融担保公司、保理公司、财务公司、融资租赁公司等提供保理融资、多级债权流转、仓单质押、产业风控等全方位供应链金融技术及平台化服务，帮助供应链金融机构实现有效的风险控制、效率提升和成本降低。

腾讯云供应链金融智慧服务平台涵盖供应链应收融资平台、区块链多级债权流转平台、物联网区块链电子仓单平台、大数据产业风控平台等四大供应链金融科技平台。

（1）供应链应收融资平台，能够实现保理业务全流程线上化、信息化管理，通过大数据、AI等技术的运用，建立覆盖签约认证、贷前授信调查、贷中放款审查、贷后预警监控的全流程信息化、智能化业务支持体系。

（2）区块链多级债权流转平台，搭建于应收融资平台的基础之上，依托腾讯云TBaaS（Tencent Blockchain as a Service）区块链的去中心化、信息共享优势，完整真实记录应收债权上链、流通、拆分、融资、兑付等交易行为，实现核心企业信用在产业链条上的逐级

① 腾讯云发布供应链金融智慧服务平台，提升企业融资效率［EB/OL］.（2020-03-18）［2021-09-15］. https://tech.qq.com/a/20200318/015021.htm.

传递，让更多中小微企业能够依托核心企业商业信用进行融资。

(3) 物联网区块链电子仓单平台，是为支持大宗商品电子仓单融资打造的场景解决方案，充分发挥腾讯云 TBaaS 和物联能力，通过接入各类智能化设备，对仓储进、管、存各环节业务数据采集上链，使其最终形成数据可溯源、不可逆、真实可信的区块链电子仓单，提升仓单信用效力。

(4) 大数据产业风控平台，基于腾讯云企业画像、企业知识图谱，洞察企业风险和价值，通过数据化评估、穿透式管理、持续性监测，为金融机构在企业主体信用及经营风险评估、贸易背景真实性审查、债项风险评估、关联交易分析、负面舆情监控等方面提供助力，建立全产业链风险管理能力。

此外，腾讯云 TBaaS 区块链作为智慧服务平台的基础能力，也能够帮助供应链金融最大化实现四流合一，保障数据防篡改、可追溯，降低企业融资及银行作业难度。目前腾讯云服务的金融机构超过 6 000 家，是服务国有银行最多的云服务商。

案例思考题

1. 腾讯云的发展目标是什么?
2. 腾讯云采用了哪些先进的数据化、智慧化技术?
3. 腾讯云发布的供应链金融智慧服务平台的主要功能包括哪些? 其中哪些功能体现出智慧性?

06

Chapter

第 6 章

支撑智慧物流与供应链的关键技术——决策技术

学习目的

通过本章的学习，学生应该能够：

- 理解区块链的概念、类型和特点
- 掌握区块链在智慧物流与供应链中的典型应用场景
- 了解区块链在智慧物流与供应链中的应用、作用及存在的阻碍
- 了解人工智能的概念和关键技术
- 掌握人工智能在智慧物流与供应链领域的应用场景

案例 6-1

京东区块链防伪追溯开放平台

2017 年 6 月 8 日，国内电商平台京东宣布成立“京东品质溯源防伪联盟”，将运用区块链技术搭建“京东区块链防伪追溯开放平台”，逐步通过联盟链的方式，实现线上线下零售商品的追溯与防伪，更有效地保护品牌和消费者的权益，帮助消费者持续提升在京东的购物体验。

区块链所具有的数据不可篡改和时间戳的存在性证明等特质可以很好地支持商品的溯源防伪。以生鲜食品为例，未来用户在京东购物后，只需打开京东 App 找到订单，点击“一键溯源”或直接扫描一下产品上的溯源码，就可以溯源信息。拿牛肉来说，通过唯一溯源码，可以看到所购买的牛肉来自哪个养殖场，这头牛的品种、口龄、喂养的饲料、产地检疫证号、加工厂的企业信息、屠宰日期、出厂检测报告信息、仓储的到库时间和温度及抽检报告等，直至最后送达的配送信息，让非法交易和欺诈造假无处遁形，用户可以吃

到放心的食品。“京东商城作为自营B2C电商的领头羊，坚持品质购物生态的打造责无旁贷，而技术将成为京东品质购物的重要支撑。”

京东表示希望将线上区块链防伪追溯平台的应用经验逐步导入线下零售，借助私有云、非对称加密等技术手段保证品牌商自有数据私密性的同时，帮助品牌商实现全渠道的防伪追溯整合与智能化，结合大数据分析和人工智能自动化，引领科技零售、可信购物的新风尚。

资料来源：微信公众号“运筹OR帷幄”. 贾英昊，江泽武. 清华博士与你共同探讨：区块链在供应链中的应用，2018-05-03.

6.1　区块链及其在智慧物流与供应链中的应用

6.1.1　区块链简介

1. 区块链的基本概念

区块链起源于比特币，其本质是一个去中心化的开放性分布式数据库。它不依赖于第三方，通过自身的分布式节点进行网络数据的存储、验证、传递和交流。区块链上的每一个节点都是平等的，可以在任何时间按照相同的技术标准加入自己的信息，满足各种需求带来的数据录入需要。区块是一个一个的存储单元，记录了一定时间内各个区块节点全部的交流信息（如资产移动轨迹等）。各个区块之间通过一致的规范和协议（如比特币使用的随机散列，也称哈希算法）实现链接，后一个区块验证和包含前一个区块的信息。随着信息交流的扩大，一个区块与一个区块按照时间顺序相继接续，形成不可逆的链，即区块链。所有信息一起封闭在区块链中，每一个节点都保存整个数据库的内容，数据的存储更加公开透明，降低了隐瞒和造假的可能性。

区块链技术被认为是互联网发明以来最具颠覆性的技术创新，它依靠分布式数据存储、点对点传输、共识机制、加密算法等计算机技术在互联网时代的创新应用模式，在无法建立信任关系的互联网上，无须借助任何第三方中心的介入就可使参与方达成共识，以极低的成本解决了信任与价值传递的难题。

2. 区块链的类型①

建立区块链网络有多种方法，由此形成不同类型的区块链。

● 公有链。公有区块链对节点的加入和数据的公开没有任何限制。所有节点均可在不受其他影响的情况下进行交易，以及参与其他共识决策活动。其缺点可能包括需要大量计算能力、交易的隐私性极低或根本没有隐私性可言，以及安全性较弱。

● 私有链。私有区块链是由某组织拥有并管理的区块链。该组织决定允许谁参与网络、执行共识协议和维护共享分类账。相比于传统的分享数据库，私有链由于控制了权限

① 什么是区块链技术？https://www.ibm.com/cn-zh/blockchain/what-is-blockchain.

等内容，交易更加安全，更利用加密技术显著提高参与者之间的信任和信心。私有区块链可以在企业防火墙后面运行，甚至可以在内部托管。

● 许可链。建立私有区块链的企业通常建立一个许可区块链网络。当然，公有区块链网络也可以设置权限限制。这就带来了网络参与限制，并且只能适用于某些交易。参与者获得邀请或许可才能加入。

● 联盟链。联盟区块链是部分组织共同拥有的一种特殊的私有链，多个组织可以分担维护区块链的责任。这些预先选定的组织决定谁可以提交交易或访问数据。在所有参与者都需要获得许可且对区块链负有共同责任时，财团区块链是业务的理想之选。

3. 区块链的特点

● 去中心化。由于区块链使用分布式核算和存储，不存在中心化的硬件或管理机构，任意节点的权利和义务都是均等的，系统中的数据块由整个系统中具有维护功能的节点来共同维护，实现了各节点信息的自我验证、传递和管理。

● 自治性。区块链采用基于协商一致的规范和协议（比如一套公开透明的算法），整个系统中的所有节点能够在受信的环境自由安全地交换数据，对人的信任转变成了对机器的信任，任何人为的干预不起作用。

● 高可靠性。区块链的结构和底层算法特性决定了任何参与者都不可以篡改信息。一旦信息经过验证并添加到区块链，就会被永久地存储起来，除非同时控制系统中超过51%的节点，否则单个节点上对数据库的修改是无效的。如果信息记录包含错误，则必须添加新信息以撤销该错误，且此过程信息是可见的。

● 开放性。区块链技术的基础是开源的，除了交易各方的私有信息被加密，所有网络参与者都有权访问获取区块链上的数据及开发相关应用。

● 匿名性。区块链节点之间的交换遵循固定算法，各区块节点的身份信息不需要公开或验证，信息传递可以匿名进行，有利于信用的累计。

● 高效性。区块链通过在网络成员之间共享分布式存储的数据，信息仅需记录一次，消除了传统业务网络中的重复记录和对账工作。

6.1.2 区块链在智慧物流与供应链中的应用

1. 应用区块链技术解决的供应链问题①

供应链由众多参与主体构成，不同的主体之间存在大量的交流和合作。传统供应链实际运作中，信息流阻滞不畅、物流效率低下、资金流问题不断等情况时有发生。而区块链上的每一次交易信息（交易双方、交易时间、交易内容等）都会被记录在一个区块上，在链上各节点的分布式数据库中进行存储，这就保证了信息的完整性、可靠性和高透明度。区块链的这些特点，使其在供应链中的应用有很多优势，能够满足智慧供应链管理的需求，解决现阶段供应链管理中存在的如下问题：

(1) 信息不透明影响系统整体效率。传统供应链的上下游主体处于一种复杂的博弈关

---

① 供应链场景中的区块链技术与应用. https://www.sohu.com/a/407927409_100007391.

系之中。时空、技术等因素造成的信息不对称，可能使交易的某一方可通过建立交易壁垒获利，却也使系统的整体成本升高，导致无法实现供应链整体收益的最大化。应用区块链技术可实现供应链信息透明化，解决信息不对称的问题，带来系统整体效率的提升，且通过合理分配利益，有可能使各个主体的盈利均有所增加，并就抵御风险等问题在供应链上下游形成一致的共识。

(2) 信息不对称导致交易双方交易成本较高。传统供应链中，由于信息不对称，采购方与供应商进行交易的各个环节，均需采取某些手段对产品及交易信息进行甄选、验证等，而供应商亦需提供证明以取得对方信任。这无疑会增加双方的交易成本。应用区块链技术实现信息共享，可使所有参与方平等地全面掌握物料生产、运输、加工等环节的全部监控记录信息，无须再行甄选、验证，降低了交易过程中基于信任问题产生的成本。

(3) 行为追踪困难导致交易纠纷处理难。传统供应链中，由于供应链结构高度复杂，追踪产品流程、精准地确定出现问题的环节是一项极为耗时费力的工作。当供应链的产品出现问题或供应链主体之间产生纠纷时，存在举证困难、责任分配难以明确的问题。应用区块链技术，可实现物料生产、运输、加工等环节的全面监控和记录，更完整地获取供应链上下游的过程信息，通过溯源追踪解决取证难、责任主体不明确等问题。

2. 区块链在智慧物流与供应链中的典型应用①

(1) 基于区块链技术的供应链产品溯源。在基于区块链技术的供应链溯源系统中，每一件产品都在区块链网络中被数字化，包括其身份标识及参数信息，信息维护者方可全面具体地维护产品信息。利用产品和参与者的标识，认证授权中心可以通过智能合约的方式自动对产品当前担责节点开放权限，保证数据维护的有序性与可靠性，防止非相关节点违规操作，实现系统有序、严谨、全面地跟踪产品并维护产品信息。

被授权参与者维护产品信息文档时，必须以私钥连接到网络，在软件应用界面进行数据信息输入。系统要收集一系列信息，包括产品当前状态、产品类型、所依据的行业标准等。一旦参与者发起产品转移，系统通过内嵌的智能合约，对数据格式是否合法及是否符合行业标准等进行审核，验证成功后，将参与者之前提供的信息打包录入。被授权的节点在与另一节点进行“交易”时，比如当产品从加工厂流动到物流企业时，产品所属关系被转移，两节点之间需要达成统一协议并数字签字，“交易”在区块链网络中被核心层节点公证并进行全网广播。一旦交接工作完成，智能合约执行协议内容，系统授权对象将自动转移到下一环节，下一环节方可继续维护并补充产品信息。在“交易”过程中，双方对交易信息的加密解密过程通过不对称密钥完成，保证了信息无法被恶意篡改，解决了交易过程中的诚信问题。

借助区块链技术，产品从起源地到最终地的所有信息均被如实记录并可供所有参与方获取，实现了供应链产品的可靠溯源追踪。

---

① 微信公众号“运筹OR帷幄”. 贾英昊，江泽武. 清华博士与你共同探讨：区块链在供应链中的应用，2018-05-03.

（2）基于区块链技术的供应链金融服务。运用区块链技术提供信任的协作机制，可解决供应链金融中的多方协作问题。

- 实现四流合一。供应链金融业务参与机构以区块链技术为基础，可建立一个各方共享信息的联盟平台，实现信息实时更新，消除第三方。在区块链技术下，每一笔商品交易中众多交易参与者，不再需要第三方中介机构的验证，就可以验证身份，查看全平台统一的记录信息并确认交易。区块链技术可以实现信息和数据的统一平台，将处于产业链分工的供应商、物流和销售商的生产过程中所产生的物流、信息流和资金流都记载在去中心化的分布式区块链条上，实现“四流”合一，数据透明化。
- 强化风险监管。将融资企业每笔交易记录写入区块链，作为银行授信依据，有助于解决核心企业不愿提供信用背书的难题。同时，根据区块链上的历史记录，可以智能调整剩余可用额度，通过智能合约实现按时还款和清算，完善整个融资过程。区块链技术整合了商品生产全链条的数据信息，提升了数据生产的存量和质量。应用物联网技术可对质押物进行跟踪；基于区块链发行数字资产，可将应收账款权益数字化；利用多方签名和智能合约技术，可加强资金流向管控和回款控制，加强资金流管理。
- 畅通融资渠道。基于区块链的供应链金融平台，可向供应链金融的各参与方、各环节流程提供服务，扩大服务对象范围。通过接入银行、投资基金等多种资金渠道，金融服务和实体经济更紧密地联系在一起，融资更高效。区块链与产业链的结合，能够为区域经济体的中小微企业金融需求提供技术支撑，缓解中小企业融资难的问题，使银行、核心企业以及中小企业实现共赢。

（3）基于区块链的流程优化。区块链的突出特点之一就是数据交互的即时性、透明性和可靠性。基于区块链技术的供应链系统改变了传统供应链系统信息在上下游成员间层层传递的信息流模式，能够使各参与方即时分享所有链上信息和数据，既减少了信息延迟，提高了信息传递的效率，又消除了信息传递中可能存在的欺诈和篡改，优化了信息流。将区块链与物联网技术相结合，可实现供应链产品及其信息的全程追踪，使供应链各参与方对需求、库存、生产、供应等进行协同管控，优化决策，消除不必要的库存和验证等停滞，优化物流过程。基于区块链的智能合约等技术，可实现资金流的高效管控，若基于区块链发行数字资产，供应链各参与方可以使用数字货币进行支付，而不再依赖于 EDI，资金流也将得以优化。

3. 区块链在物流与供应链中的作用①

（1）有利于产品防伪溯源。在基于区块链的供应链管理体系中，记录存储和溯源都很容易。借助内置感应器和 RFID 标签获得产品信息，产品从起源地到终点的全过程都可以通过区块链来追踪。而区块链信息难以篡改的特点，有利于供应链的防伪溯源。因为一切信息都在链条中留待查证，如果某参与方故意输入了虚假的信息，也会被节点中各方接收到，造假证据将被永久记录，这无疑提高了造假成本。

---

① 区块链技术应用最具潜力的市场：物流供应链领域. [2019-11-06]. http://www.chinawuliu.com.cn/xsyj/201911/06/345153.shtml.

(2) 削弱供应链的“牛鞭效应”。牛鞭效应是困扰供应链运作的一大难题。造成牛鞭效应的重要原因之一是信息不对称。各级供应商因为不能看到全局的信息，只能根据相邻一级客户的情况作需求预测并加上一定的保险系数，导致订货量的“振幅”明显增大。在区块链中，由于所有节点存储的数据信息完全一致，所有供应链成员都能看到各级市场需求/库存水平信息，可据此做出更加精准的全局预测，从而有效地降低各级库存水平，减少企业资金的占用，降低库存积压带来的货物损毁风险。

(3) 提高供应链的响应速度。传统供应链中由于信息需在上下游节点中逐层传递，可能导致信息的延迟、阻滞和失真，以及由此产生的物流等待、资源闲置及浪费。运用区块链技术，各个节点之间的信息实现即时同步更新，则有可能把供应链的响应速度压缩到最短：实物流的生产加工时间不可能无限压缩（由物理特性决定），但是信息流所占用的时间可以接近零。

(4) 降低供应链的交易成本。传统的供应链运作中，为解决信任问题，参与方往往会借助第三方平台（如银行支付渠道、支付宝等）进行交易，因此要向平台支付相应的费用，这就产生了所谓的信任成本。而在供应链中引入区块链的“智能合约”后，则可实现自动交易，减少人员和资金的投入。智能合约是一个在计算机系统上存储的合约，当获得多方承认后，可根据预设条件自动处理资产，其最大的优势是利用程序算法替代人仲裁和执行合同，可以不受人为干预，且无须借助第三方平台。

(5) 推动供应链金融的发展。供应链金融本身是金融属性，具有较强的数字化特性，相对于传统供应链业务更容易上链。借助区块链技术，各参与方之间的交易及票据信息都汇聚在链上，区块链的智能合约技术可以自动按条款强制执行支付结算等操作，充分揭示企业的潜在收益。同时，区块链的分布式账本技术决定了信息的不可篡改，将参与方的历史交易信息进行收集和大数据分析，利用一定的数据建模，能快速准确地获取各参与方的信用评级以及历史融资情况。这不仅可以解决在供应链中一直存在的中小微企业融资难的问题，也能够轻松引入银行、理财机构等相关投资加盟，达到核心企业、供货企业、投资企业的多方共赢，推动供应链的良性发展。对于供应链中的核心企业而言，与其有商业往来的上下游企业往往数量庞大。核心企业对于各企业的应收账款等数据的统计和维护往往需要耗费很大的成本。利用区块链分布式记账和智能合约的技术优势，款项的支付和收取成了不可篡改的永久性账本，而且自动执行结算，大大提高了整条供应链的运行效率。总之，区块链的核心技术——分布式账本技术、加密账本结构技术、智能合约技术等，能降低企业融资成本、提高资金流转效率，为供应链金融更好发展提供创新解决方案。

4. 区块链在供应链中应用的阻碍

区块链仍然是一项新兴技术，不够成熟，需要不断地开发和改进。将其直接应用于供应链还有一定的缺点和限制，主要包括以下几方面：

(1) 产业升级问题。供应链是一个成熟的行业，区块链技术与供应链的结合将大幅提高行业的信息化程度。而与此同时，亦将在短时带来设施建设、技术普及、人员训练等一系列成本的提高。同时，信息透明化也将带来利益关系的转变，使区块链的进入有可能遇到阻力。

（2）物联网技术问题。目前将实体产品连接网络的技术有射频识别、二维条码和近场通信等。在区块链上，为了确保信息的顺畅流通，供应链上物流每个阶段的操作步骤都必须嵌入数字标签，需要在操作当下进行安装。如何添加数字标签以达到追踪实体产品的目的，仍然需要技术解决思路。

（3）区块链的技术与法律风险。基于区块链的物流信息系统虽然使用了非对称加密，以确保信息的安全性，但由于私钥是自己生成且个人拥有，所以私钥泄露将使用户的交易行为受到很大的限制，同时可能会造成经济上的损失。另外，区块链的协议与其算力基础密切相关，一旦面临超过全网51%的算力攻击，在系统不能抵抗时，区块链的去信任化也将成为空谈。

此外，区块链技术在国内的应用还缺乏法律约束。基于区块链的物流信息平台运行中所生成的智能合约，虽然旨在保证交易安全、公正地进行，但是由于没得到司法机关的正式认可，还缺乏法律效力。虽然提出了将政府等作为监管机构，但如何将整个平台的监管纳入国家监管体系还需要进一步探讨。

（4）数据的安全和隐私。区块链数据透明化，需要考虑哪些数据可放到链上，以及关系到个人敏感信息或商业机密的信息应该如何处理。对于供应链上的企业而言，商业机密的泄露将会造成巨大的损失，将企业专有的或保密的客户信息透明化或将遭受来自企业巨大的阻力。对个人而言，敏感信息的泄露也格外被关注。建立一个区块链＋供应链的系统，需要在保证各方数据信息的安全和隐私性的条件下进行。

5. 区块链在智慧物流与供应链中的应用实例

案例6-2

Skuchain开发区块链供应链解决方案

Skuchain是家美国的供应链区块链创业公司，得到了数字货币集团、分布式资本、AminoCapital的投资支持，主要开发区块链供应链的解决方案，解决贸易融资当中的痛点，实现无纸化。Skuchain对其区块链产品的定位将改变贸易金融行业。Skuchain基于区块链，采用了智能合约技术，能够自动记录供应链的交易信息，并且根据订单和物流信息自动执行合同订单，提高了供应链企业和银行的交易和融资效率。图6-1列示了Skuchain采用的主要技术。

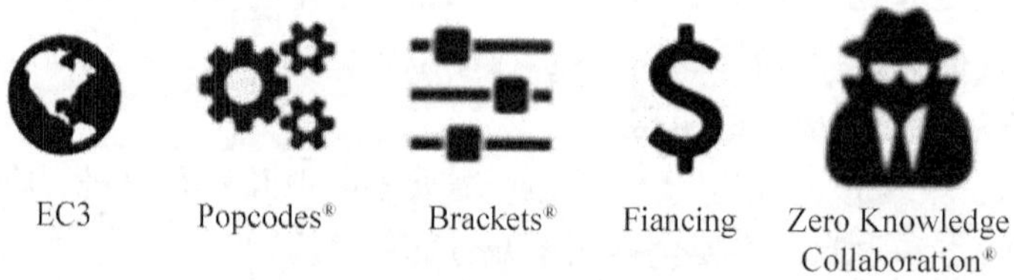

图6-1 Skuchain采用的主要技术

EC3平台将区块链技术与当前的企业IT现实相结合，在整个供应链中无缝接入解决方案。

Popcodes®是一种加密序列化解决方案，用于跟踪产品上的商品流，包括子组件、零件和原材料等，企业可以了解整个产品生命周期，获得准时数据。

Brackets®是加密安全的智能合约，可管理整个购买周期。通过使用该技术，企业可以将其发票、提单、信用证或供应链交易中涉及的任何文档数字化，并基于安全触发器自动执行这些工具。

Skuchain 的库存管理和交易服务提供区块链上的特殊用途工具，提供存货融资，为交易排除风险并释放整个供应链的资本机会。

Zero Knowledge Collaboration®技术可直接在区块链账本上实施复杂的访问控制。这意味着企业能够彼此计划和协作，将敏感信息保持隐藏状态。

2017 年 Skuchain 与澳洲联邦银行、富国银行一起合作完成了一次基于区块链的跨境贸易：将一批 88 包的棉花从美国得克萨斯州运到中国青岛，实现了智能合约、区块链、物联网三种技术综合运用。

资料来源：微信公众号“运筹 OR 帷幄”. 贾英昊，江泽武. 清华博士与你共同探讨：区块链在供应链中的应用，2018-05-03.

6.2　人工智能及其在智慧物流与供应链中的应用

6.2.1　人工智能技术概述①

自从 1956 年人工智能概念提出后，人工智能技术已经历了半个多世纪的发展，其在提升社会劳动生产率，特别是在有效降低劳动成本、优化产品和服务、创造新市场和就业等方面为人类的生产和生活带来革命性的转变。数据显示，预计到 2030 年人工智能将为全球 GDP 带来额外 14%的提升，相当于 15.7 万亿美元的增长。作为新一轮产业变革的核心驱动力，人工智能将进一步释放历次科技革命和产业变革积蓄的巨大能量，并创造新的强大引擎，重构生产、分配、交换、消费等经济活动各环节，形成从宏观到微观各领域的智能化新需求，催生新技术、新产品、新产业、新业态、新模式，引发经济结构重大变革，改变人类生产生活方式。

2018 年 1 月，由中国电子技术标准化研究院编写的《人工智能标准化白皮书（2018）》给出了人工智能的定义：人工智能是利用数字计算机或者数字计算机控制的机器模拟、延伸和扩展人的智能，感知环境、获取知识并使用知识获得最佳结果的理论、方法、技术及应用系统。人工智能主要包括七个关键技术，介绍如下。

1. 机器学习

机器学习（machine learning）是一门涉及统计学、系统辨识、逼近理论、神经网络、优化理论、计算机科学、脑科学等诸多领域的交叉学科，研究计算机怎样模拟或实现人类

① 范英兰. 浅析人工智能在物流中的应用［J］. 今日财富，2019（8）：217-218.

的学习行为，以获取新的知识或技能。重新组织已有的知识结构使之不断改善自身的性能，是人工智能技术的核心。基于数据的机器学习研究从观测数据（样本）出发寻找规律，利用这些规律对未来数据或无法观测的数据进行预测。根据学习模式可将机器学习分类为监督学习、无监督学习和强化学习等。根据学习方法可以将机器学习分为传统机器学习和深度学习。此外，机器学习的常见算法还包括迁移学习、主动学习和演化学习等。

2. 知识图谱

知识图谱本质上是结构化的语义知识库，是一种由节点和边组成的图数据结构，以符号形式描述物理世界中的概念及其相互关系，其基本组成单位是“实体—关系—实体”三元组，以及实体及其相关“属性—值”对。不同实体之间通过关系相互联结，构成网状的知识结构。在知识图谱中，每个节点表示现实世界的实体，每条边为实体与实体之间的关系。通俗地讲，知识图谱就是把所有不同种类的信息连接在一起得到的一个关系网络，提供了从关系的角度去分析问题的能力。

3. 自然语言处理

自然语言处理研究能实现人与计算机之间用自然语言进行有效通信的各种理论和方法，涉及的领域较多，主要包括机器翻译、机器阅读理解和问答系统等。机器翻译是指利用计算机技术实现从一种自然语言到另一种自然语言的翻译过程。语义理解是指利用计算机技术实现对文本篇章的理解，并且回答与篇章相关问题的过程。问答系统技术是指让计算机像人类一样用自然语言与人交流的技术，人们可以向问答系统提交用自然语言表达的问题，系统会返回关联性较高的答案。

4. 人机交互

人机交互主要研究人和计算机之间的信息交换，主要包括人到计算机和计算机到人的两部分信息交换，是人工智能领域的重要的外围技术。传统的人与计算机之间的信息交换主要依靠交互设备进行，包括键盘、鼠标、操纵杆、数据服装、眼动跟踪器、位置跟踪器、数据手套、压力笔等输入设备，以及打印机、绘图仪、显示器、头盔式显示器、音箱等输出设备。人机交互技术除了传统的基本交互和图形交互外，还包括语音交互、情感交互、体感交互及脑机交互等技术。语音交互是人以自然语音或机器合成语音同计算机进行交互的综合性技术。情感交互就是要赋予计算机类似于人一样的观察、理解和生成各种情感的能力，最终使计算机像人一样能进行自然、亲切和生动的交互。体感交互是个体不需要借助任何复杂的控制系统，以体感技术为基础，直接通过肢体动作与周边数字设备装置和环境进行自然的交互。脑机交互指不依赖于外围神经和肌肉等神经通道，直接实现大脑与外界信息传递的通路。脑机交互通过对神经信号解码，实现脑信号到机器指令的转化。

5. 计算机视觉

计算机视觉是使用计算机模仿人类视觉系统，让计算机拥有类似人类提取、处理、理解和分析图像以及图像序列的能力。根据解决的问题，计算机视觉可分为计算成像学、图像理解、三维视觉、动态视觉和视频编解码五大类。计算成像学是探索人眼结构、相机成像原理及其延伸应用的科学。图像理解是通过用计算机系统解释图像，实现类似人类视觉系统理解外部世界的一门科学。三维视觉即研究如何通过视觉获取三维信息（三维重建）

以及如何理解所获取的三维信息的科学。动态视觉即分析视频或图像序列，模拟人处理时序图像的科学。视频编解码是指通过特定的压缩技术，将视频流进行压缩。

6. 生物特征识别

生物特征识别技术是指通过个体生理特征或行为特征对个体身份进行识别认证的技术。从应用流程看，生物特征识别通常分为注册和识别两个阶段。注册阶段通过传感器对人体的生物表征信息进行采集，利用数据预处理以及特征提取技术对采集的数据进行处理，得到相应的特征进行存储。识别过程采用与注册过程一致的信息采集方式对待识别人进行信息采集、数据预处理和特征提取，然后将提取的特征与存储的特征进行比对分析，完成识别。从应用任务看，生物特征识别一般分为辨认与确认两种任务，辨认是指从存储库中确定待识别人身份的过程，是一对多的问题；确认是指将待识别人信息与存储库中特定单人信息进行比对，确定身份的过程，是一对一的问题。生物特征识别技术涉及的内容十分广泛，包括指纹、掌纹、人脸、虹膜、指静脉、声纹、步态等多种生物特征，其识别过程涉及图像处理、计算机视觉、语音识别、机器学习等多项技术。

7. 虚拟现实/增强现实

虚拟现实（VR）/增强现实（AR）是以计算机为核心的新型视听技术。结合相关科学技术，在一定范围内生成与真实环境在视觉、听觉、触感等方面高度近似的数字化环境。用户借助必要的装备与数字化环境中的对象进行交互，相互影响，获得近似真实环境的感受和体验，通过显示设备、跟踪定位设备、触力觉交互设备、数据获取设备、专用芯片等实现。虚拟现实/增强现实从技术特征角度，按照不同处理阶段，可以分为获取与建模技术、分析与利用技术、交换与分发技术、展示与交互技术以及技术标准与评价体系五个方面。获取与建模技术研究如何把物理世界或者人类的创意进行数字化和模型化，难点是三维物理世界的数字化和模型化技术；分析与利用技术重点研究对数字内容进行分析、理解、搜索和知识化方法，其难点在于内容的语义表示和分析；交换与分发技术主要强调各种网络环境下大规模的数字化内容流通、转换、集成和面向不同终端用户的个性化服务等，其核心是开放的内容交换和版权管理技术；展示与交换技术重点研究符合人类习惯数字内容的各种显示技术及交互方法，以期提高人对复杂信息的认知能力，其难点在于建立自然和谐的人机交互环境；技术标准与评价体系重点研究虚拟现实/增强现实基础资源、内容编目、信源编码等的规范标准以及相应的评估技术。

6.2.2 人工智能技术在智慧物流领域的应用①

AI 机器人、计算机可视系统、会话交互界面以及自动运输工具等都是人工智能在物流运作中的实际应用，人工智能与物流的融合创新已成为推动物流行业提质增效的发展动能。

1. 基于图像处理的单据机器识别

通过综合运用图像识别技术，可实现单据数据实时处理和应用，优化单据系统业务处

---

① 黄艳萍. 大数据和人工智能在物流中的应用研究［J］. 现代职业教育，2018（13）：290.

理流程，大幅降低纸质单据信息获取的成本。如顺丰科技目前已通过对手写汉字运单的机器图像识别，大幅节约纸质运单输单人力；在对印刷体识别方面，发票、营业执照和身份证智能识别系统已在试点运行，整体准确率达到90%以上，未来有望取代人工录入信息等工作。

2. 基于自然语言处理的智能客服

物流行业依托呼叫中心海量的话务数据，在庞大的数据样本之上，通过语音语义分析等技术，实现智能客服高效学习和训练。智能客服在客户下单环节及其他客服场景中均能实时识别客户语音，分析其意图，并针对客户提出的问题进行标准答复或辅助客服工作，不仅给客户带来更为智能和人性化的服务体验，也能提升人工效能，降低服务成本。目前顺丰科技已上线应用客服机器人“丰小满”，具有智能外呼、语音客服及客服助手功能；圆通也与科大讯飞合作，上线了智能客服，用于缓解呼叫中心人工客服压力。

圆通速递2017年开始相继在官网、微信等渠道上线国内版智能在线机器人客服，代替或协助人工在线客服完成客户服务工作，一定程度上解决了客服用工成本高、服务时间难以满足客户需求的问题。相关资料显示，圆通速递高峰期每日电话呼入量超200万次，需要5 000个人工座席处理，在配备智能语音客服机器人后，高峰期90%以上电话呼入可通过语音机器人处理，日均服务量超30万次，每秒可处理并发呼入量超1万次，在控制成本的前提下，在极大程度上提高了效率。

3. 基于数字地图的精准定位与地址匹配

以地理信息系统（GIS）技术为基础，融合大数据和人工智能等技术，面向未来智慧物流的数字地图，提供高精定位、精准地址匹配和路径规划等专业服务，为物流决策提供基础支撑。在高精定位方面，通过GPS定位、基站定位、混合定位三种模式为用户提供高精度的定位服务，新一代数字地图可通过获取用户位置，设置电子围栏，实现高精度定位信息推送，通过合理分配资源，实现效益最大化。在精准地址匹配方面，通过将地址按18级进行分级，形成标准地址，并对应赋予坐标及单元区域，为物流行业其他业务系统提供准确有效的数据信息。目前顺丰智能地址输入服务已在全国上线，该服务能根据用户输入的关键词完成智能推荐、匹配标准地址，每天处理请求量可达4 500万+，提升了客户地址输入体验，规范了地址数据质量。大数据路由分单产品已在深圳、上海、北京和广州上线，统一收派地址库和单元区域数据，保证了实时性和精准性，并减少30%以上人工审补工作量。京东也建立了相似的数字地图平台，采用GIS数据层、服务层和客户端展现层三层架构，实现智能导航、车辆实时位置监控、车辆历史轨迹回放和包裹跟踪等功能。

4. 基于机器学习的线路规划与仓储优化

应用机器学习、强化学习等人工智能技术，与传统的运筹学优化算法、近似求解算法结合在一起，构建线路规划算法和系统，既可支持同城动态接驳、静态干支线路由等应用场景，又可在动态与静态模式之间无缝切换，为未来更大范围去中心化的动态路径优化提供解决方案。除了线路规划，还可利用人工智能技术相关算法将中转场的流向与分区的配载优化、仓库的库存优化等问题组合在一起，并应用到仓库内拣货最优路径规划方面，构建快递物流行业的完整网络规划与优化算法系统，有助于提升运输时效，降低运输成本，优化中转场负载与仓库库存。目前，顺丰科技、京东 Y 事业部和百世研发中心等已将相关技术应用到其生产实践当中。

5. 基于人工智能技术的智慧仓储

人工智能与机械装置或系统结合，可智能化处理具体工作以替代人工作业。面对大量货物的分拣作业，可以利用人机协作机器人，通过 AI 引擎、不同的摄像头和传感器来抓取实时数据，继而通过品牌标识、标签和 3D 形态来识别物品进行分拣，甚至机器和人可以同时对移动传送带上的可回收物品进行分类和挑拣。结合人工智能、大数据和工业机器人等技术构建的无人仓，通过搬运机器人、货架穿梭车、分拣机器人、堆垛机器人、六轴机器人及无人叉车等一系列物流机器人的协同工作，可组成完整的中小件智慧物流场景。目前，京东和顺丰等多家企业均大力发展无人仓储项目，布局人工智能与智慧物流发展平台。京东物流推出的 X 仓储大脑自 2018 年 8 月投入应用，在人工智能等技术的助力下，提升规划、运营监控及维保效率高达 80%，降低人力成本高达 50%。

6. 基于人工智能技术的无人运输

利用无人驾驶技术，研制无人配送车辆，可解决城市配送的“最后一公里”问题。目前，无人车行驶 2 米/秒，车身重量 30 公斤，刹车距离为 1～2 厘米，在配送点周围 5 公里范围内活动，利用高精度的测绘 GPS 点来规划路线，每小时可配送 1～8 个订单。通过无人机可实现面向偏远地区的乡村配送，京东集团、顺丰集团和中国邮政集团已较早开展相关应用，其中京东和中国邮政均已常态化运营。

6.2.3 人工智能在智慧供应链中的应用①

1. 供应链需求预测

在供应链需求预测中，信息的透明和准确对供应链成本至关重要，如何提供有效的预测，避免牛鞭效应，减少资源浪费是管理者和人工智能需要共同面对的问题。在此过程中，管理人员的经验更多体现在模型和影响因素的设计上，具体的预测和计算工作则交给人工智能完成。通过收集用户消费特征、商家历史销售等大数据，利用算法（如线性预测模型、移动平均模型、Arima 模型、随机森林模型等）提前预测需求，可前置仓储与运输环节。目前已经有了一些应用，但在预测精度上仍有很大提升空间，需要扩充数据量，优化算法。

2. 供应链品控管理

传统供应链管理的工作通常分散在各个部门，监控和考核指标分散，数据加工耗费大量的人力，且呈现的数据指标只能反映过往的情况，不能对当前的情况进行管控、修正。借助 AI 的力量，供应链管理人员可以实时对供应链运作的指标表现进行监控、预警，甚至自动生成工单进行问题的处理和跟进。AI 在供应链品控领域的应用将不仅局限于业务层面，还可包含财务方面。目前在供应链品控方面，有不少业内公司已经在探索实施，在

① 人工智能如何在物流领域应用？我们梳理了 14 个环节的案例．[2020-07-19]．https://www.sohu.com/a/408497545_343156.

仓容预警、自动成本管控、服务质量监测、大客户管理、订单履约管理等方面收到了很好的效果。

3. 供应链选品，库存管理以及调拨、补货决策

传统的供应链选品和库存管理工作通常属于供应链管理部或者商品部的管理范围，工作人员每天从系统里面导出数据，分析周转率、库龄、毛利、起订量等指标，然后进行数据加工，形成建议，接受审批，最终把审批后的建议下达到执行部门。这种工作模式耗费了大量的人力，数据滞后，决策过程冗长。未来在AI的帮助下，上述工作可以由AI自发完成，管理人员只需要根据AI提供的方案选择最适合企业的方案即可。在库存管理模块，AI对于有效期、临保期、安全库存、经济订货批量等的管理上能做到及时、迅速、准确的预警和建议，为调拨、补货决策提供具体的建议和方案，并且监控决策的实施过程。

4. 设备维护与供应链风险预测

通过物联网的应用，在设备上安装芯片，可实时监控设备运行数据，并通过大数据分析做到预先维护，增加设备使用寿命。如在物流车辆设备上安装芯片，可通过数据分析进行提前保养。此外，通过对异常数据的收集，可对贸易风险及不可抗因素造成的货物损坏等供应链风险进行预测。

5. 图像识别

利用计算机图像识别、地址库、卷积神经网络提升手写运单机器有效识别率和准确率，可大幅度地减少人工输单的工作量和差错可能。通过对商品数量、体积等基础数据分析，对各环节如包装、运输车辆等进行智能调度，如通过测算百万SKU商品的体积数据和包装箱尺寸，利用深度学习算法技术，由系统智能地计算并推荐耗材和打包排序，从而合理安排箱型和商品摆放方案。例如，基于大数据积累和AI深度学习算法，G7数字货舱就可以实时感知货物量方，自动记录量方变化曲线，时刻知晓装载率。通过AI摄像头和高精度传感器对厢内货物进行图像三维建模，保证货物运输状态全程可视化，并智能管控装车过程和装车进度。智能挂车数字货舱V9版还搭载了业界首创的量方功能，采用传感器＋AI算法，对舱内货物进行高精度扫描＋三维图像建模，最终自动计算出货舱容积占用百分比，实现精准装载。不仅如此，货舱在装载过程中哪里空、哪里满，都将以全3D方式呈现。通过对货舱空间的更合理利用，时刻保证车辆的真正满载。

6. 仓储作业规划

作为一个仓库的管理者，需要知道仓库的作业量、效率、产能情况，还需要对订单的作业方式进行选择，并且根据发运计划安排订单作业顺序。AI可以协助管理者进行资源的调配，实时提供作业数据及预警。在具体作业上，AI可以协助进行拣选路径规划、订单波次策略选择。在仓配交接环节，AI还可以协助识别直发线路，协助周转场地管理和配送资源计划管理。旷视科技就曾发布AIoT操作系统——河图（HETU）。这是旷视科技推出的首个智能机器人网络协同大脑，是一套致力于机器人与物流、制造业务快速集成，一站式解决规划、仿真、实施、运营全流程的操作系统。旷视河图与机器人硬件设备相结合，体现了河图对整个作业节奏的控制、连接运维等能力，实现了人、设备、订单、空间、货的高效协同。2019年，极智嘉（Geek＋）也曾宣布，推出实体智慧物流版的

aPaaS (application platform as a service) 系统——极智云脑，让客户轻松重构其解决方案，并在云端高效部署，自由调度机器人和各种设备，实现高度灵活的智能化系统，极大降低智慧物流的部署门槛，让 AI 唾手可得。

7. 仓配网络及路由规划

仓配网络规划问题需要确定布局多少个仓库，仓库选址在哪里，拓扑结构怎么设置，每个仓库承担怎样的职能等。这些都会影响到物流成本、服务时效、库存管控和客户体验，还受政策、消费者分布、商品特性等因素的制约。每个节点的变化都会牵一发而动全身，并且企业面临的形势也是在不断变化的，还存在季节和周期波动。应用人工智能技术，利用历史数据、时效、覆盖范围等构建分析模型，通过充分优化与学习，可对仓储、运输、配送网络进行优化布局，如通过对消费者数据的分析，提前在离消费者最近的仓库进行备货。甚至可实现实时路由优化，指导车辆采用最佳路由线路进行跨城运输与同城配送。例如，美团实时智能配送系统是全球最大规模、高复杂度的多人多点实时智能配送调度系统，能够基于海量数据和人工智能算法，在消费者、骑手、商家三者中实现最优匹配，同时考虑是否顺路、天气、路况、消费者预计送达时间、商家出餐时间等复杂因素，实现 30 分钟左右准时送达。

8. 采销配送

人工智能也应用于供应链物流的采购、销售、配送等环节：采购上，通过大数据对产品进行选品，将人工智能与统计学相结合进行产品的预测和补货，从而实现智能化、自动化补货；销售上，运用运筹学和人工智能实现动态定价，同时考虑产品生命周期、促销方式等因素，从而让商家保持良好运营并有效控制库存；配送上，通过大数据技术进行销量预测，结合自动补货系统，实现库房自动化备货，提高商品的现货率，降低了库存周转率，同时为用户提供高效卓越的购物体验。例如，菜鸟网络通过人工智能技术、大规模的机器学习处理海量数据，实现智能分单。包裹发出时，就会对包裹要去往的网点以及快递员做出精准的对应，并在面单上标识出编号，无须再由人工手写分单。包裹到达转运中心、网点以及配送站之后，工作人员根据编号即可判断包裹的分配，分单准确率达到 99.99%，效率也得到提高。

9. 智能运营规则管理

未来将会通过机器学习，使运营规则引擎具备自学习、自适应的能力，能够在感知业务条件后进行自主决策。如未来人工智能可对电商高峰期与常态不同场景订单依据商品品类等条件自主设置订单生产方式、交付时效、运费、异常订单处理等运营规则，实现人工智能处理。利用机器学习等技术来自动识别场院内外的人、物、设备、车的状态和学习优秀的管理和操作人员的指挥调度经验和决策等，逐步实现辅助决策和自动决策。

案例 6-3

Kenco Logistics 宣布推出达芬奇 AI

2020 年 9 月，北美领先的第三方物流提供商 Kenco Logistics 宣布推出达芬奇 AI (DaVinci AI)，该产品可提供涵盖整个供应链的高级分析功能。该创新产品使解决方案能够产生预测见解，从而推动规定性行动，改变供应链。

达芬奇AI是Kenco数字化转型战略的基础组成部分，它积极提供定制解决方案，以实现供应链中的智能可见性和透明度。例如，在仓库运营中，达芬奇AI可用于主动管理数量波动，从而改善库存管理并评估市场波动，从而制定理想的劳动计划。在物料搬运领域，该产品可以从影响维护的所有因素中预测设备故障，以防止浪费时间，提高生产率。为确保按时交付，达芬奇AI主动预测所有模式和运营商之间运输网络中的服务故障。在整个供应链中，达芬奇AI可以提供认知见解，客户能够在问题发生之前进行预防。达芬奇AI已经为其客户每年节省了超过100万美元。

资料来源：唐隆基. 人工智能正在重塑数字化供应链［EB/OL］.（2021-01-13）［2021-01-13］. http://www.logclub.com/articleInfo/MzA4MDM=.

本章小结

本章主要介绍了支撑智慧物流与智慧供应链的两个决策技术——区块链和人工智能。在区块链方面，解释了区块链的概念，介绍了区块链的类型，描述了区块链的特征，介绍了区块链在智慧物流与供应链中的应用所解决的问题、典型应用场景和面临的阻碍。在人工智能方面，介绍了人工智能的概念与关键技术，描述了人工智能在智慧物流与供应链中的应用场景。

关键概念

区块链　公有链　私有链　许可链　联盟链　去中心化　关键技术　典型应用　应用场景

思考题

1. 区块链有哪几种类型？
2. 区块链有哪些特点？
3. 应用区块链技术可解决供应链的哪些问题？
4. 区块链在智慧物流与供应链中有哪些典型应用？
5. 区块链在智慧物流与供应链中应用有哪些作用，遇到了什么阻碍？
6. 人工智能有哪些关键技术？
7. 人工智能技术在智慧物流领域有哪些应用？
8. 人工智能技术在智慧供应链中有哪些应用？

案例分析

Yojee公司利用区块链技术帮助物流公司调度车队

Yojee是一家成立于2015年1月的新加坡公司，致力于设计自动化物流网络，为物流公司提供实时跟踪、提货和交货确认、开票、工作管理和司机评级等服务。

目前Yojee已经构建了使用人工智能和区块链的软件，充分利用现有的“最后一公里”交付基础设施来帮助物流企业调整它们的车队。该软件能够优化和管理车队，利用机器学习将物流交付工作自动分配给司机，减少对人工调度员的需求，这不仅降低了物流供应商的成本，还为客户提供更便捷的交付。此外，Yojee 的软件还利用区块链技术跟踪、存档交易和交货细节，以便在必要时始终可以对其进行验证，保证了货物安全性。

针对电子商务公司，Yojee 推出了一个名为 Chatbot 的软件，帮助电商公司实现无人化预订送货。Chatbot 可以将客户的详细信息（地址、交货时间等）馈送到系统，然后由系统自动安排正确的快递。

Yojee 的软件对于小型物流公司尤其有价值。小型物流企业由于货量不够大，很难与大型国际公司竞争。与大多数软件专注于提高个体物流公司的运营效率不同，Yojee 在它的平台上将小型物流交付公司捆绑在一起，以便它们能够受益于规模经济。此外，为了让更多小型物流公司加入平台，Yojee 的系统在确保物流公司相互合作的同时可以不暴露物流公司的 IP、路线和客户信息资源等信息。

Yojee 最吸引人的是其自主交付技术。Yojee 的软件支持自主交付车辆，其自动化管理网络和自驾车的结合可以使小型物流公司比大型车队更有优势，每家在 Yojee 注册的公司都可以按需使用自主卡车车队。

资料来源：区块链如何在物流行业中应用？[EB/OL].（2018-07-05）. https://zhuanlan.zhihu.com/p/39042702.

案例思考题

1. Yojee 的车辆调度系统是如何实现智能化运作的？
2. Yojee 的车辆调度系统能为用户带来哪些利益？
3. 5G 的广泛应用会给该系统带来哪些变化？

07
Chapter

第7章

支撑智慧物流与供应链的智能设备

学习目的

通过本章的学习，学生应该能够：

- 了解物流无人化的含义和发展状况
- 了解物流无人机的发展状况和关键技术
- 掌握无人机厂商获取核心竞争力的关键因素
- 掌握无人机在智慧物流与供应链中的应用场景
- 了解无人车的概念和物流无人车的发展状况
- 掌握无人车的关键技术
- 掌握无人车在智慧物流与供应链中的应用场景
- 了解无人仓的概念、构成和建设标准
- 掌握无人仓的支撑设备与技术、无人仓的技术难点
- 了解无人仓的实现形式与应用领域
- 掌握 AGV 的系统构成和应用场景
- 掌握码垛机器人的构成
- 掌握自动分拣系统的构成和工作流程

案例 7-1

菜鸟的无人化物流

阿里巴巴在 2013 年 5 月牵头成立菜鸟，开始通过自建、共建、合作、改造等多种模式打造智能物流骨干网，此后阿里持续加大对菜鸟的投资。2018 年 5 月，马云在智慧物流大会上表示，未来 5 年再投入上千亿元乃至更多资金来建设国家智能物流骨干网。

在无人化物流方面菜鸟早就进行了布局。2016 年菜鸟无人仓亮相（见图 7-1）。在菜鸟无人仓中，包括立体存储仓、机器人拣选仓、机械臂拣选仓及机器人分拨区域等部分，

应用了无人叉车、拣选 AGV、分拨 AGV、自动封箱机、码垛机器人等多种物流设备，在入库、拣选、打包、分拨等物流全链路都体现了柔性自动化的特点。2018 年“双十一”期间，菜鸟位于无锡的 IoT 未来园区正式投入运营，近 700 台机器人同步上线运行，而无人仓正是未来物流园区中的标配。

图 7-1　菜鸟的无人仓

在无人机方面，2017 年，菜鸟无人机群组飞越近 5 公里海峡为农村提供物流服务。菜鸟提出了未来的三种物流无人机应用场景：第一种是解决中远程省际物流运输的大型物流无人机；第二种是在地震、火灾等情形下进行空投的物流无人机；第三种是在海洋环境、岛屿环境、海礁环境下都可以运输的水上物流无人机。

在无人车方面，菜鸟推出末端无人配送车菜鸟小 G、菜鸟小 G 2 代以及菜鸟小 G Plus（见图 7-2）。2018 年 5 月，菜鸟首发两款无人驾驶产品：定位于末端低速无人配

图 7-2　菜鸟的无人车

送的固态激光雷达无人物流车和高速公路上的“公路高铁”。在2018年9月，菜鸟发布两款第四代新零售物流无人车，车上分别搭载刷脸取件柜、零售货架等。此外，2018年菜鸟还宣布了“驼峰计划”，未来3年将联合合作伙伴共同推动物流无人设备量产，打造一张囊括无人车、无人机的新型立体智慧物流网络。

目前，菜鸟除了自身在物流科技方面布局，还投资了其他公司，以期扩大智能物流骨干网。菜鸟通过电子面单、物流天眼、智能语音助手和实时计算异常协同技术等技术输出，与商家及物流企业一起，进行物流数字化、智能化升级，以技术驱动创新引领行业发展。

除了京东和菜鸟，顺丰、通达系、苏宁等也都看好智慧物流发展，积极布局物流无人化。可以说，这一轮物流无人化的本质是技术推动下的物流产业升级。以数字化、智能化、无人化为特征的新一轮物流技术的创新应用，将深刻影响物流行业格局。

资料来源：江宏．物流无人化发展状况与趋势展望．物流技术与应用［EB/OL］．［2019-02-20］．https://www.sohu.com/a/295925978_649545.

7.1 物流无人化①

当前，我国物流行业正在从劳动密集型向技术密集型转变，物流装备发展在转型升级中起着举足轻重的作用。京东、菜鸟、苏宁、顺丰、通达系快递企业都投入巨资进行研发，希望抢占物流无人化发展的先机。这一轮由电商行业巨头主导推动的物流无人化，以无人仓、无人车、无人机为代表性技术，在政策与资本的助力下加快落地应用，并将机器换人浪潮扩散到更多行业、更多场景。智慧物流体系下无人产品的协同，不仅为消费者和商家带来“快”“精”“准”的极致服务，还将成为推进物流业发展的新动力、新路径。

1. 物流无人化发展背景

当前电商、物流行业巨头推动的物流无人化，是为了满足大幅增长的快递包裹高效处理与配送需求，以提升消费者体验为目的，以数字化为核心驱动力，以自动化、智能化技术设备取代人力。综合来看，我国物流无人化发展是由以下几个因素叠加推动的：

- 市场需求。中国电商市场的爆发式增长与巨大规模，为物流技术创新发展提供了巨大动力与市场空间。速度快是物流行业永恒的追求，面对庞大的业务量，必须采用自动化物流系统提高效率。
- 技术发展。互联网、物联网、大数据、AI等技术的不断发展，促进了更加高效智能的物流设备与物流系统的产生，为实现物流无人化提供了条件。
- 人力制约。人口红利消失与人力成本的不断上涨使得从长期来看，以自动化设备替代人力完成各项物流作业是必然趋势。

① 江宏．物流无人化发展状况与趋势展望．物流技术与应用［EB/OL］．［2019-02-20］．https://www.sohu.com/a/295925978_649545.

● 政策推动。多项政策出台推动了物流业发展，其中很多都提到鼓励智能物流软硬件技术设备的研发创新和推广应用，为物流无人化创造了利好的政策环境。

● 资本助力。智慧物流技术受到追捧，一些有技术优势的物流技术装备特别是机器人企业获得了大量融资，助力其不断创新提供智能物流技术设备。

2. 物流无人化的发展前景

物流无人化是市场需求与技术升级共同发力的结果。随着电商、传统零售向新零售转型，以及制造业智能制造的升级发展，物流体系与零售体系、智能制造深度融合，物流的重要性进一步凸显，物流无人化技术需求将从电商、物流巨头逐渐拓展到更多行业。

如今，在配送中心、分拨中心以及制造企业生产线与仓库、新零售门店、无人餐厅乃至无人码头等越来越多的场景，包括无人化仓储、无人化分拣、无人化线边库等物流环节，AGV、机器人等自动化、智能化设备得到广泛应用，助力企业改善物流运营、减少用人数量、提高物流效率、降低物流成本、增强竞争优势。特别是电商与新零售、快递、汽车、电子等行业，更希望加快引入自动化、智能化物流设备取代人工作业。但是，受技术尚不成熟、成本有待下降、政策配套欠缺等因素影响，物流无人化尚处于起步阶段。

3. 物流无人化的典型案例

案例 7－2

亚马逊的物流无人化创新

在物流无人化创新发展方面，亚马逊居于全世界领先位置。亚马逊电商事业的成功离不开其持续打造的先进物流系统。其中最引人瞩目的是，2012 年，亚马逊斥资 7.75 亿美元收购了机器人制造商 Kiva Systems，自 2014 年开始将机器人“货到人”系统落地应用。大量 Kiva 机器人穿梭在亚马逊的配送中心里，把货架连同货品一起搬运到作业人员身边，大大节省了拣货人员在仓库里行走取货的时间，物流效率显著提升。2013 年左右，亚马逊又开启了无人机物流项目。2014 年底，亚马逊的另一项专利“空中物流中心”获批。2016 年底，亚马逊在英国完成了第一单无人机快递，成功实现首飞。亚马逊并没有停止研发脚步，在升级了设备后，于 2018 年 3 月在得克萨斯州完成了美国本土的第一单无人机快递服务。同时，亚马逊计划打造一个“多层次订单履行中心”，其不仅致力于物流无人机本身的研究，更全方位地开展了对无人机配送的路线规划、概念设计、整体系统建设等各方面的研究工作，意图建设完整的无人机物流体系。

资料来源：江宏．物流无人化发展状况与趋势展望．物流技术与应用 [EB/OL]．[2019-02-20]．https://www.sohu.com/a/295925978_649545.

7.2　无人机

7.2.1　无人机的概念和类型

无人机是无人驾驶航空器的简称，是由遥控站管理（包括远程操控或自主飞行）、不搭载操作人员的一种动力空中飞行器。其特点是，采用空气动力为飞行器提供所需的升力，能够自动飞行或远程引导；既能一次性使用也能进行回收；能够携带致命性或非致命性有效负载。

目前民用市场普遍应用的无人机有多旋翼式无人机和固定翼无人机两种类型。

多旋翼无人机性能灵活，可以实现相当复杂且精确的飞行运动，并可实现垂直起降和空中悬停，这一点使得其起飞和降落的空间要求和限制相当小。但由于旋翼的能量转换率低，其续航时间和飞行距离十分受限，并且飞行速度较其他形式的无人机慢。

固定翼无人机具有续航能力较强、能量利用率高的特点，且由于其产生升力的原理，可以达到很高的飞行速度。另外，固定翼无人机承载能力强，在飞行中可通过对襟翼和尾翼的微调来适应变化的载重，维持平衡和稳定。但固定翼无人机灵活性较差，转向较慢且转向弧度较大，对起降场所要求比较苛刻，另外由于结构复杂，生产成本昂贵。

两种主流类型无人机的优劣势基本上是互补的，但多旋翼无人机由于其出色的灵活性，在民用领域应用范围更广，因此占有了民用无人机市场的绝大部分份额。正在研发和使用中的物流无人机多集中在多旋翼无人机和垂直起降固定翼无人机两种类型上。垂直起降固定翼无人机结合了多旋翼无人机和固定翼无人机的优点，可以在旋翼模式和固定翼模式之间切换，相比传统多旋翼无人机，其续航能力和飞行速度都得到了较大提升。

7.2.2 国内外典型企业物流无人机研发和应用状况①

从目前物流行业正在研发和使用的无人机来看，各家公司基本上都是自主研发，所使用的技术各不相同，产品和应用也有各自的特点。以下介绍国内外几家有代表性的企业的物流无人机研发和应用状况。

1. 美国亚马逊公司

2013 年，亚马逊推出了 Prime Air 业务，将无人机引入物流领域。2016 年 7 月，亚马逊宣布获得英国民航局许可，可以在英国测试无人机超视距送货业务，并于 12 月在英国完成首次测试。2017 年 12 月，实现了美国本土的第一单无人机快递。2020 年 8 月 31 日，获得了美国联邦航空管理局（FAA）的批准，可以运营其 Prime Air 配送无人机。图 7-3(a)为亚马逊的无人机 Prime Air。

2. 德国 DHL

2013 年，DHL 总部完成无人机投递室外测试。2014 年 9 月，DHL 第二代无人机获得德国联邦运输部和航空管理局许可进行无人机快递试飞。2016 年 3 月，DHL 第三代无人机完成试飞，同年 9 月，DHL 完成无人机与物流链智能包裹柜的整合。2019 年 5 月底，DHL 首度于中国推出无人机快递货件递送服务，成为第一家在中国提供此项服务的国际快递公司。图 7-3(b)为 DHL 的无人机。

3. 法国邮政

2014 年 6 月，法国邮政测试无人机投递包裹，主要针对山区。2015 年 2 月，验证严

① 朱新富. 小型无人机在快件收派服务中的应用及系统构建研究 [D]. 上海：东华大学，2016.

寒天气的飞行可靠性，7 月，完成无人机终端测试。2016 年 12 月，经法国航空监管机构批准后，无人机实现自主飞行包裹送达。2019 年 12 月，开始用无人机向阿尔卑斯山区投递包裹。图 7－3(c)为法国邮政的无人机。

(a) 亚马逊 Prime Air　　(b) DHL 无人机　　(c) 法国邮政无人机

图 7－3　国外几家公司的无人机

4. 中国顺丰速运

2013 年，顺丰开始与极飞无人机合作研发物流无人机。2015 年公开无人机相关细节。2017 年，顺丰旗下大型无人机技术和服务提供商丰鸟科技成立，6 月 29 日，在赣州市南昌区实现了物流无人机的试飞，测试并实现了四轴多旋翼机型、倾转旋翼机型的飞行。2018 年 3 月，顺丰获得国内首张无人机航空运营许可证。顺丰对外公布其研发了多款机型，适应不同的业务应用场景，起飞后的最大有效载重量可达 5 千克～25 千克，续航距离可至 15 千米～100 千米。2020 年 8 月 21 日，基于业务场景下的顺丰大型无人机首次载货从宁夏到内蒙古的飞行取得圆满成功，这也是国内首次将大型无人机用于物流场景。2021 年 2 月，顺丰宣布已经在江西、四川、武汉、舟山等地区实现无人机物流运输常规化运营。

5. 中国京东

2016 年 4 月，京东成立 X 事业部进行无人机研发，6 月，在宿迁正式开展无人机试运营。2017 年 3 月，京东在海南省试运营的第一个无人机配送站正式启用，并成功完成首单配送；8 月，获得覆盖陕西省全省范围的无人机空域批文。2018 年 6 月，京东第一架具有 100％自主知识产权的重型无人机正式下线，该无人机目标有效载重量达到 1 吨～5 吨，飞行距离超过 1 000 千米。

7.2.3 无人机的关键技术①

1. 五项关键技术

无人机主要有五项关键技术，这五项目技术支撑着现代化智能型无人机的发展与改进。

① 鼎健航天．无人机的核心技术，你知多少［EB/OL］．2019－10－12，https://baijiahao.baidu.com/s? id=1647175430849890922.

（1）机体结构设计技术。涉及飞机结构抗疲劳断裂及可靠性设计技术，飞机结构强度、复合材料结构强度、航空噪声、飞机结构综合环境强度、飞机结构试验技术以及计算结构技术等。

（2）机体材料技术。机体材料包括结构材料和非结构材料，结构材料应具有高的比强度和比刚度，以减轻飞机的结构重量，改善飞行性能或增加经济效益，还应具有良好的可加工性，便于制成所需要的零件；非结构材料量少但品种多，包括玻璃、塑料、纺织品、橡胶、铝合金、镁合金、铜合金和不锈钢等。

（3）飞行控制技术。涉及提供无人机三维位置及时间数据的 GPS 差分定位系统、实时提供无人机状态数据的状态传感器、从无人机地面监控系统接收遥控指令并发送遥测数据的机载微波通信数据链、控制无人机完成自动导航和任务计划的飞行控制计算机，飞行控制计算机分别与航姿传感器、GPS 差分系统、状态传感器和机载微波通信数据链连接。

（4）无线通信遥控技术。无人机通信一般采用微波通信，微波是一种无线电波，它传送的距离一般可达几十千米，频段一般是 902～928MHZ。常用的模块是 MDSEL805，一般都选用可靠的跳频数字电台来实现无线遥控。

（5）无线图像回传技术。采用 COFDM 调制方式，频段一般为 300MHZ，实现视频高清图像实时回传到地面，比如 NV301 等。

2. 无人机厂商获取核心竞争力的关键因素

现阶段，无人机厂商获取核心竞争力的关键因素取决于飞机的飞控系统、导航系统、动力系统和数据链传输系统。

（1）飞控系统。飞控系统是无人机完成起飞、空中飞行、执行任务和返场回收等整个飞行过程的核心系统，飞控对于无人机相当于驾驶员对于有人机的作用，是无人机最核心的技术之一。

飞控一般包括传感器、机载计算机和伺服作动设备三大部分，实现的功能主要有无人机姿态稳定和控制、无人机任务设备管理和应急控制三大类。其中机体大量装配的各种传感器（包括角速率、姿态、位置、加速度、高度和空速等）是飞控系统的基础，是保证飞机控制精度的关键。在不同飞行环境下，不同用途的无人机对传感器的配置要求也不同。

作为无人机的“驾驶员”，飞控系统的发展目标是追求更精准、更清晰的控制。

（2）导航系统。导航系统向无人机提供参考坐标系的位置、速度、飞行姿态，引导无人机按照指定航线飞行，相当于有人机系统中的领航员。无人机载导航系统主要分非自主（GPS 等）和自主（惯性制导）两种，但分别有易受干扰和误差积累增大的缺点。作为无人机的“眼睛”，导航系统未来的发展方向是多种导航技术结合的“惯性＋多传感器＋GPS＋光电导航系统”。

（3）动力系统。不同用途的无人机对动力装置的要求不同，但都希望发动机体积小、成本低、工作可靠，对于油动工业机来讲涡轮将取代活塞成为无人机的主力动力机型；对于电动消费机来讲，太阳能、氢能等新能源电动机有望为小型无人机提供更持久的生存力。

（4）数据链传输系统。数据链传输系统是无人机的重要技术之一，负责完成对无人机遥控、遥测、跟踪定位和传感器传输，上行数据链实现对无人机遥控；下行数据链执行遥测、数据传输功能。随着机载传感器、定位的精准程度和执行任务的复杂程度不断上升，未来在全天候要求低的领域可能还将出现激光通信方式。作为无人机"放风筝的线"，数据链未来将向高速率高带宽发展。

7.2.4　无人机在智慧物流与供应链中的应用

1. 无人机在智慧物流与供应链中的应用场景①

（1）远距离支线运输。无人机物流运输可以实现低空中的直线运输，在续航能力条件实现的保证下，可以完成大吨位、远距离的货物运输，减少交通不便或者航空航线固定带来的不便，可实现点对点的货物运输，以期达到标准化的运营管理。远距离支线运输情况下，送货的直线距离一般在 100 千米～1 000 千米，载重量为吨级，续航时间达数小时。具体应用有：跨地区的货运（采取固定航线、固定班次、标准化运营管理），边防哨所、海岛等物资运输，以及物流中心之间的货运分拨等。

（2）末端配送。由于地形地貌交通路线等多方面的原因，地面路程 30 千米，空中直线距离可能只需 15 千米。在天气状况条件良好的情况下，在紧急物资配送上，无人机物流配送要明显优于传统配送方式。有代表性的有亚马逊末端配送，它目前主要实践于偏远地区的配送上，偏远地区的配送包裹量较少，但配送成本较高。采用无人机配送可以灵活选择配送地点和配送时间，同时能降低配送成本。末端配送情况下，空中直线距离一般在 10 千米以内，载重 5～20 千克，单程飞行时间在 15～20 分钟（受天气等因素影响）。具体应用包括：紧急文件、医疗物资、急救物资、农村土特产和果蔬等的运输。

（3）仓储管理。无人机在物流领域的应用除了在配送方面，还可以在仓储管理上，主要是在人力管理难度较高的场景下的货物检视和盘点。例如大型高架仓库、高架储区的检视和货物盘点；集装箱堆场、散货堆场（比如煤堆场、矿石堆场和垃圾堆场）等货栈堆场的物资盘点或检查巡视。

2. 无人机快递系统②

（1）无人机快递系统的构成。如图 7－4 所示，常见的无人机快递系统由六个部分组成，各部分功能作用如下。

● 无人机。末端配送的小型无人机载重负荷一般在 10 千克以内，服务轻小型物件的运送。无人机配有 GPS 自控导航系统、iGPS 接收器、各种传感器以及无线信号发收装置，具有 GPS 自控导航、定点悬浮、人工控制等多种飞行模式，集成了三轴加速度计、三轴陀螺仪、磁力计、气压高度计等多种高精度传感器和先进的控制算法。无人机配有黑

---

① 曾钰．物流无人机应用和发展研究．内蒙古科技与经济．2019，10（20）：57－58；中通无人机团队．物流无人机的发展与应用［J］．物流技术与应用．2019（2）：110－114.

② 朱新富．小型无人机在快件收派服务中的应用及系统构建研究［D］．上海：东华大学，2016.

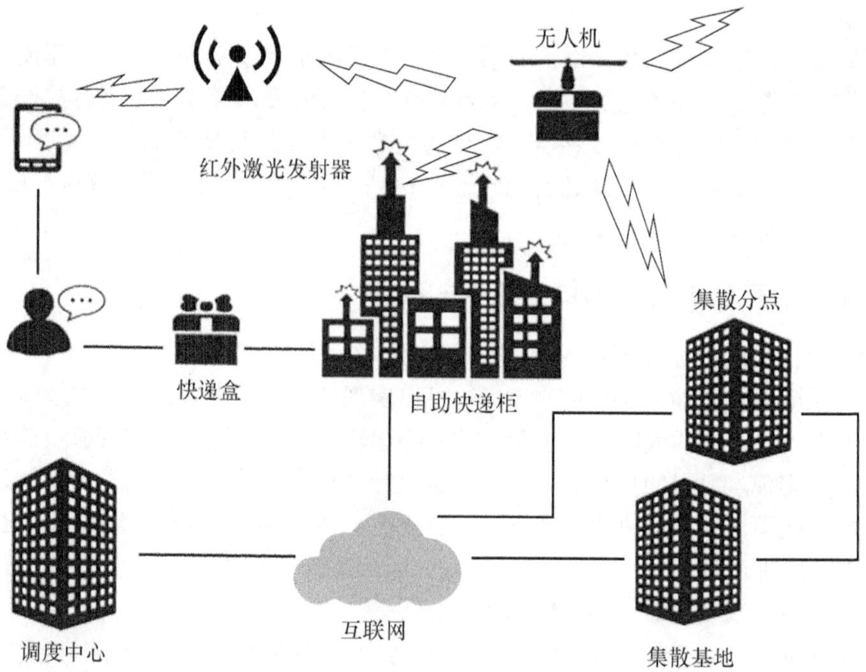

图 7-4　无人机快递系统的构成

匣子记录状态信息。同时无人机还具有失控保护功能，当无人机进入失控状态时将自动保持精确悬停，失控超时将就近飞往快递集散分点。无人机通过无线网络和无线电通信遥感技术与调度中心和自助快递柜等进行数据传输，实时向调度中心发送自己的地理坐标和状态信息，接收调度中心发来的指令，在接收到目的坐标以后采用 GPS 自控导航模式飞行，在进入目标区域后向目的快递柜发出着陆请求、本机任务报告和本机运行状态报告，在收到着陆请求应答之后，由快递柜指引无人机在快递柜顶端停机平台着陆、装卸快递、快速充电。无人机在与调度中心失去联系或者出现异常故障之后将自行飞往快递集散分点。

● 自助快递柜。快递柜配备有一台计算机、无人机排队决策系统、快递管理系统、iGPS 定位系统、无人机着陆引导系统、一个装卸快递停机台、若干个临时停机台、一套机械传送系统、几部自助快递终端和多个快递箱等。快递柜顶部的所有停机台都具有快速充电功能。无人机向快递柜发送着陆请求、本机任务报告和本机运行状态报告后，快递柜将无人机编号、该机任务以及任务优先权等信息输入系统，由排队决策系统分配停机平台，再由无人机着陆引导系统引导无人机降落，或者向无人机发出悬停等待指令。无人机收到快递柜接受着陆指令后，持续地将本机上 iGPS 接收器收到的红外激光定位信号和本机编号回传给快递柜，快递柜将精确掌握无人机坐标信息，并引导无人机精准着陆。无人机可以根据调度中心的指令，到相应区域的集散基地领取快件，再经过航行、请求着陆和精准降落，将快件放至目的区域的快递柜，最后由收件人自行前往快递柜领取快件。

● 快递盒。快递盒即快递的包装盒，用来装载快件，方便快件的运输。无人机上的快递盒还会配置用于线路跟踪和信息传递的蓝牙以及信息存储装置。

● 集散分点。各快递集散分点负责不同区域间的快件集散。无人机接收调度中心的指令，将异地快件运往分点，分点发出相关指令引导无人机降落、卸件，卸下的快件将被整理运往机场。同时调度中心将相关快递信息更新到目的区域的调度中心。另外，快递集散分点还负责辖区内无人机的安检、维修、临时停放、快速充电。

● 集散基地。异地快递在抵达本区域后先运往集散基地，基地根据快递盒的记忆模块中的快件信息将快递按片区分类，并运往该片区的分点，同时基地将所有到达的快递信息入库，并同时将信息发送到调度中心。

● 调度中心。调度中心是整个系统的指挥中心，负责各区域所有快件的接收和投递，以及无人机的系统维护和数据更新，并能及时地对无人机出现的异常问题进行维护。

（2）无人机快递系统作业流程。通过对无人机的续航能力、快递业务量的地理分布、通信的实时可靠性、系统的容积能力以及建设成本等诸多因素的综合考虑，整个无人机快递系统可划分为若干区域，区域内部独立运作，区域之间协同运作。

● 区域内快件收发。如图 7－5 所示，终端自助快递柜在收到用户放入的快件后向调度中心发送收件请求，调度系统自动派出合适的无人机，并向无人机发送相关任务指令以及目的地坐标，无人机收到任务指令后飞往目的地，终端自助快递柜将实时引导无人机着陆并进行自动装卸快件，快件在送达目的快递柜之后，终端自助快递柜智能系统将向用户发送领件信息，最后由收件人到目的地快递柜领件。

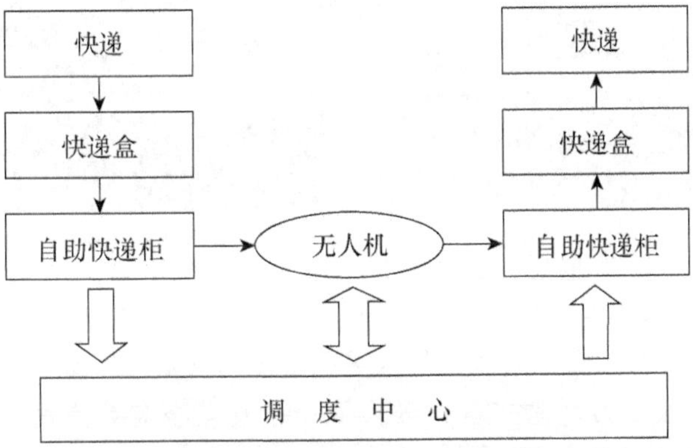

图 7－5　区域内收发作业流程

● 区域间快件收发。如图 7－6 所示，调度中心在收到发往其他区域的快递信息后，将指引无人机收件后就近送往本区域的快递集散分点，分点自动将快递按区域分类，并装箱后送往机场，由大型飞机送往目的区域的快递集散基地，基地在收到快递箱以后拆分，集中将同一片区的快递送往该片区的快递集散分点，再由调度中心调度无人机送往目的自助快递柜，等待客户领取。

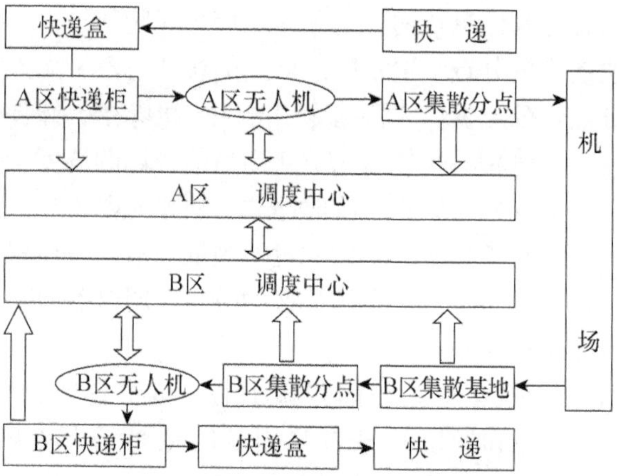

图 7-6　区域间收发作业流程

3. 无人机在智慧物流与供应链中的应用实例

案例 7-3

无人机在电商物流配送中的应用

在实践中，无人机在电商物流配送中已经逐渐发挥作用。图 7-7 即为京东的无人机及自动运载货物展示。

无人机展示　　　　无人机自动运载货物

图 7-7　京东的无人机

京东布局农村三级无人机物流网，从末端级研发运营着手，逐渐向支线级和干线级研发与运营扩展。2017 年 8 月，京东获得国内第一张覆盖全省范围的无人机空域批文，其“干线级、支线级、末端级三级无人机+通航”物流体系，在业界遥遥领先。通过无人机技术，搭建空中物流网络。其主要的物流网络运营模式包括干线、支线、终端三级。

(1) 省级仓：商家以产销地为基础，北京、上海、广州、成都、武汉、西安、沈阳等多仓入库，订单覆盖全国，商品从京东的全国七大仓运送到各省会城市大仓。多地备货，减少因缺货带来的订单损失；靠近终端消费者，缩短配送时间、降低配送成本，提升客户体验。

(2) 干线无人机配送（第一级）：通过干线无人机，实现覆盖 300 千米的区域仓到仓的干线物流快速调拨。这一环节使用大型无人机，载重量为吨级别。

(3) 支线无人机配送（第二级）：支线配送是分中心之间的小批量快速转运。

(4) 终端无人机配送（第三级）：终端主要解决的是偏远地区和道路交通不便的情况下“最后一公里”难题，特别是偏远山区，京东无人机配送到京东在多数行政村设有的乡村推广员，这些推广员是京东在当地的重要合作伙伴，无人机降落在推广员指定的场地卸件，乡村推广员再派送到最终客户。

(5) 无人机逆向物流：无人机逆向物流的应用快速打通农产品上行通道，将农村的农特产品，特别是有保险要求的农特产品通过无人机逆向运送到城里，完成产业扶贫的重任。

图7-8展示了京东无人机的作业流程。

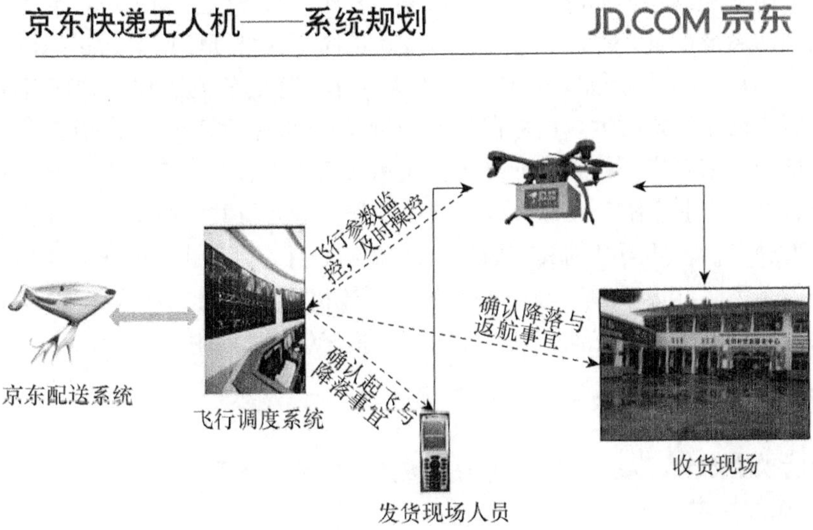

图7-8　京东无人机作业流程

这套三级物流体系运营成熟后将带来三个独立的物流运营闭环。第一个闭环成功实现干线与支线协同的作用，实现大宗商品在中心仓与地方仓之间的流转。第二个闭环为用户下单，由终端小型无人机从县级配送站将商品运到推广员手中，再由推广员完成最后配送。第三个闭环是农产品逆向运输，将由干、支线无人机直接从通航机场运往中心仓，省去中间环节，实现生鲜等时效性商品的快速运输，24小时内从产地送达消费者家中。

资料来源：京东建成全球首个无人机运营调度中心，全力加速智慧物流落地. https://www.sohu.com/a/146632549_783241；京东无人机刘艳光：从破局者到引领者. https://uav.huanqiu.com/article/9CaKrnK5mAk.

7.3　无人车

7.3.1　无人车及其发展

无人驾驶汽车，简称无人车，是智能汽车的一种，也称轮式移动机器人，主要依靠车内的以计算机系统为主的智能驾驶仪来实现无人驾驶的目的。无人驾驶汽车利用车载传感器来感知车辆周围环境，自动规划行车路线，并根据感知所获得的道路、车辆位置和障碍物信息，控制车辆的转向和速度，从而使车辆能够安全可靠地在道路上行驶，到达预定地点。

无人车是汽车行业以及互联网巨头都看好的方向。中通的报告指出，无人驾驶干线货运场景道路环境较简单，不可控因素较少出现；“最后一公里”配送的现实刚需程度高，而且可预期安全风险较低。因此，无人驾驶在物流运输领域会更快落地，时机也更成熟。

物流无人车受到汽车企业以及电商、快递、外卖巨头等企业的关注，成为主要研发并逐渐投入使用的运输设备。京东、菜鸟、百度、美团等大型互联网公司正积极推动智能无人物流车技术。自 2016 年开始，京东便着手无人车配送的研发工作。2019 年底，其无人配送车 4.0 版本已经正式面世，据称在物流领域首次实现了真正的 L4 级自动驾驶。在新冠肺炎疫情期间，京东旗下的无人配送车曾亮相武汉街头。2020 年 9 月 8 日，京东物流与厦门金龙联合汽车工业有限公司达成全面战略合作，双方将共同打造具备商业化落地条件的低速无人驾驶车辆，共同推动其市场化。2018 年 9 月，阿里巴巴在 ET 物流实验室向外界展示了一款名为 G Plus 具有自动驾驶系统的物流机器人。在 2020 年 9 月 17 日举行的云栖大会上，阿里巴巴旗下的首款物流机器人“小蛮驴”正式亮相。①

7.3.2 无人车的关键技术②

按照职能模块划分，无人驾驶汽车的关键技术包括以下几方面。

1. 环境感知技术

环境感知模块相当于无人驾驶汽车的眼和耳，无人驾驶汽车通过环境感知模块来辨别自身周围的环境信息，为其行为决策提供信息支持。环境感知包括无人驾驶汽车自身位姿感知和周围环境感知两部分。单一传感器只能对被测对象的某个方面或者某个特征进行测量，无法满足测量的需要。因而，必须采用多个传感器同时对某个被测对象的一个或者几个特征量进行测量，将所测得的数据经过数据融合处理后提取出可信度较高的有用信号。

按照环境感知系统测量对象的不同，我们采用两种方法进行检测：无人驾驶汽车自身位姿信息主要包括车辆自身的速度、加速度、倾角、位置等信息。这类信息测量方便，主要用驱动电机、电子罗盘、倾角传感器、陀螺仪等传感器进行测量。无人驾驶汽车周围环境感知以雷达等主动型测距传感器为主，被动型测距传感器为辅，采用信息融合的方法实现。因为激光、雷达、超声波等主动型测距传感器相结合更能满足复杂、恶劣条件下执行任务的需要，最重要的是处理数据量小，实时性好。同时路径规划时可以直接利用激光返回的数据进行计算，无须知道障碍物的具体信息。

---

① 物流配送的最后一公里，能用无人车搞定吗 [EB/OL]. https://baijiahao.baidu.com/s?id=167818978460965582&wfr=spider&for=pc.

② 赵阳. 无人驾驶汽车关键技术 [J]. 中国科技博览，2011 (26)：271-272.

视觉作为环境感知的一个重要手段，虽然目前在恶劣环境感知中存在一定问题，但是在目标识别、道路跟踪、地图创建等方面具有其他传感器所无法取代的重要性；在野外环境中的植物分类、水域和泥泞检测等方面，视觉也是必不可少的手段。

2. 导航定位技术

无人驾驶汽车的导航模块用于确定无人驾驶汽车的地理位置，是无人驾驶汽车的路径规划和任务规划的支撑。导航可分为自主导航和网络导航两种。

自主导航技术是指除了定位辅助，不需要外界其他的协助，即可独立完成导航任务。自主导航技术在本地存储地理空间数据，所有的计算在终端完成，在任何情况下均可实现定位。但是自主导航设备的计算资源有限，计算能力差，有时不能提供准确实时的导航服务。现有自主导航技术可分为三类：第一类，相对定位。主要依靠里程计、陀螺仪等内部感受传感器，通过测量无人车相对于初始位置的位移来确定无人车的当前位置。第二类，绝对定位。主要采用导航信标、主动或被动标识地图匹配或全球定位系统进行定位。第三类，组合定位。综合采用相对定位和绝对定位的方法，扬长避短，弥补单一定位方法的不足。组合定位方案一般有 GPS＋地图匹配、GPS＋航迹推算、GPS＋航迹推算＋地图匹配、GPS＋GLONASS＋惯性导航＋地图匹配等。

网络导航能随时随地通过无线通信网络、交通信息中心进行信息交互。移动设备通过移动通信网与直接连接于互联网的 Web GIS 服务器相连，在服务器执行地图存储和复杂计算等功能，用户可以从服务器端下载地图数据。网络导航的优点在于不存在存储容量的限制，计算能力强，能够存储任意精细地图，而且地图数据始终是最新的。

3. 路径规划技术

路径规划是无人驾驶汽车信息感知和智能控制的桥梁，是实现自主驾驶的基础。路径规划的任务就是在具有障碍物的环境内按照一定的评价标准，寻找一条从起始状态包括位置和姿态，到达目标状态的无碰路径。

路径规划技术可分为全局路径规划和局部路径规划两种。全局路径规划是在已知地图的情况下，利用已知局部信息如障碍物位置和道路边界，确定可行和最优的路径，它把优化和反馈机制很好地结合起来。局部路径规划是在全局路径规划生成的可行驶区域指导下，依据传感器感知到的局部环境信息来决策无人平台当前前方路段所要行驶的轨迹。全局路径规划针对周围环境已知的情况，局部路径规划适用于环境未知的情况。

路径规划算法包括可视图法、栅格法、人工势场法、概率路标法、随机搜索树算法、粒子群算法等。

4. 决策控制技术

决策控制模块相当于无人驾驶汽车的大脑，其主要功能是依据感知系统获取的信息来进行决策判断，进而对下一步的行为进行决策，然后对车辆进行控制。决策技术主要包括模糊推理、强化学习、神经网络和贝叶斯网络等技术。

决策控制系统的行为分为反应式、反射式和综合式三种方案。反应式控制是一个反馈控制的过程，根据车辆当前位姿与期望路径的偏差，不断地调节方向盘转角和车速，直至到达目的地。反射式控制是一种低级行为，用于对行进过程中的突发事件做出判断并迅速做出反应，反射式控制规则可以用硬连接或单条控制规则实现。综合式控制在反应层中加入机器学习模块，将部分决策层的行为转化成基于传感器的反应层行为，从而提高系统的反应速度。

7.3.3 无人车在智慧物流与供应链中的应用

1. 无人车在智慧物流与供应链中的应用场景

物流无人车主要有无人重卡、无人配送车两种类型。无人配送车不仅适合开放密集的楼宇、城市CBD，也可以在居民社区、校园、工业园区等封闭或半封闭的环境内运行，减少配送员的工作量。对于无人重卡而言，干线和港口是两个比较理想的落地场景，目前国内已有无人重卡落地干线、港口场景的实例。

概括起来，无人车有干线物流、终端配送、封闭场景三种落地场景。

(1) 干线物流场景。在三大场景中，干线物流的总体运力最大，场景较为集中。同时干线整车物流运输是一个比较标准化的产品，技术复用度高，便于外包，因此能够产生的规模经济效应很强。自动驾驶通过降低人力、燃油、保险费用来提升公路物流企业的营业利润。

干线物流是一个较为理想且比较主要的商业场景，主要原因在于干线运输行驶场景主要为高速公路，相比起城市主干道来说，行人、骑车人较少，复杂的道路路口、交通指示灯等设施相对较少，系统对道路上车辆行驶轨迹能更好进行预测。

干线物流的场景大多是高速的场景，车辆的行驶速度较快，对自动驾驶系统的环境感知范围有很高要求。由于卡车机动性、稳定性和精度较差，需要更长的刹车距离、更大的转弯半径，以及更加精确和鲁棒的控制，因此在感知和控制层面对技术提出了更高要求。

在干线物流的无人驾驶卡车领域，一些电商物流企业和新创造车企业已经开始投入和研发。2018年5月，苏宁无人重卡“行龙一号”在上海奉贤完成首测。该无人卡车载重40吨，采用深度传感器融合技术，在无人驾驶感知、认知、决策、控制层面技术领先，在80千米/小时的速度下能实现安全自动驾驶。即使是在高速场景下，也能在300米外精确识别障碍物，并以25毫秒的反应速度控制车辆紧急停车或者绕行避障。

(2) 终端配送。目前人力成本占据末端物流成本的90%以上，高昂的人力成本通过无人车技术得以降低将会产生巨大的商业价值。近些年电子商务的发展对交付的需求急剧增加，高效率低成本的交付方式成为最后一公里配送的追求，再加上当前全球新冠肺炎疫情的特殊环境，自动驾驶在最后一公里物流环节迎来了最好的商业化应用场景。

当前的自动驾驶落地到城市一般道路应用场景困难还较大，将自动驾驶应用于物流领域，低速、固定线路的最后一公里配送可以说是实际落地最容易实现的场景。

不同于干线物流和封闭场景下的重型卡车，应用于最后一公里的配送车辆轻便、小巧、速度较低，但在三大场景中所需面临的场景复杂度最高，因此对于技术的动态判断能力有极高要求。

在末端配送的无人配送车领域，电商物流公司、即时配送公司（如美团、阿里菜鸟、京东等）以及科技创新公司都在不断研发和改进自己的产品，推进无人配送的落地实施。2018 年 4 月，苏宁物流推出的“卧龙一号”无人配送车在南京实测成功，随后在北京、南京、成都三地实现了常态化运营。2019 年 8 月 18 日，苏宁物流正式启用 5G 无人配送车，为智慧零售的“最后一公里”升级助力。相较于第一代“卧龙一号”，升级版的“5G 卧龙”自动驾驶功能有大幅提升，速度更快，常规运营速度达到平均 8 千米/小时，最快可达 15 千米/小时；同时可检测到 100 米外的障碍物，能迅速做出应对判断。

（3）封闭场景。从目前物流自动驾驶在封闭场景的落地情况来看，港口、机场、矿山等细分场景的应用较多。封闭场景下道路环境单一固定、稳定性高，从自动驾驶的技术难度上来讲相对前两种场景更容易实现落地，同时在各具体场景下实现落地的业务壁垒相对较高。

不同于开放道路主要关注在复杂场景下的动态判断能力，封闭场景下的人员和障碍物较为确定可控，关键难点在于具体业务对接能力，例如，某些港口的集装箱卡车和机械的对位精度要求不超过三厘米等。技术发展的重点是对车队的管理、路径和任务规划等计算决策方面的能力，发展核心是整体车辆的智能调度系统。

在港口无人车应用领域，天津港走在了前列。2019 年 2 月，中国重汽豪沃 T5G 无人驾驶电动卡车中标天津港项目，批量投入天津港运营，是无人驾驶集卡全球首次实现批量商用化运营。2020 年 1 月，25 台由中国重汽自主研发制造、达到全球自动化码头领先水平的无人驾驶电动集卡在天津港进行全球首次整船作业，为世界港口智慧化升级树立了中国样板。车辆基于 HOWO 系列技术平台，融合人工智能、车联网、云计算、新能源和新材料等世界前沿创新技术，并且在国内也是首次批量生产，与目前自动化码头使用的 AGV 导引车相比，具有成本低、更智能、更高效、更节能等优势。该纯电动车整车满载续驶里程可达 120 千米，充电时间小于 1 个小时。

2. 无人车在智慧物流与供应链中的典型应用案例

案例 7－4

物流配送的“最后一公里”，能用无人车解决吗？

不同于干线物流和封闭场景下的重型卡车，末端配送的交通工具往往轻便、小巧，因此传统卡车制造商和供应商基本不涉及这一块业务，所以这一细分领域内的主要参与者为有相关业务场景的电商物流公司和即时配送公司（如美团、阿里菜鸟、京东等）以及科技创新公司。其中，互联网巨头公司在这一场景中发挥的作用相较于干线物流场景更为显著，一方面，大公司具备雄厚的实力，能够吸引大量优秀科技人才；另一方面，自身技术成果可以基于丰富的业务场景进行更新迭代。例如，阿里“小蛮驴”是一款面向末端物流场景提供最后三公里配送服务的智能机器人。其可以在物流运输过程中处理复杂路况，选择最优路径，每天最多能送 500 个快递，还不受恶劣天气的影响。据阿里巴巴达摩院院长张建锋介绍，这款物流机器人很快将在社区、学校、办公园区大规模使用。除了电商企业，主要服务范围为“一公里”的各大外卖平台同样也在钻研无人配送这一技术。早在 2016 年下半年，美团就着手无人配送车的研发。在 2020 年 9 月 5 日举办的 2020 年中国国际服务贸易交易会上，美团的室外低速无人配送车“魔袋”也亮相会场。根据官方介绍，这款无人配送车在技术上升级到了 L4 级自动驾驶技术，并利用 5G 实现了车路协同功能，可通过大数据的优化调度，满足在楼宇、园区、公开道路等场景的即时配送需求。图 7-9 是苏宁的“最后一公里”配送小车。

图 7-9　苏宁“最后一公里”配送小车

资料来源：物流配送的最后一公里，能用无人车搞定吗？[EB/OL]. https://baijiahao.baidu.com/s?id=1678189784160965582&wfr=spider&for=pc.

7.4　无人仓

7.4.1　无人仓的概念与构成

1. 无人仓的概念

无人仓是物流无人化发展的一个重点领域，也是目前最受各方关注的技术。所谓无人仓，即以自动化物流设备替代人工完成仓库内所有作业，是先进技术设备与智慧软件系统的结合体。但现阶段真正意义上的无人仓凤毛麟角。无人仓并不是追求所有仓库内作业都由设备来完成，其核心在于提高整个物流系统以及作业人员的效率，同时减少人力，降低成本。2018 年 5 月 24 日，京东物流首次公布了无人仓的世界级标准，并对无人仓相关技术进行了全面阐述。京东认为，无人仓指的是货物从入库、上架、拣选、补货，到包装、检验、出库等物流作业流程全部实现无人化操作，是高度自动化、智能化的仓库。

2. 无人仓的构成①

无人仓的构成包括硬件与软件两大部分。

硬件是对应于存储、搬运、拣选、包装等环节的各类自动化物流设备。其中，存储设

① 邢琳琳. 无人仓技术及其进展 | 无人仓专题（一）[EB/OL].（2018-10-29）. https://www.sohu.com/a/272031210_649545.

备典型代表是自动化立体库；搬运典型设备有输送线、AGV、穿梭车、类 Kiva 机器人、无人叉车等；拣选典型设备有机械臂、分拣机（不算自动化设备）等；包装典型设备有自动称重复核机、自动包装机、自动贴标机等。

软件主要是仓库管理系统（WMS）和仓库控制系统（WCS）。

WMS 时刻协调存储、调拨货物、拣选、包装等各个业务环节，根据不同仓库节点的业务繁忙程度动态调整业务的波次和业务执行顺序，并把需要做的动作指令发送给 WCS，使整个仓库高效运行；此外，WMS 记录着货物出入库的所有信息流、数据流，知晓货物的位置和状态，确保库存准确。

WCS 接收 WMS 的指令，调度仓库设备完成业务动作。WCS 需要支持灵活对接仓库各种类型、各种厂家的设备，并能够计算出最优执行动作，例如计算机器人最短行驶路径、均衡设备动作流量等，以此来支持仓库设备的高效运行。WCS 的另一个功能是时刻对现场设备的运行状态进行监控，出现问题立即报警提示维护人员。

此外，支撑 WMS、WCS 进行决策，让自动化设备有条不紊地运转，代替人进行各类操作（行走、抓放货物等），背后依赖的是智慧大脑，运用人工智能、大数据、运筹学等相关算法和技术，实现作业流、数据流和控制流的协同。智慧大脑既是数据中心，也是监控中心、决策中心和控制中心，从整体上对全局进行调配和统筹安排，最大化设备的运行效率，充分发挥设备的集群效应。

总之，无人仓是在整合仓库业务、设备选型定制化、软件系统定制化前提下实现仓库作业无人化的结果。理论上来说，仓库内的每个业务动作都可以用机器替代人，关键是要把所有不同业务节点的设备连通，形成一套完整高效的无人仓解决方案。

7.4.2　无人仓的建设标准①

2018 年 5 月 24 日，京东物流首次公布了无人仓的世界级标准。京东提出的无人仓建设标准包括“三极”“五自”“一优”。“三极”指极高技术水平、极致产品能力、极强协作能力；“五自”指自感知、自适应、自决策、自诊断、自修复；“一优”指成本、效率、体验的最优。

京东物流首席规划师、无人仓项目负责人章根云认为，无人仓的标准须从作业无人化、运营数字化和决策智能化三个层面去理解。

（1）在作业无人化方面，无人仓使用了自动立体储存、3D 视觉识别、自动包装、人工智能、物联网等各种前沿技术，实现了设备、系统之间的高效协同，要具备三“极”能力，即单项核心指标、设备的稳定性、各种设备的分工协作都需要达到“极致化”的水平。

（2）在运营数字化方面，无人仓需要具备自感知等能力，运营过程中，与面单、包装物、条码有关的数据信息要靠系统采集和感知，出现异常要自己能够判断。基于数据

① 江宏. 物流无人化发展状况与趋势展望. 物流技术与应用 [EB/OL]. [2019-02-20]. https://www.sohu.com/a/295925978_649545.

的人工智能算法需要在货物的入库、上架、拣选、补货、出库等各个环节发挥作用，同时还要随着业务量及业务模式的变化不断调整优化作业。因此可以说算法是无人仓技术的灵魂。

（3）在决策智能化方面，无人仓能够实现成本、效率、体验的最优，可以大幅减轻工人的劳动强度，且效率是传统仓库的10倍。无人仓的智慧化在于能够驱动上下游协同决策，并快速地调整决策，进而形成整个社会的、全供应链的共同协同、共同智慧化。

7.4.3 无人仓的支撑设备与技术

1. 无人仓的四大支撑设备与技术

无人仓的目标是实现入库、存储、拣选、出库等仓库作业流程的无人化操作，这就需要具备自主识别货物、追踪货物流动、自主指挥设备执行生产任务、无须人工干预等条件；此外还要有一个“智慧大脑”，针对无数传感器感知的海量数据进行分析，精准预测未来的情况，自主决策后协调智能设备的运转，根据任务执行反馈的信息及时调整策略，形成对作业的闭环控制，即具备智能感知、实时分析、精准预测、自主决策、自动控制、自主学习的特征。为此，无人仓通常需要由以下四部分技术设备支持。

（1）自动化立体库（AS/RS系统）。AS/RS系统包括自动存储以及分拣的功能，是无人仓的关键组成部分。自动化立体仓库是现代物流观念与现代计算机及自动控制技术相结合的产物，主要由货物、货架、穿梭车、输送系统和控制系统等部分组成，用以实现高效智能的快速存取。目前，以Miniload、多层穿梭车技术为代表的“货到人”（包括机器人）技术是最为高效成熟的自动化仓储解决方案。

（2）机器人。机器人作业是无人仓最大的特征，无人仓的物流仓储工作依靠各种各样的机器人来支撑，如AGV搬运机器人自动多层穿梭车机器人、分拣机器人、六轴机器人等。AGV搬运机器人能利用AI技术做到自动导引载货物，灵活更改路径，实现相互之间避让与路径的优化；自动多层穿梭车机器人能对高层立体货架的货物进行搬运，作业效率高并且能够精准定位，性能稳定；分拣机器人能根据作业内容不同分别安装2D、3D识别以及2.5D视觉技术，机器人与环境做到有效配合，能自动更换端拾器，实现快速以及不间断拣选；六轴机器人可用于入库装箱、拣货、混合码垛、分拣机器人供包等工作。

（3）输送系统。输送系统如同整个无人仓的血管，连通着机器人、自动化立体库等物流系统，实现货物的高效自动搬运。无人仓输送系统需要跟拣选机器人、码垛机器人等进行有效配合，同时为保证作业准确性，输送线也需要配备更多的自动检测、识别、感知技术，同样应用了人工智能技术。例如，目前京东无人仓中，输送线的末端、拣货机器人的前端增加了视觉检测工作站，通过信息快速扫描和读取，为拣货机器人提供拣货指令。除此之外，还有输送线两侧的开箱、打包机器人等，这些新增加的智能设备都需要与输送系统进行有效衔接和配合。

（4）人工智能算法与自动感知识别技术。人工智能算法与自动感知识别技术是无人仓的大脑与神经系统。无人仓中机器人之间、机器人与整个物流系统之间、机器人与工人之间的紧密配合、协同作业，都依靠功能强大的软件系统操纵与指挥。其中，数据感知技术和人工智能算法可谓重中之重，数据感知技术通过将所有商品、设备等信息进行采集和识别，迅速将这些信息转化为准确有效的数据上传至系统，系统再通过人工智能算法、机器学习等生成决策和指令，指导各种设备自动完成物流作业。例如，基于海量的数据，通过算法分析、判断商品拣选区和存储区的布局、应该配备的商品以及配置的数量等；通过调度算法和定位算法为搬运机器人规划最优路径指导机器人高效地作业。

2. 无人仓的技术难点①

无人仓融合了物联网、人工智能、大数据等新技术，是数字化、网络化、自动化背景下的资源协同作业平台，是算法智能决策驱动下的实时自治系统。其中需要解决的难点问题包括：

（1）人机协同。人和设备完美结合的背后，是各类资源的数据化，以及设备调度系统的智能决策算法。

（2）集群处理。在无人仓里的每个设备都不是孤立的，而是不断产生各类数据，并及时响应外界指令，同时具备自我感知和智能决策能力的设备集群。数十台 AGV 的调度相对容易，但是成百上千台 AGV 的调度就非常复杂了，既要保障 AGV 间互不影响，还要考虑订单时效，计算量和复杂度都呈指数级增长。

（3）异常响应。设备也有出现故障的时候，设备间的配合更是如此，系统层面要判定并解决各类预知和未知的异常场景，并智能做出合适决策进行异常隔离，以确保系统的整体运行顺畅。

（4）海量识别。目前，在仓储、分拣、集货、输送环节都已经有了比较好的无人仓解决方案，但是在复杂场景的拆零拣选及包装环节，比如电商行业数万个品规商品的自动识别，还主要依靠人员进行相应的操作。这也是无人仓技术的突破难点。

7.4.4　无人仓的主要实现形式与应用领域②

1. 无人仓的主要实现形式

无人仓虽然代表了物流技术发展趋势，但真正实现仓储作业全流程无人化并不容易，从仓储作业环节来看，当前无人仓的主要实现形式如下：

（1）自动化存储。卸货机械臂抓取货物投送到输送线，货物自动输送到机械臂码垛位置，自动码垛后，系统调度无人叉车送至立体库入口，由堆垛机储存到立体库中。需要补货到拣选区域时，系统调度堆垛机从立体库取出货物，送到出库口，再由无人叉车搬运货物到拣选区域。

（2）类 Kiva 机器人拣选。类 Kiva 机器人方案完全减去补货、拣货过程中员工行走动

①② 邢琳琳. 无人仓技术及其进展 | 无人仓专题（一）[EB/OL].（2018-10-29）. https://www.sohu.com/a/272031210_649545.

作，由机器人搬运货物到指定位置，作业人员只需要在补货、拣选工作站根据电子标签灯光显示屏指示完成动作，省人、效率高、出错少。类 Kiva 机器人方案分“订单到人”和“货到人”两种模式。

（3）输送线自动拣选。货物在投箱口自动贴条码标签后，对接输送线投放口，由输送线调度货物到拣选工作站，可通过机械臂完成无人化拣选，或者人工根据电子标签灯光显示屏进行拣货。

（4）自动复核包装分拨。拣选完成的订单箱子输送到自动包装台，通过重量＋X 光射线等方式进行复核，复核成功由自动封箱机、自动贴标机进行封箱、贴面单，完成后输送到分拣机自动分拨到相应道口。

2. 无人仓的主要应用领域

随着各类自动化物流设备的快速普及应用，机器代人的成本越来越低，各行各业对于无人仓的需求越来越强烈。尤其是具备如下几个特征的行业对无人仓需求更加突出：

（1）劳动密集型且生产波动比较明显的行业，如电商仓储物流，对物流时效性要求不断提高，受限于企业用工成本的上升，尤其是临时用工的难度加大，采用无人技术能够有效提高作业效率，降低企业整体成本。

（2）劳动强度比较大或劳动环境恶劣的行业，如港口物流、化工企业，通过引入无人技术能够有效降低操作风险，提高作业安全性。

（3）物流用地成本相对较高的企业，如城市中心地带的快消品批发中心，采用密集型自动存储技术能够有效提高土地利用率，降低仓储成本。

（4）作业流程标准化程度较高的行业，如烟草、汽配行业，标准化的产品更易于衔接标准化的仓储作业流程，实现自动化作业。

（5）对于管理精细化要求比较高的行业，如医药行业、精密仪器，可以通过软件＋硬件的严格管控，实现更加精准的库存管理。

其中，电商行业是无人仓落地相对较多的行业。因为电商行业对于无人仓是刚性需求，也是无人仓技术的最佳实验场景，各类特征表明，如果能够解决电商领域的高流量、多品类的复杂场景，则无人仓技术的全面推广就相对比较容易。

7.4.5 无人仓中的智能设备

1. 智能搬运设备——AGV

AGV（automated guided vehicle）是一种柔性化和智能化的物流搬运机器人，是装备有电磁或光学等自动导引装置，能沿规定的导引路径行驶，具有安全和自我保护以及各种移载功能的运输车。图 7－10 为几种常见的 AGV 类型。

（1）AGV 控制系统的构成。AGV 的控制系统是 AGV 的关键，它包括地面控制系统、车载控制系统及导航导引系统。各部分功能如下[①]：

- AGV 地面控制系统（stationary system）。即 AGV 上位控制系统，是 AGV 系统的

① 智能物流无人车互联互通方案. https://www.hongdian.com/m2m/soluview_100000118613188.html.

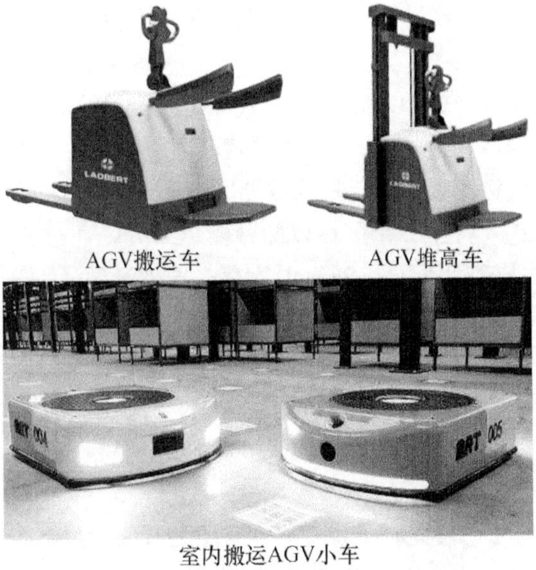

图 7-10　常见的几种 AGV 设备

核心。其主要功能是对 AGV 系统（AGVS）中的多台 AGV 单机进行任务分配、车辆管理、交通管理、通信管理等。

任务管理类似计算机操作系统的进程管理，它提供对 AGV 地面控制程序的解释执行环境；提供根据任务优先级和启动时间的调度运行；提供对任务的各种操作如启动、停止、取消等。

车辆管理是 AGV 管理的核心模块，它根据物料搬运任务的请求，分配调度 AGV 执行任务，根据 AGV 行走时间最短原则，计算 AGV 的最短行走路径，并控制指挥 AGV 的行走过程，及时下达装卸货和充电命令。

交通管理是根据 AGV 的物理尺寸大小、运行状态和路径状况，提供 AGV 互相自动避让措施，避免车辆互相等待的死锁情形，提供死锁的解除方法。

通信管理提供 AGV 地面控制系统与 AGV 单机、地面监控系统、地面 IO 设备、车辆仿真系统及上位计算机的通信功能。

车辆驱动指小车驱动负责 AGV 状态的采集，并向交通管理发出行走段的允许请求，同时把确认段下发 AGV。

- 车载控制系统。AGV 车载控制系统（onboard system），即 AGV 单机控制系统，在收到上位系统的指令后，负责 AGV 单机的导航、导引、路径选择、车辆驱动等功能。

导航指 AGV 单机通过自身装备的导航器件测量并计算出所在全局坐标中的位置和航向。

导引指 AGV 单机根据当前的位置、航向及预先设定的理论轨迹来计算下个周期的速度值和转向角度值，即 AGV 运动的命令值。

路径选择指 AGV 单机根据上位系统的指令，通过计算，预先选择即将运行的路径，并将结果报送上位控制系统，能否运行由上位系统根据其他 AGV 所在的位置统一调配。

车辆驱动指 AGV 单机根据导引的计算结果和路径选择信息，通过伺服器件控制车辆运行。

● 导航导引系统。AGV 之所以能够实现无人驾驶，导航和导引对其起到了至关重要的作用，随着技术的发展，能够用于 AGV 的导航/导引技术主要有以下几种：

直接坐标。用定位块将 AGV 的行驶区域分成若干坐标小区域，通过对小区域的计数实现导引，一般有光电式（将坐标小区域以两种颜色划分，通过光电器件计数）和电磁式（将坐标小区域以金属块或磁块划分，通过电磁感应器件计数）两种形式。

电磁导引。电磁导引是较为传统的导引方式之一，它是在 AGV 的行驶路径上埋设金属线，并在金属线加载导引频率，通过对导引频率的识别来实现 AGV 的导引。

磁带导引。与电磁导引相近，用在路面上贴磁带替代在地面下埋设金属线，通过磁感应信号实现导引，其灵活性比较好，改变或扩充路径较容易，磁带铺设简单易行，但此导引方式易受外界影响。

光学导引。在 AGV 的行驶路径上涂漆或粘贴色带，通过对摄像机采入的色带图像信号进行简单处理实现导引，其灵活性比较好，地面路线设置简单易行，但对色带的污染和机械磨损十分敏感，对环境要求过高，可靠性和精度较低。

激光导引。激光导引是在 AGV 行驶路径的周围安装位置精确的激光反射板，AGV 通过激光扫描器发射激光束，同时采集由反射板反射的激光束，来确定其当前的位置和航向，并通过连续的三角几何运算来实现 AGV 的导引。

惯性导航。惯性导航是在 AGV 上安装陀螺仪，在行驶区域的地面上安装定位块，AGV 可通过对陀螺仪偏差信号（角速率）的计算及地面定位块信号的采集来确定自身的位置和航向，从而实现导引。

GPS 导航。通过卫星对非固定路面系统中的控制对象进行跟踪和制导，此项技术还在发展和完善，通常用于室外远距离的跟踪和制导，其精度取决于卫星在空中的固定精度和数量，以及控制对象周围环境等因素。

（2）AGV 的应用场景。智能物流无人车——AGV 小车因其能保障系统在不需要人工导航的情况下自动行驶，可以根据仓储货位要求、生产工艺流程等改变而灵活配置，不需轨道、支座架等固定装置，具备不受场地、道路和空间的限制等优势，在制造业的生产线和物流仓储中大显身手。目前 AGV 在物流领域的使用场景主要分为三大方向：仓储方向、加工制造业方向，以及港口物流方向。

● 仓储方向。仓储是 AGV 最早应用的领域。仓储搬运 AGV 可在仓储作业各环节发挥作用。在入库环节，首先，各收货月台根据收货单收货后由输送机输送至入库站台。然后，由系统调度 AGV 小车将所需货架搬运至入库口。操作员扫描货物标签，并根据指示灯提示将货物放入指定货格，同时扫描该货格标签以在系统内关联存货信息，至此该件货物上架完毕。操作员以同样的方式进行下一货物的上架操作，直至该货架需入库操作全部完成，由 AGV 小车将上架完毕的货架搬运至指定存储位。对于离开某一入库口的小车，如下一入库口对该货架也有调度需求，则小车运行至下一入库口，如暂无需求，则将货架运至相应存储位。在拣选环节，首先由拣选准备区操作人员按照拣选单顺序在订单货架中分配订单箱，并将订单箱对应订单号进行打码贴标。AGV 小车将已贴标完成的货架运至拣选口的适当位置。然后，AGV 小车识别待拣选的货架并将其运至指定拣选口。拣货员根据指示灯以及屏幕显示拣选足量的指定货物放入相应订单箱，直至该货架中订单箱拣选任务全部完成。最后，由 AGV 小车将已进行拣选操作的存储货架归位，然后将完成的订单货架运至打包处指定位置，该拣选环节结束，进行下一拣选任务的操作。在出库环节，打包好的货物由工作人员直接人工放置于自动分拣线上，分拣线按不同的输送线路自动将货物分拣至不同的工区，每个工区（即一个输送线路）的货物集中存放，由 AGV 小车运送至穿梭车立体仓库的入库站台，经转送装置放置于穿梭车上进行入库操作，为了便于进行连续出库，将每个输送线路货物分层存放在货架中，等待至出库时点，配送车辆到达后，由穿梭车立体仓库系统进行连续快速出库，即每层货物分别装车出库。

AGV 在智慧仓储中的最新应用是在电商行业中，作为配送中心的分拣设备，应用于快速分拣领域。将大量的集中快递通过快速条码扫描，连接电商物流数据平台，通过调度分配机器人在工作场地内进行自主定位和无人导航，以最优路径将快递运送到指定分选点，分拣出口下设集中打包站，当快递积累到量后打包并运送到上车点，实现快递的自动分拣。通过机器人分拣系统与工业相机的快速读码及智能分拣相结合，可实现包裹称重/读码后的快速分拣及信息的记录交互等工作。机器人分拣系统可大量减少分拣过程中的人工需求，提高分拣效率及自动化程度，大幅提高分拣准确率。

- 加工制造业方向。在加工制造业方向，AGV 在生产线中大显身手，高效、准确、灵活地完成物料的搬运任务。传统的生产线一般由连续的刚性传动设备组成，短则数米长则几千米，典型的比如汽车装配线。AGV 的出现完全改变了这个格局，它不仅作为一个自动引导车辆使用，还可作为移动式装配站处理平台使用。它们既可以独立工作，也可以准确无误地有序组合，更可由多台 AGV 组成柔性的物流搬运系统，搬运路线可以随着生产工艺流程的调整而及时调整，一条生产线能制造出十几种产品，大大提高了生产的柔性和企业的竞争力。近年来，AGV 的应用深入到汽车制造、机械加工、家电生产、微电子制造、卷烟等多个行业，生产加工领域成为 AGV 应用最广泛的领域。
- 港口物流。在港口物流方向，AGV 与起重吊桥等配合使用，完成集装箱从船边到几百米以外的仓库的运送任务。集装箱码头的 AGV 系统主要包括三部分：AGV 与岸桥的衔接、AGV 水平运输、AGV 与场桥的衔接。不同的港口，由于其自身特点和采用技术的差异，在 AGV 应用方案上各有不同，还会伴随着技术的发展，不断对已有的系统进行改进提升。

除上述三个主要应用场景，AGV 还可用于一些特殊的应用场景，解决一些不适合人们生产或工作的特殊环境问题，主要涉及一些危险行业，比如核材料、危险品（农药、有毒物质、腐蚀性物品、生物制品、易燃易爆物品）等。在核电站和存在核辐射的场所，AGV 被用来运输货物，避免辐射。在强度大、有安全要求的行业，如钢铁厂中，AGV 用于输送炉料，降低工人的劳动强度。在人类不适合的黑暗环境，如储存胶片的电影仓库中，AGV 可用来运送材料和半成品。

（3）典型的 AGV 设备。

● Kiva。Kiva 机器人是亚马逊在 2012 年斥资 7.75 亿美元收购的 Kiva Systems 公司的项目，这家公司专注于如何利用机器人在仓库里完成网上大量的订单派发工作。Kiva 机器人外观像一个冰球，重约 145 千克，其顶部有一个升降圆盘，可抬起重达 340 千克的物品。Kiva 机器人会扫描地上条码前进，能根据无线指令的订单将货物所在的货架从仓库搬运至员工处理区，这样工作人员每小时可挑拣、扫描 300 件商品，效率是之前的三倍，Kiva 机器人准确率高达 99.99%。

● Fetch 和 Freight 机器人。Fetch 和 Freight 是硅谷机器人公司 FetchRoboTIcs 的仓储机器人，Fetch 的机器人可以根据订单把货架上的商品拿下来，放到另一个叫 Freight 的机器人里运回打包。Fetch 相当于 Kiva 的升级版，Fetch 机器人具备自动导航功能，可以在货架间移动，识别产品并将其取下货架并运到 Freight 机器人里，Freight 的作用则与亚马逊的 Kiva 相当。机器人可以自助规划路线和充电，从而保证整个仓储系统的无缝运行。

● 瑞仕格（Swisslog）的 Click&Pick。瑞仕格是一家总部位于瑞士的自动化仓库和配送物流解决方案提供商，其背后是工业机器人“四大天王”之一的 KUKA（其持有瑞仕格 96%以上的股份）。与 Kiva 等货架式存储不同，Click&Pick 系统采用的是一种三维的立方体网格架系统，每个立方体内有一个标准尺寸的箱子装着特定货物，如果装着所需货物的箱子埋在别的箱子下面，机器人会把上面的箱子拿起来堆在旁边，拿到货物后再放好。Click&Pick 一小时能处理 1 000 张订单，速度是人类作业的 4～5 倍。

● 天猫的“曹操”。和动辄承重 1 000 千克的常规 AGV 相比，“曹操”的承重只有 50 千克，这和天猫超市物品的质量更为匹配。其速度可达到 2 米/秒（国内外常规 AGV 通常为 1 米/秒，AGC 则只有 25 米/分钟）。接到订单后，“曹操”的 AGV 系统分配目的地，对仓库路线做最优规划，选择最优的拣货路径，协助人工拣完货后，自动把货物送到打包台，一定程度上解放出一线工人的双手。

2. 智能堆码设备——码垛机器人

码垛机器人是用于在工业生产过程中执行大批量工件、包装件的获取、搬运、码垛、拆垛等任务的一类工业机器人，是集机械、电子、信息、智能技术、计算机科学等学科于一体的高新机电产品。图 7-11 即为作业中的码垛机器人。

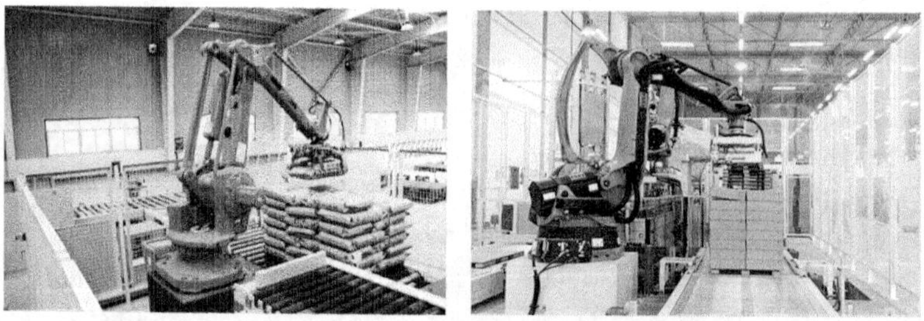

图 7-11 码垛机器人作业

（1）码垛机器人的构成。

● 码垛机器人本体。一般为 4～6 轴机器人，主要由固定底座、连杆、连杆臂、臂部、腕部以及末端执行器组成。其自动运行包括自动进箱、转箱、分排、成堆、移堆、提堆、进托、下堆、出垛等步骤。

- 控制系统。码垛机器人多采用基于 PC 的开放式控制系统，令机器人能高速精准、稳定可靠地运行。

- 传感系统。采用视觉、力觉、触觉、温湿度传感器等多传感器融合技术，对目标对象和周围环境进行建模和决策控制，可实现机器人对不同类型、不同重量包装件或包装物的识别，测量三维参数，精确确定其实际位姿，监测产品和包装外观缺陷，并对后续操作做出判断和决策。采用优化控制算法、视觉系统图像处理算法及软件算法，提高机器视觉硬件技术水平，缩短机器人反应、处理、动作的时间，提高运动速度和效率。

（2）码垛机器人的应用场景。

- 生产线。码垛机器人可以集成在任何生产线中，为生产现场提供智能化、机器人化、网络化的服务，实现多种作业码垛。

- 物流系统。码垛机器人在物流系统中负责完成物料在托盘上的码垛作业。码垛机器人不仅能够长时间连续作业，其码垛速度、精度以及负重能力都要超过人工作业方式。随着国内劳动力成本的上升，物流行业对码垛机器人的需求得到了长足的提升。尤其是近年来，手爪夹具等关键部件的技术进步，大大提高了机器人的码垛效率和适应性，夹具可抓取不同规格尺寸的物料。在技术上，码垛机器人本体技术相对成熟，当前的技术发展更多是倾向于高效、可靠的夹具研发，从而满足更为高效的物流应用。近年来，通过可靠的整层抓取夹具，码垛机器人实现了整层码垛，单台作业效率超过了 2 500 件/小时。

3. 无人仓分拣设备——自动分拣机

在商品的到达、卸货、分类、存储，以及出货、分类、发出等作业中，要使用不同复杂程度的输送分拣设备，以便在最短时间内将这些商品卸下，并按商品品种、货主、储位或发送地点进行快速准确的分类，将这些商品运送到指定地点（指定的货架、加工区域、出货站台等）。自动分拣系统是利用自动控制技术完成产品分拣与运输的输送设备，是物流无人仓所必需的设施条件之一。

（1）自动分拣系统的构成。如图 7－12 所示的以自动分拣机为基础构建的自动分拣系统是无人仓的实现方式之一。该系统一般由控制装置、自动识别装置、分类装置、输送装置及分拣道口组成。

- 控制装置，是传递处理和控制整个分拣系统的指挥中心。主要负责分拣信号（脉冲信号）传送到相应的分拣道口，并指示启动分拣装置，把被拣商品送入道口。

- 自动识别装置，是物料能够实现自动分拣的基础系统，广泛采用的自动识别系统是条形码系统和无线射频系统，条码自动识别系统的光电扫描安装在分拣机的不同位置，当物料在扫描器可见范围时，自动读取物料上的条码信息，经过对码软件即可翻译成条码所表示的物料信息，同时感知物料在分拣机上的位置信息，这些信息自动传输到后台计算机管理系统。

- 分类装置，根据控制装置发出的分拣指示，当具有相同分拣信号的商品经过该装置时，该装置会改变商品在运输装置上的运输方向进入分拣道口。

● 输送装置，主要是传送带或输送机，主要作用是使待分拣商品通过控制装置、分类装置。一般要连接若干分拣道口，使分好类的商品滑下主运送机，以便进行后续作业。

● 分拣道口，是已分拣商品脱离运输机进入集货区域的通道，使商品从主运输装置滑向集货站台，在集货站台，由工组人员将该道口的所有商品集中，进行入库储存或组配装车。

图 7－12　自动分拣系统作业

（2）自动分拣机的作业流程。[①] 一般物流自动分拣机工作流程主要分为合流、分拣信号输入、分拣/分流、分运四个环节：

● 合流：按拣选指令从不同货位拣选出物料，通过一定的方式送入前处理设备，并由前处理设备汇集到主输送线上，这一过程称为合流。

● 分拣信号输入：对于到达主输送线上的物料，通过自动识别装置（如条码扫描器等）读入物料的基本信息，由计算机对读入的物料信息进行相应的处理，这一过程称为分拣信号输入。

● 分拣/分流：物料信息被读入计算机系统后，在主输送线上继续移动，仓储货架分拣系统实时检测物料移动的位置，当物料到达相应的分拣道口时，控制系统向分类机构发出分拣的指令，分类机构立刻产生相应的动作，使物料进入相应的分拣道口，这一过程称为分拣/分流。

● 分运：进入分拣道口的物料最终到达分拣系统的终端，由人工或机械搬运工具运到相应的区域。

4. 无人仓智能设备应用典型案例

案例 7－5

上海洋山港四期自动化码头

自动化港口码头是智慧装卸搬运系统的重要应用之一，与传统码头最大的区别在于，

① 自动分拣机工作流程是什么？4 大环节轻松掌握. 物联云仓［EB/OL］.（2017－08－16）. https://www.50yc.com/information/jishu－zidonghua/9799.

通过使用先进的管理和控制软件使运营设备部分或全部替代通常由工人完成的集装箱搬运和装卸工作。AGV 则是作为取代传统码头内集卡的全自动无人驾驶的水平运输设备。

上海洋山港四期自动化码头是当前世界最大的自动化码头，目前已投入生产的有10台桥吊、40台轨道吊、50台自动导引车，根据规划最终将配置26台桥吊、120台轨道吊、130台自动导引车。洋山港四期自动化码头的装卸转运全部由智能设备完成，码头装卸作业全部采用“远程操控双小车集装箱桥吊＋轨道吊＋AGV”方案，主要由码头装卸、水平运输、堆场装卸的自动化装卸设备及自动化码头生产管控系统组成。

洋山港四期还在亚洲港口中首次采用我国自主研发的自动导引车自动换电系统，自动化换电站技术也是振华重工国内首创的。按照设计，更换电池全程只需6分钟，电池充满电仅需2小时，整个充电过程零排放，可节省能耗40%以上。这一系统打破了欧美的技术限制与垄断，标志着振华重工已掌握自动导引车全换电技术，日后可为用户提供多样性的自动导引车系统方案选择。洋山港四期是国内唯一一个搭载“中国芯”的自动化码头。其码头的软件系统，主要由振华重工自主研发的设备控制系统和码头方上港集团研发的码头操作系统组成，也是国内唯一一个软件系统纯粹由“中国制造”的自动化码头。

1. 码头装卸过程

(1) 岸桥从岸边的集装箱船上抓起自动化码头运作的集装箱，集装箱移到码头后，在电脑的控制下，岸桥将集装箱放置到中转平台。

(2) 中转平台的门架小车就位，将集装箱稳稳抓起移动到已经在地面等候的 AGV 自动导航卡车上方，当集装箱缓缓落下，箱子四角的锁扣与 AGV 自动导航卡连接，整个过程耗时不到两分钟。

2. 水平运输

(1) AGV 自动导航卡车（见图7-13）在地面磁钉的引导下，载着集装箱开往目标箱区域。AGV 根据磁钉位置可以准确找到所在位置，并根据预设规划路径高精度运作。

(2) 通过智能大脑，AGV 可以自定行车路线，有效规避碰撞。洋山四期的锂电池驱动 AGV 采用了当今最前沿的技术，除了无人自动驾驶、自动导航、路径优化、主动避障，还支持自我故障判断、自我电量监控等功能。

图7-13　AGV自动导航卡车

3. 堆场装卸

(1) 到达指定的堆场后，堆场机械、轨道吊自准备就绪，把集装箱吊到指定的堆场位置。所有的过程通过自动程序完成。

(2) 针对运量结构和装卸特点，洋山四期的自动化堆场装卸设备采用无悬臂、单悬臂、双悬臂三种轨道吊，无悬臂箱区和带悬臂箱区间隔混合布置。无悬臂轨道吊可在箱区两端与水平运输设备进行交互，悬臂式轨道吊在具备无悬臂轨道吊所有功能的同时，还可以直接和位于自身悬臂下的水平运输设备进行交互，让现场作业的机动性和灵活性大大增强，目前这一模式在全球的自动化码头中是独一无二的（见图7-14、图7-15）。

图7-14 洋山港自动化码头桥吊

图7-15 桥吊与AGV小车协同作业

4. 智能控制

上海集团自主研发的 TOS 全自动化码头智能生产管理控制系统，成为洋山港四期码头的“大脑”。TOS 系统覆盖了自动化码头全部业务环节，衔接上海港的大数据信息平台，可以提供智能的生产计划模块，实施调控作业调度及自动监控调整，实现高效率的组织码头现场生产，现时 TOS 系统还可以实现桥吊一边装卸一边作业，大大提高作业效率。

资料来源：上海洋山港四期：全球最大的自动化集装箱码头．界面新闻 [EB/OL]. http://www.jiemian.com/article/1807938.html.

7.5　智慧物流与供应链设备的综合运用

案例 7－6

京东“无人军团”

1. 基本介绍

京东智慧物流系统的研发始于 2012 年，京东智慧物流包括两个方面：一是基于大数据预测分析技术实现智能化的调度、决策；二是采用一些更加自动化、智能化的设备提升物流效率，最终提升客户的体验。京东智慧物流系统涵盖了分拣中心（分拨中心）、运输干线、传板的系统，还有整个配送系统，包括京东的配送站和配送员——目前的范围已经扩展到整个校园的京东派系统和农村的代理人系统，以及京东物流开放平台。

2. 京东智能分拣中心

在智能分拣的探索方面，面向华北地区、位于固安的中心是京东第一个智能化的分拣中心，采用了一套全智能化、机械化操作的平台，拥有独立的场院管理系统及 AGV 操作台，其完善的远程实时监控体系有效地实现了整个业务操作流程的可视化，规避了人工存在的用时长、分拣差错高等问题，在节约成本的同时，提升了物流的运转效率。智能分拣机和龙门架的引入实现了智能收货和发货，脱离人工操作，让分拣环节更加自动化和智能化，保证包裹分拣正确率达到 99%，促进了包裹的高速运转；自动称重设备有助于快速精确地对包裹进行称重，并准确计算物流费用；视觉扫描仪可以实现漏扫描包裹影像照片的调取，通过人工补码方式完成系统数据录入，实现扫描率 100%；智能分拣柜采用立体分拣结构，结合 LED 灯光完成包裹实物分拣和系统数据同步流转；工位管理系统的上线能够实现对员工的智能排班和岗位管理，有效提升了运营效率；智能看板和远程视频，将实现对分拣场地的实时流程把控，有效提升集团或区域对现场的管控力度。

AGV 机器人自动沿规定的导引路径行驶，将包裹自动移载到特定的位置，节省了人力和运输时间。京东管理人员介绍，固安京东智能分拣中心的日订单分拣能力已经达到 30 万单，与矩阵式分拣方式相比，人员投入比例减少了近 70%，坪效提升了 5 倍。技术进一步成熟以后，京东将在国内建设多个智能分拣中心。

3. 京东的终端配送系统

在终端配送方面，京东一直走在物流业的前沿。作为京东智慧物流技术部队，京东X事业部也在研发并运用自动驾驶技术为终端配送赋能。2018年10月25日，京东X事业部现身潭州国际会展中心，参加互联网十大会，现场展示了基于未来平台的无人车配送的解决方案。具体而言，京东无人车作为京东智能物流体系中的智能运载装备，以自动驾驶核心技术为基础，根据不同场景的用户需求，拥有多种系列多种型号的自动驾驶无人车产品，并通过高效、低成本，提升用户体验的运营模式来实现商业化运营服务。

针对物流的配送场景，京东X事业部于2016年下半年开始研发自动驾驶货车和配送机器人。2016年9月，京东正式发布无人配送车。配送车主要应用于城市配送业务，从配送站点送至写字楼、居民区、别墅区等。配送车从配送站点装货后，能够按照固定路线自动行驶，自动避障，自动识别红绿灯，到达客户指定的送货地点后，能够通过输入取货码、人脸识别的方式让客户取走货物，从而实现针对城市环境下办公楼、小区等订单集中场所进行批量送货。2016年“双十一”期间，京东完成无人车配送首单试运营。2017年，京东无人车投入日常配送运营，并于6月18日在中国人民大学送出了全球第一单。目前京东无人车正在研发多款无人配送小车，并开展中大型无人车的开发。

京东研发的智能配送车系列主要应用于城市配送业务，配送领域主要是从配送站点至写字楼、居民区、别墅区等，可以按照既定路线自动导航行驶，并具备路径规划、智能避障、车道保持、智能跟随等功能。智能配送车主要使用了四种智能技术。(1) 视觉传感器与雷达。通过生成视差图等方式构建三维环境，检测障碍物的大小和距离，控制无人车避障，践行“安全第一”的理念。(2) 深度学习。通过深度学习算法，可以敏锐地识别交通标志和车道线，无论照明和天气状况如何都保证行驶遵守交通规则。(3) 自主定位与地图创建。机器人同步定位与建图技术实现了无人车自主定位与地图创建，比大部分人都认路。(4) 路线规划与导航定位。基于高精度立体影像数据结合GNSS卫星定位系统，能进行精准路线规划和导航定位，定位精度达厘米级。

4. 数据的应用与作用

京东的大数据和物流的结合，基础是京东的高质量核心数据和京东在大数据存储、处理技术方面的投入。京东在B2C自营和电商平台上采集、积累了大量的用户数据、商品数据和供应商数据，此外还有青龙系统积累的仓储和物流以及用户的地理数据和习惯数据，这些数据可以很好地支持一些精准的模型。根据京东的规划，大数据和物流的结合包括四个层面。

第一，数据的展示。通过大数据与京东物流系统的结合，管理人员可以清楚地看到京东物流的整体运行状况。以智能分拣中心为例，可以实时看到每天几百万件包裹何时在分拣中心、处理的单号、和核心节点之间的差异情况，集团管理层以及智能分拣中心管理者可以及时掌握物流的运营情况。

第二，时效评估。通过大数据，可以看到机构时效的一些情况，并且能够下钻到具体的分拣中心，包括具体的片区甚至批货站，评估整个运营系统的健康状况。京东可以通过数据和数学建模，判断一个机构、片区、分拣中心站点的健康度，对整体的运营有很大好处。

第三，预测功能。预测性分析是大数据应用的一个重点，从下单到仓储到运输，提前预测计算的过程。通过利用历史消费、浏览数据和仓储、物流数据建模，对单量进行预测，京东智能分拣中心能够提前知道未来一段时间内大约需要处理多少单量（京东目前一两小时内的单量预测结果基本准确），从而能够比较好地安排自动分拣以及员工的出勤，并且能够给出一些预警，相反，如果觉得目前的处理能力不够，需要提前做合理安排。这种预测结果可以下沉到一线具体操作人员，工作更加标准化、简单化，提高配送效率。京东“211 限时达”也受益于这样的预测。预测的一个典型应用，就是针对一些品牌手机首发做的“未买先送”，对某个区域进行建模预测其销量，根据预测结果在首发之前将手机提前配送，保证用户在下单之后最快拿到货。随着京东各个业务逐渐在利用大数据做一些预测，以及物流系统积累的数据覆盖到越来越多的情况，模型性能会越来越好，并在将来应用于京东开放物流的共享库存方面。

第四，支持决策。智慧物流需要智能建站，京东有 5 000 多个场站，通过大数据建模，进行单量和传输距离的综合分析来选择新的建站点，可以更好地实现整个路由的优化，这对物流的配送非常重要。基于大数据的预测功能，物流线路才能越做越好。京东作为一家具有电商、供应商、物流等能力的综合性平台，有综合的数据，通过对这些数据的结合与分享，在可控的前提下进行决策，能给消费者提供更好的体验。

资料来源：京东 X 事业部官方. 全面了解无人车［EB/OL］. 2020－04－30. https://x.jdwl.com/unmannedCar/index；京东 X 事业部. 智能配送车［EB/OL］. 2020－04－29. https://x.jdwl.com/unmannedCar/detail/summary/1.；基于大数据的京东智慧物流系统. https://www.sohu.com/a/108157905_120672.

本章小结

本章主要介绍了物流无人化的含义和发展状况，并对物流无人化的三个代表性技术——无人机、无人车、无人仓进行了详细介绍。在无人机方面，介绍了无人机的概念和类型、物流无人机的发展状况，无人机的关键技术和无人机厂商获取核心竞争力的关键因素，以及无人机在智慧物流与供应链中的应用场景，特别是无人机快递系统的构成及作业流程。在无人车方面，介绍了无人车的概念和物流无人车的发展状况，无人车的关键技术和无人车在智慧物流与供应链中的应用场景。在无人仓方面，首先介绍了无人仓的概念、构成和建设标准，无人仓的支撑设备与技术及无人仓的技术难点，以及无人仓的实现形式与应用领域；然后介绍了无人仓中的智能设备，包括 AGV 的系统构成和应用场景，码垛机器人的构成及应用场景，以及自动分拣系统的构成和工作流程。

关键概念

物流无人化　无人机　无人车　无人仓　无人机快递系统　自动导引小车（AGV）　码垛机器人　自动分拣机

思考题

1. 如何理解物流无人化及其主要技术?
2. 无人机的关键技术有哪些?厂商获取竞争力的关键因素有哪些?
3. 无人机在智慧物流与供应链中有哪些应用场景?
4. 无人车的关键技术有哪些?
5. 无人车在智慧物流与供应链中有哪些应用场景?
6. 无人仓有哪些支撑技术和设备?技术难点有哪些?
7. 无人仓有哪些实现形式?适用于哪些领域?
8. AGV 的系统构成有哪几部分?
9. AGV 可用于哪些场景?
10. 码垛机器人由哪些部分构成?
11. 自动分拣系统是如何构成的?其工作流程包括哪些环节?

案例分析

干线运输:百度 Apollo 自动驾驶平台

百度是全球领先的自动驾驶技术企业。百度自动驾驶事业部成立于 2015 年 12 月 14 日。目前,百度在 L4 级自动驾驶巴士、出租车和乘用车方面的研发已取得较大进展。

百度主要依托 Apollo 计划来实现自动驾驶的终极目标。2017 年 4 月 19 日,百度发布名为"Apollo"的软件平台,旨在向汽车行业及自动驾驶领域的合作伙伴提供一个开放、完整、安全的软件平台,帮助它们结合车辆和硬件系统,快速搭建一套属于自己的完整的自动驾驶系统。目前,Apollo 已形成自动驾驶、车路协同、智能车联三大开放平台。

智能货运推进干线物流发展

在 Apollo 平台下,百度自动驾驶可以实现智能停车、智能公交、智能货运等多种功能。其中,百度智能货运是结合全国最大的干线物流场景的、国内最智能最安全最高效的顶尖自动驾驶物流方案。百度智能货运具有三大特点:

(1) 最先进的车端技术。百度货运作为国内唯一实现自动驾驶编队行驶能力的高速物流方案,拥有稳定安全的车端驾驶能力。

(2) 车路协同实践落地。百度参与制定了国内首个高级别自动驾驶车路协同标准并率先在物流商用车场景实现落地,将 Apollo 所倡导的车路协同计划落到了干线物流的实处。

(3) 最大规模场景方。百度货运是通过全球最大的自营干线物流车队和商用车租赁服务平台需求量身打造的自动驾驶物流方案,方案快速落地可感知。

在以上特点加持的基础上,百度自动驾驶智能货运方案主要能够对干线物流产生以下积极影响:

(1) 减少危险驾驶行为,全面赋能货运车辆。利用自动驾驶,提升货运安全等级,预防驾驶员疲劳驾驶、超速驾驶等危险驾驶行为。

(2) 降低恶劣天气影响。结合道路实况,百度货运自动驾驶平台可提供盲区预警、团雾、雨雪等危险路段预警，降低恶劣天气情况对干线物流安全性和时效性带来的危险。

(3) 可展开高级别编队行驶。在特定路段可开展高级别的自动驾驶运营，实现编队行驶等功能，助力更高级别的干线运输情境。

(4) 节约油耗与运营成本。在节能降耗方面，运用百度自动驾驶智能货运物流方案的车辆可节省10%的油耗。商用后，每车每年运营成本可减少近17万元。

百度Apollo＋银川落实智能干线物流

百度Apollo也将自动驾驶技术在干线运输上落到了实处。2019年12月22日，银川市与百度签署战略合作框架协议，将在银川公铁物流园联手打造自动驾驶商用车示范测试道路，面向多场景打造综合道路自动驾驶开放路段，共同深化“人工智能＋交通”领域合作。接下来，Apollo将以“智能的路＋聪明的商用车”助力银川智能货运建设，并通过对银川市的道路基础设施的智能化升级，形成自动驾驶与车路协同在物流上的一体化解决方案。同时，还将支持银川交通管理部门入驻百度地图交通云平台，继续深化智慧停车项目合作，搭建银川市静态交通综合管理平台等，深度助力银川城市交通整体智能升级。

案例思考题

1. 百度的Apollo平台在推进无人车干线运输发展中有哪些积极作用?
2. 无人车干线物流应用中涉及哪些软硬件方面的技术?
3. 无人车在干线物流场景中的落地应用还面临哪些问题?

08
Chapter

第 8 章

智慧物流与供应链管理的运作模式

学习目的

通过本章的学习，学生应该能够：

- 了解智慧物流与供应链管理的发展现状
- 了解智慧物流与供应链管理当前存在的主要问题
- 掌握智慧物流与供应链管理发展的主要特征
- 掌握智慧物流与供应链管理在多个行业中的主要特征
- 理解智慧物流与供应链管理在多个行业中的运作过程
- 理解智慧物流与供应链管理在多个行业中的典型模式

8.1 全球智慧物流与供应链管理的发展现状

全球新一轮科技革命的到来，为产业转型升级创造了重大机遇。物联网、云计算和大数据等新一代信息技术的发展成熟，助推了物流和供应链管理的智慧化升级，全球智慧物流和供应链管理迅速发展。

8.1.1 全球智慧物流的发展现状

1. 全球智慧物流的发展情况

智慧物流是以数字驱动和协同共享为特征，以价值提升为中心，通过推进产业数字化变革和网络化转型，重塑产业分工、优化资源配置、转变发展方式、打造产业生态的现代物流服务。智慧物流能大大降低制造业、物流业等各行业的成本，生产商、批发商和零售商通过智慧物流相互协作、信息共享，节约了物流成本，切实提高了企业的利润。随着物流信息化、智能化水平的不断提高，全球智慧物流发展迅猛，物流行业从过去的劳动力密集逐步过渡到向科技索取效率与成本。智慧物流在美国、日本以及欧洲一些发达国家已经有了较大发展。作为世界上最早发展物流产业的国家，美国拥有良好的物流发展环境和物流基础设施，为发展智慧物流提供了很好的条件。例如，美国快递巨头联邦快递与 UPS 正式进入智慧物流时代，重点打造智能物流网络，升级分拣设备和技术能力，增大运送能力。[①] 日本具有完善的现代技术装备和发达的物流信息系统，这是日本智慧物流占据制高点的关键所在，日本社会高龄少子化的特征带来的物流业缺工危机也促进了智慧物流的普及。例如，日本的企业物流大厂日立物流（Hitachi Transport System）引入人工智能技术，降低了 10%的仓库运作成本，机器人的引用降低了 30%的仓库人工成本。[②] 欧洲在物流产业上具有明显特色，科技进步，尤其是 IT 技术的发展和相关的合并联盟，促进了欧洲智慧物流的快速发展。例如，德国排名前 20 的物流公司德迅、辛克、DHL 等都依托物流园区形成自身网络系统，而实力相对较弱的物流企业通过组建联盟来形成共同网络。[③] 近年来，智慧物流在我国蓬勃发展，推动物流革命的同时大幅提高了物流业的服务水平。物联网正在逐步形成，以解决运输仓储和配送中的难点问题。智慧物流是物流业供给侧结构性改革的重要抓手，通过互联互通和协同共享，释放存量资源的使用价值，激发增量资源的投资效益，重塑产业分工和资源分配体系，开辟了产业提质增效的新路径。

2. 全球智慧物流的发展特征[④]

全球智慧物流的发展特征主要表现为物流与现代技术融合深度化、物流服务柔性化、物流发展生态化。

一是物流与现代技术融合深度化。从驱动要素看，智慧物流的根本动力是数字驱动，数字化变革是智慧物流的基因和源码。建立在数据基础上的更加广泛的连接是智慧物流的基本条件，也是实现智慧物流价值创造的动力源泉。要实现数字化的变革，离不开现代信息技术的支持。当前物流与互联网等技术深度融合，深化了企业分工协作，强化了企业与客户之间的高效连接，进一步推动了物流行业向智慧化、生态化转变。例如，近年来，出现了一批“互联网+”物流的互联网平台，打破了传统企业边界，实现了存量资源的社会化转变和闲置资源的最大化利用，随着连接对象的增多，网络效应替代规模经济是智慧物流的典型代表。

二是物流服务柔性化。从目标导向看，智慧物流的最终目的是价值提升。通过广泛的数字连接和深入的网络协同，从传统的以企业为中心转变为以客户为中心，推动物流全链

---

① 看看！美国快递巨头 Fedex 与 UPS 布局智能物流［EB/OL］.（2017-05-28）［2020-11-21］. https://www.sohu.com/a/144160695_223764.

② 日立物流 AI 实现智慧物流［EB/OL］.（2019-06-28）［2020-11-21］. https://www.sohu.com/a/323524342_100117951.

③ 德国物流产业到底有多牛？［EB/OL］.（2017-04-12）［2020-11-21］. https://www.sohu.com/a/133560200_156030.

④ 魏际刚：智慧物流推动中国物流革命［EB/OL］.（2018-06-27）［2020-11-21］. https://www.sohu.com/a/238415214_505913.

条的持续优化，最终实现客户价值提升，是智慧物流核心价值所在。随着客户定制化水平的不断提高，物流服务的发展也需要围绕客户需要发展，必须按照客户的需要提供高度可靠的、特殊的、额外的服务。“以顾客为中心”服务的内容将不断增多，智慧物流系统的服务柔性化特点愈发显著。

三是物流发展生态化。从社会分工看，智慧物流是一种全新的生态体系。随着连接的企业主体数量的增多和协同范围的扩大，越来越多的市场主体参与到智慧物流的产业分工中来，形成相互作用、相互依存和动态均衡的产业生态系统。智慧物流集成了企业内部和外部的全部物流活动，以智慧物流管理为核心，向客户提供高效率、低成本的物流服务。

3. 全球智慧物流发展中存在的问题

随着物流基础设施建设的不断完善以及物流业发展水平的不断提高，全球范围内的智慧物流发展中存在的问题也在变化。

智慧物流发展初期的主要问题是：物流管理制度不完善，政府部门之间的责任划分不明确，制约了智慧物流发展；物流业的信息化标准体系尚不完善，信息共享存在障碍，降低了行业管理和运行效率；企业间智慧物流发展差距大，大型企业经济实力强，智慧物流发展迅速，而中小企业受到资金和技术的限制，智慧物流发展缓慢；缺乏公共物流信息平台，物流全流程的企业间信息不透明，沟通不畅，阻碍了智慧物流发展；缺乏专业人才，随着智慧物流的发展，传统的物流人才已经不能满足行业需求，急需复合型管理人才推动智慧物流发展。

随着基础设施和制度的不断发展完善，物流和运输技术快速发展，主要问题变为，企业缺乏培训并试图加快实施过程，以使技术尽快落地，新技术难以发挥真正作用甚至阻碍智慧物流发展。

8.1.2 全球智慧供应链管理的发展现状

1. 全球智慧供应链管理的发展情况

案例 8-1

如何实现端到端的智慧供应链协同

准时达公司（JUSDA），是工业互联网下新供应链形态的最佳实践者，协助 B2B 企业完成供应链升级转型及商业模式再造。在某项目实施过程中，准时达需要基于客户庞大的体量和覆盖全球的市场渠道，为客户提供端到端的供应链解决方案，以及高效、稳定、安全、可视的全程供应链服务，同时驱动其全球供应链的规模化发展和精益优化。准时达公司应如何高效管理该客户遍布全球各地的原材料供应商，实时监测货物状态与进度，从而使产线及时做好相关调配？

为了解决以上问题，首先，准时达公司设立了供应链协同仓（VMI HUB）。各地供应商按照生产预测将物料提前运送至准时达 VMI HUB，由供应商自己管理库存，当制造商需要生产用料时，VMI HUB 会依照生产要求把零配件按成品需求比例配置好，进行准时制（JIT）产前集拼出货。上线前进行物权交割，实现真正意义上的 JIT 供料模式。准时达打通了供应商、承运商、生产制造商和客户的系统壁垒，将所有数据集成并协同，无缝衔接所有操作环节，同时各方人员通过网络平台、Auto Mail、移动终端等能即时获取信息和并实现可视化，助力智能商业决策。

库存管控是准时达供应链协同仓的核心优势之一。准时达的供应链协同仓依靠工业大数据的应用，提前 13 周采集客户的预测，并定期结合每周消耗量与频率、交货周期、最大出货量、市场需求、生产计划、运输资源、天气、路况、节日影响等数据，实现动态优化。准时达将每一件货品都赋予 LPN 条码标签，并关联所有相关货品信息，包括料号、批次号、生产日期、参考号码等，并通过 LPN 这个唯一的身份认证标签，辅以 PDA 设备和 RFID，实现库内数字化精准管理。

在分销中，准时达结合大湾区的整体规划理念，打造了“深港直通＋港仓”的交付平台，借由香港机场丰富的航空运力资源，将客户产品准时、准确地交往各个终端用户。运用控制塔＋智能运筹中心实现前置运力规划。在监控全网信息的同时，充分提炼并应用供应链实时协同平台所采集的全方位数据信息，让供应链服务逐步向智能化推进。智能调度＋运输管理系统平台，开放式地引入了市场上先进的供应链规划和系统工具，并对其进行充分的数据集成。通过 PC 和手机客户端，为客户提供便捷的可视化查询工具。

准时达供应链协同方案的规划实施，为客户降低了全链条的供应链成本。如利用跨境运输和本土运输相结合的方式，平均一个月卡车运输 1 810 趟，充分利用回头车的资源，在 7 个月内完成了 11 000 趟的运输。其中，6 093 趟的运输为利用回头车资源操作完成，充分节省了运力成本，减少碳排放量 148 285 克，节约汽油使用量 55 339 升，准点率达到 100%，货运破损率为零，同时消除了库存不平衡问题，增强了供应链对终端需求的响应。

资料来源：中国物流与采购网. 准时达国际供应链管理有限公司一准时达：由数字化驱动的端到端智慧供应链协同［EB/OL］.（2019－05－22）［2020－11－21］. http://www.chinawuliu.com.cn/xsyj/201905/22/340778.shtml.

在案例 8－1 中，数字化驱动得到了全方位的验证。准时达运用云平台、物联网、大数据的综合信息分析集成，打造全网化的智慧供应链管理实时协同平台，以科技驱动全程供应链协同管理，在物流、人流、过程流、资金流、信息流、技术流六流合一的过程中为客户提供从工业链到分销链的全程供应链系统解决方案。

随着全球经济一体化和信息技术的不断发展，供应链与互联网、物联网深度融合，科技创新与传统供应链加速融合，智慧供应链快速发展。智慧供应链是以物流互联网和物流大数据为依托，以增强客户价值为导向，通过协同共享、创新模式和人工智能先进技术，实现产品设计、采购、生产、销售、服务等全过程高效协同的组织形态。基于现代智能技术和供应链技术的应用，供应链全程运作可以实现可视化、可感知和可调节等功能，这是“智慧”特征的突出表现。智慧供应链通过柔性化管理、快速化响应和智慧化协同，实现供应链创新、生态、高效的发展目标。党的十九大以来，我国进入了中国特色社会主义新时期，在这一新的历史方位下，国际国内、各行各业都发生了深刻的时代变革，科技、经济、产业和市场都进入了全新的发展时代。智慧供应链管理与应用顺应这一历史发展潮流，成为支撑经济发展的新动能。2017 年 10 月，国务院办公厅发布了《关于积极推进供应链创新与应用的指导意见》，明确提出到 2020 年形成一批适合我国国情的供应链发展新技术和新模式，基本形成覆盖我国重点产业的智慧供应链体系。加快推进智慧供应链的发展与应用，对于提升经济发展质量，实施“中国制造 2025”“一带一路”，确保我国经济安全和国家安全具有重要意义。但是由于起步较晚、人才匮乏、资金受限等多方面原因，我国供应链发展较为滞后，许多产业在全球竞争中仍处于全球供应链、价值链的中低端，有很大的发展潜力。

2. 全球智慧供应链管理的发展特征

全球智慧供应链管理的发展特征主要表现为数字化支撑智慧供应链管理、信息化赋能智慧供应链管理、智能化协作智慧供应链管理、生态化平台智慧供应链管理。

一是数字化支撑智慧供应链管理。数字化指是利用技术使实时的、高准确性的信息在多个参与方之间无缝流转，并使各方能利用这些信息做出更优化的实时决策。随着数字化技术的飞速发展，供应链已搭上数字化的快车，供应链的平台战略及智慧化策略建立在数据集中、数据分享、数据整合的基础之上。在数字化时代，企业不仅掌握关键技术还掌握着大量核心数据，以支撑智慧供应链管理。

二是信息化赋能智慧供应链管理。由于嵌入了智能信息网络技术，智慧供应链与传统供应链相比，能够有效打破供应链内部成员的信息系统的异构性问题，更好地实现无缝对接，整合和共享供应链内部信息。信息化能实现供应链全过程的信息收集、过滤、分析、管理、生成和传递，并赋能智慧供应链管理，从而保证所有参与主体产生高质量的业务、流程、数据和行为，最终创造价值。

三是智能化协作智慧供应链管理。智慧供应链管理强调与客户及供应商的信息分享和协同。在智能化赋能下，企业能够及时掌握来自供应链内部和外部的信息，并根据变化与上下游企业联系，做出适当调整；还需要注重系统优化与全供应链的绩效，实现更好的协作，从而提升时效，精准满足客户需求。

四是生态化平台智慧供应链管理。随着大数据、物联网、云计算、人工智能、区块链等现代信息技术在供应链中应用不断加深，现代供应链的组织形式从原来以跨国公司主导逐步向平台型组织主导延伸，平台化逐步成为智慧供应链发展的重要特征。以平台型企业为核心的跨行业、跨区域、跨国界的产业供应链平台，通过协同不同国家、不同区域、不同产业、不同企业实现资源整合、优势互补，构建紧密合作的全球供应链网络，实现一体化供应链运作，辐射带动越来越多上下游企业向规模化、集群化、专业化方向发展。同时，不同层级上下游相关企业在供应链平台的整合下形成跨界融合、平台共享、共荣共生的供应链生态圈，推进平台型组织向生态化组织演进。

3. 全球智慧供应链管理发展中存在的问题

2020 年新冠肺炎疫情发生以来，多国将确保供应链安全提升到了国家战略高度。为降低供应链风险，日美等主要发达国家做出一系列重大调整，对全球供应链的参与程度有所下降。[①] 企业如何灵活布局全球智慧供应链并提升智慧供应链管理能力成为亟须解决的问题。当前全球智慧供应链管理发展中存在的问题主要有以下几个方面。

一是企业认知滞后。认知的滞后极大地限制了企业在打造智慧供应链方面的布局，而盲目推进智慧供应链建设不但收效甚微，更给企业带来了资源浪费、资金链断裂、优秀人才流失等诸多问题。智慧供应链管理不是简单地引进新技术，盲目跟风更不可能真正解决问题，而是需要企业从组织结构、业务流程、管理模式等方面做出全方位调整。[②]

二是智能化技术应用不足。在智慧供应链管理中，信息共享是实现协调运作的关键，智能化技术的应用是提高整个供应链信息精度、及时性和传输速度的必要措施。传统企业对智慧供应链认识不充分，对智能化转型的意识不强，对相关工作人员的培训也不到位，这使得智能化技术应用不到位。[③]

三是标准化建设不健全。从我国的智慧供应链管理来看，尽管中国在标准建立方面取得了一定的成绩，但仍存在不少问题，如企业的商品信息化、标准化意识有待提高；智慧供应链信息管理体系缺乏统一的标准，信息不对称、资源难共享等问题仍然存在；货物运输过程中的基础设备设施还没有实现完全标准化。[④]

8.2　农业智慧物流与供应链运作模式

8.2.1　智慧农业发展历程与趋势

1. 智慧农业发展历程

随着现代信息技术在农业领域的广泛应用，以智慧农业为表现形态的农业智能革命已经到来。智慧农业是农业信息化发展从数字化到网络化再到智能化的高级阶段，对农业发展具有里程碑意义，已成为现代农业发展的趋势。世界上多个发达国家和地区的政府和组织相继推出了智慧农业发展计划。

2014年，日本启动实施“战略性创新/创造计划”，并于2015年启动了基于“智能机械＋现代信息”技术的“下一代农林水产业创造技术”。2017年10月12日，欧洲农业机械协会召开峰会，提出在信息化背景下，农业数字技术革命正在到来，未来欧洲农业的发展方向是以现代信息技术与先进农机装备应用为特征的农业4.0——智慧农业。英国国家精准农业研究中心在欧盟FP7计划支持下实施“未来农场智慧农业”项目，研发除草机器人进行除草作业，替代使用化学农药，并在100亩的田块上实现了从播种到收获全过程的机器人化农业。加拿大联邦政府预测与策划组织在其发布的《元扫描3：新兴技术与相

---

① 全球供应链面临智能和韧性转型之路的新一轮革命［EB/OL］.（2020-09-17）［2020-11-21］. https://www.donews.com/news/detail/4/3113304.

② 文丹枫，周鹏辉. 智慧供应链：智能化时代的供应链管理与变革［M］. 北京：电子工业出版社，2019：IV.

③ 人工智能在供应链物流领域中存在的问题［EB/OL］.（2020-04-06）［2020-11-21］. https://www.sohu.com/a/385597264_120619205.

④ 李建辉建言智慧供应链建设：标准化问题亟待解决［EB/OL］.（2017-06-12）［2020-11-21］. https://www.chinanews.com/business/2017/06-12/8248621.shtml.

关信息图》报告中指出，土壤与作物传感器、家畜生物识别技术、变速收割控制、农业机器人、机械化农场网络、封闭式生态系统、垂直（工厂化）农业等技术将在未来 5～10 年进入生产应用，改变传统农业。美国在经历了机械化、杂交种化、化学化、生物技术后，正走向智慧农业。

近年来，在政府的大力支持下，中国智慧农业发展快速。农村网络基础设施建设得到加强，2017 年底，全国行政村通宽带的比例达到 96%，农村网民规模达到 2.11 亿，城乡网民比例达到 2.8∶1，“互联网 ＋ 现代农业”行动取得了显著成效。截止到 2018 年 7 月，全国 21 个省市开展了 8 种主要农产品大数据的试点，通过完善监测预警体系，每日发布农产品批发价格指数，每月发布 19 种农产品市场供需报告和 5 种产品供需平衡表，实现了用数据管理服务引导产销；以山东、河南等为代表的全国 18 个省市开展了整省建制的信息进村入户工程，全国 1/3 的行政村（约 20.4 万个村）建立了益农信息社，农村信息综合服务能力不断提升；广东、浙江等 14 个省市开展了农业电子商务试点，在 428 个国家级贫困县开展电商精准扶贫试点，电子商务进农村综合示范工程已累计支持了 756 个县，农村网络零售额达到了 1.25 万亿元人民币，农产品电商迈向 3 000 亿元大关。

“十三五”期间，农业农村部在全国 9 个省市开展农业物联网工程区域试点，形成了 426 项节本增效农业物联网产品技术和应用模式。围绕设施智能化管理的需求，自主研制出了一批设施农业作物环境信息传感器、多回路智能控制器、节水灌溉控制器、水肥一体化等技术产品，对提高我国温室智能化管理水平发挥了重要作用。我国精准农业关键技术取得重要突破，建立了天空地一体化的作物氮素快速信息获取技术体系，可实现省域、县域、农场、田块不同空间尺度和作物不同生育时期时间尺度的作物氮素营养监测；研制的基于北斗自动导航与测控技术的农业机械，在新疆棉花精准种植中发挥了重要作用；研制的农机深松作业远程监测系统解决了作业面积和质量人工核查难的问题，得到了大面积应用。

中央高度重视农村农业改革，进行全面部署，做出顶层设计。农业部门与其他系统认真组织实施，在各地区积极探索实践，极大地释放了农业生产力，激发了农村发展潜力。改革开放以来，中央政府发表了十余个关于农村工作的“一号文件”。一号文件意味着高度关注，以及实施的必要性。从 2012 年开始，中央一号文件多次提及精准农业、智慧农业等关键词，体现了国家对智慧农业发展的重视程度，极大地推动了我国智慧农业的快速发展。

表 8-1　中央一号文件助力智慧农业发展

年份	主题	内容
2012	推动农业科技创新	加快推进前沿技术研究，在信息技术、先进制造技术、精准农业技术等方面取得重大突破
2013	发展现代农业	加强科技创新、实施种业发展，以及农机装备、高效安全废料和农药兽药研发
2014	深化农村改革	推进农业科技创新，建设以农业物联网和精准装备为重点的农业全程信息化体系和机械化技术体系

续表

年份	主题	内容
2015	加大改革创新力度	在生物育种、智能农业、农机装备等领域取得重大突破，支持农机、农药化肥等企业技术创新
2016	加快农业现代化	大力推进互联网＋现代农业，应用物联网、云计算、大数据、移动互联网等现代信息技术
2017	农业供给侧结构性改革	推进农业物联网试验示范和农业装备智能化，发展智慧气象，提高气象灾害监测预报水平
2018	乡村振兴战略	发展高端农机装备制造，大力发展数字农业，实施智慧农业林业水利工程，推进物联网试验示范和遥感技术应用
2019	做好“三农”工作	培育一批农业战略科技创新力量，推动生物种业、重型农机、智慧农业、绿色投入品等领域自主创新
2020	推动智慧农业自主创新	依托现有资源建设农业农村大数据中心，加快物联网、大数据、区块链、人工智能、第五代移动通信网络、智慧气象等现代信息技术在农业领域的应用

2. 智慧农业发展趋势

智慧农业的提出和发展，将大大有助于提升农业产业发展质量，推动农业的全面升级，对于国家乡村振兴战略的进一步实施有重大作用。在此背景下，智慧农业的发展将呈现如下趋势。①

一是生产领域智慧化，由人工走向智能。在种植、养殖生产作业环节，摆脱人力依赖，构建集环境生理监控、作物模型分析和精准调节为一体的农业生产自动化系统和平台，根据自然生态条件改进农业生产工艺，进行农产品差异化生产；在食品安全环节，构建农产品溯源系统，将农产品生产、加工等过程的各种相关信息进行记录并存储，通过食品识别号在网络上对农产品进行查询认证，追溯全程信息；在生产管理环节，特别是一些农垦区、现代农业产业园、大型农场等单位，智能设施与互联网广泛应用于农业测土配方、茬口作业计划以及农场生产资料管理等生产计划系统，以提高效能。

二是经营领域智慧化，突出个性化与差异性营销方式。物联网、云计算等技术的应用，打破了农业市场的时空地理限制，农资采购和农产品流通等数据将会得到实时监测和传递，有效解决了信息不对称问题。目前一些地区特色品牌农产品开始在主流电商平台开辟专区，拓展农产品销售渠道。有实力的龙头企业通过自营基地、自建网站、自主配送的方式打造一体化农产品经营体系，促进农产品市场化营销和品牌化运营，这预示着农业经营将向订单化、流程化、网络化转变，个性化与差异化的定制农业营销方式将广泛兴起。所谓定制农业，就是根据市场和消费者特定需求而专门生产农产品，满足有特别偏好的消费者需求。此外，近年来各地兴起农业休闲旅游、农家乐热潮，旨在通过网站、线上宣传等渠道推广、销售休闲旅游产品，并为旅客提供个性化旅游服务，该方式逐渐成为农民增收新途径和农村经济新业态。

---

① 我国智慧农业发展规模前景趋势分析 [J]. 新农业，2019 (4)：15.

三是服务领域智慧化，提供精确、动态、科学的全方位信息服务。如黑龙江等地区已经试点应用基于北斗的农机调度服务系统；一些地区通过室外大屏幕、手机终端等灵活便捷的信息传播形式向农户提供气象、灾害预警和公共社会信息服务，有效地解决信息服务“最后一公里”问题。智慧农业发展趋势表明，面向“三农”的信息服务可以为农业经营者传播先进的农业科学技术知识、生产管理信息以及农业科技咨询服务，引导龙头企业、农业专业合作社和农户经营好自己的农业生产系统与营销活动，提高农业生产管理决策水平，增强市场抗风险能力，做好节本增效并提高收益。同时，云计算、大数据等技术也将推进农业管理数字化和现代化发展，促进农业管理高效和透明，提高农业部门的行政效能。

8.2.2 农业智慧物流与供应链的主要特征

1. 农业智慧物流的主要特征

农业智慧物流所展示出来的特征与农产品本身的特点有着密切的关系，农产品的特点对农业智慧物流提出了更高的要求。

首先，农产品的易破损和易腐性特征要求智慧物流保证货物信息感知和物流信息数据实时共享。农产品是有生命的有机物，具有生产季节性强、易受损、易腐、不耐贮运等特征，必须采用智慧技术并选择与其相匹配的运输工具，才能从时间上保证农产品物流高效率，保证其鲜活性。其次，农业产品的季节性、集中上市的特点对农业智慧物提出了智能决策支持和物流标准规范的要求。农产品生产受生长规律影响具有地域性、季节性、周期性和集中上市的特点，会因为日供应量大于日消费量而难以进入市场，导致农产品烂在地里和长时间滞留在仓库，这就要求必须采用物流业务智能应用、智能决策支持与平台终端集成等技术，帮助农产品快速分销。最后，农产品的多样性、分散性和鲜活性特点对智慧物流服务提出了更加个性化的要求。农产品生产点多面广，消费农产品的地点也很分散，物流服务的对象大部分是个体农户，数量庞大，但具体到每户物流规模又会很小，并且每户种植的农产品品质参差不齐。这种分散性要求农产品物流提供更多特殊和个性化服务，因此要科学规划配送方式和配送工具，满足用户需求，提高效率。

因此，农业智慧物流具有物流信息感知、物流信息数据共享、平台终端集成、物流业务智能应用、智能决策支持、物流标准规范等特征。

农业智慧物流的核心特色在于物流流程的智能化管理。智慧物流企业在农产品物流运作流程中大量设置信息采集装置及数据传输装置，对农产品物流链条中所截取的信息进行分析、预测，据此来支持物流企业的决策系统，对导致物流问题的根源实施“追踪化”管理，从源头上消除农产品物流问题的病灶。

农业智慧物流依赖系统的物联网技术来实现其智能化特征。农产品智慧物流系统中的仓储、运输、配送、流通加工等业务环节都设置了传感器，并基于物联网技术实现农产品物流系统的各子功能环节的互联互通，确保生鲜农产品物流系统的物流装备网络化、业务环节自动化、管理环节可视化、决策环节智能化。

2. 农业智慧供应链的主要特征

农业智慧供应链包含上游的农产品生产、中游的农产品加工以及下游的农产品销售等环节。农业智慧供应链更加着眼于运用新一代智能技术，在智慧供应链的基础上，实现整个农产品生命周期的精准化运作。农业智慧供应链的发展逐渐表现出以下特征：

首先，电子商务平台逐渐成为农业智慧供应链的核心。农业供应链的智慧化需要深度融合互联网、大数据和物联网。应用新一代信息技术，打造智慧商店、智慧商圈、智慧物流，以流通供应链智能化为基础，整合批发、零售、物流企业等供应链资源，构建智慧型采购、分销、仓储、配送供应链协同平台。利用平台技术，用户可以实现农业机械远程操控、农业诊断服务、农业信息分享等。

其次，缩减中间环节成为农业智慧供应链发展的关键。以智慧型农业供应链协同平台为核心，准确及时传达人们的需求信息，实现需求、库存和物流信息的实时共享，引导生产端优化配置生产资源，加速技术和产品创新，按需组织生产，合理安排库存。利用协同平台，农业供应链的多方可直接联系，实现农产品可追溯和快速匹配销售。

8.2.3　农业智慧物流的运作过程和典型模式

1. 农业智慧物流的运作过程

农业智慧物流运作可以使供应链内部达到统一的效果，不仅可以将农产品从生产者到消费者之间流动的各个环节有机结合起来，还可以通过信息技术将作业物流与信息流、商流、资金流集成，实现供应链一体化。

首先是农业物流作业集成。农业生产环节的集成是通过将零散的农户或生产组织组成现代农业公司，形成一定规模，产生一定的影响，克服小生产与大市场、大物流之间的矛盾。农产品流通环节的集成是指现代农业企业通过提高生产环节集中度形成对物流模式的改进，实现信息流、商流、物流的一体化。市场与流通环节的供应链一体化使得流通企业能够获得稳定的产品来源供应市场，实现规模化经营，实现双赢。物流配送通过集成第三方物流，整合资源，实现生产、销售、消费者无缝对接。

其次是农产品物流信息集成。现代农产品所追求的智慧物流就是对现代新兴的网络技术和信息技术进行恰当又合适的利用，对现代组织和管理方式合理运用，全方位改造传统农业农产品物流。基于“互联网＋物联网＋物流”的智慧物流信息系统可以实现对物流、商流、信息流、资金流等因素的整合，并利用信息技术和网络进行扩散。在智慧物流信息系统的支持下，农产品生产各个环节、现代农业产业园、现代农业公司可以在信息共享的条件下实现农产品物流一体化。这样可以做到物美价廉、高效安全地满足消费者的产品需求，实现双赢。

最后是农业物流运力资源集成。由于农业生产资料和农产品的特性，农业物流有别于一般物流。农业物流系统及储运条件、技术手段、流通加工和包装方式都具有独特性，农业物流运力设施设备和运输工具也具有专属性。因此，农业物流的流体与载体要素相匹配显得尤为重要。通过电商平台将农产品运输、车辆、第三方物流等资源集合起来统一安排调度，能够实现及时高效精准配送，这是当前农业物流增值、减少农产品流通损失的重要手段和方式。

2. 农业智慧物流的典型模式

农业智慧物流运作主要模式可分为以下三种，分别是销售服务平台对接型、智慧技术投入型以及“物流+供应链”产销一体化型。[①]

一是销售服务平台对接型。由于电商平台的兴起，农民的销售渠道也越来越多样化，特别是农民将所学的知识与技术进行创新发展，如在水果和蔬菜的采摘季节，利用当前乡村旅游发展趋势的观光采摘水果和蔬菜业务，将水果和蔬菜直接卖给参观游客；此外一些农民会在网上直播来销售自己的产品，随着直播带货的兴起，极大解决了贫困山区生鲜农产品的滞销问题。这种模式的优点是灵活，销售网络广，没有中间环节，物流成本低。

二是智慧技术投入型。在种植过程中农户运用信息技术对农产品生产过程进行管理并与食品安全监管部门进行信息共享，做到食品安全可追溯，并通过电商平台进行销售。建立自己的物流管理系统，对所拥有或控制的运输车辆进行智慧调度，利用卫星导航技术定位监控，并将自己运力不足等相关信息发布在社会运输车辆资源整合 App 上，其他没有运输业务的物流企业和个体运输户通过 App 进行匹配获得物流业务。智慧技术投入型运作模式优点是效率高，物流成本低，效益高；缺点是投资大，人才素质要求高。

三是“物流+供应链”产销一体化型。在这种智慧物流模式下，平台企业处于整个供应链中的核心地位，从果蔬生产到果蔬农产品销售的各个环节都有其参与。在果蔬生产阶段，平台企业与生产基地的农民签订产销合同，并制定相关生产标准，在数据监控上以无人机切入，对水源、土壤、气象、病虫害等进行全程监控和数据采集，参与农场生产管理全过程。在销售阶段，借助平台企业自身智慧物流和智慧供应链的优势，帮助合作的农民实现农产品从田间到餐桌的品质输出和快速直达。这种模式的优点是提高了农产品附加值，物流成本低，收益高。

案例 8-2

顺丰切入点：智慧农业+智慧物流的一体化服务模式

作为物流行业的“优等生”，一向以高品质著称的顺丰提出并开始实行“智慧农业+智慧物流”的一体化服务模式，为中国水果产业提供了实际的帮助。

1. 借大数据之力规划物流线路，原产地直发模式减少产品损耗

经过多年、多项目的经验积累，顺丰已沉淀大量物流数据，用以优化原产地直发线路，提升运输效率。

围绕物流大数据，顺丰已打造出丰暴大屏、数据灯塔等产品，可对物流流向、仓储资源进行实时管理、分析，并进行可视化呈现，提升果品运输的效率。在梅州柚项目中，顺丰投入了丰暴大屏，对物流数据进行实时监测。

2. 加码智慧农业提供增值服务，打造果品溢价空间

在做好物流“本职工作”的同时，顺丰也积极向产业链上游延伸，为果农果商提供以品牌化、标准化为核心的系列增值服务。这两年，顺丰已与多个地方政府合作，共同建立了多个预处理中心，覆盖橘橙、苹果、柚子等多种水果。

---

① 黄筱. 山东潍坊固堤农业示范区智慧物流运作模式研究［D］. 济南：山东理工大学，2020.

预处理中心直接帮果农果商完成了清洗、风干、分级、称重、包装的工作，并依靠自动化、机械化操作为果农果商省去了不少人力。按重量、尺寸、甜度进行分级后的果品卖相更为统一，更受消费者欢迎，也有更多的溢价空间。数据显示，经过预处理后，果农果商的日均处理效能提升了 140%，经过科学流程预处理的水果货损率降为原来的 1/3。

3. 升级行业解决方案，加码产销两端助力智慧农业

顺丰基于梅州农业现状，以梅州柚子为切入口，在做好"运"端服务的同时，向"产""销"两端延伸，打造覆盖"产、运、销全产业链"的一揽子解决方案。顺丰在梅州柚项目中进行了智慧农业试点，从"良地、良种、良法和良品"全链条着手，对梅州柚子进行全产业链标准化建设，打造了 4 个精选示范基地，提供了智慧农业平台与专家指导，并总结了 2 个优品种植模型；通过智慧农业科技技术实施精准农业，提升种植效率、种植品质和亩产量。

同时，顺丰积极应用自身商流资源，帮助果农果商打开销售端口。通过接入顺丰优选、大当家、小当家等销售渠道，帮助果农果商对接优质消费客群，提供从生产处理端到运输端，再到销售端的全链条服务。

资料来源：中国农业网. 不走寻常路！顺丰发力智慧农业＋智慧物流的一体化服务模式 [EB/OL]. (2019-12-05) [2020-12-17]. http://www.sohu.com./a/358610653_120415839.

8.2.4　农业智慧供应链的运作过程与典型模式

1. 农业智慧供应链的运作过程

一是产前预测。根据土壤监测、气象环境监测结合植物生长模型，可为种植户提供种植建议。对于农户合作组织来说，可以从信息共享平台获得农产品市场导向预测，从而从专业的角度给农户提供科学合理的农产品种植方案，达到组织规模化生产种养殖，降低生产成本，提升农户抵抗市场风险的能力，切实保障农户利益，促进农业生产规模化、合理化、科学化；运用大数据分析技术精准预测农产品供求平衡关系，并通过信息反馈，指导农业生产者未来生产决策，维持市场供求平衡，以防农产品价格波动过大，农业生产者承受巨大损失；根据预测按需分配生产资料，通过充分调配生产资料避免产能过剩或短缺，克服高库存、高损耗问题。

二是产中管理。实现农业供应链上各环节人、事、时、地、物五类关键控制点参数可追溯，实现农业可视化、工业可视化、物流可视化和消费可视化，达成生产可记录、信息可查询、流向可跟踪、责任可追究，并可有效优化投入产出与经营管理，保证产品质量与安全，辅助风险控制与科学决策。利用物联网传感设备与植物生长模型、病虫害模型等相结合实现精准种植、智能灌溉、病虫害预警、气象灾害预警等功能。以物流环节为例，运销商、批发商可以借助物联网技术就近选择物流配送网点，通过共享化、分布式等多种灵活的冷链仓储、物流配送方式，减少运输对资源的重复利用和对环境的影响。

三是产后分析。包括产量分析、市场分析、物资分析、订单分析等。订单分析如将产

品需求类别、预期需求量、消费者年龄比例等信息反馈给信息共享平台，从而生成需求订单，指导上游供应链生产种植。

四是管理监督。智慧供应链管理平台让相关管理部门在后台共享农业产业全链条信息，便于监管部门全面、实时了解信息，形成合力，避免监管盲区和监管“数据鸿沟”。区块链技术的应用能够保证相关主体信息不被随意篡改，保证信息的全面性和客观性。在该技术应用下，智慧供应链管理平台为决策者提供相对客观公允、真实有效的信息，有助于避免政策的滞后性和片面性。智慧供应链应用下的数字化监管有助于监管部门将传统的、基于经验的监管模式转变为更具体、更精细的监管模式。在基层监管部门有限的人力和资金条件下，提高监管的有效性、针对性和便捷性。政府可以利用物联网技术，通过大量农产品溯源数据的应用，将依靠经验来监督的传统监管模式转变为社会化、全流程、数字化的供应链监管新模式，从根本上解决政府监管机构少、监督手段少、监管效率不高的问题。与此同时，打造农业供应链管理云平台，构建政府、消费者、产销主体、媒体等共同监督、共同治理的农产品质量安全管理体系，实现农产品质量追溯监督的社会化。①

2. 农业智慧供应链的典型模式

农业智慧供应链融合互联网、大数据和物联网，实现农业供应链的互联互通。利用平台技术，微信可以将手机与智能设备、农业机械相连，用户可通过手机远程操控农业机械，实现智能生产，还可以帮助农民交流分享种植经验，定向推送生产知识，提供远程农业诊断服务。通过公众号及各类 App 等互联网社交平台帮助公共卫生部门迅速收集信息，及时了解病虫害传播情况，及时作出部署。利用腾讯云的数据存储及计算功能，帮助存储粮食历史数据，动态分析作物生长情况。

以智慧型农业供应链协同平台为核心，实现信息共享与直接匹配。通过农产品大数据交易平台一端服务批发商和采购商，另一端服务农民和产地，利用移动互联网、大数据，以及线上线下的撮合服务，帮助产地农民实现农产品产销对接，缓解农产品交易难和卖价低等传统难题。又如，移动互联网将生产者和消费者直接连接起来，砍掉中间环节，把更多的利润还给生产者。没有了中间环节，每一个供应商都会为自己的产品负责，为终端消费者提供所需的产品，而以前的层层验证难题也就“烟消云散”了。

农业智慧供应链着眼点在于整个农产品生命周期都与节点客户紧密联系，因此需要大量的信息交互。农民要逐渐学会以客户需求为根本，站在客户角度来思考问题，融入供应链管理，为客户提供定制化服务。

案例 8-3

京东智慧化农场树立全球智慧农业建设新标杆

京东智慧化农场开创了一种全新模式，通过科技将电子商务和传统农业融合在一起，

① 智慧供应链开启农业数字新时代 [EB/OL]. (2020-04-10) [2020-12-23]. http://www.dbehualu.com/page_105_9522.html.

实现了消费者、农民和生态的多方共赢，同时增加了农民收入，树立了地方品牌，为地区农业带来了长久发展的动力，是科技振兴乡村的典型范本。

京东农场的智慧化体现在京东科技的全流程服务，耕种管收运销吃，每个环节都更加智能化。

农场的数据监控上，京东以无人机切入，对水源、土壤、气象、病虫害等进行全程监控和数据采集，参与农场生产管理全过程。

同时，京东建立了一个智慧农场管理系统，通过这个系统实现了农场全天候智能监控、物资管理、土地信息监测、供应链管理和农产品溯源。通过无人机和智慧农场管理系统，京东为合作的农场带来了智慧化的管理。

除了智慧管理，京东更有强大的营销优势。借助自身智慧物流和智慧供应链的优势，京东帮助合作的农场实现了农产品从田间到餐桌的品质输出和快速直达。同时，利用自身的平台能力、营销能力、数据能力、金融能力、供应链能力，京东为农场带来营销的全环节赋能。

资料来源：京东智慧化农场，振兴乡村新模板，树立全球智慧农业建设新标杆 [EB/OL].（2018-06-29）[2020-12-23]. https://www.sohu.com/a/238388533_695193.

互联网、大数据和物联网等新一代信息技术的出现，农业供应链开始进入智慧时代，“以产定销”开始变成“以销定产”，不但减少了中间环节，还加快了物流、信息流和资金流的效率，大大降低了农业生产风险。目前，农业智慧供应链已经成为农业发展的重要方式，农业也正在焕发出崭新的力量。

为促进乡村振兴战略的落地，实现我国的农业产业升级。案例 8 - 3 中的京东借助电商线上渠道和线下基础设施，以市场化方式连接农民和消费者，打造农产品品牌，用物流为农产品“出山”护航，甚至直接打造京东农场，为我国的农业智慧供应链升级提供了实践性的案例和模板。

8.3 制造业智慧物流与供应链运作模式

8.3.1 智能制造发展历程与趋势

1. 智能制造发展历程[①]

随着信息、通信与生产技术（information，communication，and production technology，ICPT）的革新以及在生产领域的应用，如大数据、物联网、人工智能、机器人等，智能制造与智慧供应链成为第四次工业革命的关键内容（Thoben et al.，2017）。其中，智能制造是一个完全整合与协同的生产系统（Mittal et al.，2019）。智能制造是伴随信息技术的不断普及而逐步发展起来的。1988 年，美国纽约大学的怀特（P. K. Wright）和卡内基梅隆大学的布恩（D. A. Bourne）出版了《智能制造》一书，首次提出了智能制造的

① 全球智能制造发展历程及发展现状、趋势 [EB/OL].（2018-03-30）[2020-11-21]. http://www.elecfans.com/kongzhijishu/655126.html.

概念，并指出智能制造的目的是通过集成知识工程、制造软件系统、机器人视觉和机器控制对制造技工的技能和专家知识进行建模，以使智能机器人在没有人工干预的情况下进行小批量生产。

20 世纪 90 年代，随着信息技术和人工智能的发展，智能制造技术引起发达国家的关注和研究，美国、日本等国纷纷设立智能制造研究项目基金及实验基地，智能制造的研究及实践取得了长足进步。

2008 年金融危机以后，发达国家认识到以往去工业化发展的弊端，制定“重返制造业”的发展战略，同时大数据、云计算等一批信息技术发展的前端科技引发制造业加速向智能化转型，把智能制造作为未来制造业的主攻方向，给予一系列的政策支持，以抢占国际制造业科技竞争的制高点。

从全球范围来看，除了美国、德国和日本走在全球智能制造前端，其余国家也在积极布局智能制造发展。例如，欧盟将发展先进制造业作为重要的战略，在 2010 年制定了第七框架计划（FP7）的制造云项目，并在 2014 年实施欧盟“2020 地平线”计划，将智能型先进制造系统作为创新研发的优先项目。

近年来，在国家出台支持制造业转型的政策后，中国在智能制造方面取得了不小的进展。云制造、无人驾驶汽车、工业机器人、增材制造等取得了突破性进展，初步形成了智能制造标准体系。[①] 根据工信部的统计，2010 年以来我国制造业产值规模占全球的比重为 19%～21%。2018 年，我国智能制造行业产值规模达 18 000 亿元。综合来看，我国智能制造行业未来发展潜力巨大。

智能制造系统的发展历程分为三个阶段：初级阶段、中级阶段和高级阶段。[②] 在初级阶段，人工智能等先进技术不断向传统的工业自动化系统延伸，通过先进的手段，显示生产过程中可见或隐性的状态，辅助人作出正确的操作或决策，优化工业自动化系统的功能。在中级阶段，针对生产过程的特定单元或特定功能，智能制造系统不仅是智囊团，同时也是决策者，在系统中占据统领地位，根据生产过程数据，判断生产状态并形成控制决策，输出执行，同时依据执行后的信息对系统进行优化和自适应。在高级阶段，智能制造系统贯穿整个生产过程，在企业生产活动的各个层面以决策者的身份出现，全面占据统领地位。

2. 智能制造发展趋势

由于未来的技术和发展水平具有不确定性，因此很难准确把控智能制造的走向，但现有研究依据当前的技术发展方向以及制造业的特征对智能制造的发展趋势做出了总结。[③]

---

① Chien C F, Kim K H, Liu B, et al. Advanced decision and intelligence technologies for manufacturing and logistics [J]. Journal of Intelligent Manufacturing, 2012, 23 (6): 2133-2135; Posada J, Toro C, Barandiaran I, et al. Visual computing as a key enabling technology for industry 4.0 and industrial internet [J]. IEEE computer graphics and applications, 2015, 35 (2): 26-40.

② 王云波，李铁. 智能制造发展过程的阶段及其特征 [J]. 冶金自动化，2020，44 (5)：1-7，55.

③ 孔凡国，俞雯潇. 智能制造发展现状及趋势 [J]. 机械工程师，2020 (4)：4-7.

一是新材料和新工艺的开发促进了产品的设计和制造，推动了智能制造的创新。新材料和新工艺的应用会考虑到大量的材料和工艺信息及数据，需要相关领域的工作人员对其进行有效挖掘和分析，并通过互联网将关键信息传递给相关部门，以加速材料和工艺的发展创新，为进一步推动智能制造做准备。

二是预测工程是对制造过程及设备未来状态的预测，是未来制造业发展的重要趋势之一。如果在制造业中能够提前预测到生产力、产品质量和运输状况等关键信息，就能提前做好决策，防患于未然。预测性维护对于工业企业而言非常重要，随着机器学习和其他人工智能工具的应用，智能制造会实现更好的预测性维护，有效降低企业风险，帮助管理人员决策。

三是随着互联网的发展和普及，未来的智能制造将向资源共享的方向发展。目前制造业越来越数字化和虚拟化，许多创造性技术也将在虚拟空间中进行。虽然专有技术的实体制造可以得到知识产权的保护，但在数字化空间里的资源可能是高度透明的，这就允许企业间可以共享资源。目前，共享资源模式已经在交通、住宿服务等行业取得了阶段性成功。因此，在未来的智能制造领域也将会出现共享制造设备、软件、知识及共享协作建模等共享模式。① 除了制造设备，还可以共享运输资源，降低运输成本，推动制造业的发展。

四是可持续理念不断普及，智能制造将向可持续化制造方向发展。制造业在给世界经济带来飞速发展的同时，也导致了许多环境问题。随着人口的日益增长和消费水平的提高，人类将面临更严重的社会环境压力。② 为了应对这个可持续发展的挑战，迫切需要制造业朝可持续化制造方向发展。可持续化制造是实现可持续发展目标在制造业的实施的结果③，是一种以节约自然资源为目的，努力将制造产生的污染物降到最低，且在经济上是可行的生产过程。④

赛迪顾问认为，我国智能制造发展有三个趋势。⑤

一是企业向系统方案解决供应商转型。面向日益多样化、个性化的客户需求，单一的智能制造装备应用已无法满足市场发展需求。未来装备制造企业将不断加强与系统解决方案供应商之间的协同创新，增强智能制造一体化解决方案供应能力，为制造企业提供生产智能化、柔性化、定制化的系统解决方案。

二是生产更加柔性化、定制化。随着生产过程成本的不断提高，制造企业亟待通过使用高端数控机床、协作机器人、新型传感器、增材制造等更加精密化、小型化、集成化、协作化的智能制造装备提升企业生产过程的柔性化，提高生产效率和产品良品率。在物联

① Kusiak A. Smart manufacturing must embrace big data [J]. Nature, 2017, 544: 23-25.

② Fazlollahtabar H, Saidi-Mehrabad M. Methodologies to optimize automated guided vehicle scheduling and routing problems: a review study [J]. Journal of Intelligent & Robotic Systems, 2015, 77 (3-4): 525-545.

③ Wu H, Xu L. A state-of-the-art survey of cloud manufacturing [J]. International Journal of Computer Integrated Manufacturing, 2015, 28 (3): 239-250.

④ Li J, Tao F, Cheng Y, et al. Big data in product lifecycle management [J]. The International Journal of Advanced Manufacturing Technology, 2015, 81 (1-4): 667-684.

⑤ 中国智能制造发展趋势！[EB/OL]. (2018-09-07) [2020-11-21]. https://www.sohu.com/a/252581986_297710.

网、大数据、云计算、增材制造等新技术与传统制造业深度融合的趋势下，衍生出了众多新产品、新模式、新业态，推动先进制造技术向信息化、网络化、智能化方向发展，同时也激发了消费端对产品的个性化定制需求，倒逼制造企业在生产过程中使用更多智能制造装备，通过快速换模、单件流等生产方式实现定制化生产。

三是“互联网＋”促进价值链向价值网转变。在以工业互联网、大数据、云计算等为基础的新一轮科技革命不断深化的背景下，“互联网＋制造”在国内得到广泛推广，将逐步改变传统制造业的生产理念、经营模式及消费端的消费模式。传统生产模式下的制造业价值链由上游材料、中游制造向下游应用端单向传导，客户端的个性化需求难以得到满足。而“互联网＋”与制造业的深度融合则可以实现制造业价值链的双向传导，从而形成附加值更高的“价值网”，串联产业链各个环节创造新的发展契机。

未来智能制造的市场规模将进一步扩大，国际市场研究机构 MM 最新发布的研究报告显示，预计到 2025 年，全球智能制造市场规模将增至 3 848 亿美元，其间年复合增长率约为 12.4%。我国对智能制造行业不断出台发展规划，“十三五”期间，智能制造产业产值规模进一步扩大，前瞻分析认为到 2024 年，我国智能制造业产值规模将超过 4.5 万亿元。①

8.3.2 制造业智慧物流与供应链的主要特征

1. 制造业智慧物流的主要特征

在智能制造时代，整个价值链由过去的制造企业推动模式转变为用户拉动的模式。为了满足更具个性化的用户需求，真正实现智能制造，对制造企业的供应链管理提出了更高的要求，尤其是在供应链的执行层级，需要物料配送模式更具柔性，提高快速响应能力。只有通过先进的智慧物流，才能打通供应链上下游企业，真正提升企业运营效率。纵观全球，无论是在德国还是中国，物流占据了几乎 40%的生产活动，物流的智能升级成为制造业智慧变革的关键。②

案例 8－4

佳通轮胎搭建物流信息化管理平台

佳通轮胎始创于新加坡，拥有超过 60 年的行业经验，产品畅销全球 130 多个国家。如今，佳通轮胎已拥有近 70 000 家零售服务终端，遍布五大洲。秉持“全员参与，追求零缺陷，让顾客满意”的质量方针，佳通轮胎致力于为每位车主提供更完善的轮胎解决方案，努力成为中国车主的首选轮胎品牌。

佳通轮胎在全球市场运用多品牌战略，旗下拥有佳通、佳安、登特路、桦林、长城、路得金、银轮、兰威等多个品牌，针对不同细分市场，打造齐全且高品质的产品系列，满

① 2019 年中国智能制造行业市场分析：未来产值规模将超 4.5 万亿 安控领域发展机遇大 [EB/OL]. (2019-10-09) [2020-11-21]. https://www.sohu.com/a/345705502_114835.

② 中国制造 2025，智慧物流是关键 [EB/OL]. (2017-05-15) [2020-11-22]. http://vtradex.com/news_083.html.

足轿车、SUV、越野车、赛车、轻卡轻客、卡车、客车、工程机械、农业机械等各种车型需求。

为提升企业物流信息化水平，佳通轮胎选择与唯智信息旗下物流链云平台进行合作，实现订单全过程管理可视化、透明化，有效平衡各方物流作业，高效协同供应链；实现在途跟踪订单状态，及时处理异常信息，实时监控，掌控全局，大大提升工作效率，降低运营成本。

资料来源：佳通轮胎物流信息化管理平台 [EB/OL]. [2020-11-22]. http://www.vtradex.com/case01.html#jiatong.

由于物流贯穿生产和销售的所有环节，支撑着企业的生产能力和服务水平，随着制造业转型升级的持续深入，如何使物流系统满足智能制造发展的需求，受到企业的广泛关注。在案例 8-4 中，制造业智慧物流的物流管理可视化、物流体系透明化、与智能制造协同化发展三个特征得到了充分体现。

一是物流管理可视化。基于 RFID 技术的物流仓储管理系统，实现了对于货物的定位、叉车的优化调度、生产安全以及货物预警等一系列精益管理。货物调配的仓储位置信息变更在 RFID 仓储物流管理系统实时更新，叉车工作调度、路线优化自动分配提醒，提高生产效率。所有货物调度信息实时可记录，叉车信息、人员信息、时间信息、路径轨迹可及时检索，丢失和安全事件可追溯。对仓库内物流的运行状态实时监控，对错误调度、路线拥挤、生产错误、违规作业等异常行为及时预警，逐步优化仓储生产的流程。通过对车辆、人员的实时位置和路线分析，推荐行车路线，在有碰撞可能处减速或停车，确保其他区域的高速行驶，同时保证仓库内的人员和生产安全。①

二是物流体系透明化。制造企业运用科技力量，实现采购物流，成品物流到分销物流供应链透明管控，实现从整个供应商到终端用户的全流程高效可控，构建起透明的物流体系。智慧物流的透明化特征解决了物流过程各种要素信息的采集问题，以及物流上下游业务主体之间信息的互通和协同。物流透明是供应链、需求链协同的基础。② 海信集团的智能化仓储管理解决方案，通过集成 MPS、PLM、SRM、MES、WMS、CRM 等信息系统搭建完整的 SCM 信息系统，实现全供应链的网络化协同，大幅提高了库存准确率和仓储效率，降低了作业成本。

三是与智能制造协同化发展。③ 制造业流程创造了大量物流需求，并与物流业存在紧密的产业关联性。先进制造业的快速健康发展需要与之相匹配的智慧物流能力。两业协同化发展特征明显。智慧物流通过柔性化、个性化及智能化服务，能为智能制造提供运营、

① 可视化智慧物流仓储管理系统 [EB/OL].（2016-11-28）[2020-11-22]. http://www.gwall.cn/trends/321.html.

② 透明的数字化物流是制造业供应链的核心 [EB/OL].（2018-10-15）[2020-11-22]. https://news.e-works.net.cn/category802/news79268.htm.

③ 邱志鹏，蔡松林. 智慧物流与先进制造业协同发展研究——以粤港澳大湾区为例 [J]. 物流技术，2020，39（3）：29-33，110.

管理和决策支持；依托互联网及各项物流信息技术，智慧物流能有效实现物流与制造过程中物流资源的整合，促进智能制造要素在其供应链上集聚协同。同时，智能制造驱动了智慧物流发展，为智慧物流的纵深发展提供重大机遇。

2. 制造业智慧供应链的主要特征①

在智能制造环境下，打造智慧、高效的供应链，是制造企业在市场竞争中获得优势的关键。智慧供应链的创新发展，将根本改变现代企业的运作方式，推动整个制造业发生重构与迭代。

案例 8－5

如何打造高效敏捷的制造业智慧供应链

全球化发展水平领先的跨国公司，是构建全球供应链体系、实现全球化运行和全球化资源配置的先行者。联想集团供应链通过在全球范围内提供无与伦比的产品及客户体验，打造出了一个以韧性、智能化和共赢为特征的全球供应链网络，成为公司可持续发展与智能化成长的引擎。

联想集团供应链高效、敏捷、智能性的三大特征处处体现在其实践中。例如，联宝科技体现了其外部的高效、敏捷和智能性。联宝科技与全球数百家供应商互信互通，以信息透明打破种种数字壁垒，建立端到端的运作体系和物流体系，构建高效供应链，特别设立大客户绿色通道，实现了订单精细化高效管理，产品供应全球五大洲、126 个国家、270 多个重点城市。本土供应链生态体系建设逐步完善，近 60%的直接物料实现本地化及时供应，4 小时内可以到达，形成了产业上下游集聚效应，推动了当地经济的发展。

联想武汉产业基地则体现了内部的高效、敏捷、智能性。与 PC、服务器等产品不同，手机平均每隔 4～6 个月就会被更新的产品取代。这对联想在较短的制造周期内，生产出低成本、高质量、多样化产品的柔性制造能力提出了更高的要求。联想自主开发的自动化“量子线”项目已于 6 月中旬在武汉基地投入使用。作为业界首条 5G IoT 自动化组装线，量子线包含手机组装/测试/检验产出工艺，通过设备与设备、人与设备的灵活互换，可快速调整生产线的工艺流程以及参数，实现生产不同型号产品间的自如切换。目前，在武汉基地，每秒钟就有一部手机或平板电脑下线，每天超 10 万部手机从这里下线，九成出口，从武汉运往世界各地，用户遍布 160 多个国家。

大数据、人工智能、物联网等新技术融合发展为代表的工业 4.0 快速发展，对全球供应链的发展提供了新的动力。联想集团供应链积极把握新技术，基于对行业变革、技术演进深入的研究和理解，再结合自身的实践，总结出五大智能制造核心能力“互联互通、柔性制造、虚实结合、闭环质量、智能决策”。

互联互通是指从生产到运算，从工厂到最终用户的全链路的互联互通。柔性制造是指

---

① 面向智能制造的智慧供应链［EB/OL］.（2017－05－26）［2020－11－26］. http://www.chinawuliu.com.cn/zixun/201705/26/321619.shtml.

高度自动化的混线柔性生产，其主要是应对少量、多样化的订单需求。虚实结合是指物理与虚拟数字的映射和闭环控制。闭环质量是指端到端的质量追溯、监控、分析和管理。智能决策是指通过大数据和人工智能驱动预测性分析决策。

除了五大核心能力，联想采用了科技行业少有的混合制造模式，即自有工厂、OEM（自主加工）和 ODM（自主设计）的混合制造模式，这种混合制造推动了联想产品质量、运作效率和生产成本的优化与革新，保证了供应链的快速决策和高效运转。此外，联想集团秉持“全球资源＋本地交付”的发展模式，利用全球优势供给生产，销售和服务等环节则采用本地化运营。基于五大能力及两大模式，联想集团构建了高效、敏捷、智能的全球供应链。

资料来源：联想以“五大能力”＋“两大模式”打造智能供应链 [EB/OL]. (2020-09-18) [2020-11-22]. https://baijiahao.baidu.com/s? id=1678187598180802511&wfr=spider&for=pc.

在智能制造背景下，制造企业必须加强与供应商、分销商、零售商的紧密协作，建立从原材料采购到产品分销的供应链集成，实现全程的信息透明、高效协同及可追溯，提升整个供应链的快速反应能力，最终提升客户满意度。从联想的案例中，我们可以总结出制造业智慧供应链的四个特征，即透明化供应链信息、精细化订单管理、深度的资源整合、预测性分析决策。

一是透明化供应链信息。相较于传统供应链，制造业智慧供应链强调与客户及供应商的信息分享和协同，将供应商、制造商、分销商、零售商到最终用户连成一个整体的功能网链结构，是全流程的供应链管理；侧重全局性，注重系统优化与全供应链的绩效，强调“牵一发而动全身”。在制造业智慧供应链中，实现供应链全链条管理数字化，支持核心企业加强全链条数据管理，实现供应链透明管理。信息透明打破了种种数字壁垒，建立端到端的运作体系和物流体系，增强了供应链的整体协同性，构建起高效供应链。

二是精细化订单管理。对于智能制造来说，一个极为显著的特征就是大规模定制，即由用户来决定生产什么、生产多少。强调与客户及供应商的信息分享和协同，真正实现通过需求感知形成需求计划，聚焦于纵向流程端到端整合，并在此基础上形成智慧供应链。更加看重客户服务满意度的精准性和有效性，制造企业更加具有存在感，不再是被动地提供产品，而是主动分析、主动服务。订单管理更加符合客户的个性化需求，进一步促进产品和服务迭代升级。

三是深度的资源整合。加强供应链体系建设是更好地推进制造业转型升级的有效途径，高效的供应链体系将促进制造业与服务业突破传统边界，实现上下游企业的有效整合、制造业与服务业的深度融合。未来的智慧供应链战略将使企业更加强调以制造企业为切入点的平台功能。通过运用结构完善的信息化网络平台，有效整合实体资源。制造业智慧供应链实现了深度的资源整合，有效提高了资源配置效率和产品开发效率，实现流程优化。尤其是对跨国企业来说，其整合全球的优势资源，构建了敏捷、高效、智慧的供应链体系。

四是预测性分析决策。与物联网深度融合的制造业智慧供应链与生产制造企业的生产系统相连接，实现智能的需求预测和计划制定。例如，通过建立智能化的采购平台，可以帮助企业实现数字化、智能化的物料采购，减少流程，提升效率，降低成本。制造业智慧供应链管理将通过实时的数据传输，实现更及时的生产调度分析以及更准确的市场和客户需求预测与需求管理；并进行供应链的风险评价与预警，提升企业的风险应对能力。①

8.3.3 制造业智慧物流的运作过程和典型模式

1. 制造业智慧物流的运作过程

从运作过程来看，制造业智慧物流的运作过程主要由四个阶段组成，分别是从供应商到制造企业的智慧采购、制造企业内部的智慧仓储、制造企业内部的智慧生产，以及从制造企业到客户的智慧配送和增值，如图 8-1 所示（虚线为信息流，实线为实物流）。

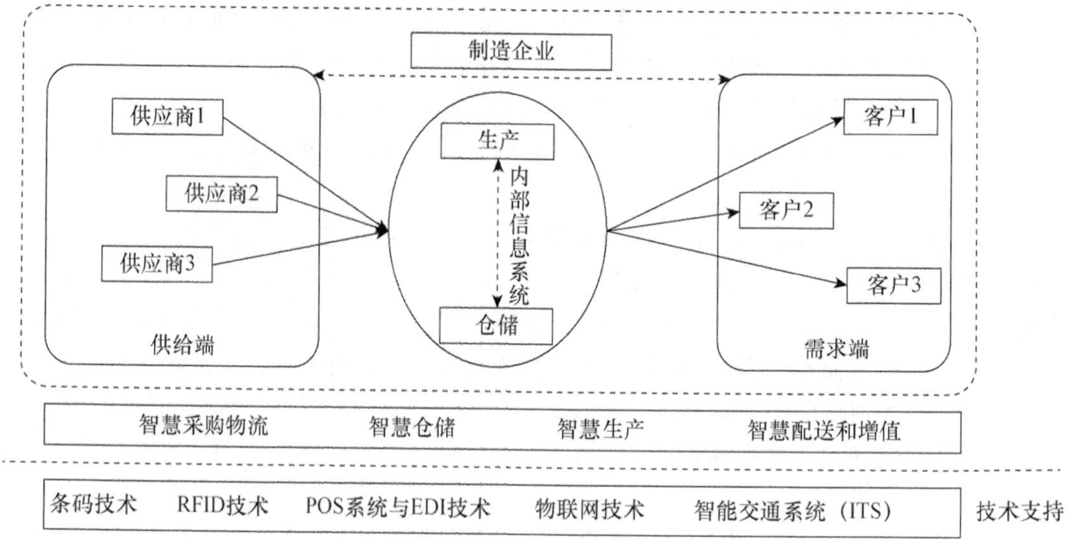

图 8-1 制造业智慧物流的运作过程

第一，从供应商到制造企业的采购物流。信息技术的进步驱动着采购方式智慧化，打通采购上下游环节，获得交易、物流、金融等综合服务。例如，沃尔沃汽车亚太区与京东合作，与京东的翼采平台对接，进行数据、技术、物流等多方面合作，实时监控采购物流的交付、履约和配送，大幅提高了效率。实现沃尔沃汽车亚太区采购物流的全面智慧升级，提高采购全流程可视化及管理决策的科学性。②

第二，制造企业内部的智慧仓储。智慧仓储管理系统目前已经成为现代制造企业的物

---

① 制造业智能变革之道：智慧供应链 [EB/OL]. (2018-03-22) [2020-11-26]. https://www.sohu.com/a/226083364_762607.

② 颠覆传统想象！汽车制造业的智能采购黑科技 [EB/OL]. (2018-08-16) [2020-11-26]. https://mp.weixin.qq.com/s/-FRNaqylErsujmNTBzzYCg.

流和核心环节。智慧仓储管理系统由 AGV 小车、视觉识别系统等硬件设施与先进的控制、通信和信息技术等软件系统组成，为企业提供智慧化的仓储管理，并通过自动化物流装备完成企业生产制造各个流程与工序间的物料输送，及时掌握库存真实数据，合理保持和控制库存状态。

第三，制造企业内部的智慧生产。可根据需要发出指令，指引仓储系统的各个部分作出相应的动作，为生产车间源源不断地提供物流保障。① 运用物联网技术收集处理设备、人员、仓储、出货等环节信息，进行生产管理、人员管理、设备管理，同时云端的数据经修正、完善、整理再反馈回生产现场，利用数据帮助制造企业提高生产效率、管控生产品质、减少管理成本。

第四，从制造企业到客户的智慧配送和增值。新一代信息技术与工业系统深度融合，工业互联网已经成为制造业转型升级的关键。在工业互联网时代，用户需要的不只是简单的物流交付，而是渴望获得一种全流程的解决方案。例如，海尔日日顺物流持续完善网络配送体系，建立了国内大件物流行业首个全国共享的三级分布式云仓网络，实现了农村与城市无差别的送装服务，并通过与用户零距离交互不断挖掘需求，为用户提供一体化生活解决方案，得到越来越多用户的支持与认可。②

2. 制造业智慧物流的典型模式

制造业智慧物流的典型模式包括网络化协同运作模式、平台化管理运作模式、自动化系统运作模式。

案例 8-6

智慧物流打造海尔集团核心竞争力

目前，海尔已建立了订单信息流、物流、资金流“三流合一”的 BI、GVS、LES、PLM、CRM、B2B、B2C 等系统，实现了全集团业务统一营销、采购、结算，并利用全球供应链资源搭建起全球采购配送网络，辅以支持流程和管理流程，以人单合一为主线实现了企业内外信息系统的集成和并发同步执行，实现内外协同——端到端流程可视化、从提供产品到提供服务，形成核心价值链的整合和高效运作模式。

海尔物流目前已成功从“海尔物流”向“海尔牌服务”转型，不仅为海尔产品提供服务，还为日日顺社会化客户、跨行业客户提供社会化、专业化的物流服务，打造大件（家电、家具、卫浴）物流第一品牌。

资料来源：CSDN 技术社区. 智慧物流打造海尔集团核心竞争力［EB/OL］.（2018-04-18）［2020-12-05］. https://blog.csdn.net/weixin_34199405/article/details/89720580.

① 浅谈智能仓储，在现代制造业中的应用［EB/OL］.（2020-07-31）［2020-11-26］. https://www.sohu.com/a/410757916_771915.

② 大件物流智慧升级 日日顺物流打造城乡配送全网覆盖［EB/OL］.（2018-08-28）［2020-11-26］. http://www.prnews.cn/press_release/369653.htm.

第一，网络化协同运作模式。海尔集团总裁周云杰表示，物联网时代的物流应该是形成一个生态系统，而且这个系统是开放式的，能够汇集各方资源。[①] 海尔搭建的是开放的生态，通过智慧物流将前端制造和后端用户体验串联起来。网络化协同运作模式将智慧物流和用户连在一起，提供整体的解决方案。

案例 8-7

美的集团布局智慧物流

目前，美的正借助旗下安得智联布局智慧物流，在完成自身庞大供应链改革的同时对外开放，与日日顺、菜鸟、亚马逊、京东等巨头一起逐鹿智慧物流“新战场”。2017 年 5 月，成立于 2000 年专职美的集团物流业务的安得物流股份有限公司正式改名为安得智联科技股份有限公司。一直以来，传统家电产品的销售渠道存在链条过长、节点过多等问题，导致企业对市场的响应速度下降。而渠道压货又会带来如产销失衡、库存管理难度加大以及过高的资金占用成本等一系列问题。

针对这一系列供应链痛点，过去两年，美的集团通过安得公司对内销售物流渠道进行了升级改造：从以往一共要周转七八次的“成品仓—省代理商—市代理商—实体店—消费者”的传统分销模式，变成如今的货物从区域中心仓直接对接不同类别经销商。

“两年前我们提出一个概念，无论你是线上还是线下，无论你是什么样的经销商，我们把美的的产品通过大数据整合和系统分析、计算以及建立模型，最后选取了 110 多个仓库，我们叫区域中心仓，在信息系统上和不同层级、不同类别的经销主体直接对接。”美的物流机器人项目负责人邢斌表示，改造后美的产品从工厂到终端客户最多经历四次搬运，最少可能三次，产品销售渠道的物流效率大幅提高，成本大幅降低。其自主研发的鲲鹏系统已基本实现了物流供应链全链接、无纸化、移动化，在大数据的采集和应用方面全面铺开，为客户在仓储布局、产品调配、库存预警等方面提供支持。鲲鹏系统是一套链接上下游的物流数据运营系统，是安得智联基于美的供应链系统自主研发的物流信息化产品。

资料来源：中国物流与采购网. 美的集团布局智慧物流 借安得智联逐鹿“新战场”[EB/OL].（2017-08-25）[2020-12-13]. http://www.chinawuliu.com.cn/zixun/201708/25/324218.shtml.

第二，平台化管理运作模式。美的集团的智慧物流运作模式是典型的平台化管理运作模式，通过打通上下游的物流信息化平台，链接起整个物流数据运营系统，为客户提供全面的智慧物流解决方案，并降低物流过程的成本支出，物流管理更加规范便捷，提高整体物流效率以及客户满意度。

---

① 海尔周云杰：生态系统是贯穿物联网时代智慧物流的一条主线[EB/OL].（2018-05-06）[2020-12-05]. https://m.sohu.com/a/230626355_256352.

案例 8-8

蒙牛六期的高度自动化物流系统

蒙牛乳业集团成立于 1999 年，总部设在内蒙古呼和浩特市和林格尔县盛乐经济园区，企业总资产达 76 亿元，乳制品年生产能力 500 万吨。随着生产规模的不断扩大，自 2002 年起，蒙牛乳业集团开始采用自动化立体仓库，提高仓储容量与物流管理水平。在全国共拥有 20 多座立体仓库。其中，2007 年投入使用的六期工厂的物流系统项目，以规模巨大和高度自动化受到业界的广泛关注。

与蒙牛六期项目相配套的物流系统，集成了自动仓库系统 AS/RS、空中悬挂输送系统、码垛机器人、环行穿梭车、直线穿梭车、自动导引运输车 AGV、自动整形机、自动薄膜缠绕机、液压升降台、货架穿梭板、连续提升机以及多种类型的输送机等众多自动化物流设备，是迄今国内乳业自动化程度最高、最先进的物流系统。

蒙牛六期自动化物流系统是高科技设备和控制技术的高度集成，因规模之大、创新点之多、自动化程度之高、运行效率之高备受业界瞩目。该项目从信息管理控制系统到物流设备应用拥有诸多创新技术。

在控制系统方面，实现了生产物流与多库存储物流的统一调度管理。物流中心的高度自动化要求对成品自动化库、内包材自动化库、辅料库进行多库统一调度和管理，即建立包括仓储物流信息管理系统、自动化库房控制与监控系统和自动化库房控制执行系统等在内的信息控制系统；实现生产物流与包装的自动化控制，生产物流与存储物流的统一管理调度，以及多库存储与生产物流的统筹管理等。

在高科技设备应用方面，该项目涵盖了多种先进高效的自动化设备，其中 AGV 和空中悬挂输送系统是蒙牛六期中的最大亮点。特别是在内包材出库环节引入了 AGV，从根本上实现了真正的自动化搬运，成为蒙牛集团同类项目中的一大突破。据了解，在其他项目的立体库中，内包材搬运作业多由计算机控制堆垛机使货物下架，由轨道出库。相比之下，AGV 的应用使蒙牛六期的运输系统实现了完全的智能化，大大提高了工作效率，降低了人力成本。

资料来源：CSDN 技术社区. 蒙牛六期的高度自动化物流系统 [EB/OL]. (2018-04-18) [2020-12-13]. https://blog.csdn.net/weixin_34293902/article/details/89720600.

第三，自动化系统运作模式。蒙牛集团的智慧物流运作模式主要是基于高度自动化的生产及仓储物流系统。为实现从生产到出库流程的无人化作业，蒙牛六期的物流系统由成品全自动立体库及输送系统、内包材自动化立体库及输送系统、辅料自动输送系统以及贯穿这三个子系统的计算机管理系统组成。通过统一的控制系统，以及高科技设备的应用，实现生产和仓储的统筹协调管理，提高物流管理水平。

8.3.4　制造业智慧供应链的运作过程与典型模式

1. 制造业智慧供应链的运作过程

与分销企业和第三方物流企业更多地关注某一个环节或功能的供应链管理不同，制造企业的供应链管理具有明确的市场定位、产品研发、预测、生产计划、物流计划、采购计划、成品发运计划、客户订单管理、库存与物流信息控制等功能环节。[①] 因此，制造业智慧供应链的运作过程主要由智慧采购与供应、智慧生产、智慧交付三个部分组成。如图 8－2 所示（虚线为信息流，实线为实物流）。

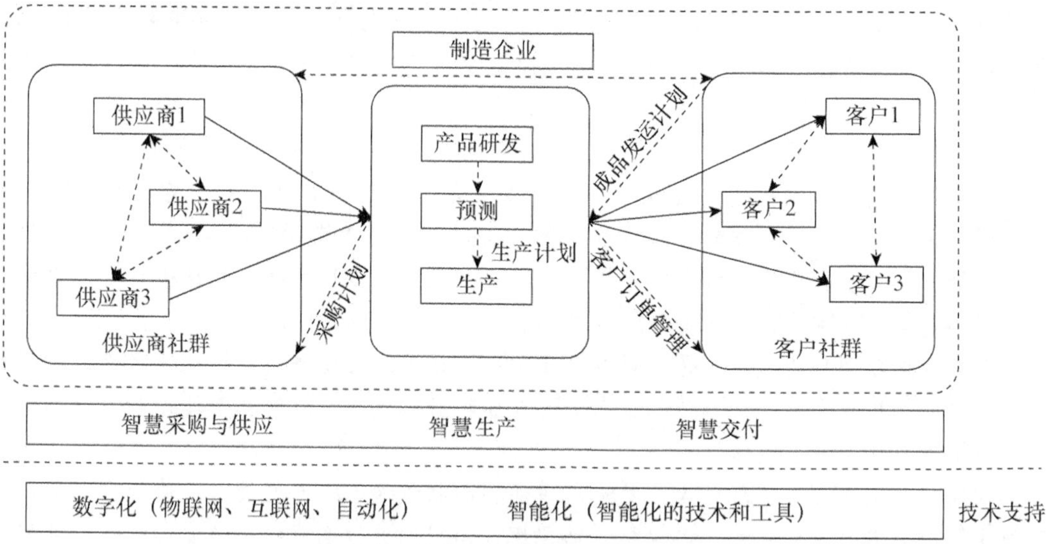

图 8－2 制造业智慧供应链的运作过程

智慧采购与供应克服了传统采购管理不透明、不连续、不便捷、不柔性、不协同的痛点，通过大数据、人工智能、机器人等技术的应用实现采购流程数字化和现代化，以应对多种需求、提高服务效率、减少人工失误。采购流程的数字化包括：可预测战略寻源、预测采购需求、实施分类的采购支出、预测未来供应来源等；前瞻性供应商管理，预测供应商绩效趋势、实时监控供应商风险以及借助 VR 技术实施供应商访问和审核；自动化采购执行，自动感知物流需求和触发补货请购、自动执行安全付款、应用供应链金融实战按需融资等。

智慧生产是智慧工厂构建的重要环节。实现智慧生产，首先要使生产数据透明化，把生产资源及因素呈现在企业管理者面前，帮助企业进行分析、决策和发展。其次，信息系统对于工厂来说，不在于锦上添花——如果一家工厂的生产非常流畅，信息系统的智能管理就会变得可有可无——而在于雪中送炭。关键就是在生产出现问题的时候，能够迅速识别并解决问题，帮助企业实现全程追溯，并且使得工作人员直观地了解工厂生产的状况，提升管理水平。最后，智慧生产的工厂能在生产线上根据生产计划及市场需求实时改变生产状况。[②]

智慧交付包括智慧化的成品发运计划、客户订单管理等。智慧供应链更加看重客户满意度的精准性和有效性。制造企业将会更多地邀请客户进行体验式的开发、测试客户要

① 邱伏生. 面向智能制造的智慧供应链建设 [J]. 物流技术与应用，2017，22 (3)：92-94，96-98.

② 平国春. 大数据时代：两化融合下的智慧工厂 [J]. 杭州科技，2014 (6)：36-37.

求，进行符合客户个性化的产品和服务模式整合，以保证该产品或服务对于客户的黏性，反过来促进产品和服务的迭代升级。供应链也就能进行自我反馈、自我补偿，实现智能化迭代升级。

2. 制造业智慧供应链的典型模式

制造业智慧供应链的典型模式包括互联工厂运作模式、流程型制造企业运作模式以及网络协同制造运作模式。

（1）互联网工厂运作模式。互联网工厂运作模式的典型代表是海尔集团。海尔互联工厂是整个企业全系统全流程的颠覆创新，它涵盖智能制造系统架构的所有内容。在生命周期维度，互联工厂体系覆盖设计、生产、物流、销售、服务等全周期，为用户提供全流程最佳服务体验。在系统层级维度，互联工厂构建设备层、控制层、车间层、企业层和协同层五层架构，实现了人、机、物等互联，信息实时共享。在智能功能层面，互联工厂通过五大系统集成，构建了数字化互联互通的云平台，实现了全流程的信息融合，形成了大规模定制、智能产品远程诊断、智慧生活场景商务等新兴业态。基于互联工厂创新模式，通过互联网技术与制造技术融合，搭建互联工厂系统架构，支持互联工厂“1+7”并联平台落地，满足用户最佳体验。互联工厂系统架构共有三大层级，如图 8－3 所示，这与智能制造系统架构的三个维度是基本匹配的。

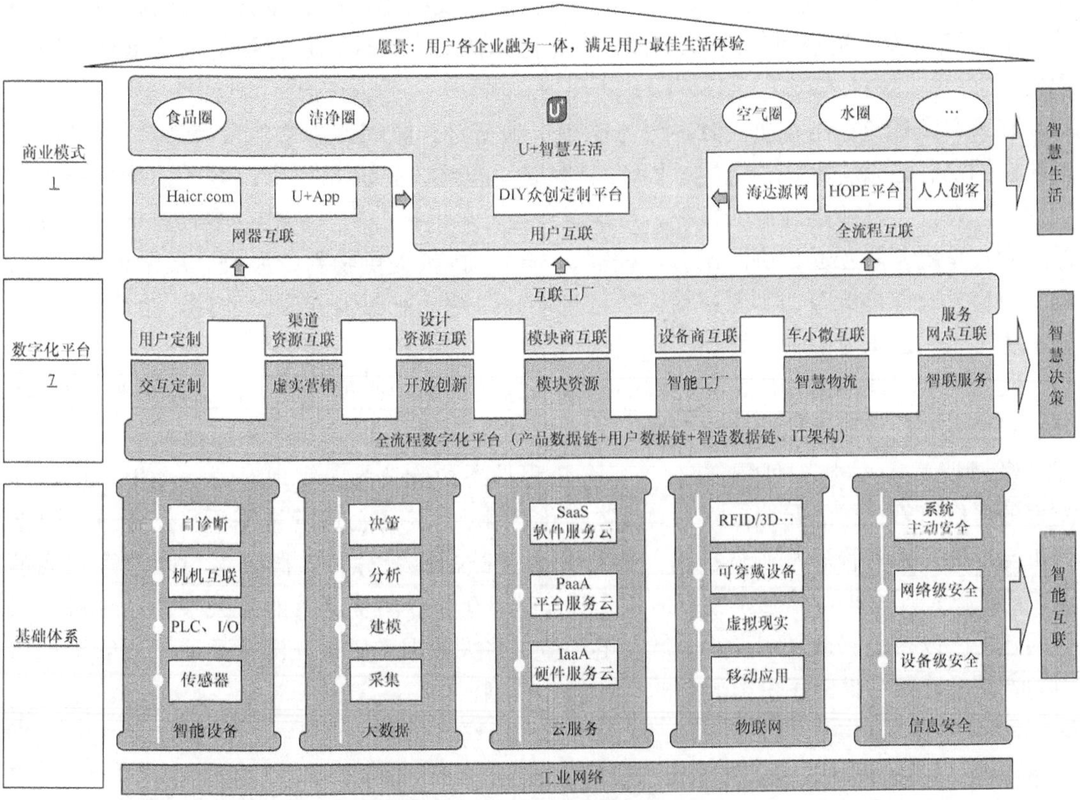

图 8－3　海尔互联工厂系统架构

第一层是基础体系，对应智能制造系统架构中的系统层级。通过智能设备、大数据、物联网等先进技术的应用，构建出互联工厂的系统架构。实现数据采集、数据集成可视、数据分析和优化的全流程数据链集成和互联。

第二层是数字化平台，对应智能制造系统架构中的全生命周期。基于基础系统体系，通过搭建全流程数字化平台，构建全流程、全生命周期的大规模定制能力。传统企业的信息化平台是孤立的垂直系统，从企业内部视角研究如何提高效率。互联工厂的数字化平台侧重从用户视角和用户体验出发，研究如何让用户、第三方资源更好地参与到大规模定制过程中。所以该层数字化平台的本质是资源可以和用户零距离交互的能力，以支撑商业模式层的重塑。

第三层是商业模式层，对应智能制造系统架构中的智能功能维度。基于以上两层构建的基础，可以颠覆传统的卖硬件、卖产品的商业模式，从用户体验角度出发来重新思考互联工厂的商业模式。①

（2）流程型制造企业运作模式。流程型制造是指通过对原材料进行混合、分离、粉碎、加热等物理或化学方法，以批量或连续的方式使原材料增值的制造模式。流程行业处于整个制造业的上游，流程企业全年产值占全国企业年总产值的60%以上。因此，从行业覆盖范围及其在国民经济中所占比例来看，流程工业在制造业以及整个国民经济中均占据着举足轻重的地位，其生产水平直接影响我国制造业的强弱以及国家的整个经济基础，流程型制造注重制造过程的在线优化和精细化管理，是智能制造的重点发展方向之一。

作为典型的流程型行业，蒙牛的智能制造项目符合流程型制造的所有特征，从收奶、净乳、调奶、巴杀、配料、定容、UHT、灌装、包装、码垛到入库，生产连续性强、流程固定。在蒙牛的智能制造项目中，系统对产品订单进行分析、转换、自动排产，通过信息化管理系统互联互通、协同配合，按需、按时、按量提供物料、原奶、质量检验计划、能源供应、仓储位置等，实现订单任务信息实时跟踪、能源消耗实时监控，生产更高效、过程更可靠、成本更明晰、管理更便捷。②

在奶源端，蒙牛为牧场建立完整的健康信息数据库，通过对乳牛数据的采集、共享、分析，形成专门的科学饲养解决方案；在生产端，先进的质量管理系统包括26个模块、82个管理要素，通过全封闭监控生产、全流程动态检验技术，实现对每一个生产细节和流程的严格监管；在消费端，蒙牛通过数字化营销和CRM会员营销等项目，通过大数据分析与挖掘、人群管理与洞察能力，建立完善基础标签管理、人群分组与画像等功能模块，由此激活了数据、增强了数据应用，让全球8 000万消费者都能与蒙牛产品进行多层次的互动。以智能制造贯穿乳业全产业链环节，将大数据和质量监测数据凝聚进安全可信赖的产品里，蒙牛推动了中国乳业的“智慧”转型。③

---

① https://blog.csdn.net/agelee/article/details/106021252.

② 内蒙古蒙牛乳业（集团）股份有限公司. 蒙牛乳业智能制造的探索与实践［J］. 自动化博览，2019（4）：38-40.

③ 打造新基建下的数字模式 蒙牛赋“智”全产业链［EB/OL］.（2020-05-27）［2020-12-13］. https://xw.qq.com/cmsid/20200527A02ZXZ00.

（3）网络协同制造运作模式。网络协同制造模式是根据网络协同制造理念开发的，以一种互联方式并利用计算机网络组成的开放式、多平台、相互协作、能及时灵活响应客户需求变化的制造系统。

潍柴动力是网络协同制造运作模式的典型代表。潍柴动力结合自身实际，着眼行业趋势和未来发展需求，不断加速两化融合，推动企业转型升级。"汽车发动机数字化车间"顺利通过验收，"柴油机智能制造综合试点示范项目"成功入围国家智能制造试点示范项目，网上商城一期正式上线，IT覆盖度不断提高，为企业运营管控提供了强大的信息化支撑，实现以数据为核心的人、机器、产品的互联互通，打造"智能化"企业，提高单件产品品质和工业附加值，进而带动整个产业的协同和资源再配置。潍柴从2003年开始，进行大规模信息化建设，建成了"6＋N＋X"的信息化体系架构：第一，建成了ERP、PLM、SRM等6大业务运营平台，支撑了产品全生命周期的精益管理和全球研发协同；第二，建成了BI、合并报表等N个支撑平台，实现了财务和运营数据的及时获取，为企业的科学、快速决策提供了数据支撑；第三，建成了企业的数据总线、核心网络等X个基础设施，在全球搭建了数据的高速通道，实现了核心业务数据的集中存储、传递和分析。在过去的10年，潍柴建立了覆盖全价值链流程的"6＋N＋X"（业务运营平台＋管理平台＋基础平台）的信息化支撑平台，支撑了企业的高速发展，特别是全球协同研发平台，将分散在中国、美国、德国等5个国家12个地区的研发中心进行了高效协同，真正站在客户的角度提供卡车、客车、工程机械等产品的一站式解决方案。[①]

面对新的互联网时代，产业界迫切需要将潍柴独有的"整车—动力总成—关键零部件"的产业链平台优势推广到整个行业，以智能产品为核心，以信息技术为依托，将上下游企业紧密地融合在一起，推动行业的转型升级。目前，潍柴正在将更多的供应商加入全球协同研发平台，为未来打造行业性的众创、众包平台提供技术基础和相应的模式探索。[②]

8.4　新零售智慧物流与供应链运作模式

8.4.1　新零售发展历程与趋势

1. 新零售的发展历程

新零售是当前发展最迅猛和最受关注的智慧服务。对于智慧服务的含义，大体上有两类观点。从技术角度来看，智慧服务是在服务中使用智能技术、互联网技术、机器学习技术等，以达到服务水平升级的目的。从人本的角度来看，智慧服务是通过使用技术，特别是现代信息技术使服务更符合人们需求，更好地达到服务效果，使人们更满意。[③] 基于互

---

① 潍柴动力：搭建基于智能制造基础的系统平台［EB/OL］.（2020-08-24）［2020-12-13］. https://www.sohu.com/a/414648303_251620.

② 潍柴动力：以智能制造推动企业快速发展［EB/OL］.（2015-10-12）［2020-12-13］. http://blog.sina.com.cn/s/blog_14e0361570102v2jv.html.

③ 智慧服务［EB/OL］.（2018-02-23）［2020-12-13］. https://www.sohu.com/a/223656006_747186.

联网产生的电子商务，自20世纪90年代诞生后，已经历了雏形期、发展期、稳定期和成熟期四个阶段。[①] 2009—2015年间，中国零售市场呈现出了爆发式的增长势头。到2015年，商超领域企业纷纷开拓线上渠道，电商企业则纷纷开拓线下渠道，零售活动不断超越和打破原有边界，向线上线下及物流融合发展。[②] 新零售的概念在2016年杭州云栖大会上提出："纯电商时代很快会结束，未来十年、二十年，只有新零售这一说，线上线下和物流必须结合在一起，才能诞生真正的新零售。"新零售很快成为企业家、学者和媒体热议的话题。国家相关的管理层也在酝酿与零售业转型相关的政策。2016年11月11日，国务院办公厅印发了《关于推动实体零售创新转型的意见》，从总体要求、调整商业结构、创新发展方式、促进跨界融合、优化发展环境、强化政策支持等六大部分总计十八个方面为新零售发展指明了方向。

新零售是目前区别于传统零售的一种新兴零售业态的概念表达。阿里研究院发布的《C时代 新零售》的研究报告中给出了新零售的明确定义，即新零售是以消费者体验为中心的数据驱动泛零售形态，它的核心在于重构从而产生全新的商业业态，核心价值是最大程度地提升流通效率。各大平台、各大发展电商的互联网品牌，都不再提O2O，而是已经开展了新零售的布局。

一些企业成为新零售与新技术、新资源结合的榜样。国外比较典型的是亚马逊，国内的典型代表是阿里巴巴、三只松鼠、韩都衣舍等一批新型零售企业。

2. 新零售的发展趋势

零售的本质在于为消费者提供高效满意的服务，王宝义（2017）[③] 考察对比了网络零售企业在新零售实践中的一系列战略，发现当前新零售的战略布局具有以下特征：

一是与传统实体零售企业开展战略合作，借助实体优势开辟线下渠道。借助传统零售企业的资源可以尽可能地降低风险，获得更多的资源。例如，阿里巴巴通过参股结盟等形式不但从形式上密切与实体零售的关系，且在业务上进行战略合作，优化协同关系。

二是尝试布局线下实体，且关键点在于深度融合"线上＋线下＋物流"，同时特别重视数据的开发应用。新零售时代网络零售企业对线下布局，实质上是打通线上线下，使两者深度融合，打造全渠道购物体验，因此"新零售"的线下布局与传统的线下零售截然不同。例如，阿里巴巴淘品牌线下实体布局依托线上品牌，实质上是线上品牌渠道拓展，线上与线下的深度协同。

三是以消费者体验为中心，满足消费者购物、娱乐、社交多维需求成为布局新零售的重要考量。传统实体零售企业，起家于实体零售但后天又注入了互联网基因，原则上更具线上线下协同的优势，其不断尝试"新零售"战略，重点是更加注重消费者需求的满足，加强数据开发应用，用互联网基因不断改造和拓展实体零售。如苏宁在注重数据开发应用的同时，不断尝试苏宁云店、苏宁超市店、苏宁母婴店、苏宁小店等多样化的实体零售

---

① 王娟娟，秦炜. 一带一路战略区电子商务新常态模式探索［J］. 中国流通经济，2015（5）：46-54.

② 沈鹏熠，范秀成. 在线零售企业社会责任行为与消费者响应——基于中国背景的调节效应模型［J］. 中国软科学，2016（3）：96-106.

③ 王宝义. "新零售"的本质、成因及实践动向［J］. 中国流通经济，2017（7）：3-11.

业态。

由此可以发现，线上线下融合是新零售发展的大趋势。具体来看，未来新零售的发展趋势主要包括以下三个方面。①

第一，新零售推动超市门店体验再升级。线上品牌会逐渐布局线下渠道，使得线上线下渠道有机融合，形成全渠道资源共享。例如，人人乐超市到目前已形成新型大卖场 Le supermarket、精品超市 Le super、社区生活超市 Le life、社区生鲜超市 Le fresh、百货实体业态与人人乐园 App、“人人乐乐到家”小程序服务相结合的线上线下融合的多业态发展格局。

第二，新零售服务商将大量涌现。随着市场重心从制造商转向零售商，再到消费者，谁接近消费者谁就是赢家。

第三，数字化将向产业上游渗透。数字化进一步从消费者向零售商，最后向上游品牌制造商迁移，也就是人们常说的零售业互联网化进一步转向工业互联网化。工业互联网化不再是某国制造，而是互联网制造。这个制造基于新商业基础设施和消费者需求，将重新定义制造业。也就是未来以新零售为核心，个性化定制服务将成为行业主流。

8.4.2　新零售智慧物流与供应链的主要特征

1. 新零售智慧物流的主要特征

联邦快递高级副总裁埃迪·陈（Eddy Chan）对新零售的理解为“线上、线下、物流还有高科技的有效融合”。可以看出，在对新零售的认识中，物流是新零售体系构建中的核心环节。新的物流模式推动了零售业的变革。

新零售带来的需求变化是小众化、碎片化、快速化，正因消费形态的改变，智慧物流系统在构建过程中逐渐呈现出即时性、数据性、协同性、智能性等特点。②

（1）即时性。新零售的一大特点就是高品质的服务，要发展忠实顾客，提高配送效率、提升用户体验是首要问题。以即时配送及店仓一体为核心的点对点物流配送模式的快速发展，给物流行业带来了新增量。要打通线上线下流通体系，实现高服务、高效率，物流的即时性成为企业未来竞争的着力点。即时配送平台达达加入京东物流体系后，2018 年“6·18”期间京东物流成本下降 50%。

（2）数据性。大数据时代的到来，使物流企业更加感受到信息的价值，利用大数据搭建物流信息平台，挖掘物流数据，预测市场动态，精准定位顾客，抢占商业先机，优化物流资源与配置，改变物流系统结构，转变物流运作模式，物流企业已经进入数据之争的时代。围绕数据开拓市场成为物流企业转型升级的关键。菜鸟推出的大数据产品物流云主要依据电商平台和快递企业进行物流优化，打造物流＋社区＋O2O 服务。

（3）协同性。智慧物流的协同性是指将传统物流边界打破，与商贸、金融、智能制造等行业共同协调和配置相关资源，重构物流、资金流、商流、信息流，提高整个流通体系

---

① 2021 年新零售发展（趋势、前景及现状）[EB/OL].（2020-12-03）[2020-12-13]. https://www.hishop.com.cn/xls/show_67124.html.

② 刘阳阳. 新零售背景下我国智慧物流的特征、问题及发展路径 [J]. 商业经济研究，2019（17）：14-16.

的时间和空间效率。在新零售时代，整合末端网点资源，对接国际数据成为新的发展趋势。京东物流通过构建自身物流基础设施平台，为第三方商家开放服务，向平台化发展。

(4) 智能性。随着智能化和信息化技术的快速普及，商品生产流通中所有核心环节都变得更加智能，智能物流也迎来了发展的黄金阶段。目前智能物流市场主要集中在无人机、机器人、智能快递柜、可穿戴设备、大数据分析等方面，并已经开始商业化使用；无人卡车、人工智能正处于研发测试阶段，未来前景巨大。国内外诸多企业为了抢占市场先机，都积极投入智能物流布局中。以亚马逊、京东、阿里等为代表的互联网科技企业依托自身互联网基因，注重通过智能平台提升物流效率。

2. 新零售智慧供应链的主要特征

对于零售商来说，新零售带来的供应链体系的变革是很重要的。围绕新零售的数字化属性，其智慧供应链有三个重要特征：即时响应、快时尚化、定制化。①

一是即时响应。新零售智慧供应链将实现全链条数字化，客户、物流、支付、服务等数字一体化，虚拟在多种场合替代实物存在，而实物通过数据链实现库存最优乃至零库存。所有的响应可以是即时的，所见即所得、所想即所得。新零售下的智慧供应链对决策实时性、联动性要求更高，需要集成和协同供应链条上的各个环节，如供应商、销售渠道、仓库、门店，使符合消费者需求的商品以准确的数量，在最短的时间内送达消费者手中，从而在满足服务水平的同时，实现整个系统成本的最小化。

二是快时尚化。新零售时代下，商品、服务和内容都极大丰富，快时尚凝结了新零售在产品时尚化、流行度、个性化、更新率、动态化、适应性、性价比等方面的各种要求。而当前，正是因为各个领域的数字化的赋能，才使得柔性生产、敏捷制造、大规模定制、精准预售等业务变成现实，快时尚作为供应链的重要特征，既是驱动力，又是结果。过去一些服装品牌依靠管理和高效组织机制实现了快时尚化，未来生鲜、食品、杂百等所有业态的供应链都应该与消费端一起快时尚化。

三是定制化。定制是对供应链响应能力最高级的要求，定制体现了新零售数个层级的能力，包括客户的精准识别和高密度链接等。所有的零售商可能都会去全球的优质源头采购，无非是成本效率差异，所有的零售商也都在加快基地建设和产端战略合作，更多是平台规模大小的差异，而真正高效的新供应链，必然是产端、渠道和客户一体化的效能提升。新零售的智慧供应链，从某种意义上讲，就是往零售需求链的转变过程。需求链相比供应链，只是更多地从考虑消费者需求出发，但不仅仅只是需求驱动，而是需求感知＋商品管理＋S2b（supply chain platform to business）供应链管理的深度融合。消费者可识别、可到达、可交互，实现对消费者需求的精准探知，同时零售业的商品管理在人工智能的帮助下，开始对商品的特征值迅速提取并进行贴标、分类、聚类，实现和消费者需求的精准匹配。②

---

① 沈追. 新零售供应链 三个特征和三个要求［J］. 时代经贸，2017（11）：39-40.

② 新零售时代下的智慧供应链［EB/OL］.（2018－09－14）［2020－12－20］. https://www.sohu.com/a/253842152_100224613.

8.4.3　新零售智慧物流的运作过程和典型模式

1. 新零售智慧物流的运作过程①

新零售是企业运用互联网等新技术手段，进行了线下体验、线上服务及现代化物流产业链和价值链的深度融合与重构后，所形成的全新零售服务形态。其全渠道运营、场景化消费以及数字化、科技化发展等特征都与当前的智慧物流系统构建需求息息相关。

以全渠道运营特征为例，智慧新零售能很好地通过消费方式来逆向牵引生产，能在线上线下深度融合的基础之上科学配置现代化配套物流，进而更好实现设计、生产、批发、经销与零售一体化的全渠道运营。以场景化消费特征为例，新零售重构了人与货的空间关系，能在充分挖掘、分析消费者个性化需求的基础上，通过产品采购体验、消费氛围营造、用户参与分享等更多维度深化产品附加值，实现消费者场景化消费，从而增加智慧物流系统的新流量入口。

与制造业面向全流程的智慧物流不同，新零售智慧物流的运作过程主要体现在物流配送环节。快速、及时、准时的物流配送服务是新零售发展的必备条件。在全渠道销售的基础上，以订单的快速处理来不断提升消费者的体验。因此智慧物流运作更注重智慧数据物流平台的构建，实现本地化物流配送体系，减少中间物流环节；以大数据作为运营平台，充分利用互联网、大数据技术来处理线上线下的订单信息，自动将物流信息匹配到最近的销售网点，进行快速分拣；同时与各物流企业进行沟通合作，以最短的时间配送到消费者手中。

新零售运用大数据技术精准记录消费者的消费行为，并统计出消费者的购买能力和欲望，这些数据的输出，使智慧物流进行快速反应，促使商家卖场自营物流、第三方物流、消费者自提等多种物流模式的结合成为智慧新零售的新物流模式，更促进了基于消费者的需求定制个性化的产品和服务。与此同时，新零售企业面对线上线下海量的订单信息，应注重物流的配送，满足消费者多样化、多点化、不定时间地点的配送需求，从而提升消费者的体验。

2. 新零售智慧物流的典型模式

新零售智慧物流的典型模式包括两种，分别是以京东为代表的包括无人化作业、数字化运营和智能化决策的全面智慧化的物流体系，和以阿里巴巴为代表的利用自身从事电商行业积累的大数据搭建的智慧化物流平台。

首先介绍以京东为代表的全面智慧化物流体系模式。

案例 8-9

京东的全面智慧化物流体系

京东虽然是一家以电商为核心业务的企业，却拥有庞大的物流体系和地面配送部队，对应用人工智能等先进技术提升效率并压缩成本有着强烈的需求。为此，京东于2016年

① 张永雄，张艺．智慧新零售物流系统的构建与探索［J］．产业与科技论坛，2020，19（3）：215-217．

成立了X事业部，专注智慧物流相关技术的研发。2017年4月25日宣布独立的京东物流子集团的目标是，以科技创新打造智慧供应链的价值网络，并最终成为中国商业最重要的基础设施之一。如今，京东在智慧物流领域取得了突飞猛进的发展，构建起以无人仓、无人机和无人车为三大支柱的智慧物流体系。

1. 无人仓、无人车、无人机

京东立志成为一个将人工智能技术和机器人技术相结合的“近似于无人的商业体”，智慧物流已经成为京东技术成果的展示平台。

7月4日，京东宣布北斗卫星导航系统规模化落地京东，京东物流自营干支线、城配线路上全部加载北斗系统的车辆超过6 000辆，2万多名京东配送员配备北斗导航系统智能手环设备。

在2017年的“6·18”年中大促中，京东全面展示了其智慧物流发展成效。无人仓、配送机器人、无人机开始崭露头角，启用9个现代化智能物流中心“亚洲一号”，增加济南、武汉、北京、上海的无人仓数量……

2. 打造智慧物流产业基地

2017年5月22日，京东集团与西安航天基地签订了京东全球物流总部、京东无人系统产业中心、京东云运营中心合作协议，致力打造京东集团全国最大的综合性智慧物流产业基地。根据双方协议，京东将投资205亿元与西安航天基地展开深入合作，在智慧供应链领域进行全方位、系统性布局……建立智慧物流、飞行运管、大数据运营三大平台；打造智能制造、智慧物流、云计算、特色小镇四大产业。

资料来源：阿里、京东、顺丰和三通一达殊途同归，都在打造智慧物流！[EB/OL].（2017-07-25）[2020-12-20]. http://www.chinawuliu.com.cn/zixun/201707/25/323299.shtml.

从案例8-9可以看到，以京东为代表的全面智慧化物流体系，主要以自建物流为主，企业低头干自己的事。京东的智慧物流体系以“无人仓、无人机、无人车”研发为基础，主打全自动仓储，并利用自身在自营和平台上收集的大量数据进行仓储物流的定位分析。京东利用完整的物流体系和物流能力，为其自营商铺以及第三方商家提供完整的物流服务。①

以下将介绍以阿里巴巴为代表的智慧化物流平台模式。

案例8-10

阿里巴巴的智慧化物流平台

阿里巴巴成立了菜鸟网络来搭建智慧化物流平台，对于阿里巴巴来说，依赖足够数量、质量的数据打造的智慧物流网络，是支撑其新零售战略的根基。

1. 新零售的基础

阿里巴巴不遗余力推行五新战略的基础是新零售，而实现新零售的关键则是通过智慧

---

① 破局之战！智慧物流竟成关键，阿里、京东各显神通！[EB/OL].（2018-01-12）[2020-12-20]. http://www.chinawuliu.com.cn/zixun/201801/12/327836.shtml.

物流帮助企业消灭库存。毋庸置疑，智慧物流将直接影响阿里新零售的实现。

2016 年时任菜鸟网络 CEO 的童文红说："如果我们不能做到全链条的库存节约，互联网＋物流也就不能发挥真正作用。" 2017 年菜鸟网络为了提升其"科技范儿"，甚至换了全新的标识。对外解释称"菜鸟新标识融合了货物和数据的流动，包含了人工智能和世界通用的技术语言，意味着菜鸟将持续运用大数据和智能，推动智慧物流升级"。

2. 技术支撑

其实菜鸟网络在推进智慧物流方面一直很卖力。在打造智慧物流的技术方面，菜鸟网络先后推出了电子面单、智能分单、四级地址库、智能发货引擎、物流云、智能云客服等产品。

菜鸟电子面单渗透率已经达到 85%，在仓储领域，菜鸟已经在广州、嘉兴等地启用全自动化的智能仓库，通过大型流水线和各种类型的机器人，实现了智能物流规模化运营和复杂场景下灵活调度的平衡。

在配送方面，菜鸟网络推行了一项代号为"ACE"的未来绿色智慧物流汽车计划，该计划推出的新能源物流车搭载了"菜鸟智慧大脑"，可以实现与司机的语音交互，改变目前依靠人工调度的现状，实现智慧跑、智能送。

菜鸟网络总裁万霖表示，菜鸟将推动国际尖端智能设备在物流业的使用，更注重智能设备的平台化和快速落地，目标是要让绝大多数物流企业都能用得起世界领先的技术，推动行业从局部优化进入全局优化。用大数据和算法深入赋能到物流的毛细血管，加快推进国际化，打造世界电子贸易平台（eWTP）的基础设施，智慧物流从中国连接世界，升级为世界连接世界。

资料来源：阿里、京东、顺丰和三通一达殊途同归，都在打造智慧物流！[EB/OL]. (2017-07-25) [2020-12-20]. http://www.chinawuliu.com.cn/zixun/201707/25/323299.shtml.

通过案例 8-10 可以看到，以阿里巴巴为代表的智慧化物流平台，主要是通过人工智能等技术对物流大数据分析加工，优化管理、预测、决策，催生出商业价值。菜鸟基于阿里巴巴的基因，主要挖掘自身的平台价值，利用合作伙伴的物流能力，服务淘宝、天猫上的第三方商户。菜鸟的物流采取的是众包式，加上物流界的"三通一达"（中通、圆通、申通和韵达），通过协议建立了中国智能物流骨干网。菜鸟负责搭建物流平台或仓储中心，各仓储中心之间的货物运输由"三通一达"负责，菜鸟网络利用阿里巴巴从事电商行业积累的大数据，对物流配送选择进行规划，为客户提供耗时最短、最优的运送服务。

8.4.4 新零售智慧供应链的运作过程与典型模式

1. 新零售智慧供应链的运作过程

线上互联网企业与生俱来的数字化运营思想和线下传统企业数十年磨炼出来的精细化运营思想发生剧烈的碰撞，由此产生了新零售供应链的运营模式。

如图 8-4 所示，新零售的智慧供应链运作过程可以简单地理解为 M2C 模式，即让消费者直达工厂，直接衔接制造业与消费者。在此模式下，消费者直接通过平台下单，工厂接收消费者的个性化需求订单，然后根据需求设计、采购、生产、发货，主要包括纯柔性生产、小批量多批次的快速供应链反应。

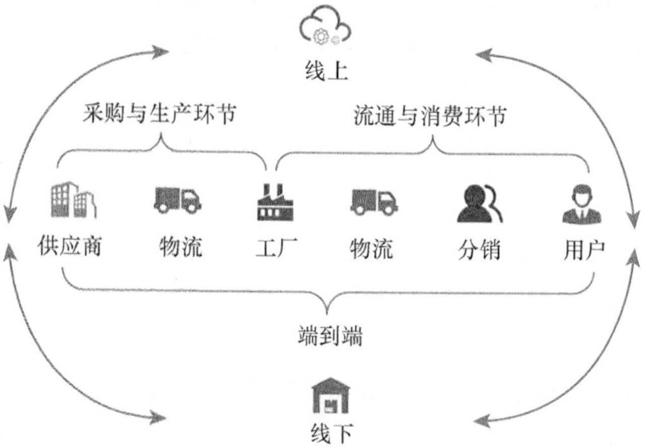

图 8-4　新零售智慧供应链的运作过程

资料来源：浅析新零售供应链模式具体怎么做？[EB/OL].（2020-09-29）[2020-12-21]. https://www.sohu.com/a/421615346_120856680.

新零售供应链的运营包含商家运营、商品运营、货品运营、网络运营以及门店运营等。在平台上的海量商家、商品、货品，以及线下的网络及门店，“平台链主”以横向一体化的方式进行集约化和规模化运营，从而降低了单一“商业链主”的运营成本，提高了其运营效率，能够让其更高效地来管理独特的商业供应链。实现新零售 M2C 模式需要一定的供应链能力来支持，通过供应链的优化来提升快速反应能力和数字化能力。

新零售智慧供应链由消费者需求驱动，商家需要做好需求预测、采购计划、库存计划和生产计划，协调需求与供应，形成智慧供应链协同平台。通过智慧采购，真正实现按需采购，降低库存；以柔性化生产满足消费者个性化需求；针对不同类型的消费者在各自适合的渠道推广个性化营销内容，实现精准营销；智慧物流实现物流要素数据化（货）和地理信息数据化（场），大大缩短人货之间的距离，提升消费者的物流体验。新零售背景下智慧供应链更加强调自动化、无人化，要求商品更加贴近消费者，满足其高频次、紧急、低规模效应的订单需求。将商品从产地仓通过 B2B 运输至销售协同仓，然后再输送至门店仓。门店仓即线上线下全渠道融合的多功能门店，设有体验销售区、仓储区和合流配送区，既可满足线下消费者的现场购物与体验，也可通过店内分拣和末端配送满足线上消费者的个性化需求。①

---

① 汪娟，赵士凤. 新零售背景下智慧供应链协同运作机制研究［J］. 湖北文理学院学报，2019，40（5）：16-20.

2. 新零售智慧供应链的典型模式

新零售智慧供应链的典型模式为协同运作模式，协同运作由计划协同、生产协同、物流协同和服务协同组成；协同运作机制通过全渠道、全链路、全场景实现供应链全流程可视化，重塑高效供应链。

案例 8 - 11

智慧供应链如何赋能新零售

想象这样一个场景：消费者在手机端的电商平台上下了一个订单，之后他并不会关心这件货品是通过什么路径送达的，他关心的只是能否快一点收到。传统供应链的做法是，按部就班，从电商的仓库发货。

而智慧供应链打通仓库和门店间的库存，从而判断消费者附近的品牌实体店是否有库存，如果有，立刻从实体店调拨货物。这样一来，发货速度大大提高，消费者的购物体验自然也相应提高了。

再想象这样一个场景：厂家生产商品之后，出售给下游各个层级的经销商，经销商向厂家支付货款，从传统意义上来说，厂家的销售就算完成了。事实上，商品并没有实现真正意义上的消费，不论是商品积压在经销商手里、在便利店的货架上，还是真正达到了消费者手中，厂家所获取的信息并不全面，也就无法精确对其供应链的计划做出预测。

而智慧供应链目的是全链条信息数据可视化。一方面，实现物流管理透明化，提高库存准确率，生产厂家通过系统可以实时看到各地区的库存水平；另一方面，如果能够进一步打通从厂家到下游经销商的库存，则可以掌握各地区销售的一手信息，实现仓库布局优化，提高效率。甚至在一定程度上略过中间环节，直接到达末端的商超或消费者，减少物流成本。这样一来，商品销售的数据就直接反馈到厂家，厂家可据此优化供应链，做到需求的精准预测，进一步实现按需生产。

这些都是智慧供应链赋能商业的真实案例。据了解，以上某些场景的应用，已经在百世和其客户供应链体系的合作中实现了落地。目前，百世集团已经通过互联网信息系统组成的数据传输和处理网络形成"天网"。在这张"天网"中，百世自主研发的订单、仓储、运输等管理系统，不仅可以为品牌商进行供应链诊断，也可以帮助商家进行合理的供应链规划，提供全渠道全供应链物流解决方案。

同时，由百世集团旗下百世云仓的仓储网络、百世快运的运输网络、百世快递的配送网络形成的"地网"，则帮助企业实现门到门的仓配一体化。

资料来源：降成本提效率 智慧供应链催生商业新模式 [EB/OL]. (2017-1-28) [2020-12-21]. http://www.chinawuliu.com.cn/zixun/201711/28/326597.shtml.

百世集团高级副总裁、百世云总经理张砚冰表示："对于消费者，新零售意味着全场景、多渠道、高体验的服务。对商家，意味着全渠道与消费者产生连接，同时，需要有一个智能的高效供应链来支撑。"通过科技、综合物流、供应链管理、最后一公里服务和增值服务搭建智慧供应链平台，将商户、加盟合作商、运输及其他供应商和消费者汇聚起来，可以形成丰富多样的百世生态系统，赋能新零售。①

在新零售时代，通过运用数字化技术提高智慧供应链对消费者需求的感知能力，一切以消费者体验为中心。这就要求智慧供应链节点成员之间必须通过协作与共享来实现供应链价值最大化，进而提升节点成员整体价值，获得因协同运作而产生的超额利益。智慧供应链的协同运作主要通过全渠道、全链路、全场景途径实现，并以此提高供应链端到端的透明度和服务水平，实现全流程可视化。

8.5 “走出去”企业的智慧物流与供应链运作模式

8.5.1 “走出去”企业发展历程与趋势

1. “走出去”企业发展历程

党的十五届五中全会首次明确了“走出去”的思想；党的十六大报告指出，实施“走出去”战略是对外开放新阶段的重大举措；党的十七大报告则进一步强调了“走出去”的战略地位。中国“走出去”企业的发展经过了企业“走出去”、行业“走出去”、文化“走出去”三个阶段。②

第一个阶段是企业“走出去”。在已经充分培养和发展国内市场的基础上，有实力的本土企业可以实施“走出去”策略，参与到别国甚至是市场经济相对成熟的发达国家的竞争中去。从中国“走出去”的发展历程来看，企业“走出去”包括主动“走出去”和被动“走出去”两种情况。

主动“走出去”的目标在于发挥中国企业的比较优势，形成一批具有国际影响力的跨国公司。在中国经济发展初期，中国国内行业不够强大、国际影响力不足，但是有部分企业依托国家政策、先进的生产技术或者资金支持，发展非常迅速，形成了特有的比较优势。这个时候，通过企业“走出去”这种形式对外形成一定的影响力是有利可图的。被动“走出去”大多数是由于原材料的稀缺性使企业面临原材料供应压力，不得不到境外购买原材料。企业被动“走出去”的目标就是到境外获取生产所需的原材料。

在该阶段，主动“走出去”的企业包括具有垄断优势的外贸行业、钢铁化工行业，具有雄厚资金的金融行业以及具有人力资源优势和特色优势的知名餐饮业品牌、农业集团等。被动“走出去”的案例如2007年鞍钢集团购买澳大利亚金达必金属公司。

第二个阶段是行业“走出去”。2019年中国对外直接投资1 369.1亿美元，流量规模仅次于日本（2 266.5亿美元）。投资覆盖全球188个国家和地区，对“一带一路”沿线国家投资稳步增长。截至2019年底，中国超2.75万家境内投资者在全球188个国家（地

① 人工智能引领新零售 百世集团全力打造智慧供应链服务［EB/OL］.（2018-05-18）［2020-12-21］. http://www.chinawuliu.com.cn/zixun/201805/18/331290.shtml.

② 杨欢，吴殿廷，王三三. 中国“走出去”战略的阶段性及其策略研究［J］. 国际商务（对外经济贸易大学学报），2012（6）：75-85.

区）设立对外直接投资企业 4.4 万家，全球 80%以上国家（地区）都有中国的投资，年末境外企业资产总额达 7.2 万亿美元。在“一带一路”沿线国家设立境外企业超过 1 万家，2019 年当年实现直接投资 186.9 亿美元，同比增长 4.5%，占同期流量的 13.7%；年末存量 1 794.7 亿美元，占存量总额的 8.2%。2013—2019 年中国对“一带一路”沿线国家累计直接投资 1 173.1 亿美元。[①] 对外投资企业数量增加、企业分布领域拓展，说明我国处在行业“走出去”阶段。中国行业“走出去”，注重从宏观整体上协调相关企业的跨国经营，可以避免恶性竞争，提高原材料、产品的定价，以及技术标准的话语权，获取集团效应。更重要的是实现国内经济的转型，占据世界相关领域的制高点。在这一阶段，企业的比较优势逐步转化为行业的规模优势。

第三个阶段是文化“走出去”。[②] 近年来，中国文化企业“走出去”的步伐不断加快，文化交流和贸易把博大精深的中华文化带到了国际市场，让中国优秀的传统文化越来越被世界认可。例如，芒果超媒股份有限公司是湖南广播电视台旗下统一的新媒体产业及资本运营平台。基于国家融媒体传播和文化“走出去”战略，2019 年芒果 TV 转变海外发展策略，从“借船出海”到“造船出海”，重点建设海外自有平台芒果 TV 国际 App，不断加强国际传播的创新探索。截至 2020 年 6 月初，芒果 TV 国际 App 下载量已达 2 450 万，覆盖全球 195 个国家和地区，已经成为中国网络视听领域最具全球视野和国际价值的视频产业、品牌构建项目之一，并获评 2019—2020 年全国文化出口重点项目。在建设自有平台的同时，公司加强海外社交矩阵的运营和建设，有效运营 YouTube、脸书、推特、Instagram 等海外主流社交平台，发挥芒果 TV 多年海外社交媒体矩阵运营优势，有效输出以湖南广电制作和芒果超媒自制为主的大量优质综艺剧集内容。

2. “走出去”企业发展趋势[③]

2020 年 10 月，安永会计师事务所发布了《疫情“新常态”下的中企走出去》的报告。报告认为，尽管新冠肺炎疫情在短期内放缓了中国企业“走出去”的步伐，但是从中长期来看，中国企业在国际市场上的竞争力正在不断增强，中国企业将更广更深地参与后疫情时代全球产业链和供应链的调整。“走出去”仍将是未来更多中国企业的必然选择。

安永认为，未来中国企业“走出去”将有五大发展趋势。

一是关注传统行业的数字化转型机遇。未来传统制造业和消费品领域的企业将加快数字化转型。尽管许多海外国家均对尖端科学技术领域的投资出台了较严格的审查机制和限制措施，但在先进制造业、应用软件开发等受数字化驱动的低敏感领域仍将有较多投资机会。

---

① 商务部等部门联合发布《2019 年度中国对外直接投资统计公报》[EB/OL].（2020-09-16）[2020-12-21]. http://hzs.mofcom.gov.cn/article/date/202009/20200903001523.shtml.

② 中国文化企业“走出去”彰显文化软实力 [EB/OL].（2020-11-19）[2020-12-21]. https:/xw.qq.com/amphtml/20201119A0D38J00.

③ 未来企业“走出去”的五大发展趋势 [EB/OL].（2020-10-30）[2020-12-21]. http://www.cet.com.cn/wzsy/ycxw/2691446.shtml? from=groupmessage.

二是供应链的“中国＋N”发展模式。对于中国的出口依赖型企业，海外市场与本土市场同样重要，因此设立“中国＋N”的供应链结构将是理想模式。在“N”的选择上，人口年轻化、具有未来发展潜力且邻近成熟发达市场的发展中国家受到更多青睐。许多符合条件的国家位于“一带一路”沿线，预计中国企业将加快在沿线国家和地区布局区域供应链中心。

三是传统基建与新基建双轮驱动，带动中企“走出去”。新冠肺炎疫情推升了交通运输为代表的传统基建和以医疗设施及信息基础设施为代表的新基建领域的建设需求。近年来，中国企业在海外基础设施建设方面的优势进一步扩大。

四是新能源产业迎来发展契机，中国企业加速布局海外优质资产。新冠肺炎疫情为能源转型带来契机，提倡绿色发展、绿色复苏的国家将获得长期的可持续竞争力，未来新能源相关产业将成为中国企业海外投资的热门领域。

五是地缘政治风险防控成为“新常态”。新冠肺炎疫情使地缘政治风险更加凸显，并成为常态化风险。中国企业投资前需密切关注海外国家的外商投资政策变化，投资后需注重风险管控与合规。此外，中国企业在“走出去”的过程中，也应更加注重对东道国的文化理解，与当地政府与民众建立信任，积极履行企业社会责任，更好地实现与东道国互利共赢的合作。

8.5.2 “走出去”企业智慧物流与供应链的主要特征

1. “走出去”企业智慧物流的主要特征

智慧物流虽然在我国对外贸易中已经有一定程度的应用，但更多的应用局限于国内物流，在我国对外贸易中的应用还处于早期阶段。我国“走出去”企业智慧物流的主要特征体现在以下几个方面。①

（1）当前我国“走出去”企业的智慧物流体系随产品特性而变化。从产业角度来看，不同产业对外贸易的产品本身特征不完全一致，对国际物流相应的要求自然也不同，智慧物流在特定产业层面的应用系统就应运而生。这类智慧物流系统通常是企业根据对外贸易产品的特性开发的，具有智能化、系统化、绿色化、专业性等特征，能够增强该产品供应链上合作企业的物流信息化程度，并利用基础数据，通过云计算、大数据等信息技术优化物流决策，降低企业物流成本，提升产品的国际竞争力。目前，比较成功的产业层面的应用系统主要集中于钢铁、化工、烟草行业，从物流环节来看则主要集中于仓储、监管、运输环节。

（2）“走出去”企业竞相开发智慧物流服务系统和平台。在智慧物流的大背景下，物流企业为适应全球化和国际分工的新特征，促进对外贸易发展和提升自身竞争力，研究开发了相应的系统和平台，相比产业层面的应用系统应用范围更广、服务种类更加多样化。相对成熟的智慧物流服务系统和平台应用主要集中在以下几方面：一是供应链可视化管理。通过联合众多部门将信息系统与物流业务流程同步化，实现作业状态的信息交互，准

① 李佳，靳向宇. 智慧物流在我国对外贸易中的应用模式构建与展望 [J]. 中国流通经济，2019 (8)：11-21.

确及时地提供作业指示，并为企业决策提供支持，有的平台还提供融资担保等增值服务，提高供应链各环节的协调能力和服务水平。例如，京东物流国际供应链在海外五大洲设立 110 多个仓，原产地覆盖率达到 100%，在原产地开启商品的溯源追踪，以有效地节约成本、加强产品监管；二是智能决策支持。基于信息化技术，对物流数据进行深度挖掘和应用，使企业能够实时动态地掌握财务数据、运营数据及其他数据，并结合市场情况提供相应的决策。三是物流环节精准服务。一些物流企业通过物联网对危险品货物运输进行实时感知与安全监管；有的物流企业通过整合船代、货代资源，解决因需求差异与运能差异导致的低工作效率和低服务质量问题。

(3)"走出去"企业与当地的合作伙伴合作提供智慧物流服务。全球化是智慧物流发展的方向之一，随着我国新零售业态的变革，快递物流业也纷纷开启国际化进程。例如，京东斥巨资在法国建设自己的物流网络，放弃纯自营的线上运营模式，考虑与当地合作伙伴合作提供"最后一公里"配送；菜鸟网络在 2017 年 3 月携十多家中国物流合作伙伴集体出海，在吉隆坡打造中国境外首个服务于 eWTP 的国际超级物流枢纽。到 2017 年 11 月 3 日，菜鸟已经与马来西亚海关合作，开通了快速清关系统，菜鸟联合 Lazada、马来西亚邮政设立的 eWTP 首期智能机器人仓库也宣布投入运行。"走出去"企业与当地的合作伙伴共同提供智慧物流服务，实现企业的本地化运营，建立起了高效的国际化物流网络。①

2. "走出去"企业智慧供应链的主要特征

由于国际供应链长链条、节点多、不可控等特点，"走出去"企业通过运用区块链、物联网、大数据等信息技术对跨境商品进行全程跟踪溯源，将跨境商品的物流动态可视化、透明化，实现物流链条管理、商品防伪、农产品质量保障等功能。"走出去"企业的智慧供应链具有以下主要特征。

一是进出口服务一站化。在京东供应链国际化进程中，将集货、通关、货物信息传递等经验与全球海关、企业沟通交流，建立统一标准，加速货物流通，并通过电子化、信息化降低物流成本，减少因为长链条产生的差错，保障商品能快速投放市场，提升效率。② 阿里巴巴跨境供应链整合了进出口国的生态服务商，搭建数字化履约协同平台，将贸易链路线上化，为外贸企业提供包括通关、物流、税务、支付与结算、金融在内的一站式进出口服务。③

二是多式联运网络化。京东与哈萨克斯坦国家铁路公司达成战略合作，与国航、东航、南航等合作开通多条空运专线，与中海运等企业合作开通数十条海运专线，开通中国香港、东南亚、俄罗斯等跨境卡车路线等不同运输手段的多式联运网络。通过预测市场需

---

① 京东物流公开全球化野心，走出去成物流企业"不二之选"[EB/OL].(2018-02-10)[2021-01-06]. https://www.iyiou.com/news/2018021065783.

② 京东物流国际化全面升级：搭建全球智慧供应链基础网络（GSSC）[EB/OL].(2018-07-25)[2020-12-21]. http://cifnews.com/article/36685.

③ 阿里跨境供应链加速全球普惠贸易 [EB/OL].(2019-11-01)[2020-12-21]. https://supplier.alibaba.com/content/detail/PX3GW1UD.htm.

求，智慧路由分配运输线路，提供成本—效率方案。

三是全链条运营数字化。京东物流通过深入全球的网络及信息系统，对供应链全链条进行数字化作业。以数字供应链、数字路由、数字清关、全链路追溯、供应链金融等五大全链条数字化，提升跨境通路效率。阿里跨境供应链还通过平台上承载的交易大数据，搭建了 B2B 领域国际贸易采购信用保障体系，打破了买家和卖家的信任壁垒，实现跨境交易线上化和数字化。

8.5.3 “走出去”企业智慧物流的运作过程和典型模式

1. “走出去”企业智慧物流的运作过程

“走出去”企业的智慧物流运作过程，包括中国境内主体及端口和中国境外主体及端口两个部分，如图 8 - 5 所示。

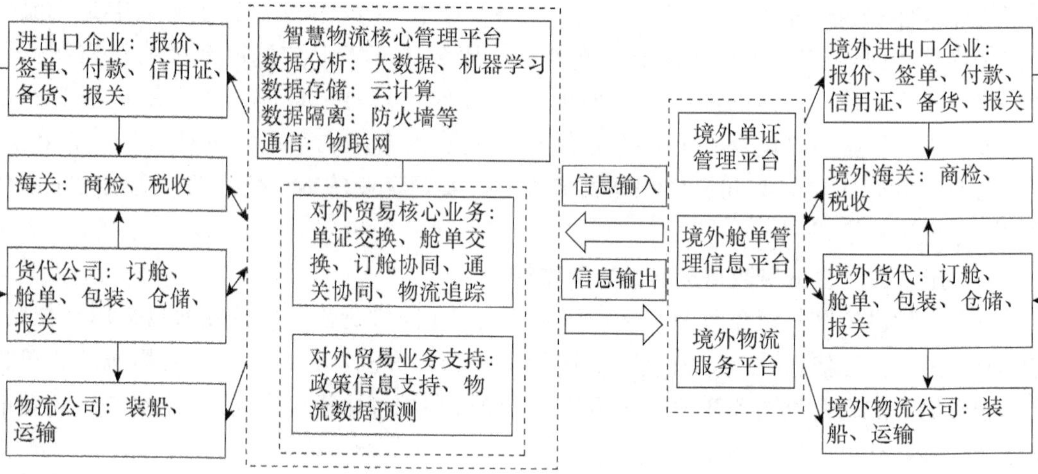

图 8 - 5 “走出去”企业智慧物流的运作过程

在我国境内，将传统对外贸易各参与方进行串联，建立智慧物流核心管理平台，通过该平台实现各主体间的数据共享、信息交互、单据传递，提升各主体间贸易信息的流通效率，连接境内物流公司与境外物流服务平台完成物流实时定位；在中国境外，通过境外单证管理平台、境外舱单管理信息平台以及境外物流服务平台与境外各国际贸易参与方进行信息交互、数据传输、单据传递。

智慧物流平台通过搜集境内外的实施贸易政策，实现对外贸易的快速决策、实时调控；管理企业在对外贸易过程中合理规范化运作，确保对外贸易的健康运行，依托境外贸易物流数据的收集整理成为大数据源，对贸易趋势进行分析预测，智能调控对外贸易的方向、数量等。通过构建智慧物流核心管理平台实现对外贸易流程的一体化运作。

2. “走出去”企业智慧物流的典型模式

当前“走出去”企业智慧物流的典型模式为以电商平台为主导的智慧物流国际生态化发展模式和以物流企业为主导的智慧物流合作平台模式。

首先，以电商平台为主导的智慧物流国际生态化发展模式的重要代表是菜鸟网络。

菜鸟网络通过智慧物流国际生态化发展，带动跨境物流的全球协同，助推中国企业“走出去”。

案例 8 - 12

菜鸟网络已建起国际物流生态

作为国内化妆品电商的大牌，“御泥坊”的人气一直居高不下，有 106 个国家和地区的消费者都在使用它的产品。但在使用菜鸟网络的“无忧发货”服务前，跨境物流问题一直困扰着御泥坊速卖通业务的负责人柳絮。

物流一直是化妆品这类敏感货物的瓶颈，没有稳定可靠的跨境物流服务提供商，将极大限制国际业务的发展。最夸张的一次，御泥坊从国内发往新加坡的货物竟然要先经过瑞典再运往新加坡。据柳絮介绍，使用菜鸟网络“无忧发货”服务后，其时效和综合服务都得到了提高，之前发往阿联酋的订单需要三十多天，现在半个月就运到，高效高速。

在今天的菜鸟跨境平台上，每天都有像御泥坊一样的跨境商家通过菜鸟网络与其合作伙伴搭建起的全球物流骨干网，源源不断地将“中国质造”运送到世界各地。对于菜鸟来说，跨境物流的全球化布局是一次对自身业务的思变过程，也是一次对建立国际物流生态的成功尝试。针对天猫国际、支付宝跨境、速卖通和淘宝海外等跨境电商平台，菜鸟网络利用数据与互联网技术搭建起一个跨境物流平台，通过有效协同跨国物流链路上的不同类型合作伙伴，为商家提供简单高效的跨国电商物流及供应链解决方案，让全球消费者都能享受到环球必达的物流无忧服务。

资料来源：中国物流与采购联合会网站. 跨境电商进入 2.0 时代 菜鸟网络已建起国际物流生态［EB/OL］.（2015-10-15）［2021-01-07］. http://www.chinawuliu.com.cn/zixun/201510/15/305982.shtml.

随着跨境电商的快速发展，物流供应链已成为跨境电商间的决胜战场。菜鸟网络通过全球智慧路由，连接国际仓储、国际运输和配送以及海关商检，在诸多关键节点上取得突破，菜鸟生态连接了 231 个仓库，搭建了一张覆盖全球的智慧物流网络。[①] 建立国际物流生态，实现商家、消费者和物流企业三方联动，有助于解决跨境物流链路中的问题，在降低商家物流费用的同时，提升跨境商品整体的运送效率和稳定性，并提高出口商品的销售范围和供应链周转率。通过联合合作伙伴帮助商家解决物流问题，让高质量的服务体验融入电商平台的全球消费者跨境购物的全过程。跨境电商高速发展带动国际快递和海外仓建设布局，国际物流网络助推中国企业“走出去”。

其次，以物流企业为主导的智慧物流合作平台模式的典型代表为传化智联的智慧物流平台建设。该模式借助物流企业的基础设施和物流网络优势，加快构建智慧物流合作平

① 京东物流公开全球化野心，走出去成物流企业“不二之选”［EB/OL］.（2018-02-11）［2020-12-23］. http://www.iyiou.com/news/2018021065783.

台，运用现代信息技术，无缝对接国际市场，提升国际物流效率，并为“走出去”企业提供高质量的增值服务。

案例 8-13

传化网为“一带一路”配备智慧物流平台

传化智联业务战略布局与国家战略相融通，打造的中国智能物流系统在业内被认为是引领“一带一路”枢纽型智能物流平台建设的中坚力量。

六大经济走廊建设公路港城市物流中心

“一带一路”以互联互通为着力点，促进生产要素自由便利流通，打造多元合作平台，实现共赢和共享发展。其中，道路联通和贸易联通的目标决定了物流的运转将成为“一带一路”倡议落地的缩影和晴雨表。

传化集团董事长徐冠巨指出：“在‘一带一路’倡议下，物流大通道中基础设施的建设、物流智能化互联互通的调度运用非常重要。在我看来，公路港城市物流中心可以形象地称为‘新丝路驿站’，是‘一带一路’互联互通的基础设施。”在此战略思想指导下，在化工业务板块积极推进国际化战略的同时，传化智联传化网智能物流业务也逐步放眼国际化。

具体来看，传化智联在全国化布局上紧密贴合国家战略，在六大经济走廊建设公路港城市物流中心，并形成网络体系。

探索多式联运：让“最后一公里”物流无缝对接国际市场

在构建全国化网络系统的同时，传化的智能物流系统还在探索多式联运，让“最后一公里”物流也能无缝对接国际市场。

例如，岳阳的茶叶、醴陵的瓷器、怀化的香肠从各地装车上路，集合到达长沙传化公路港，在分拨中心通过智能调度、分拣、包装、装载后，13 米长的货车带着满车特产重新上路驶向长沙霞凝港口岸，汽笛轰鸣，湖南的特产搭载“新丝绸之路”上的奔跑者“湘欧快线”一路北上，经二连浩特口岸，跨中蒙俄铁路通道，经过 13 天，抵达白俄罗斯明斯克。

依托传化网：助推“一带一路”配备智慧物流平台

除了加快城市物流中心基础设施的建设，传化智联还立足传化网的系统优势，通过应用互联网、云计算等信息技术，供应链金融等手段，“物流＋互联网＋金融”的系统效应呈倍数级显现。

在素有“中国南大门”之称的广西凭祥，2016 年，传化智联通过智慧物流平台和干线运力调度指挥平台，为凭祥当地商贸、物流企业及司机群体提供配货交易、运力调度、车队管理、生活消费等一系列智能服务，共同打造“智慧物流大数据重点服务平台”，以助推中国—东盟一体化进程来服务和支撑“一带一路”建设。

资料来源：中国物流与采购联合会. 传化网为一带一路配备智慧物流平台 [EB/OL]. (2017-05-16) [2020-12-23]. http://www.chinawuliu.com.cn/zixun/201705/16/321313.shtml.

物流作为商业发展的基础设施，是支撑我国商业体“走出去”的第一步。实现中国物流企业“走出去”，需要各物流主体联手。从国际互联来看，2020 年，中欧班列累计开行 1.24 万列，成为国际陆路运输骨干通道。以物流企业为主导的全球智慧物流合作平台的构建，为外贸客户提供了更好的服务、更快捷的手续，最终使“走出去”企业赢得更大的市场，运用数字化、智能化力量推动跨境贸易发展。

8.5.4　“走出去”企业智慧供应链的运作过程与典型模式

1. “走出去”企业智慧供应链的运作过程

“走出去”企业智慧供应链的运作建立在全球供应链平台之上，其智慧供应链的运作过程如图 8－6 所示。

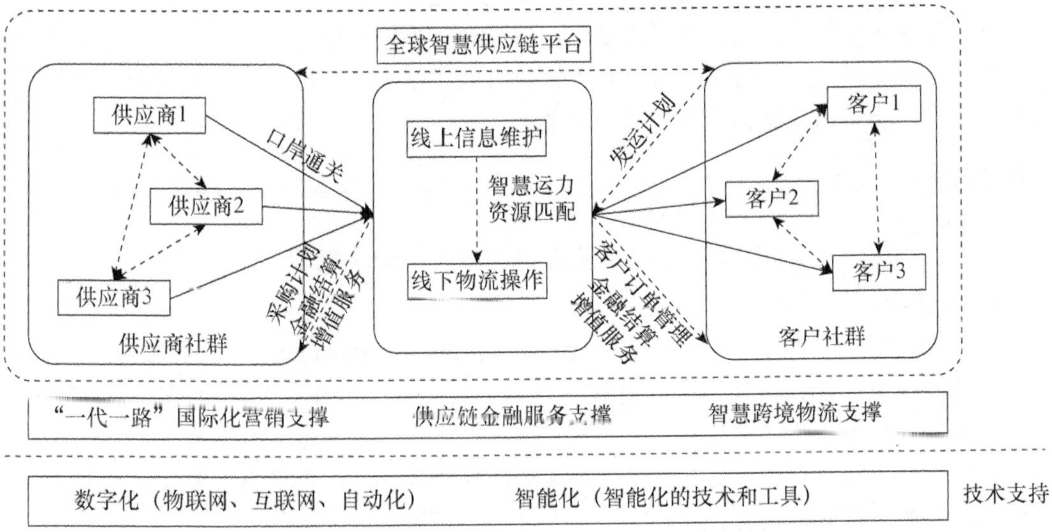

图 8－6　“走出去”企业智慧供应链的运作过程

在推进全球供应链布局，加强与伙伴国家和地区之间合作共赢的背景下，美国 TDG 集团、中润集团和上海嗨逛网络科技有限公司联手打造了洲际汇通集团。[①] 提出打造全球智慧供应链平台，为企业在美国进行全方位市场推广，搭建起中国企业“走出去”的孵化平台，探索一条一站式贸易全程供应链服务链路。

与针对国内市场的供应链平台相比，国际化的供应链平台涉及的环节更多，信息也更多。智慧供应链平台以数据、科技的方式，为传统的供应链赋能。该平台可以实现产品的线上信息维护和线下物流操作，用户可以在平台上看到不同端的运力资源、仓储资源，并根据自身需求自主选择，平台还可以根据用户需求提供资金服务；并基于云计算、大数据技术进行智慧运力资源匹配，实现绿色可持续运力仓储资源智慧优化匹配，海、陆、铁、空多式联运，区港联动，仓配一体，口岸通关；以及提供金融结算、科技应用等增值服

① 十八年磨一剑 助企业“走出去”［EB/OL］.（2018－12－18）［2020－12－23］. https://www.sohu.com/a/282609973_161794.

务。智慧供应链贸易平台实际上是中国企业“走出去”的一条快车道。“走出去”的企业无须投资品牌推广，就能够直接对接终端市场的线上、线下的品牌推广服务，加上其他一站式的服务，相较于传统的其他第三方提供的如物流、仓储和配送等服务，洲际汇通集团提供了更低成本的一站式服务，让企业在各个方面都以最高效、最快速、最有利的方式达到“走出去”、开拓终端市场的目标。

“走出去”企业智慧供应链的运作过程是通过建立全方位的信息化平台，利用智能化技术打通仓储资源优化匹配、多式联运、口岸通关、金融结算等“走出去”企业特有的多个关键节点，打造高效的全球供应链，使企业参与到全球价值链竞争中。

2. “走出去”企业智慧供应链的典型模式

当前“走出去”企业智慧供应链的典型模式为以制造企业为主导的智慧供应链全球协同模式和以电商平台为主导的智慧供应链服务全球化模式。

在以制造企业为代表的智慧供应链全球协同模式中，制造企业的智慧供应链全球协同模式对全流程进行监控、协调，端到端可视，有效控制了各关键环节，为企业的境外采购和物流赋能，提升供应链运营和产品交付能力。

案例 8－14

中兴供应链如何为“走出去”企业赋能？

1. 项目背景

某专业从事 ADSL Splitter、VDSL Splitter、Switch Power Supply 产品研发、生产、销售的综合型企业，作为众多大型跨国通信企业 ADSL Splitter 产品的 OEM 生产厂商，因自身供应链能力不足，在采购、物流等环节存在问题，影响运营及产品交付。

(1) 境外采购特别是核心原材料境外采购的议价能力弱，生产商及代理商的货款支付要求给公司资金周转带来巨大挑战。

(2) 公司海关资质低，进口时效慢，难以满足生产线交付要求。

因此，客户希望改善资金占用、通关缓慢的现状，提高运作效率，降低运营成本。

2. 项目目标

(1) 改善资金占用，提高流通环节资金周转率。

(2) 提升进口效率，满足产线及时交付要求。

3. 解决方案

中兴供应链为客户提供原材料代理采购、国际运输、进口报关、国内配送、供应链融资等一站式供应链服务。中兴供应链为客户提供国际代理采购服务流程如下。

(1) 代理采购：中兴供应链依托强大的采购平台，按照客户的需求选择合适的供应商，并通过中兴供应链在香港的子公司鑫讯国际进行采购执行活动；为客户简化采购流程，提供资金配套服务，加速客户资金周转。

(2) 通关物流：在成本预算范围与规定交货周期内，中兴供应链统一承接。通过内部、外部联动整合，采取多式联运方式（空运+陆运）以及集团内部子公司之间的内部交易，进行国际运输、香港仓库货物接收、货款支付、进口报关、跨境运输、国内配送等，提升了整体的物流效率，降低了客户采购、运输成本，保证了交货周期。

(3) 信息协同与反馈：通过供应链协同系统对全流程进行监控、协调，端到端可视，有效控制了各关键环节，保证了业务全流程高效运作，达到了物流、信息流、资金流、商流的有效统一，保证了项目运作的时效性、可靠性和安全性。

4. 客户价值

(1) 通过中兴供应链的一站式服务，客户获得了采购资金支持，改善了现金流，提升了资金使用效率，而且由于提前付款给供应商，可以获得采购价格折扣，降低采购成本。

(2) 在配送端，帮助客户实现物流配送各环节之间的协同运作，实现快捷的物流配送，降低物流成本，响应客户及时交付和快速反应要求，提升了客户满意度。

(3) 通过供应链协同系统，客户可实时监控从采购下单、货物运输在途、香港收货、工厂收货、付款等各业务环节状态，可合理安排或调整生产计划。

5. 中兴供应链价值

(1) 业务执行全程可视，实现对采购、运输在途、通关、在库、配送过程的实时数据采集和监控，提高采购执行和物流运作效率，提升服务质量和客户满意度。

(2) 项目核算全程可视，从订单到回款全部线上进行，项目成本、费用、收入明细清晰，财务核算精确无误，实现了项目维度的财务核算可视化。

(3) 风险全方位可视可控，项目全过程的风险可视可控，包括客户登记、信用资金额度、放货校验等。

资料来源：深圳市中兴供应链有限公司：全程可视的供应链信息平台 [EB/OL]. (2015-02-05) [2020-12-23]. http://www.chinawuliu.com.cn/xsyj/201502/05/298385.shtml.

从案例8-14可以看出，中兴通讯以28年成熟供应链体系及运作经验为基础，以中兴通讯在全球网络、资源整合、技术研发及国际化拓展方面的经验和优势为契机，通过中兴供应链为全球客户提供涵盖研发、采购、生产、物流、销售等环节的全程供应链整合服务及解决方案，为客户创造新的供应链价值。以制造企业为代表的“走出去”企业智慧供应链全球协同模式，提高了整体运行效率，全过程风险可视可控，并通过全球协同及时调整生产端的生产计划，改善消费端的客户体验。

在以电商平台为主导的智慧供应链服务全球化模式中，电商平台基于其平台和流量优势，以及布局物流基础设施的经验，搭建全球智慧供应链服务网络，赋能商家，节约供应链成本，提升跨境流通效率。

案例8-15

京东搭建全球智慧供应链基础网络

京东物流国际供应链早在三年前即开始布局全球化业务，从服务全球购自营链路，到近年来跨境物流的全面开放，随着中国进出口商品贸易的不断增长，京东物流国际化战略也在不断升级。京东物流将继续开拓欧美和其他市场，将中国模式反向拓展到海外，实现低成本、高效率的“中国制造通全球，全球商品通中国”。京东物流 CEO 表示：“我们以全球智慧供应链基础网络（GSSC）为蓝图，以搭建全球网络，十大供应链科技输出，五大全链条数字化赋能为方向，带着我们过去积累的丰富的基础设施建设经验、技术、科技成果，在全球落地开花，形成强大的全球化供应链服务网络，同时提升整个社会的供应链效率，节约供应链成本。”在京东物流国际化进程中，其将集货、通关、货物信息传递等专业经验与全球海关、企业沟通交流，建立统一标准，加速货物流通。通过电子化、信息化降低物流成本，减少因为长链条产生的差错，保障商品能快速投放市场，提升效率。

资料来源：速途网. 京东物流国际化全面升级：搭建全球智慧供应链基础网络（GSSC）[EB/OL]. (2018-06-18) [2021-01-07]. http://www.sootoo.com/content/676171.shtml.

案例 8-15 是典型的以电商平台为主导的智慧供应链服务全球化模式，电商平台在国内智慧供应链建设的技术和经验的基础上，将技术和解决方案输出到更多的海外市场，提升跨境通路效率。在全球建立核心枢纽，为中国商家打开国际市场，提供全链路物流解决方案。还与全球的电商、物流等企业达成战略合作，通过供应链技术输出，以“海外商流+跨境物流+本地配送+售后”为核心，提供一站式进出口解决方案，助推全球化贸易发展。

本章小结

本章主要介绍了智慧物流与供应链管理的运作模式。第一，阐述了全球智慧物流和供应链管理与发展情况、特征以及存在的主要问题。第二，从农业、制造业、新零售以及“走出去”企业四个方面介绍了其发展历程和趋势，以及四种类型企业智慧物流和供应链的运作过程、典型模式，深化读者对智慧物流与供应链管理的理解。

关键概念

智慧物流发展特征　智慧供应链发展特征　数字化　一体化　可视化　智能制造智慧物流　智能制造智慧供应链　智慧农业智慧物流　智慧农业智慧供应链　新零售智慧物流　新零售智慧供应链　“走出去”企业智慧物流　“走出去”企业智慧供应链

思考题

1. 当前全球智慧物流与智慧供应链发展有哪些特征？存在什么问题？
2. 智能制造智慧物流与供应链有哪些主要特征？如何打造高效敏捷的制造业智慧供应链？
3. 制造业智慧物流的典型模式包括哪几种？代表企业有哪些？
4. 制造业智慧供应链的典型模式包括哪几种？代表企业有哪些？
5. 农业智慧物流与供应链有哪些主要特征？
6. 请简要描述新零售智慧物流和智慧供应链典型运作模式。
7. 新零售智慧物流与供应链有哪些主要特征？

8. 请简要描述新零售智慧物流和智慧供应链典型运作模式。

9. “走出去”企业智慧物流与供应链有哪些主要特征?

10. 请简要描述“走出去”企业的智慧物流和智慧供应链典型运作模式。

案例分析

陕西医药控股集团派昂医药有限责任公司智慧供应链应用

陕西医药控股集团派昂医药有限责任公司是陕药集团旗下主要子公司，是目前陕西省内经营业态最全、覆盖面最广、销售规模最大的药品流通企业，在西北地区率先成为全国AAAA级医药物流企业、药品冷链物流运作规范国家标准达标企业。公司自成立以来保持了高速的发展态势，2009 年以来，公司营业收入年均增幅 21%，2018 年实现销售收入 75 亿元，位列全国医药流通企业第 28 位。目前公司拥有资产总额约 50 亿元，二、三级子公司 10 家，员工 2 000 多名，仓储面积 4 万平方米，配送车 106 辆；经销药品品规 2.4 万个，拥有 4 000 多家供应商和 4 万余家客户资源，与中国制药工业（销售）百强企业保持良好的合作关系。

派昂医药的战略定位是医药供应链解决方案提供商和药品运营服务商，即成为陕西省唯一一家能够为上下游搭建平台，持续提供增值服务、差异服务、专业服务和全面服务的药品流通企业。依托强大的网络覆盖、成熟的运行机制、专业的营销团队三大核心优势，确保良好的市场秩序及价值链各环节利益的合理分配，从而实现产品的有效运营。

派昂医药积极顺应政策导向，以创新为驱动，引领行业新模式发展。基于供应链服务延伸、供应链服务的解决方案、互联网、健康服务开展多种商业模式和服务模式，并在诸多领域公司都保持了较大的领先优势。在医药物流延伸服务领域，公司承建的西北妇女儿童医院智能化药品物流项目填补了陕西省医药物流延伸服务领域的空白，极大地帮助院方提高药事管理效率，改善患者用药体验。在医药电商领域，公司自主搭建的陕西医药电商平台于 2017 年 6 月上线运行，平台总开户数近万家，累计交易量达到 2.84 亿元。在第三方物流方面，公司通过强生亚太地区的遴选和考察，成为其西北地区唯一一家第三方物流服务合作伙伴。

案例项目概况

西安市第三医院是由西安市委、市政府全额出资按照三级甲等综合医院兴建的市级最大规模的公立医院，医院占地 150 亩，建筑面积 11.87 万平方米。医院分东西两院，东院为门诊部，包括门诊药房、急诊药房、门诊药库；西院为住院部，包括中心药库、住院药房、静配中心。其日处方量 2 000 张，药品品种 1 500 种左右，设置床位数 1 050 张。

派昂医药将为医院解决以下问题：提高药品流通效率，降低运营费用；减轻医院库存压力，合理配置库存结构；实现药品采购、流通各环节的全程可视化跟踪；院内物流模块实现对药品的准确、高效管理；实现特殊及冷链药品全程规范管理；提高优化医院人员配置，减轻工作量；提升医院的药品质量管理水平，全程保障患者用药安全。

项目整体目标

以信息连接为纽带，把现代医药物流信息化系统、自动化技术和管理服务延伸到医院药库、药房流程中的各个环节，使医院药库实现药品出入库等各项操作流程化和信息化，确保药品流转全程中的安全性和可靠性，提高医院在药品的采购、配送、院内流通、科室使用等各方面的整体效率。

实现性能指标：

（1）供货时间由8小时缩短到2小时。

（2）快速发药系统处理速度：8处方/秒。

（3）智能存取系统处理速度：设备传送速度8～10m/分钟，处方处理速度120～240处方/小时。

（4）实现所有进出药品全程追踪。

（5）处方传输系统采用自动地轨传送药品，缩小人员走动范围，药师人员一天的走动距离减少60%～70%。

提高效率指标：

（1）实现药品流通企业与医院药房信息互联互通，提高医药药品供应效率75%。

（2）建立快速发药系统和智能存取系统，提高药房发药效率300%，提高药房空间利用率60%。

（3）使用物联网技术对药品识别进行批次管理并可追溯保证用药安全。

项目实施的创新模式

（1）实现药品采购自动生成。药库管理系统根据库存上下线自动生成最佳订购量，并且快速对接到商业ERP系统及医院的供应商系统，驱动商业公司及时发货。

（2）实现药品扫码验收入库。药库人员通过手持枪扫描药品订单编码，药品入库信息自动录入药库管理系统，并能汇总每张发票金额。

（3）实现药品出库信息核减。药库人员直接提取各科室药品请领信息，使用手持枪进行药品出库，智能药架自动核减库存数量。

（4）实现按批号效期管理。系统自动按近效期优先出库，支持多批号效期管理，支持批次管理，对有问题药品可以进行批号冻结。

（5）实现药品库存管理。系统对药库货位进行管理，按一定规则对货位编号，使药品盘点时可按库区、货架进行，不轻易造成遗漏；出库拣货单能按货位进行打印，方便指导拣货。

派昂医药通过信息化手段将信息智能化技术延伸至医院药库、药房、科室直至病区，使医院的药品管理实现信息流、物流、资金流的整合，从而提高医院现代化管理水平，并为派昂医药提供了新的经营业态和商业模式。

资料来源：中国物流与采购联合会网站. 陕西医药控股集团派昂医药有限责任公司智慧供应链应用案例［EB/OL］.（2020-04-24）［2020-12-19］. http://www.chinawuliu.com.cn/xsyj/202004/24/500487.shtml.

案例思考题

1. 派昂医药的智慧物流与供应链的运作模式是怎样的？

2. 案例中派昂医药的智慧物流和供应链运作模式在未来可以如何发展？

3. 请查阅其他资料，结合本章所学内容，讨论医药行业企业的智慧物流与供应链运作模式与其他行业（如农业、制造业）企业的异同点。

09

Chapter

第 9 章

智慧物流与供应链管理的创新方法

学习目的

通过本章的学习，学生应该能够：

- 了解智慧物流创新的目标
- 了解智慧供应链创新的目标
- 掌握智慧物流与供应链创新的路径分类
- 理解智慧物流与供应链创新的方法论

9.1 智慧物流与供应链创新的目标

IBM 在 2009 年提出建立一个面向未来的具有先进、互联和智能三大特征的供应链，通过感应器、RFID 标签、制动器、GPS 和其他设备及系统生成实时信息的“智慧供应链”概念①，紧接着智慧物流的概念由此延伸而出。

9.1.1 智慧物流创新的目标

智慧物流的核心是融合，不是简单地将互联网与物流业机械相加，而是利用互联网技术及其他智能技术，优化传统物流效率低下的问题，打破信息不对称的局面，重构智慧物流生态体系。开放、共享、协作、共赢是智慧物流的核心价值观。②

智慧物流创新的目标是在物流领域广泛运用云计算、大数据、“互联网＋”等先进技术，

① 童婧，刘春艳. “互联网＋”背景下智慧物流应用前景研究 [J]. 延安职业技术学院学报，2018，32（5）：28-29，32.

② 何黎明. 智慧物流创新驱动产业升级 [N]. 现代物流报，2016-08-05.

明显提升物流智能化水平，显著提高物流效率，进一步降低物流成本；进一步规范物流技术标准，突破关键技术研发及应用；确立智慧物流成为行业发展的新动力，建立与智慧物流发展相适应的行业管理政策体系；立足于支撑供给侧结构性改革，构建完善中国重点产业的智慧供应链体系，发挥智慧物流在降本增效、供需匹配和产业转型升级中的重要作用。①

9.1.2　智慧供应链创新的目标

供应链的目标是互利共赢。企业创新与发展不只是着眼于自身盈利，最终目标应该是要实现供应链所有企业的互利共赢。供应链并不是单纯追求某个领域降本增效，而是要保证整体良好稳定地持续运行。所以说，从成本的角度来讲，供应链的目标不是"降成本"，而是"控成本"，是要把成本控制在一个保证互利共赢的适度合理的水平。智慧供应链是供应链和现代智能技术的深度融合，智慧供应链创新是对智慧供应链业务运行开展的针对性创新活动，旨在发展供应链新理念、新技术、新模式，高效整合各类资源和要素，提升产业集成和协同水平，满足智慧供应链的高效运行。

智慧供应链创新的目标是利用智慧技术与供应链手段，加速产业融合、深化社会分工和提高集成创新能力，最终实现供应链的安全高效与稳定运行。智慧供应链创新有助于推进供应链作业由劳动密集型向技术密集型转型，由作业服务型向价值创造性转型，同时可以反向指导上游生产制造，为下游消费者提供更好的服务体验，促进供应链上下游企业合作共赢协同发展机制以及绿色产业体系的建立。

9.2　智慧物流与供应链创新的路径

供应链创新与传统供应链相比具有智慧的新特点，结合智慧物流与智慧供应链的特殊性，本节将围绕智慧物流与供应链技术创新、商业模式创新和制度创新三大路径，剖析企业在智慧物流与供应链创新路径上的壁垒。

9.2.1　智慧物流与供应链创新的技术创新

1. 智慧物流的技术创新

近年来随着经济发展，智慧物流市场快速发展，为整个行业转型升级和融合创新带来了无限的想象空间和发展红利。纵观物流行业当下的发展情况，以创新为引领，数字经济时代方兴未艾，新兴技术层出不穷，移动互联网、大数据、云计算、物联网、人工智能等新一轮技术与物流行业深入融合。例如，京东物流 5G 智能物流园区将实现高智能、自决策、一体化，推动所有人、机、车、设备的一体互联；美团推出全国首个全自动"无人微仓"，利用人工智能分拣系统安排订单，G7 数字货舱可实时感知货物量方，自动记录量方变化曲线，时刻知晓装载率。企业需要通过物流技术的创新发展智慧物流，有效提高企业运营效率。

---

① 况漠，况达. 中国智慧物流产业发展创新路径分析 [J]. 甘肃社会科学，2019 (6)：151-158.

2. 智慧供应链的技术创新

供应链技术创新是智慧供应链创新路径的首要选择，它为商业模式创新、制度创新以及其他类型创新的发展奠定了基础。随着科学技术的不断发展，丰富的供应链技术投入到企业生产、仓储、运输等各个环节，极大地提升了企业效率。例如，利用区块链技术打造物流信息平台，去中心化且解决溯源问题；利用物联网标识技术打造智慧型供应链管理系统，满足产业链协同需求；利用大数据分析法，把繁杂的数据转换为商业智能，为消费者提供更优质的产品与服务。构建智慧型供应链，需要企业根据其资产结构、所在供应链的特点以及其对技术创新需求的平衡点，选择不同的技术创新研发战略。[①]

案例 9-1

阿里巴巴推出首款物流机器人

在 2020 年云栖大会上，阿里巴巴发布了第一款物流机器人“小蛮驴”，同时发布机器人平台，正式进军机器人赛道。“小蛮驴”机器人集成了达摩院最前沿的人工智能和自动驾驶技术，具有类人认知智能，大脑应急反应速度达到人类的 7 倍。据悉，阿里巴巴已注册成立小蛮驴智能科技有限公司，推进机器人的研发和量产落地。

一直以来物流的最后三公里都是整个行业的痛点，据统计，“最后三公里”配送的每公斤成本是干线物流的 8 倍、同城 10 公里物流的 5 倍。阿里巴巴“小蛮驴”物流机器人，最多可以装载 50 件常规尺寸的快递/包裹/外卖。按照每天送货 10 次计算，“小蛮驴”峰值运力可达一天 500 单；能够独立在人车混杂、路况复杂的末端场景中自如行驶，稳妥避障，顺滑处理转弯、急停、会车、倒车等情况。凭借达摩院的核心算法加持，“小蛮驴”识别数量上百的行人、车辆的意图只需 0.01 秒；遇到危险需要急停时，它的“大脑”在 0.1 秒内就能完成决策、规划并下发控制指令。

案例来源：CSDN. 阿里动物园再添新丁，小蛮驴搞定物流最后三公里！[EB/OL]. (2020-09-17) [2020-12-24]. https://blog.csdn.net/dqcfkyqdxym3f8rb0/article/details/108655915.

9.2.2 智慧物流与供应链创新的商业模式创新

商业模式是企业与企业之间、企业的部门之间、企业与顾客之间、企业与渠道之间存在的各种各样的交易关系和联结方式。商业模式创新是指为企业价值创造提供基本逻辑的创新变化，它既可能包括多个商业模式构成要素的变化，也可能包括要素间关系或者动力机制的变化[②]，如提供全新的产品或服务、开创新的产业领域，或以前所未有的方式提供已有的产品或服务等。

1. 智慧物流的商业模式创新

创新商业模式的形成需要有创新技术的支撑，智慧物流的创新可以通过利用云计

① 刘伟华，邓明朗，梁艳杰，龙尚松，魏爽. 智慧供应链创新的路径设计研究 [J]. 供应链管理，2020，1 (1)：46-57.

② 乔为国. 商业模式创新兴起缘由、含义与特点. http://www.doc88.com/p-7408301221838.html.

算、物联网、优化和智能分析以及移动技术等先进手段，助力物流企业转型升级，创造出智慧物流下新的商业模式。2015 年 9 月国务院下发《关于加快构建大众创业万众创新支撑平台的指导意见》以来，我国陆续产生了几个规模较大的智慧物流服务企业，进一步加速我国智慧物流模式的发展。但是由于智慧物流商业模式的约束，智慧物流与物流企业之间存在隔阂，无法充分利用物流企业的资源优势，智慧物流的服务质量及盈利能力有所欠缺。因此，需要对智慧物流的商业模式进行创新，以进一步提升智慧物流的市场竞争力。①

2. 智慧供应链的商业模式创新

进行智慧供应链商业模式的创新设计，需要考虑到企业实际运作中的各个环节对构建智慧供应链所起的作用。实际上，商业模式主要考虑成本结构与收入来源两大方面，对企业的重要伙伴、关键业务、核心资源、价值主张、客户关系、渠道通路以及客户细分等方面进行分析，找出适合本供应链的商业模式。如今在发展创新型智慧供应链的大环境下，消费者不断对产品和服务提出新的个性化需求，企业对繁杂冗余的数据进行分析，其结果指向了多种机会与选择，衍生出新的商业模式创新的路径。

案例 9－2

怡亚通星链计划的“供应链＋互联网”创新模式

星链是深圳市怡亚通供应链股份有限公司旗下子公司，成立于 2017 年，现有员工 1 500 多人，其中技术研发人员超过 180 人，并于 2019 年全面启动独立运营。“星链·供应链云”是国内首个共享供应链云经济平台，依托中国第一家供应链上市企业怡亚通的生态，运用“供应链＋互联网”模式，致力于重塑商品流通，打破消费边界。目前，星链已经推出星链友店（个人云）、共享超市（零售云）、星链云商（企业云）、星链智能、星链商学等多项业务，目标是深度链接品牌商、供应商、经销商、零售商，乃至消费者形成全新价值链体系，构建共享经济的生态。

怡亚通董事长周国辉表示：供应链已成为国家顶层战略规划的重要内容之一，与此同时，供应链的整合、连接属性与互联网、人工智能、云服务、区块链、品牌营销等各行业、各领域加速融合，势必带来远超传统模式的强大发展动能。促使传统商业模式完成改造、升级，以“＋”的思维创造竞争力，打造下一代的商业生态体系，这是怡亚通“供应链＋”的价值和使命。

资料来源：CSDN. 怡亚通星链获超 1 亿元 Pre-A 轮融资，投资方为中融国际信托 [EB/OL].（2019-03-20）[2020-12-24]. https://blog.csdn.net/cpongo1/article/details/89542481.

① 韦映梅. 共享经济时代智慧物流产业发展研究 [J]. 技术经济与管理研究，2020 (2)：108-112.

9.2.3 智慧物流与供应链创新的制度创新

1. 智慧物流的制度创新

智慧物流制度主要涉及物流企业内部的管理制度和企业外部的行业规则、社会监管制度等。智慧物流制度的改进和创新，有利于激励智慧物流的改革和发展以及物流企业自身的努力和改造。现代智慧物流的发展有赖于物流制度和政府公权发挥作用，智慧物流制度的不完善是我国智慧物流发展的重要制约，阻碍了物流企业深入整个物流的生产和流通环节。随着国民经济的不断增长，对物流服务的需求也会随之增长，适宜的制度环境将会大力推进智慧物流的发展。①

2. 智慧供应链的制度创新

在宏观层面，供应链制度涉及生产者责任延伸制度、绿色供应链制度、供应链战略联盟制度等。在微观层面，子制度包括第三方监控制度、合作规范、认证制度、反馈制度和契约等。各种宏观与微观制度相互结合作用，使供应链成员朝着同一个方向努力，从而减少内部消耗，增加供应链总盈余。而当下，我国相对低效粗放的供应链制度限制了供应链企业发展的潜力，因此，研究者不得不重新审视这种模式的弊端，并寻求建立创新型的制度。

案例 9-3

聚合化创新之路——华为式创新

聚合化创新之路，指企业通过自我与他者构建命运共同体，最大限度地集聚“源创造力”，最终实现自主创新。互联网环境下易于建立企业对外合作平台，主要是在信息流主导下的现代物流网（例如零库存）与资金流网（例如加快资金周转率）方面，而非产品研发创造方面深度紧密合作，合作的深度与价值均属于产业与市场范围而不是产业与高科技范围。

世界巨头主导形成的极其复杂微妙的企业生态系统，使得全球产业链的上下游协同力强大，并以产业链竞争方式抢得很大的世界市场份额，这也是华为的成功创新路径。聚合化创新之路以华为公司为典型代表，也可称为华为式创新，这种创新方式相对于平台式创新具有更高的难度，但同时也可以产生企业的核心竞争力，全面延伸产业链并延长生命线。

资料来源：CSDN. 华为式创新与海尔式创新——两条道路考验中国制造 [EB/OL].（2018-04-17）[2020-12-24]. https://blog.csdn.net/cf2SudS8x8F0v/article/details/79983375.

9.3 智慧物流与供应链创新的技术创新方法

由于智慧物流与供应链系统的复杂性，现有技术方法无法完全满足企业构建智慧物流及供应链体系的需求，因此企业需要选择不同的技术创新研发方法，来实现技术的持续创新，从而为智慧物流与供应链的创新提供源源不断的动力。智慧物流与供应链创新的技术

① 朱意秋. 我国发展第三方物流的制度障碍 [J]. 中国海洋大学学报（社会科学版），2003（1）：25-28.

创新方法可以分为合作研发、独立研发、综合研发三类。

9.3.1 合作研发方法

案例 9-4

中汽创智与中智行达成战略合作，加快智能汽车技术研发和应用

中汽创智科技有限公司（以下简称“中汽创智”）与中智行科技有限公司（以下简称“中智行”）于 2020 年 10 月 29 日达成战略合作，协力加快智能汽车技术的研发和应用，构建全新的智能汽车产业。

中汽创智以“研发绿色低碳、智慧安全、极致体验的汽车技术，赋能美妙出行、美好生活”为发展愿景，致力于成为汽车行业技术创新的引领者、产业孵化的践行者、数据服务的驱动者。中智行是以人工智能和 5G AI 车路协同为基础的中国领先的无人驾驶公司，并在全球范围内率先提出了融合 5G AI 的车路协同的技术方案。

双方将致力于建立长期共赢的战略合作伙伴关系，分别发挥在汽车行业和无人驾驶行业的资源和优势，聚焦为中国研发自主可控的智能汽车技术，加快智能汽车技术的研发及推进应用，进而推动和实现中国汽车产业的长足发展。一方面，中汽创智作为整车环节的专业研发平台，在新能源汽车产业发展中地位重要、作用关键。未来，双方依托各自在智能驾驶领域的优势，通过多领域业务融合，共同积极探索单车智能驾驶、5G 智能车路协同等汽车科技，开发市场领先的车路协同产品，实现共同发展。另一方面，中智行的定位是基于 5G AI 车路协同的新一代智慧交通公司，致力于加速实现中国的车路协同智慧交通。未来，中智行将充分利用公司在 5G AI 无人驾驶和车路协同方面的领先技术和积累，通过与中汽创智的合作双赢实现产业共赢。

资料来源：宋薇萍. 中汽创智与中智行达成战略合作 将加快智能汽车技术研发和应用 [EB/OL]. (2020-10-29) [2020-11-19]. https://www.cnstock.com/v_company/scp_gsxw/202010/4610414.htm.

企业在进行技术创新时往往面临许多压力与挑战，包括创新周期缩短、技术创新的不确定性、企业自身的资源和能力有限等。因此，单一企业的有限资源已无法满足技术创新的需求，开展协同化的技术创新成为智慧物流与供应链企业的当务之急。合作研发方法是一种企业与上下游成员及专业的技术研究机构共同进行研发以实现供应链的协同化技术创新的方法。供应链核心企业与上下游成员之间达成协议，通过合作研发符合企业战略发展需要的技术，实现产品监控、风险管控、日常运营等诸多方面所需技术的创新构想。这将有助于充分利用各方资源和能力，实现优势互补，从而提升供应链成员的企业绩效，使所有成员都能从协同化的供应链技术创新中受益。合作研发方法的基本流程、特征及应用条件如下。

1. 基本流程及特征

合作研发方法的基本流程如图 9-1 所示。在合作研发模式下，供应链成员企业利用各自丰富的研究背景进行商业数据分析，寻找供应链技术创新的痛点，并提出指向性的供应链技术创新需求；同时，为了弥补自身研发能力不足的缺陷，技术创新企业需要寻求其上下游企业及研究机构的技术支持，建立拥有多方创新资源和能力的高技术研发团队，共同寻找改进优化的方案，并合作研发相应的技术，从而实现供应链的协同化技术创新。在合作研发中，涵盖技术提供者、技术创新者和技术使用者的多方合作网络将被构建，这有利于分摊技术研发风险和成本，实现技术资源的共享，为供应链网络增加效用。

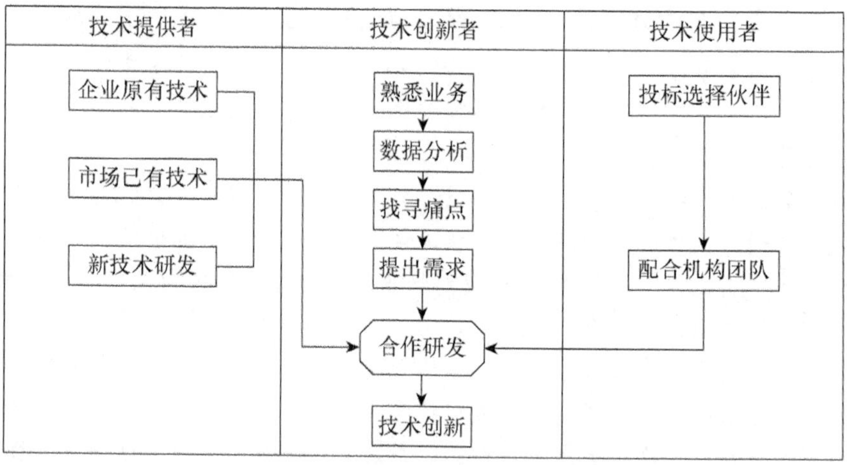

图 9-1　技术合作研发流程示意图

资料来源：刘伟华，邓明朗，梁艳杰，龙尚松，魏爽．智慧供应链创新的路径设计研究［J］．供应链管理，2020，1（1）：46-57.

合作研发模式的典型特征包括：

一是资源共享与优势互补。技术创新的绩效依赖于参与者的资源能力，而每个企业拥有的资源与期望资源之间存在着资源差距，因此供应链合作研发可以克服企业在资源方面的劣势，共享优势，从而达到资源共享和优势互补的效果。当供应链上下游企业拥有异质性能力，即企业的资源和能力具有互补性时，技术共享动机会更加强烈，企业趋向于获得合作者的知识和技术，实现优势互补。

二是风险共担。企业的技术创新面临高度的不确定性和风险，包括：第一，创新技术或产品的生命周期缩短，这要求企业在很短的响应期内完成整个创新过程；第二，随着技术复杂性的提高，技术创新的投入成本增高；第三，技术创新成果的不可预见性导致技术创新存在很大的产出风险。供应链企业间的技术创新协同，可以使每个企业在自己最擅长的环节发挥独特的竞争优势，从而有效地缩短开发时间，降低技术创新成本，并分散技术创新风险。①

三是利润共享。供应链协同可以带来供应链整体的竞争优势，从而增加总收益并降低总成本。此时，建立公平有效的分配机制可以实现供应链成员的双赢，而成本和利益的分配机制在技术创新协同中尤为重要，它在实现整体利润最大化的同时，使参与方都可以从供应链技术合作研发中获益。

① 楼高翔．供应链技术创新协同研究［D］．上海交通大学，2009.

2. 应用条件

合作研发方法常见于合作对象分别占有不同资源和能力优势（如市场优势和技术研发优势）的情况，此时双方均有动机促成技术研发合作。根据协同理论和资源依赖理论，当单一主体无法满足自身创新发展需求时，将与其他主体一起为实现共同目标而整合资源，实现资源优势互补，产生多元主体协同效应。合作研发方法的一个典型应用场景是产学研协同创新的合作研发模式。在该模式下，企业根据市场和消费者需求开展自主研发活动的同时，委托学研机构进行共同研发新技术，该方法集合利用了产业、高校和研发机构三方资源进行技术创新，技术的知识产权由三方共同享有。①

9.3.2 独立研发方法

案例 9-5

顺丰科技自主研发的大数据产品发布

顺丰科技践行“科技改变物流，物流改变生活”的理念：用科技辅助管理者，提升决策效率，简化决策和管理流程；用科技赋能收派员，让收派员工作得更高效、更轻松、更开心；用科技温暖客户，给客户更智能、更人性化的服务体验。顺丰科技致力于打造全方位智能化的供应链解决方案，并于 2020 年 7 月 30 日正式推出了自主研发的三款大数据产品，包括大数据平台、数据灯塔和丰溯。

大数据平台作为顺丰数据中台体系的核心技术底盘和顺丰信息网的核心组成部分，具有低代码、大容量、高性能、全链路、强安全等特性，可以提供数据采集、存储、分析计算等功能，以及大数据全生命周期的服务能力，为高速运转的物流管理、运作体系提供算力支撑。数据灯塔是基于大数据平台延伸的一款应用，通过大数据技术对产品的全生命周期进行实时监控，让顺丰的企业客户能够更及时掌握物流动态，实时发现可能存在的问题并进行干预，为客户优化物流提供数据支撑。丰溯则通过区块链＋物联网技术实现对产品物流信息的溯源，从生产和加工源头保证产品品质和安全。

对三个产品的运用使顺丰得以实现大数据技术与物联网、区块链、人工智能深度融合，打造完整的数字化供应链体系，帮助企业客户连接产业上下游。

资料来源：陈晶晶，陈康清. 顺丰科技大数据产品发布［EB/OL］.（2020-07-29）［2020-11-19］. http://gz.people.com.cn/gb/n2/2020/0729/c397145-34192344.html.

技术创新的另一种常见方法是独立研发方法。供应链中存在牛鞭效应，这使得前端客户的真实需求在各环节的传递过程中存在失真现象，导致大量的能量损耗。技术的独立研发方法是一种在企业内部实现技术持续创新的方法，通过企业内部的便捷沟通，企业不同环节和部门的工作人员能够高效地进行数据信息的交互，从而在企业内部实现技术的持续

① 宾厚，马全成，王欢芳. 政产学研协同创新模式与产业技术创新质量［J］. 湖南科技大学学报（社会科学版），2020，23（4）：70-79.

创新，创造更高效的创新价值。其中，企业研发机构是企业进行自主创新和独立研发的中坚力量，可以为企业产品升级提供技术支撑，使其在不依靠外部科研机构或组织的前提下实现技术创新，其基本流程、特征及应用条件如下。

1. 基本流程及特征

独立研发方法的基本流程如图 9－2 所示。前端销售团队负责洞察市场需求，交给产品团队设计符合市场需求的新产品并提出新产品需求；技术团队在整合现有技术的条件下开发新技术，实现新产品开发的目标，进一步挖掘新技术的潜力；运营团队负责将开发出的新产品落地，并把异常与成果告知客服团队，然后再反馈给前端销售团队。在技术独立研发过程中，企业各环节、部门通力合作，保证信息的高效传递和沟通。

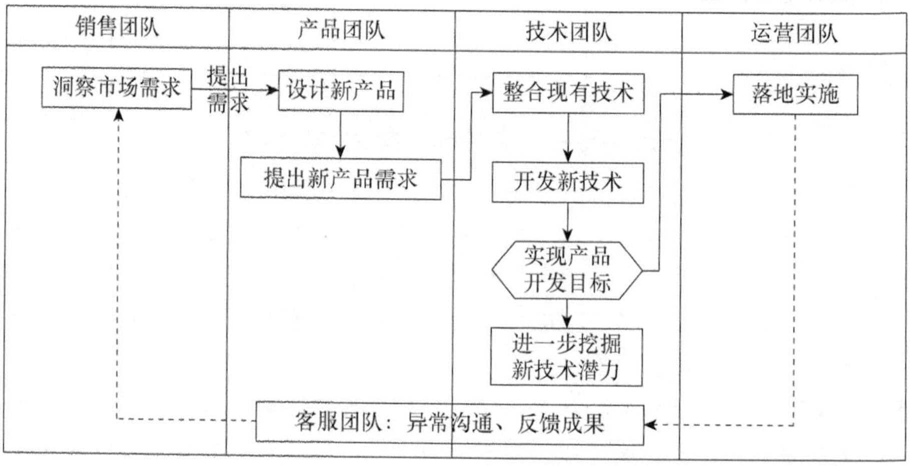

图 9－2　技术独立研发方法流程示意图

独立研发模式的典型特征包括：

一是专业、高效且专有。独立研发过程由企业独自完成，研发过程涉及的往往是企业内部各部门的沟通，无须建立与外部科研机构或组织的联系，因此技术研发过程的信息交流和沟通更加高效。同时，企业自身的研发机构可以提供专业的技术支撑，这也提升了技术研发效率。另一方面，由于研发过程由单一企业完成，研发成果由实施研发的企业独自享有，即企业对研究成果享有专有性。

二是高投入、高风险。随着技术的进步，技术研发的专业性要求越来越高，研发投资额也越来越大。进行独立技术研发的企业在享受研发成功带来的收益时，也必须要承担研发失败带来的巨额投资风险。

2. 应用条件

技术独立研发方法常用于技术密集型的大型供应链企业，它们通过打造研发团队来培养自己的核心技术，进而服务于供应链网络。一方面，技术研发的专业性和巨额的研发投入对技术薄弱和经济体量较小的企业形成了难以逾越的准入门槛；另一方面，技术密集型的大型企业具有更强烈的技术研发动机，服务于自身乃至供应链的智慧化发展需求。例如，华为拥有独立研发的国际尖端科技和专利，这使得它能够冲破美国的层层技术封锁和资金压制，成为世界第一的 5G 通信网络服务商。

9.3.3 综合研发方法

案例 9-6

京东"ABCDE"战略共建技术合作生态

定位于以供应链为基础的技术与服务企业，京东从十几年前就开始在技术上持续投入，以不断提升客户体验。京东本身拥有丰富的场景，加上深厚的技术积累和坚实的基础设施，其能够在AI技术与大数据、云计算、物联网、5G等领域实现深度融合，以AI和大数据为能力和资产，以京东云、京东IoT的云+端结合方式，利用5G技术，一方面为京东自身的零售、物流、金融等场景提供技术与服务支持，另一方面将积累的经验与成果向外部合作伙伴赋能输出。

京东的技术战略可以概括为"ABCDE"，即以人工智能（AI）为大脑，大数据（big data）为氧气，云（cloud）为躯干、肌肉和血管，物联网设备（device）为感知神经，并加强前沿探索（exploration），"ABCDE"深度融合，形成更具生命力和竞争力的有机体，为技术的产业化、规模化落地打下坚实的地基。

京东技术战略"ABCDE"的本质是促进技术融合带来的价值叠加，与行业技术诀窍进一步紧密结合，与合作伙伴一道共建良好的技术合作生态，并时刻要以用例为中心，解决真实场景问题，以最终实现面向社会创造更多价值。

资料来源："ABCDE"战略共建技术合作生态［EB/OL］.（2020-01-23）［2020-11-19］. https://baijiahao.baidu.com/s?id=1656489611773106914&wfr=spider&for=pc.

技术的综合研发是将技术合作研发与独立研发相结合的一种技术创新方法，依靠市场的力量，在进行技术独立创新的同时，将技术研发逐渐向供应链上下游延伸。例如，当供应链共性技术（即在供应链中广泛应用并对供应链形成瓶颈制约作用的技术）具有真空地带时，供应链中的技术领先企业就可以作为技术综合研发的主导方，将其竞争力从提供领先的产品转移到提供领先的共性技术上，从而获得更高的技术主动权。同时，供应链上的其他企业（如供应商、客户以及代理等合作伙伴）也参与到技术的综合研发过程当中，来共同解决整条供应链上的技术痛点，增加供应链整体盈余。供应链共性技术的开发使得该方法具有较强的针对性，其基本流程、特征及应用条件如下。

1. 基本流程及特征

综合研发方法的基本流程如图9-3所示，按照合作企业在供应链中的不同位置，技术综合研发的流程可具体划分为横向合作研发和纵向合作研发两部分。其中，横向合作研发是指处于供应链网络相同位置的企业（如图中的供应商A和供应商B）在技术方面的合作创新，它们在进行技术创新时是合作与竞争的关系；纵向合作研发则是指供应链不同环节的企业在技术方面的合作创新，如供应商、生产商和客户之间的共性技术研发过程。横向合作研发和纵向合作研发同时进行，互为补充，二者共同构成了技术的综合研发路径。

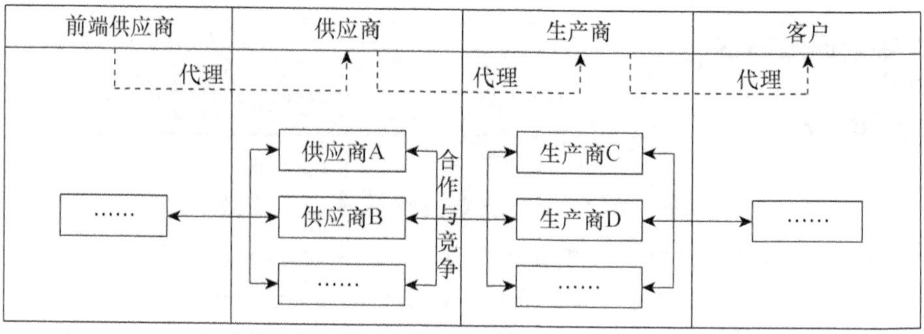

图 9-3　技术综合研发方法流程示意图

综合研发模式的典型特征包括：

一是针对性强。供应链共性技术是在一类特定供应链企业中共同使用的技术，其往往针对某一特定产业或供应链。因此，技术的综合研发具有较强的针对性，它往往针对特定类型的供应链，且技术研发成果也仅在达成技术合作的特定供应链企业中共享。对于不同的供应链，其综合研发模式会有所不同。

二是研发时间长、风险较高。通常来说，供应链共性技术难以在短期内产生效用，因此一般需要较长的研发时间投入，并且依赖于企业的技术能力、企业间的合作关系、企业在供应链中的地位等多种因素。相比于技术独立研发，该方法已经使研发风险有所降低，但总体来说，由于研发时间的增长和模式的复杂化，该技术创新方法仍具有较高的风险。

2. 应用条件

技术综合研发方法主要适用于供应链中的技术领先企业（如供应链中的平台型企业）主导供应链共性技术开发的情况，此时各节点企业借助自身技术资源和能力参与到供应链共性技术研发过程中去，并获得与所在供应链具有高度匹配度和有针对性的技术研发成果。在该模式下，技术领先企业以自己的技术优势辐射供应链上下游合作企业，带动全链条的技术创新和进步，从而获得更大的供应链竞争优势。例如，亚马逊旗下的无人超市 Amazon Go 结合了 RFID、计算机视觉、感测融合、深度机器学习等技术，实现了店内商品、消费者、计算机三者的实时互联。

9.4　智慧物流与供应链创新的商业模式创新方法

随着科技的逐渐发展，传统物流与供应链企业的商业模式逐渐落后，创新技术的迅猛发展推动着行业的变革，物流与供应链企业必须紧跟技术发展的趋势，创造出符合自身特点的商业模式，才能更好促进自身的发展。[①] 不同于技术创新，商业模式创新能够以快速、高质量的方式满足顾客的多样化个人需求；也能够通过再造资源交易的方式，从而赋予企业新的竞争优势，提高企业绩效。商业模式的创新方法可以分为共享化创新、封闭化创新

① 田泽兴，王康胜，王琦，文亦奇. 供应链金融与现代物流企业商业模式创新——以 K 港为例 [J]. 现代商业，2020 (6)：3-6.

和综合化创新。

9.4.1 共享化创新方法

案例 9－7

盒马百亿产业基地及总部落户上海浦东

2020 年 4 月 17 日，盒马产业基地在上海浦东新区航头镇正式动工，阿里巴巴集团副总裁、盒马事业群总裁侯毅宣布，盒马总部将正式落户上海浦东，并在此打造百亿产业基地。

盒马产业基地是集全自动立库、自动储存输送、分拣加工等功能为一体的加工配送中心，预计 2022 年投产使用，年营收将超 100 亿元，服务于上海各大盒马门店。此外，盒马已分别与上海浦东新区农业农村委、航头镇就特色农产品产销对接、"盒马村"建设签署战略合作框架协议。

"盒马村"是指根据订单为盒马种植农产品的村庄。通过接入盒马遍布全国的供应链网络和销售渠道，这些村庄从分散、孤立的生产单元连接到新零售的销售单元，从传统农业生产升级为订单农业和数字农业，成为现代农业数字产业链的一部分。

全国首个"盒马村"是四川丹巴八科村。随后，湖北、江苏、山东、河北、非洲卢旺达等地农村出现了一批"盒马村"。上海的"盒马村"将围绕盒马鲜生产业基地构建从数字化农业基地到生鲜产业基地、再到盒马新零售门店的全链路数字化农产品供应链体系。项目建成后，将带动浦东 8 个农业龙头企业、20 个合作社和 44 个家庭农场实现快速发展，助推农业数字化转型。数据显示，截至 2020 年 3 月，盒马门店数量超过 220 家。新冠肺炎疫情期间，全国盒马鲜生会员店迎来线上线下双增长，线上流量是上年同期的近 3 倍，线上订单比重自 50%增至 80%。

盒马鲜生高级副总裁张国宏表示，盒马已经迈入新零售 2.0 时代，即一体化的供应链体系，支持全渠道销售，真正实现线上线下深度融合。新冠肺炎疫情期间，在新零售 2.0 体系的保障下，盒马鲜生的网上订单数量相较上年同期激增 220%。对此，张国宏表示，"新冠肺炎疫情加快了新零售的快速普及，加快了新商业变革"。

资料来源：盒马百亿产业基地及总部落户上海浦东［EB/OL］.（2020－04－17）［2020－11－21］. https://baijiahao.baidu.com/s? id=1664191177190769037&wfr=spider&for=pc.

在新兴技术飞速发展的今天，物流与供应链商业模式呈现共享化、扁平数字化的新特征，共享化商业模式成为管理供应链资源的先进手段。作为一种新的基于互联网技术的商业模式，共享化的商业模式在过去十年经过不断摸索和创新，成就了许多独角兽的企业。共享化商业模式的基本流程、特征以及应用条件如下。

共享化的模式调动了割裂的信息和闲置的资源，促使商业模式中的各个要素和系统相应改变，从价值主张和价值创造、传递模式和收益模式，以及外部关系网络和价值网络等方面提供创新驱动。例如，新零售业供应链打造了线上与线下深度融合的一种新模式，供应链中多方协作共享，将传统零售以企业为中心转移到通过全渠道满足消费者需求的以消费者为中心模式。

1. 基本流程及特征

共享化路径下的商业模式创新流程如图 9－4 所示。共享化商业模式是以消费为中心，共享化商业模式致力于打造 F2C（factory to customer）商业模式，供应商直接面向消费者群体，省去了传统供应链中间代理商、经销商环节，直接把人、货、场三者串联起来。同时，O2O（online to offline）商业模式也必不可少，将线上线下资源成功对接，打造“互联网＋”信任社群。甚至还出现了 B2C2B（business to customer to business）的以消费者为中心，卖方与交易平台共同为买方提供优质的服务，把供应商、生产商、经销商到消费者的整个产业链接为一体，实现产品、服务解决方案的全面升级。

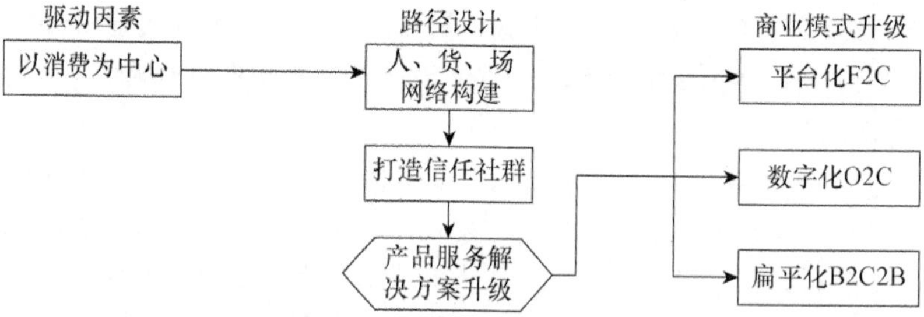

图 9－4　商业模式共享化路径

共享化创新模式的典型特征包括：

一是平台化。共享化商业模式的分享渠道接近零成本要归功于互联网创新技术的进步和共享平台的发展。信息平台化使得资源在网络点对点之间的分享变为现实。随着分享者的不断加入和分享资源的不断增多，平台的价值呈指数级增长。共享平台的实用性、传播性和普及性强，保证了资源的高效整合和有效利用。

二是数字化。数字化是共享化商业模式的核心基础，虽然数字化改变不了商业要素，但可以用数字化重构流程和链路，达到效率的提升。数据共享可以将有效的数据信息提供给合作方使用，通过不同领域之间的跨界共享，参与方各自负责自身的优势环节，可以有效实现资源整合。

三是扁平化。资源整合和数据共享为扁平结构的构建和发展提供了支持。扁平结构的“去中介化”分销渠道模式是生产企业在激烈的竞争环境中不断获取竞争优势的重要途径。扁平化最大的优势是删减渠道中间的冗余环节，减少库存，提高效率。从生产企业角度看，可以绕过代理商、经销商等中间环节，直接接触终端消费者，降低产品成本，获得竞争优势；对于最终用户，将从产品的降价过程中获益。

2. 应用条件

共享化创新商业模式主要适用于合作对象有闲置资源、信息化程度较高、便于平台化的情况。共享化商业模式的应用意味着信息和资源的整合，是以消费者需求为驱动的创新模式，为合作方之间创造信任是共享化商业模式创新路径的关键因素之一，因此，需要构建完善的信息安全平台和数据处理系统。交易平台是共享化实现的关键，交易平台能掌握供需双方的信息，帮助双方解决信息不对称问题，在降低成本的同时提高交易效率。

9.4.2 封闭化创新方法

案例 9-8

苹果：封闭为王——封闭的全球化

“苹果未来到底要做软件公司还是硬件公司?”这是苹果第四任 CEO 迈克尔·斯平德勒提出的疑问，因为 20 世纪 90 年代初期的个人计算机生态源自微软和 PC 兼容机制造商的分工协作。除了 SUN 和 SGI 等服务器级别电脑制造商，没有谁敢于在开发自己的硬件的同时不授权自己的软件给第三方。而乔布斯重返苹果后之所以能够快速扭亏，恰恰就是受益于这种硬件兼有软件的封闭技术体系。这种封闭的态度不只体现在苹果的技术态度上，苹果产品的全球化制造流程也充满了封闭色彩。

“设计于库比奇诺，生产于中国。”在每个苹果产品的背后都会蚀刻上这样的铭牌，库比奇诺是苹果总部所在地。不同于惠普和戴尔在全球化代工制造浪潮中的彻底下放态度，苹果一直坚守最谨慎的 OEM（原始设备制造商）代工制造方式，从没有采用过包含代工设计的 ODM（原始设计制造商）方式，更严控代工过程的保密原则。T. RowerPrice 基金的投资经理戴维·艾斯沃特（David Eiswert）分析道：“苹果一直小心翼翼地管控着代工制造商和核心零件供应链条，广达、鸿海、华硕等代工厂每年都以竞标的方式获得苹果订单，并且苹果一直采用两家以上核心零件供应商的体系，以分散生产风险。譬如闪存颗粒就分别来自三星和东芝，为了满足第二代 iPad，甚至将印刷电路板供应商的数量由原来的 3 家扩增到了 7 家。”另一方面，iPhone 和应用软件商店开启的第三方开发者生态，实际上也没有摆脱苹果的封闭架构。

在乔布斯两次病休的时候，苹果首席运营官蒂姆·库克成为临时接替者，之所以会委任蒂姆·库克，恰恰就是因为他参与构筑了苹果这套封闭的全球化代工体系。或者按照供应链分析投资机构 iSuppli 的说法，乔布斯早已制定好商业模式的生态计划，小团队作战的设计研发群体将设想付诸产品，剩下的事情只是首席运营官蒂姆·库克组织生产，高级副总裁瑞恩·约翰逊多开苹果商店的问题了。而在苹果前任高级副总裁杰伊·埃利奥特看来：“乔布斯用一套以苹果自身为核心的商业体系，构筑出了苹果内部自我循环的生态系统，一套包含独立技术标准和乔布斯设计口味的商业组织。”

资料来源：和讯科技. 苹果：封闭为王、小众立场和技术嗅觉 [EB/OL]. (2011-04-25) [2020-11-21]. http://tech.hexun.com/2011—04—25/129022737.html.

与共享化路径对应的是封闭化路径，封闭化路径是在商业模式创新中企业将自身的资源或者运营方式等封闭起来进行独家创新的模式，便于企业获得竞争力。在封闭化路径中，供应链企业可以通过封闭的资金供给与有限研发力量的结合，保证技术的保密、独享与垄断。例如技术密集型高科技行业、自然资源能源垄断行业等其他供应链行业，大多建立内部的采购、销售、其他物流环节等为一体的供应链生态环境，在下一步推进智慧供应链体系建设时，打造自给自足的数字化、智能化平台。封闭化创新商业模式的基本流程、特征及应用条件如下。

1. 基本流程及特征

封闭化创新路径的流程如图 9－5 所示。智慧供应链应用封闭化商业模式创新路径需要三个前提：第一，供应链的核心企业必须有行业领域中绝对或者相对的议价权，这是进行封闭创新的基础前提；第二，核心企业信用在业界被消费者认可，相信其能提供可靠的产品和服务；第三，只有企业确定进行商业模式变革可以为其带来新的竞争优势时，才是其进行商业模式封闭化创新的最佳时期。

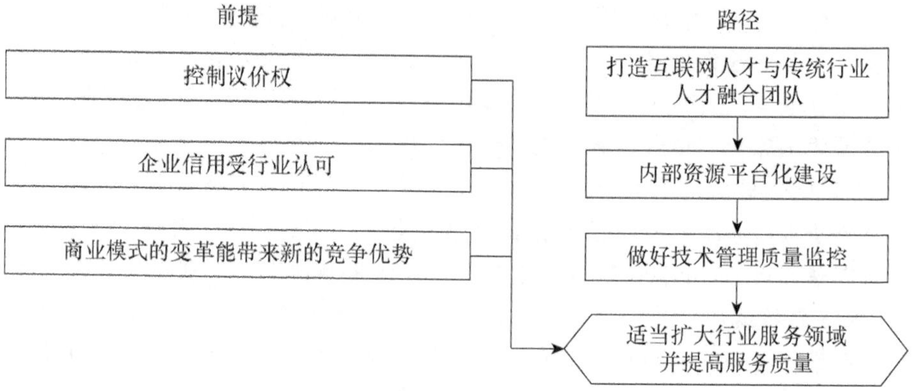

图 9－5　商业模式封闭化路径

封闭化创新模式的典型特征包括：

一是系统性。在封闭化的商业模式下，企业强调整合其系统内的资源来实现企业的创新。在这种模式下，企业的创意多来自内部员工；技术开发与研发多依靠内部的技术部门，亦有部分研发通过与高校或科研机构的合作展开，但是合作程度有限；新产品的商业化也是企业利用自身的销售力量进行市场开拓、市场试销，直至市场推广等各项活动的过程。

二是保密性。封闭化的商业模式有利于企业信息和资源的保密，合作方或未经授权方无法获得企业的产品信息，这对于高科技电子产品行业来说尤为关键。例如，采用封闭化商业模式的英特尔公司通过总揽芯片的设计和生产，利用其垄断地位掌握定价权，实现自身利润的最大化。除此之外，英特尔还掌控电脑的功能设置和产业发展方向，成为互联网行业的超级帝国。

三是高效率。封闭化的商业模式可以保证新产品上市的速度和质量，可以进行大批量供货，同时有利于产品信息和质量追溯及质量监控和追溯体系的建立与完善。速度、质量、规模的综合效应也是英特尔称霸 PC、服务器芯片市场多年的原因之一。但是这种模式与共享化合作的商业模式相比略显僵化，对市场的反应能力相对较低。

2. 应用条件

封闭化创新模式主要应用于竞争激烈、技术联系紧密的一次性创新的情况。在竞争激烈的产业中，供应链中的合作者容易出现投机和偷取对手优势技术的行为，在这种情况下，封闭式创新更能适应市场竞争；当企业之间内部联系紧密的时候，开放式创新的存在可能会带来破坏元素，而且这样的元素会对整个产品线产生连锁影响。例如，苹果公司为了维护其电脑和手机产品之间顺利的综合数据交流，倾向于保持封闭式创新模式，这样可保证高质量的用户体验；当创新模式会带来技术上的重大变革时，一次性创新的机会主义行为更能使市场中竞争胜利者保持领先，而失败者永远落后，持续性的创新则需要开放式的创新模式来维持稳定长久的合作关系。

9.4.3 综合化创新方法

案例9-9

打造汽车“安卓平台”，大众或亲手改变传统汽车产业

2019年的日内瓦车展，汽车世界的目光依然被特斯拉的喧嚣所吸引。然而，大众汽车展台上发生的一件看似不起眼的小事情，将给传统汽车产业带来真正的冲击，或将在真正意义上埋葬掉了已经迁延百年的传统汽车产业，掘墓人则是传统汽车巨头——大众汽车集团。

e-GO汽车是一家于2015年在德国亚琛成立的汽车初创公司，专门制造电动城市汽车，几乎没有销量。但该公司的CEO获得了一个巨大的荣幸，能够在日内瓦车展的大众展台上，得到大众汽车集团CEO赫伯特·迪思的亲自接待。e-GO这家“小不点”企业，是第一家获准使用大众汽车集团MEB平台的第三方汽车企业。

2015年，在与克鲁格竞争宝马CEO的战争中失利的赫伯特·迪思，受邀出任大众汽车乘用车品牌的管理委员会主席，开始了MEB平台的打造。MEB平台，无论是对于迪思个人、大众汽车集团，还是传统汽车产业，都是一个极端重要的模块化纯电动平台。

作为世界上最具竞争力的模块化开发平台汽车制造商，大众汽车开始面向电动车产业研发模块化汽车平台，MEB平台位列该公司有史以来最重要的汽车项目。为了这个平台的研发，整个大众汽车集团，投入了无数的资源。这个平台，除了最基础的、极具扩张性的、模块化的底盘之外，拥有所有传统车企中最先进的整车电子电气架构——E3架构，使得未来的汽车编程了电子产品，能够进行软件定义。如今，MEB平台在全球范围内都可以被视为除了特斯拉的Model 3和Model Y共享平台，最好的电动车平台。

在传统的汽车行业商业模式中，汽车企业会极度严苛地保守着自己的秘密，研发中心甚至不允许“可疑”人士靠近，通过保守核心知识产权的秘密获得竞争优势。而如今，大众汽车倾注集团力量，历时4年研发的MEB平台，将会授权“竞争对手”使用，基本上可将其视为一个电动汽车的“安卓平台”，这种模式对汽车产业带来的冲击是巨大的，极大地降低汽车制造的门槛。在大众MEB平台的帮助下，其他企业可以共享大众MEB的底盘以及供应链，甚至是生产能力，只需要解决电动车产品的应用和运营问题就行。当大量的企业利用MEB平台打造汽车产品时，其客观结果就是极大地提升这个生态的规模优势。这会让那些单打独斗的电动车平台在硬件成本上难以与之竞争，在研发效率上难以与之竞争。更可怕的是，在软件和车联网生态的竞争力上，更加望尘莫及。

这样的结果将会使得很多车企为了在硬件成本以及软件生态上具备竞争力，而不得不选择加入 MEB 平台的对内封闭、对外开放的综合化商业模式中去。此举将会改变汽车产业的商业模式，在过去的一百年，传统车企的核心商业模式是卖车，核心能力是造车。但由于大众 MEB 的开放，造车这项核心能力的“护城河”效应被大幅削弱，基本上相当于武功被废掉了。其他企业不需要研发汽车，不需要搞定供应链，甚至不需要搞定生产。它们要做的核心工作是：定义产品，在大众汽车提供的 vw. OS 的基础上，研发应用程序，只需要控制用户和数据即可，最重要的是，要降低运营成本，提升运营效率。

大众汽车集团提供底盘、供应链、整车电子电气架构，包括 OS 的模块，甚至都不用提供 OS 的深度定制服务，让应用和运营企业自己来做深度定制，只需要把这个生态不断地做大，就将具备无与伦比的影响力。大众 MEB 平台的开放，必将极大加速电动车替代燃油车的进程。

资料来源：CSDN 技术社区. 打造汽车“安卓平台”，大众或亲手干掉传统汽车产业 [EB/OL]. (2019-03-27) [2020-12-30]. https://blog.csdn.net/cpongo4/article/details/89085706.

综合化创新路径是将共享化和封闭化两种商业模式相结合的一种方式，该模式集两者的优点于一体，对外商业交互实施开源共享化，对内产品实施封闭化，有利于企业掌握核心能力的同时加强企业间的合作。综合化创新路径的基本流程、特征及应用条件如下。

1. 基本流程及特征

综合化创新商业模式的基本流程如图 9-6 所示。与传统的供应链信息共享平台相比，这种综合化的闭环供应链共享化商业模式更专注于企业对其产品进行全生命周期的数据跟踪把控，对正向供应链提供运营与绩效监控服务，提高正向供应链效率，并对逆向供应链提供产品回收定价等服务。同样地，需要建立全链条的信息采集、传输、存储、加工等的云平台，使不具有利益冲突的供应链上下游企业有效地进行数据共享，便捷地对异常及错误数据进行再采集。

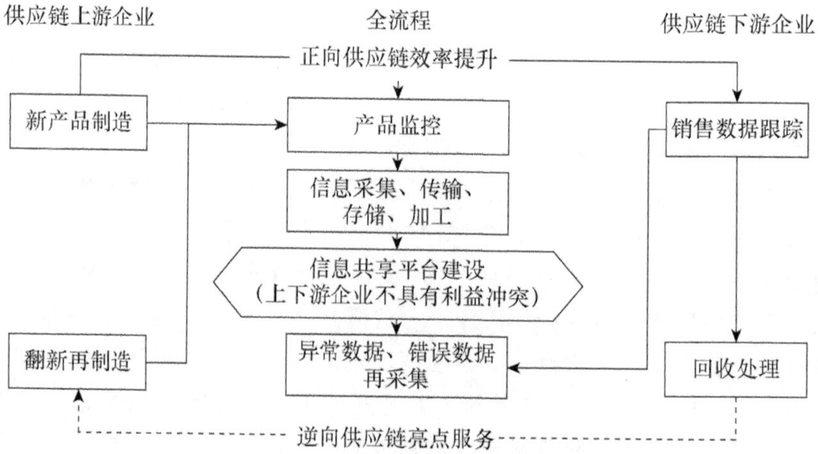

图 9-6 商业模式综合化路径

综合化创新方法的典型特征包括：

一是对内封闭。综合化的创新方法对内产品实施封闭化，产品的自我封闭系统有利于企业牢牢掌握核心资源和核心能力，在重要的环节获得丰厚的利润。在知识产权意识不强的背景下，各企业都跟风抄袭，产品同质化非常严重，对于商业模式创新型企业来说，保护产品信息不被泄露，才能保证企业在好的模式下基业长青。

二是对外共享。当前，大数据技术日趋成熟并快速发展，大数据业务模式和应用场景日趋清晰，构建适应未来大数据战略推进的大数据平台，支撑对内对外的数据服务，实现企业对外的商业交互是综合化创新商业模式的另一特征。通过对外与广告、实地销售、金融和咨询等多行业进行合作，可快速实现大数据资产的增值，提高企业经营效益和市场竞争能力。

2. 应用条件

综合化商业模式创新路径主要适用于可以从闭环供应链中直接获取经济效益的企业，将封闭与共享进行结合，对内产品实施封闭，对外商业交互进行共享，例如汽车、电器、材料等行业。例如，海尔公司由封闭的制造企业变成开放竞争的综合化平台的转型，在转型前，模具公司的订单来自集团内部，冰箱、冷柜、空调、洗衣机、厨电等，内部订单直接下达后，模具工厂批量化生产，最终目的是按期交付合格的产品。而平台化的转型战略要求工厂由封闭垄断到开放竞争，由被动接单到抢单制造，由根据资源找用户，变为通过用户找资源。①

9.5 智慧物流与供应链创新的制度创新方法

智慧物流与供应链创新的制度创新应借助智慧化的手段，以产品最终价值的实现为目标，构建流通渠道结构；以市场信号为指挥，构建信息传递渠道；以经济利益为内部驱动力，构建激励机制；以市场竞争为外部驱动力，构建市场推动机制。② 根据制度创新的演进路径，智慧物流与供应链创新的制度创新方法可以分为随机演进方法、计划演进方法和综合演进方法三类。

9.5.1 随机演进方法

案例 9－10

供应链控制塔的演进过程

近年来，供应链控制塔（SCCT）的概念越来越流行。供应链控制塔从物流控制塔演变而来。C. H. Robinson，Kuebne＋Nagel 等一些跨国大型物流公司借用机场控制塔的方法，推出了物流控制塔的概念。之后，Gartner、埃森哲、阿伯丁等著名供应链管理和咨询机构将物流控制塔升级到供应链控制塔，并把它作为供应链数字化转型的重要举措

① http://www.docin.com/p-2104131643.html.

② 龙江. 论物流的思维与制度创新［J］. 国际商务研究，2004（2）：13-16.

之一。

Gartner 给出了如下定义："物流控制塔是一个物理或虚拟仪表板，提供准确、及时、完整的物流事件和数据，从组织和服务的内部和跨组织运作供应链，以协调所有相关活动。供应链控制塔……提供供应链端到端整体可见性、近实时信息和决策的概念……"

在整个供应链控制塔的演进过程中，供应链控制塔 1.0 和 2.0 是传统方式的控制塔。它们都是以单个企业为中心，贸易伙伴是外部的，能见度有限，信息共享程度低。控制塔 1.0 只有描述性的可视化，控制塔 2.0 有预测性分析能力，但没有指标性的分析能力。

当供应链控制塔发展到 3.0 时，与 1.0 和 2.0 有了本质区别，它在客户驱动的供应链网络中，并且控制和管理整个供应链网络。控制塔 3.0 具有以下特点：企业是供应链网络的一部分；展示价值链的完整视图，具有对供应链每个阶段能力的可见性；拥有实时数据流；具有指标性的分析能力，也就是能够基于数据学习（如机器学习），为决策者提供优化建议和制定最佳的行动方针。

当供应链控制塔发展到 4.0 时，它和控制塔 3.0 一样都处于客户驱动的供应链网络中。然而，控制塔 4.0 是下一代具有人工智能的数字化供应链控制塔，具有自主反应与学习、协同共享信息、自校正供应链、机器学习、认知分析等特征。

目前，国内的大多数物流和供应链企业尚处在供应链控制塔的概念学习和应用推广阶段。据调查，大多数的物流/供应链控制中心或指挥中心尚属于控制塔 1.0 或 2.0，部分达到了控制塔 3.0。随着经济技术的不断发展，相信大多数企业将逐渐朝着控制塔 3.0 和智能化的数字化供应链控制塔 4.0 迈进。

资料来源：卓越供应链. 供应链控制塔的产生背景及演进过程 [EB/OL]. (2019-09-24) [2021-01-21]. https://baijiahao.baidu.com/s? id=1645521591544409104&wfr=spider&for=pc.

智慧供应链的发展常常会受到资源、能力和环境的制约，在智慧供应链不同发展阶段的客观动因的驱动下，制度的随机演进方法应运而生。随机演进是指制度变迁主要不是靠人为的有意识设计完成的，而是随着历史过程的自然演化自发进行的，是长期演进过程中的经验产物，具有随机性和自发性。在智慧物流与供应链制度创新中，它是指制度演进由企业所在供应链发展阶段的客观动因所驱动，是各企业为了实现供应链剩余最大化自发产生、约定俗成的制度变迁过程，而不是具有方向指引作用的供应链制度理性设计。随机研究方法的基本流程、特征及应用条件如下。

1. 基本流程及特征

在智慧供应链创新中，制度的随机演进过程主要分为三个阶段，其基本流程如图 9-7 所示。在第一阶段，与人类社会制度的随机演进类似，供应链制度的随机演进受到员工数量和劳动方式的制约，进而受到供应链合作方式的制约。在第二阶段，供应链制度随机演进的动因主要是资源的稀缺性和技术进步，在供应商管理方面往往具有滞后性。在第三阶段，制度的随机演进在带来利益的同时，难免有一些制度漏洞被供应链中的投机者所利用，相应的自我修正与客户管理应运而生。

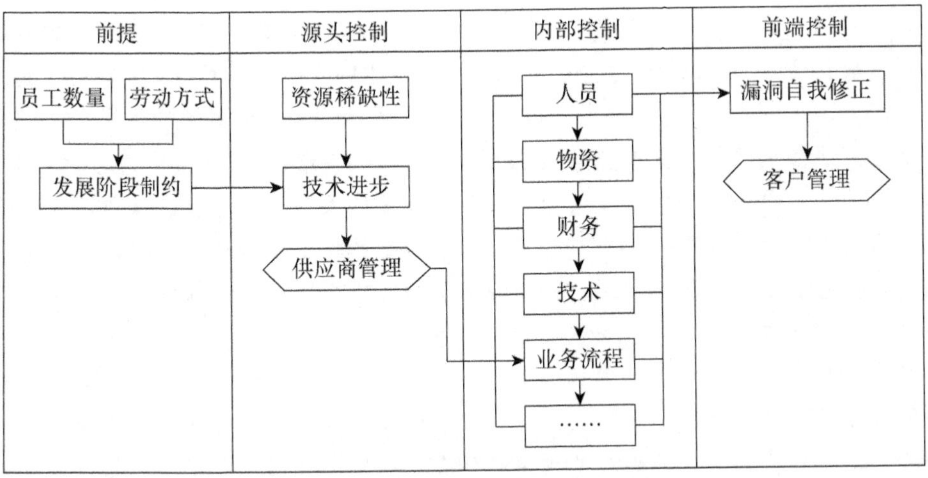

图9-7　制度随机演进方法流程示意图

随机演进方法的典型特征是资源制约和滞后性。这两个特征都与随机演进的自发性特点有关。在供应链发展的各个阶段中，资源的稀缺性会导致供应链发展受到制约而出现瓶颈，此时，企业若想在激烈的竞争环境中胜出，就必须要进行制度变革，这就催生了新的供应链制度和相应的管理方式。而这种随资源制约自发产生的制度变革会进一步反映为技术的逐渐进步和发展，这是一个缓慢渐进的过程，因此该方法具有时间上的延迟和滞后性。

2. 应用条件

随机演进方法是供应链源头、内部、前端对资源、技术、管理方式等发现问题并自我修正的过程，其往往受到资源、能力和环境的限制，因此该方法常见于企业和供应链的发展初期。在发展初期，企业往往缺乏创新变革的意识，也缺少进行智慧技术创新的能力，因此无法通过引领制度变革来扩大企业乃至供应链的收益。比如，早期的智慧物流和智慧供应链企业往往采用该方式进行制度的逐渐和自发演进。

9.5.2　计划演进方法

案例9-11

智慧供应链支撑的跨境电商海外仓转型

海外仓是跨境电商全球采购、全球销售以及第三方物流企业提升服务质量、获取市场竞争优势的重要抓手。跨境电商设立海外仓是市场竞争下的必然需求。亚马逊、eBay等全球领先的跨境电商平台发展势头迅猛，对销售海外仓的布局和建设起到了推动作用。主要面向国内市场的京东则在全球通过100%覆盖产地来布局110多个采购海外仓，天猫也宣布将在美国仓、日本仓和韩国仓的基础上新建欧洲采购仓。服务跨境电商或全球物流的第三方物流企业如顺丰等也同样在境外加大布局第三方海外仓的运储仓配力度。

尽管海外仓数量急剧增加，但实际上，多数新增海外仓给投资企业带来的运营成本却远高于收益。总的来说，海外仓现存的主要问题，除国际税法差异和海外消费者权益差异导致的政策风险、经营风险、质量风险和成本风险外，绝大多数与信息不对称、数据难共享和预测不精准直接相关，如货物爆仓、滞销滞压、成本高企、退换货损失大等。因此，如何解决上述问题，并通过海外仓提升供应链整体利润，成为今后规划和建设海外仓的关键。

事实上，上述问题恰恰是智慧供应链所关注和能解决的，更需要依赖“大、云、移、物、智”形成跨境电商的智慧产业链生态。从供应链体系和产业链生态来看，海外仓运营的成功与否，取决于其在整个供应链和产业链中所处的位置和所起的作用，取决于运营管理的成本与收益的效率对比，取决于仓储商品类型与供应链类型的匹配度，取决于互联网及信息技术、智能技术等对仓储智慧决策的支撑程度。

海外仓的运营也同样需要如国内仓储一样“结点成网”，利用联盟、资本或信息网络对自身及盟友资源的全禀赋要素优化，融合多式联运、中转仓、货代、退货换标和报关清关等资源，特别在国内国外两端共建姊妹海外仓、姊妹边境仓，实现全程物流轨迹追踪和全网络协同共赢。此外，海外仓还需要提高节点仓配的即时响应速度。跨境电商平台本就具有全流程全资源的数字化基础，因此较易引入自动化装备，利用操作无人化、运营智能化和决策智慧化构建全球跨境电商智慧供应链体系。

资料来源：刘大成. 海外仓转型，更需智慧供应链支撑 [EB/OL]. (2019-05-07) [2020-12-30]. https://baijiahao.baidu.com/s?id=1632846365496109333&wfr=spider&for=pc.

计划演进强调社会主体对制度发展和变迁的人为力量，认为制度是由人理性设计和建构的。在智慧物流与供应链制度创新中，计划演进方式是指供应链上的直接主体，包括个人、企业、社会组织以及政府组织等，在制度演进所带来的潜在利润的驱动下，有意识地采取行动来推动供应链制度变迁或者对制度变迁施加影响的一种制度演进方式，是一种受人为因素影响较大的制度创新方式，其基本流程、特征及应用条件如下。

1. 基本流程及特征

制度计划演进方法的基本流程如图 9-8 所示。不同于随机演进方式借助于市场自我调节机制来进行制度演进，计划演进方式从源头上把控整个供应链，把市场的自我调节机制能力用更加稳固的计划管理模式替代。通过人为制定一系列制度，来有效把控供应商、生产商的生产活动，通过掌握并调节技术水平的高低，来扩大整个供应链的经济效益。

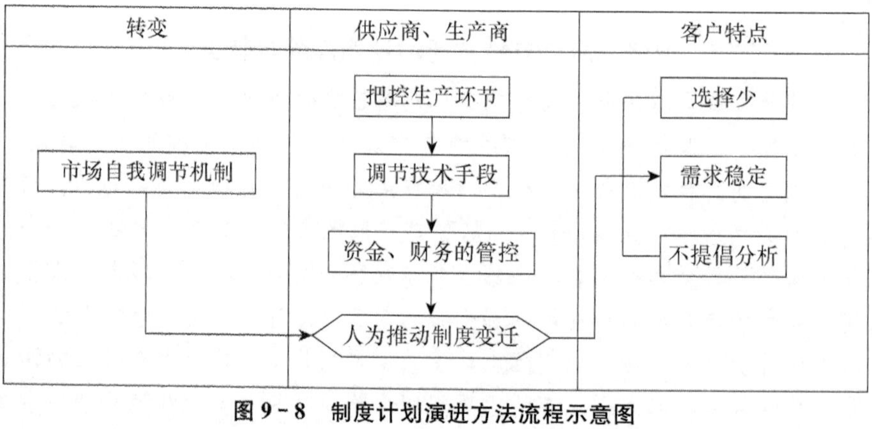

图 9-8 制度计划演进方法流程示意图

制度计划演进方法的典型特征包括：

一是针对性强。在计划演进方式下，供应链主体是推动制度变迁的行动方，它们主观地、有意识地进行供应链的计划、管理、组织、控制和调节活动，来提升所在供应链的整体利润。该方式是针对具体供应链实行的制度变革活动，不同供应链选择的计划演进方式有所不同。因此，计划演进方式具有较强的能动性和针对性。

二是个性化弱。在计划演进方式下，供应链核心企业往往会由于市场、资金、技术等优势而在供应链中处于较高的地位，因此有能力保持企业的高生产效率，并一定程度上抬高价格。此时，上游企业就会以高效率、高价格的形式提供通用性商品，从而为企业创造高利润，因此，其产品和服务往往个性化程度较低，缺乏对客户的针对性。

2. 应用条件

制度的计划演进方式通常适用于客户需求稳定的情况。在计划演进方式中，供应链企业可以充分把控供应商、生产商的生产活动，掌握并调节技术手段，来对企业乃至供应链的收益产生影响。因此，在该方式下，供应商、生产商等上游核心企业是推动供应链制度创新和变革的主要力量，具有较高的话语权和谈判力；下游客户则处于相对弱势的地位，它们无法对供应链核心企业的制度和模式产生决定性影响，因此客户的选择较少、参与度也较低。计划演进方法的典型应用包括垄断行业中的计划生产模式，以及行业内为遏制不良竞争而达成协议的手段等。顺丰 DHL 副总裁黎志豪则进一步指出，智慧供应链需加强数据把控，用科技化的方案与标准化的工具来实现流程配合，从而实现“供应链从个性化需求到标准化服务”的变革。①

9.5.3 综合演进方法

案例 9－12

国家电网深化现代智慧供应链全景质控业务链应用

全景质控是现代智慧供应链体系三大核心业务链之一。近年来，国家电网坚持“质量强网”理念，全力打造“质控链”智能化运作体系，全方位提升质量检测能力，实现事前管控、事中监督、事后闭环，电网设备质量管理取得显著成效。

事前建立供应商信息“一本账”。近年来，公司逐步建立了完善规范的核实制度，由总部和省公司两级组织开展，对主要设备供应商开展全方位量化的“深度体检”，建立高质量的供应商信息库，防范供应商虚假投标风险，实现从源头管控采购设备质量。2020 年，公司建成了新一代电子商务平台（ECP2.0），对自愿报名参加核实的供应商进行“体检制”云核实，建立供应商信息“一本账”，实现供应商信息全方位数字化管理。不仅如此，ECP2.0 供应商信息核实生成的量化可视结果还可直接用于投标环节，为采购策略优化提供保障。

---

① 数据把控，供应链从个性化需求到标准化服务［EB/OL］.（2019-09-20）［2021-01-21］. https://baijiahao.baidu.com/s?id=1645168529195149595&wfr=spider&for=pc.

事中织密质量监督“一张网”。从2019年5月起，公司开始建设电工装备智慧物联平台（EIP），目前已建成10大品类的管理中心。EIP实现了生产制造实时感知与智能监造深度融合，从生产线实时采集数据，打造“透明工厂”。基于EIP的智能监造则实现了物资生产环节的质量管控，在推进产品质量提升的同时，也拉动了电工装备产业的升级。

事后下好闭环管控“一盘棋”。公司依托新一代电子商务平台深化事后闭环“一盘棋”管理，对质量监督中发现的问题，由平台自动进行分类分级，按照严重程度，对供应商作合同违约责任追究、不良行为处理、绩效评价扣分，并推送至招标采购环节，形成应用闭环。

近年来，公司通过深化现代智慧供应链全景质控业务链应用，不断提升电网设备质量。全景质控数据内外贯通、实时交互，引导了上下游产业供需对接，营造出重质量、讲诚信的良性竞争环境，促进电工装备制造水平整体提升，打造电工装备生态圈，助推电网高质量发展。

资料来源：熊汉武，谢岗，满思达. 质量强网！国家电网深化现代智慧供应链全景质控业务链应用［EB/OL］.（2020-12-02）［2020-12-30］. https://baijiahao.baidu.com/s?id=1684932035559259763&wfr=spider&for=pc.

制度综合演进方法是随机演进方法与计划演进方法相结合的一种制度创新方式，该方法通常在某个环节或者部分采取不同的方式进行制度创新。一方面，要尊重市场的自主调节机制，供应链的生产、流通、消费环节都是由市场通过价格、供求、竞争等要素实现的，市场这只无形的手调节了要素流动，实现了资源的合理配置。另一方面，要发挥供应链核心企业的计划指导作用，这里的计划是指对市场变化进行灵活调整的宏观调控，是一种科学的供应链管理手段。通过两种制度创新方法的合理组合，综合演进方法可以实现优势互补，从而为制度创新提供更加科学的指导。制度综合演进方法的基本流程、特征及应用条件如下。

1. 基本流程及特征

制度综合演进方法的流程如图9-9所示。根据新制度经济学的路径依赖理论，初始制度一旦形成，往往会沿着既定的路径前进，逆转需要投入非常高的成本，因此制定初始供应链行动规则非常重要。① 若企业处于供应链的关键环节，是整个供应链的规则制定者，那么其在制度设定上便具有一定的主导权，可以依照环境的变化对供应链所采取的制度进行调整和改善，并在此基础上将制度进行细化，分割为多个子制度，根据不同制度的特色采取不同的制度演进方式，从而实现因地制宜的制度创新。

制度综合演进方法的典型特征包括：

一是优势互补，供需平衡。制度的供给和需求往往呈现出“均衡—失衡—均衡”的周期变化形态，其中，供需失衡的形态构成了制度变迁的动因。② 因此，智慧供应链制度综

① 牛风蕊，张紫薇. 中国博士后制度演进中的路径依赖及其突破——基于新制度经济学理论的分析视角［J］. 高校教育管理，2018，12（1）：20-26.

② 吴磊. 制度、技术与区域发展模式的效率——“苏南模式”和“温州模式”的比较研究［D］. 杭州：浙江师范大学，2019.

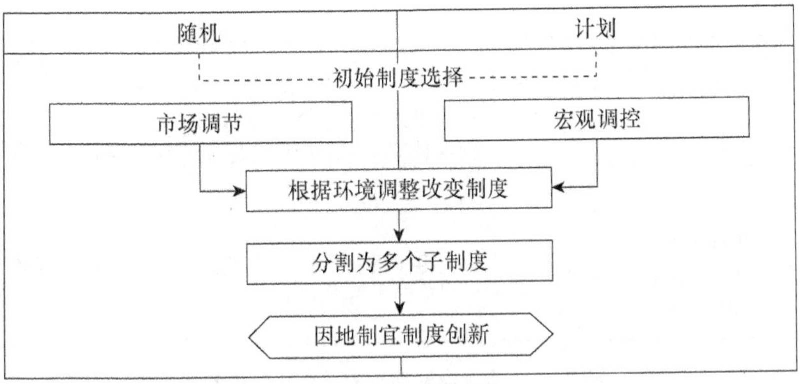

图9-9　制度综合演进方法流程示意图

合演进本质上就是均衡和非均衡相互作用、转化的过程，在这个过程中，随机演进方式中的市场调节和计划演进过程中供应链核心企业的理性设计共同发挥作用，实现优势互补。

二是因地制宜。在制度的综合演进方式中，供应链制度是根据供应链企业所面临的外部市场和技术环境的变化而发展变化的。因此，特定的技术、组织和环境可以对应于不同的制度，进而可以采用不同的制度演进方式进行创新。也就是说，供应链核心企业可以根据外部环境因地制宜地实现制度创新。

2. 应用条件

企业的发展有赖于技术支持，制度和技术之间是一种相互依赖的关系，因此，如果现有制度无法适应当前的市场环境从而阻碍了技术进步，就需要进行制度的综合演进，以充分适应环境变化并获得供应链整体的竞争优势。为此，市场上绝大多数供应链企业所采用的制度创新方式都是介于随机演进和计划演进之间的综合方式，其目的就是要实现供应链制度与技术和环境的协调。尤其是对于供应链中掌握关键话语权的节点企业而言，它们更倾向于采取这种能够适应环境并进行理性设计的科学方法，来应对不断变化的外部冲击，科学渐进地实现智慧物流和供应链的创新。

9.6　组合创新方式及其比较

从上述创新路径设计方式来看，技术研发路径、商业模式创新路径、制度演进创新路径的具体方式各不相同，并且各具特点，表9-1至表9-3对比了三种创新路径的特点和构成，并给出具体的案例参考。

表9-1　技术创新的三种路径比较

名称	特征	构成	案例
合作研发路径	资源共享与优势互补 风险共担 利润共享	打造技术供应者、技术创新者和技术使用者交互网络	供应链企业与研发机构、高校研发团队合作研发，如产学研项目及比赛等

续表

名称	特征	构成	案例
独立研发路径	专业、高效且专有 高投入、高风险	技术密集型供应链企业打造研发团队，服务于供应链网络	顺丰科技、华为等
综合研发路径	针对性强 研发时间长 风险较高	供应链中的技术领先企业主导供应链共性技术开发	平台型企业所在供应链、亚马逊无人超市等

表 9-2　商业模式创新的三种路径比较

名称	特征	构成	案例
共享化路径	平台化 数字化 扁平化	供应商、生产商、经销商到消费者一体化联结，资源需求方与供给方互利互惠	货拉拉、共享单车、新零售行业等
封闭化路径	系统性 保密性 高效率	搭建企业内部采购、销售、其他物流环节等为一体的供应链生态环境	高科技行业供应链、自然资源能源垄断行业等
综合化路径	对内封闭 对外共享	以产品为主体，联结其闭环式生命周期供应链网络	汽车、电器等可回收材料所在的供应链

表 9-3　制度演进创新的三种路径比较

名称	特征	构成	案例
随机演进路径	资源制约 滞后性	供应链源头、内部、前端的资源、技术、管理方式等发现问题并自我修正的过程	早期的智慧物流和智慧供应链企业
计划演进路径	针对性强 个性化弱	把控供应商、生产商的生产活动，掌握并调节技术水平的高低，客户参与度较低	垄断行业中的计划生产模式，行业内为遏制不良竞争而达成协议的手段
综合演进路径	优势互补，供需平衡 因地制宜	介于随机演进和计划演进之间的综合方式，以实现供应链制度与技术和环境的协调	供应链中掌握关键话语权的节点企业

选择智慧物流与智慧供应链创新方式的路径如图 9-10 所示，在进行技术、商业模式以及制度创新三部曲时，分别有三条路径可选，在理想情况下构成 27 条组合路径，企业可以根据物流与供应链的发展实际，因地制宜地选择合适的供应链创新路径，达成智慧物流与智慧供应链的创新目标，具有一定的现实意义。

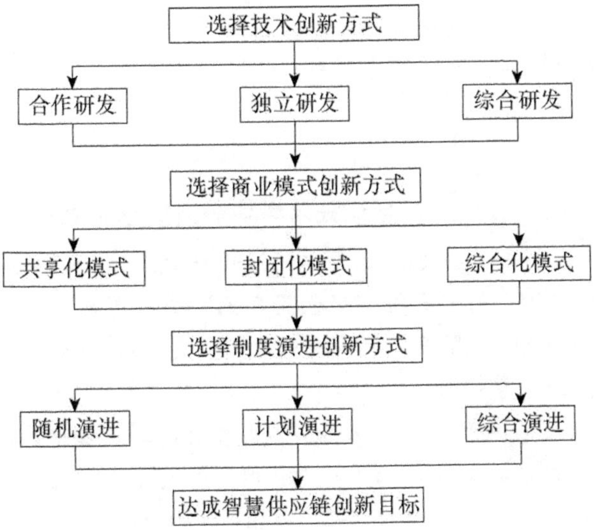

图 9-10　智慧物流与智慧供应链创新路径汇总

本章小结

创新是智慧物流与智慧供应链体系建设的核心①，智慧物流创新侧重于提高智慧物流智能化水平，提高物流效率并降低物流成本，而智慧供应链创新更强调供应链全链条的互利共赢。从创新路径设计方式来看，智慧物流与供应链的创新方法主要包括技术研发路径、商业模式创新路径、制度演进创新路径等三种方式，这三个方式下分别又有三种创新路径，分别是技术的合作研发路径、独立研发路径以及综合研发路径；商业模式的共享化路径、封闭化路径以及综合化路径；制度创新的随机演进路径、计划演进路径以及综合演进路径。企业可以根据物流与供应链的发展实际，因地制宜地选择合适的供应链创新路径，达成智慧物流与智慧供应链的创新目标。

关键概念

智慧物流目标　智慧供应链目标　创新路径　技术创新　商业模式创新　制度创新　合作研发方法　独立研发方法　综合研发方法　共享化创新方法　封闭化创新方法　综合化创新方法　随机演进方法　计划演进方法　综合演进方法

思考题

1. 如何理解智慧物流与供应链创新的目标？
2. 智慧物流与供应链创新的路径包括哪几个方面？
3. 智慧物流与供应链创新的技术创新方法包括哪几种？每种方法的主要特征是什么？
4. 智慧物流与供应链创新的商业模式创新方法包括哪几种？每种方法的主要特征是什么？

① 张国华. 智慧物流的降本增效创新之路［N］. 中国交通报，2019-06-10.

5. 智慧物流与供应链创新的制度创新方法包括哪几种？每种方法的主要特征是什么？
6. 智慧物流与供应链如何实现组合创新？

案例分析

从“真黑五”全球狂欢看亚马逊的创新路径

“黑色星期五”有着悠久的历史，是西方的消费狂欢季，标志着圣诞节和假日购物季的开始。自亚马逊中国2014年首次将“黑色星期五”引入国内，越来越多的中国消费者参与到这一跨境网购狂欢中，“黑五”也慢慢成为国人的“跨境电商盛典”。

全球年终大促“黑五”震撼登场

以在线图书零售商起家的亚马逊，从图书垂直品类，到一切商品品类，如今已经成为全球跨境电商行业的翘楚，其行业影响力日益倍增。亚马逊中国通过借助全球强大的科技实力和本地化创新成果，不断降低海淘门槛，从各个环节提升消费者跨境网购体验，使中国消费者感受到海淘的便利。

2020年11月13日，亚马逊中国在北京宣布，第七届亚马逊“海外购物节”正式进入“真黑五”全球狂欢阶段。这次“真黑五”与往年有所不同。首先，这次“真黑五”购物季促销时间更长。这是亚马逊海外购史上跨时最长的全球狂欢，13～25日先后为“黑五提前抢”“超级神价日”阶段，17个品类的国际大牌将依次推出优惠；26～28日是活动的高潮——“黑五72小时”，亚马逊海外购联合众多国际大牌为中国消费者定制了30多个专属优惠，覆盖多个品类；11月29日至12月1日为“网购星期一”大促，一系列美、英、日、德四国同步优惠将进一步为中国消费者上线，其中囊括了飞利浦、李维斯、德龙等国际大牌。“真黑五”全球狂欢时长的增加，让更多的消费者有机会亲自参与并且体验到海淘的品质好物。

在拉长促销时限的同时，亚马逊中国还在选品丰富度上作出了改革创新。亚马逊海外购从最初仅同步来自亚马逊美国的8万种商品，到成功引入逾3 000万种来自亚马逊美、英、日、德的海外商品；从仅仅涵盖几万个海外品牌，到超过48万个国际大牌，不断地满足国内消费者的跨境网购需求。

其次，这次“真黑五”期间的优惠力度也更大。亚马逊借助自营直采和先天的价格优势，很多品牌的促销价格都是其海外售价的直降优惠，价格可以达到国内促销价格的一半还低。这次“真黑五”不仅补贴力度大大提升，可获得额外补贴的商品数量也较上年同期增长3倍。此外，亚马逊海外购还联合广发银行制定了满200减50限时优惠，并与农业银行共同推出25元无门槛立减券等，为消费者带来多重本地叠加福利。

在这次“真黑五”购物季期间，亚马逊海外购在微信小程序的基础上，还上线了亚马逊海外购百度智能小程序商店。该商店将同步来自亚马逊海外购超过30个品类的逾2 000万种海外正品，此次亚马逊“真黑五”优惠活动也将在百度智能小程序商店中同步展开，并为小程序用户提供专属惊喜福利。这使得中国消费者跨境网购的本地化渠道又增添了一个新选择，既能享受到亚马逊全球的海外正品、优惠价格和跨境物流体验，又能获得百度精准的算法逻辑、搜索、推荐和平台优势，使购物更加便捷。

亚马逊从2014年首次将“黑色星期五”引进中国，到如今成为消费者跨境网购首选电商，其“跨境电商秘籍”在本质上，是通过革命性的规模化创新裂变，改进技术和商业模式扩大生产力，直接促进了中国海淘消费群体的扩大，做大蛋糕并由此获得新兴市场红利的实现。

“亚马逊范式”打开行业新格局

亚马逊一直秉承“客户至上”的理念，通过推动技术应用、客户体验及商业模式的创新，打造中国式创新路径。

在技术方面，亚马逊中国独一无二的全球促销同步技术，确保中国消费者可以实时享受与美、英、日、德四大海外站点同时、同质的商品，使中国消费者真正实现“一站轻松购全球”。在客户购物体验方面，亚马逊中国海外购的技术研发团队推出了“智能尺码助手”，很好地解决了消费者在跨境选购服装、鞋靴等商品时面临的因为各国及各品牌的尺码差异而产生的不便。此外，为了让中国消费者可以更便捷地买到自己中意的商品，亚马逊海外购自上线以来，积极拓展了包括亚马逊中国网站z.cn、手机移动客户端、微信小程序商店等多个渠道，打造了更丰富的线上购物场景。中国正逐渐成为亚马逊全球技术创新的典范。

对于跨境电商来说，物流就是“生命线”，亚马逊的海外购跨境前置可谓是其“跨境电商秘籍”的镇山之宝。依托大数据技术进行预测，将爆款产品提前备货至前置仓。国内消费者下单后，货品从海外购跨境前置仓即时发货，可谓“订单未下，货已先行”。目前全国82个城市已经支持最快3个工作日速达的服务。在Prime会员日活动中，亚马逊海外购跨境订单创造了新的物流配送纪录，最快仅耗时1.7个工作日就将跨境包裹送到国内消费者手中，堪称跨境电商的行业标杆。“黑五”期间，亚马逊继续依托全球的成熟物流体系与独创的海外购跨境前置仓，并通过在“最后一公里”与国内顶尖物流服务商顺丰速运合作等举措，为中国消费者在繁忙的大促期提供可靠的跨境物流保障。

在中国式创新的路径下，亚马逊不断深化本土化创新、优化物流、售后等跨境电商体验，降低海淘商品价格，扩大选品丰富程度，降低了海淘的门槛，越来越多的消费者能够享受到海外的优质商品与国际大牌。亚马逊带来的不仅是国内消费者的品质生活，更加提升了消费者在心理上的幸福感。在创新的基础上，亚马逊给中国消费者打造了“数字购全球”的一站式体验，并为疫后经济复苏形成了新的增长通道，同样也为跨境电商行业打开了新的格局。

资料来源：从“真黑五”全球狂欢看亚马逊的“创新路径”[EB/OL].（2020-11-20）[2020-12-19]. https://new.qq.com/omn/20201120/20201120A0HZT500.html.

案例思考题

1. 亚马逊中国的创新路径有哪些？

2. 案例中亚马逊中国还可以有哪些可以发展的创新路径？

3. 请查阅其他资料，讨论亚马逊中国的创新路径与其他企业（如当当网、淘宝网）的区别。

10

Chapter

第 10 章

智慧物流与供应链管理的新兴模式

学习目的

通过本章的学习，学生应该能够：

- 了解平台化管理的内涵与特征
- 了解生态链管理与生态圈管理的联系
- 掌握智慧物流与智慧供应链生态圈的区别
- 掌握数智化与数字化的差异
- 掌握数据驱动与数字孪生的概念
- 了解透明化管理在智慧物流与智慧供应链的应用

10.1 平台化管理模式

10.1.1 平台化管理的内涵与特征

1. 平台化管理的内涵

案例 10-1

阿里巴巴如何发展为四万亿市值的互联网巨头？

1999 年初，阿里巴巴成立。最初的经营业务定位于“中国中小企业贸易服务商”，可以认为是中国黄页的加强版，主要将中国的商品展示给外国人。之后，阿里巴巴陆续推出了“中国供应商”和“诚信通”等开流项目，向供应商提供额外的线上和线下服务，以“会员会费+增值服务”模式赋能 B2B 模式。

2003 年初，阿里巴巴开始寻找新的增长点，5 月推出淘宝，11 月推出网上实时通信软件贸易通（阿里旺旺），通过 B2B 自然延伸出 B2C2C 的淘宝，推动原始客户增长与业绩增长。此后，阿里巴巴陆续向淘宝投资 10 多亿元人民币，通过免费模式迅速积累人气，市场份额迅速攀升。此外，2004 年，阿里巴巴以支付宝服务淘宝起家，逐步实现五大金融板块的商业闭环，成长为一家估值近万亿的超级独角兽。

2008 年 9 月，阿里巴巴启动“大淘宝”战略，要做电子商务的基础服务商，让用户在大淘宝平台上的支付、营销、物流以及其他技术问题都能够做到顺畅无阻。之后不久，阿里妈妈并入淘宝，无名良品上线，打通 B2B 与淘宝平台，形成 B2B2C 电子商务生态链条。2011 年 6 月，“大淘宝”战略升级至“大阿里”战略，与所有电子商务的参与者充分分享阿里巴巴集团的所有资源，包括所服务的消费者群体、商户、制造产业链，整合信息流、物流、支付、无线以及提供数据分享为中心的云计算服务等，为中国电子商务的发展提供更好、更全面的基础服务。

2013 年，阿里巴巴联合零售、地产、物流等企业，打造菜鸟网络，旨在打通线上线下、买家和卖家，2019 年估值已达千亿元。2014 年 9 月，阿里巴巴在纽约证券交易所正式挂牌上市，开盘大涨，一举成为中国最大的互联网上市公司。2019 年 11 月 26 日，阿里巴巴在香港证券交易所第二次上市，以 4 万亿港元市值登顶港交所。[①]

回顾阿里巴巴的发展历程，平台化管理贯穿于整个历程，其将互联网的力量应用到真实的商业世界里，帮助客户创造价值。阿里巴巴 CEO 张勇表示：“平台经济的核心是我们能否真正为他人创造价值，正因为能够创造价值，人们才想聚集到一起，然后我们一起才形成一个平台。平台不是阿里巴巴，平台是所有利益相关者的合集，这才是关键。”

资料来源：阿里巴巴集团. 历史及里程碑［EB/OL］.［2020-11-20］. https://www.alibabagroup.com/cn/about/history.

在移动互联网快速发展的环境下，各个行业已经开始转向平台经济管理模式。在传统的经济模式中，垂直化、条块分割的运营模式导致了信息孤岛现象，组织间无法实现顺畅的信息互联。而在智慧经济中，平台化运营模式有助于打破组织界限，实现供需连接与精准匹配，促进资源的高效配置与高效流通。

平台是允许多个最终用户交易的双边（多边）市场。随着互联网技术的推广，平台被更普遍地认为是促进生产者和消费者进行价值互动的结构。相比传统产业的单向垂直价值链，平台提供了两端成员可以直接接触的渠道和互动规则。两端的成员可以随时交互，供给方可以获取需求信息，进而用户直接参与到生产、研发、物流等供给环节。而且创造的产品以较低的成本传递给消费者，产品不再受到传统产业链中间环节的筛选及淘汰。例如，传统出版产业中，作者需要将作品递给出版社，进行修改、编辑、设计，之后送往印刷厂制成纸质书，然后经过经销商、零售商的推销送到读者手中，利润层层加码。而在线

① 阿里巴巴市值超腾讯 阿里巴巴市值 4 万亿港元［EB/OL］.（2019-11-26）［2020-11-20］. http://www.techweb.com.cn/finance/2019-11-26/2765954.shtml.

阅读模式下，作者可以在平台刊登各种文章，读者根据喜好选择想读的作品，并且读者可以参与到作者的创作过程中，多样化需求和多元化需求匹配起来。在线阅读模式下，作品可以瞬间传递到读者手中，成本仅仅是纸质书的 1/5，作品也不再受到出版社筛选的限制。①

平台化管理的核心要义是“连接”。不同于传统经济中简单的连接功能，智慧经济中的平台管理建立在大数据等基础技术上，通过数字化、可视化来优化配置社会资源的经济形态。具体表现在，平台将企业间横向和纵向的数据进行实时共享，打破系统内部数据界限，形成以平台为核心的组织模式。在此基础之上，平台管理通过供需匹配创造价值。通过利用资源整合能力进行供应能力汇总和需求信息收集，平台可以提供精准的供需匹配，在标准化的规范流程基础上，不断挖掘新的数据信息，提供更多以智慧为核心的增量服务。

平台化管理核心利益是构建一个完善的“生态圈”。平台通过有效的机制，能够激励利益相关的多方群体进行有效互动，一方因需求增加而壮大，另一方的需求也会增长，良性循环促进平台生态圈的不断壮大和完善，实现价值的飞跃。例如，苹果公司从早期硬件产品的贩卖转型搭建平台生态圈，凝聚软件、音乐、出版、电信多个环节，与用户形成了良性互动。

2. 平台化管理的特征

平台化管理的主要特征包括网络效应、用户黏性、用户过滤、数据驱动与技术赋能、生态共享。

网络效应是平台的重要特征，也是平台化管理创造价值的关键。其是指连接到一个网络的价值取决于已经连接到该网络的其他人的数量。通俗地说，就是每个用户从使用某产品中得到的效用与用户的总数量正相关。这也就意味着网络用户数量的增长，将会带动用户总所得效用的几何级数增长。网络效应可以分为同边网络效应和跨边网络效应。同边网络效应指一边用户规模的增长将会影响同一边用户群体的效用，如卖方市场用户的增加将会加剧竞争，可能产生负向的效用（负向网络效应）。跨边网络效应指一边用户规模的增长将会影响另一边群体使用该平台的效用，如买方市场需求的增加将会给卖方市场带来正向收益增加（正向网络效应）。

用户黏性是用户对于某一品牌或产品的忠诚、信任与良性体验等结合起来形成的依赖程度和再消费期望程度。在平台化管理中，不仅是品牌或产品，用户还会对于平台机制或模式产生依赖。通过赋予用户权限或使用户参与到供需交互等机制，用户对平台所构建的生态圈产生归属感，在提高该用户自身的黏性之外，还能带来更多新的用户。例如，滴滴出行线上打车自 2012 年发布 App 以来，迅速挤占出租车市场，在 2020 年 10 月，滴滴活动用户已达 4 亿。在用户需求端，滴滴出行打通各种交通工具服务业务，为用户提供多样的一体化解决方案，提高用户黏性，并且通过新的业务继续吸引更多潜在的客户。此外，在车主供给端，滴滴出行在 2018 年 4 月提供了一站式的汽车服务平台，整合了车辆、加

① 陈威如，余卓轩．平台战略［M］．北京：中信出版社，2013：3-6.

油站、维修保养等资源，平台车主能够以更优惠的价格来办理汽车租售、加油、保险、维修保养等业务。同时平台还上线了“滴水贷”业务，为车主提供金融贷款服务。车主服务的拓展提高了车主对于平台的黏性，保障了供给端上车主数量的优势。①

用户过滤是平台设置的成长机制，用于消除不良用户的欺诈等行为产生的负向网络效应，具体方式包括用户身份鉴定和评价机制。用户身份鉴定是平台设置的用户准入机制，通过用户的实名认证方式，可以有效追踪和处罚不负责任的行为。另一个方式是评价机制，用户可以对彼此进行评分，从而成为彼此的监督者。随着用户规模的增加，对于某一用户的总评价汇集成一个具有公信力的信息结晶，成为平台生态圈自主筛选用户的重要依据。

数据与技术是平台化管理的重要因素。数据主要包含客户需求信息、客户历史信息、客户特征，以及供应方的资源信息。类型可以是静态信息（身份、性别、国籍等），也可以是动态信息（位置、不断变化的用户偏好等）。依托数据驱动企业识别客户需求，实现供需匹配，从而创造价值。例如，58 速运结合海量数据为货主、商户、司机做精准画像，进行智能优选匹配，优化运输各环节，并将这些数据进行深度挖掘分析，优化整个配送产业链的运转。而数据驱动依赖于技术赋能，通过物联网、大数据获取数据，依托云计算、人工智能实现供需匹配与资源调度，为平台化管理的数据驱动提供支持。赋能行为越来越被各大智慧物流平台所强调，例如菜鸟网络、京东物流等，成为智慧物流生态链的核心竞争力之一。

生态共享指企业之间通过相互信任，默契合作，聚集在某一有利的区域，与其他企业合作共享。由于集群内的企业靠利益分配机制无形地结合在一起，它们在这个区域组织内形成了利益共同体，在对付外部环境不确定性方面（技术、市场和政策方面）能快速反应，在时间方面能够领先于竞争者从而获取竞争优势。生态共享注重在产业的价值链条上获得竞争优势，实现价值链上资源的整合，达到价值链上各企业的和谐共生发展。

10.1.2　智慧物流平台

1. 智慧物流平台的功能与软件系统架构

智慧物流平台是指运用先进的信息技术和现代通信技术所构建的具有虚拟开放性的物流网络平台。通过该平台，运输、仓储、包装、配送、流通加工等多个环节的物流活动，以及铁路、水运、航空、管道等多种运输方式，及供应链上的各个伙伴、各个环节联结成一个整体，从更广的范围整合和利用社会资源，实现信息的交互和共享，降低物流成本，提高物流运作的效率，提升物流服务的质量。②

智慧物流平台通常具备物流服务供需信息智能匹配与提供智慧物流服务的功能。

首先是物流服务供需信息智能匹配。传统的物流信息平台可以将政府、企业等多个物流需求方和供应方连接起来，并为其提供查询、发布、传递、交换等服务。智慧物流平

① 2018 年 4 月城市用车市场高速发展且竞争激烈，滴滴出行借助生态效应实现用户规模增长和粘性提升［EB/OL］.（2018-07-23）［2020-11-14］. https://www.analysys.cn/article/detail/20018741.

② 韩东亚，余玉刚. 智慧物流［M］. 北京：中国财富出版社，2018：41-42.

台，一方面可以实现跨企业、跨地区、跨行业等更大范围的连接；另一方面可以实现供需信息的智能匹配，实现资源的高度有效利用。

其次是提供智慧物流服务。基于底层感知等物流基础设施，及中间层构建的物流配送网络，智慧物流平台可以通过云计算等技术实现顶层的订单全局优化、智慧仓配等智慧物流服务。例如，菜鸟物流基于仓配供应链智能平台的智能选仓、智能分仓、智能预测等功能，可以为商家提供零延迟的智能补货、仓储内部的智能入库与智能上架等服务。

为了支撑上述功能，智慧物流平台系统包含数据层、平台层、决策层与应用层，其软件系统架构如图 10－1。

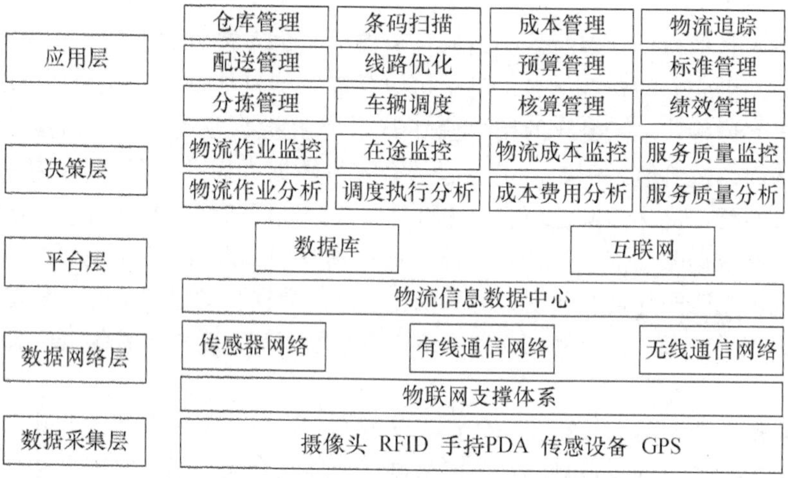

图 10－1 智慧物流平台的软件系统架构

数据层包含数据采集层与数据网络层。采集层是信息搜集与输入端口，包含传感器网络、信息录入设备和通信设备等。采集层基于各种感知技术，实现对货物、物流运力的感知，是智慧物流平台的起点。网络层包含三张基础网络，即传感器网络、有线通信网络与无线通信网络，形成物联网支撑体系。物流系统借助感知技术获得的数据进入网络层，实现跨企业、跨区域、跨行业的更广范围的连接。

在平台层，设立物流信息数据中心，通过网络统一管理，整合供应链各环节物流信息、物流监管、物流技术和设备等资源。

在决策层，对物流作业、（车辆）在途、物流成本、服务质量进行监控，通过大数据、云计算、人工智能等技术分析处理，实现物流作业、（车辆）调度执行、成本费用、服务质量的分析，获得优化的解决方案。例如，可以依据物流服务供需双方的信息，进行智能匹配。

在应用层，向用户提供物流作业、调度优化、成本控制、绩效衡量等优化的系统解决方案，来提供信息服务、管理服务、技术服务、交易服务、可视化与可追踪的监控服务。

整体通过分层建设，达到平台能力及应用的易成长、可扩充，具有超大规模、虚拟化、开放性好、可靠安全、易扩充等独特功能。

2. 企业智慧物流平台

上述的智慧物流平台的基本功能和基本结构，适用于企业和公共两种。企业与公共平台不同的是利益相关方，企业主要是物流需求方和物流提供方（见图 10-2），公共平台包括物流基础设施行业、物流需求方、物流金融等综合服务方、政府（见图 10-3）。

不同于智慧物流公共信息平台，企业智慧物流平台主要为物流需求方和物流提供方提供服务。企业智慧物流平台通过大数据、云计算、物联网、移动互联网、人工智能等新技术，建立开放、透明、共享的物流信息平台，为物流企业、电子商务企业、贸易企业、第三方物流服务商、供应链服务商等各类企业，以及物流资源供应方或需求方个体，提供信息匹配服务、物流可视化与路径规划等智慧物流服务，以及一体化解决方案，从而达到物流服务一体化、物流过程可视化、物流交易电子化、物流资源集成化、物流运作标准化、客户服务个性化的设计目标。其基本结构如图 10-2 所示。

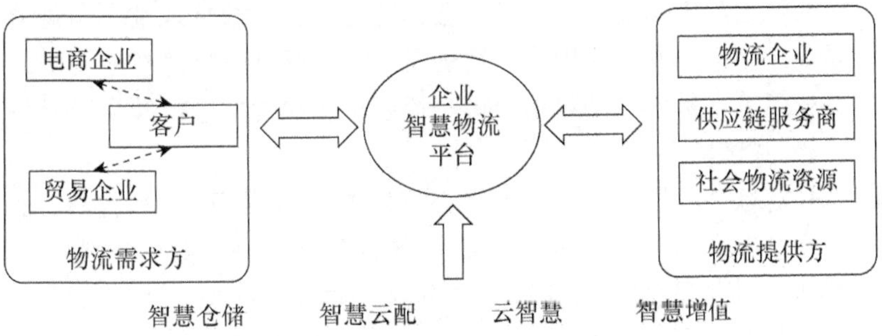

图 10-2　企业智慧物流平台的基本结构

根据连接的多边市场不同，企业智慧物流平台可以分为以下四种模式：

B2B 模式中，平台整合企业的物流需求信息，依据地理位置、价格等因素为需求匹配合适的物流资源。平台的作用为，整合企业物流需求信息，匹配物流服务企业，为需求企业提供智能分仓等智慧物流服务，为物流服务企业提供物流可视化、路径规划等智慧物流服务。同时，通过物流需求信息与物流服务资源布局智慧物流网络。

B2C 模式中，平台通过整合个体商户的物流需求信息，将其分配给第三方物流企业等物流服务提供商。平台的作用为，整合个体商户的物流需求信息，将物流需求信息派发给物流服务提供企业，同时为物流服务企业提供路径规划、物流可视化等智慧物流服务。

作为智慧物流平台，菜鸟电子面单、物流云已成为行业基础设施，数据与技术使得大规模高效协同成为可能。成立四年来，菜鸟已推动全国进入当日达/次日达时代。通过在关键节点建仓，帮助商家智能分仓、就近发货，目前，菜鸟在全国 1 000 多个区县实现了当日达和次日达；高效的智慧供应链服务让商家线上线下一盘货，在更少库存的情况下实现更多销售，送得更快。此外，菜鸟通过将物流网络向中西部延伸，已触达 3 万个村庄，打通了下行和上行的通路；菜鸟驿站最后 100 米智能代收共享末端遍布全国，方便用户快递收取；跨境无忧物流已在俄罗斯等国家实现 72 小时内送达。

C2C 模式下，平台一方面整合社会个体物流资源，形成供方信息；另一方面为社会个体物流需求方提供信息。平台的作用为，整合社会个体物流供给信息形成运力储备，为物流需求方提供沟通的渠道。同时为双方提供物流可视化等智慧物流服务。

例如，货拉拉通过共享模式整合社会运力资源，完成海量运力储备，并依托移动互联、大数据和人工智能技术，搭建“方便、科技、可靠”的货运平台，实现多种车型的即时智能调度，为个人、商户及企业提供高效的物流解决方案。①

众包模式中，平台通过整合社会的物流资源来匹配企业或货主的物流需求，并提供订单派发、路径规划、物流可视化等智慧服务，产生双方的价值。平台的作用为，整合企业的物流需求，派发给物流服务提供个体；同时为个体提供物流可视化、路径规划等智慧物流服务。

例如，日日顺车小微基于物流基础运营服务平台的物流资源，推出“车小微”工程。“车小微”以众包模式让符合条件的社会车辆、家电服务点、物流公司注册成为自主的经营主体，通过手机 App 给货运司机和货主提供专业工具。针对货运司机，手机 App 提供自动解析用户地址就近派单功能，司机可以选择地理位置、送货地址、车辆类型、送货时间以及费用估算等。订单下发后，周围的货运司机可根据订单信息按照网格、技能、用户好评度进行抢单和接单，系统根据数据分析对货运司机和货主进行最优匹配。②

3. 智慧物流公共信息平台

智慧物流公共信息平台是面向大范围用户提供物流应用服务的信息基础设施，是集成式的多种物流应用软件、系统架构、基础设施、基础数据、数据交换、协同设施和网络接入服务的集合，涉及物流基础设施供应企业、物流信息与金融综合服务企业、物流需求环节企业、政府职能部门。国务院 2009 年 3 月发布的《物流业调整和振兴规划》多次提出要建设行业物流公共信息平台，加快构建政府部门的物流管理与服务公共信息平台。

智慧物流公共信息平台基于智慧物流理念，融合云计算、物联网等最新技术，通过整合物流基础设施行业信息、物流需求环节信息、物流金融等综合服务信息、政府通关等业务信息，来提供技术、设备等资源的共享服务，并通过网络统一管理和调度计算资源，面向社会用户提供信息服务、管理服务、技术服务和交易服务。其基本结构如图 10-3 所示。

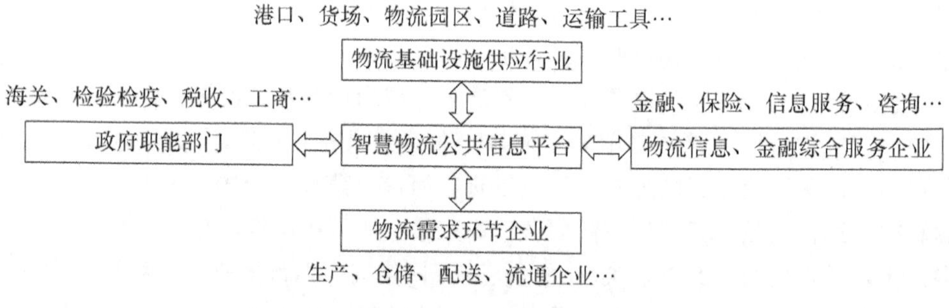

图 10-3 智慧物流公共信息平台的基本结构

① 货拉拉．关于我们．[2020-11-14]．https://www.huolala.cn/about_us.html.

② 日日顺车小微：大件智慧的创新者．[2020-11-14]．http://dzsws.mofcom.gov.cn/anli17/detal_10.html.

由于智慧物流公共信息平台涉及多方主体，除了基本的信息匹配功能，还包含以下功能：

（1）物流资源整合：平台能整合各物流信息系统的信息资源，完成各系统之间的数据交换和信息传递，实现信息共享；按照物流信息化标准，将异构系统进行整合，实现分散的、不同标准的信息资源的有效整合；有效提高整个供应链的运作效率，降低供应链总成本。

（2）社会物流资源整合：加强社会物流企业与上下游企业之间的合作，形成并优化供应链，提高社会物流资源的利用率，产生较好的经济效益和社会效益。

（3）物流信息服务：对各类物流信息提供录入、发布、组织、查询、维护等服务。例如，物流动态实时信息、公共信息、业务交易信息、车辆服务信息、货物跟踪信息、信息咨询服务等。

（4）在线交易：平台集网上交易、支付、监管、查询、项目招标、产品展示、推广、营销等应用为一体，规范市场运作，有效整合物流资源，确保 B2B 和 B2C 的安全协作，实现网络购物与城市配送的有机结合。

（5）物流作业管理：平台控制技术和安全保障，应对客户的需求快速构建和集成端对端的物流管理功能，可对企业内外部资源进行计划与管理，并能面向企业供应链的全过程。包括库存控制、国际贸易物流管理、运输工具管理、财务管理等。

（6）物流行业信用评价：平台通过大数据，依据有关法律法规、制度和科学合理的分类，建立一套完备的物流行业评估指标体系，引进第三方担保组织，对物流企业的经济实力、偿债能力、信用程度、经营效益及发展前景等做出综合评价。

（7）平台管理：平台规定、控制用户访问和使用信息的权限，保证整个系统的正常运行，保证数据安全。

10.1.3　智慧供应链平台

1. 智慧供应链平台的功能与软件系统架构

智慧供应链平台是指基于先进的信息、通信、计算机技术（ICPT）构建的以客户定制化需求为导向的动态网络平台。通过该平台，可以实现产品设计、采购、生产、销售、服务等全过程的衔接与资源的高度协同。同时，供应链的全程运作基于感知技术实现可视化，客户可以参与到供应链运作过程中，供应链也能够依据客户进行智能化调整，实现柔性化管理、快速响应的目标。

智慧供应链平台的功能包括客户需求信息采集、分析、预测，基于智能技术的协同运作，以及基于数字化技术的可视化运作。

（1）客户需求信息采集、分析、预测：智慧供应链是快速响应客户个性化需求的动态网络[①]，通过平台前端的信息收集，可以随时动态掌握客户需求信息。此外，利用人工智能技术，对客户大数据进行分析，做出合理的销售预测，从而实时追踪市场动态并及时调

① 李刚，樊思呈．面向智能制造的智慧供应链研究述评与展望［J］．供应链管理，2020，1（4）：69-80．

整战略计划，分析指导企业的生产计划，同时提供自动化的补货订单预测系统，提高库存周转率和订单满足率。

（2）基于智能技术的协同运作：传统供应链上下游企业间由于信息不对称，缺乏沟通，上游供应商不能对下游客户的库存调节做出迅速反应，无法最优化双方库存水平，导致库存积压，人工管理库存收效甚微且成本较高。智慧供应链平台的数据对接能力，可以打破上下游企业的信息孤岛局面。例如，通过自动化库存管理，对供应商做出库存预警与提示，使库存情况直观可视，从而实时把控库存状态，优化库存结构。通过业务监控与分析以及个性化仪表盘报告展示，可实时监控库存状况等重点指标，提高决策效率。

（3）基于数字化技术的可视化运作：企业产品涉及多个库存保有单位（stock keeping unit，SKU），容易导致产品管理混乱，产品销售出库后，不能实时监控运输车辆的行驶轨迹，难以把握产品流向，假货窜货现象难以避免。通过对产品生产及运输过程中的监控，把控产品生命全周期动态，实现对产品的追踪溯源。

为了支撑以上功能，智慧供应链平台的系统架构如图 10－4 所示，包括数据源、数据采集加工、数据分析决策与数据应用可视四层。

图 10－4　智慧供应链平台的软件系统架构

数据源主要是供应链环节的子系统，产品数据来源于产品生命周期管理（production lifecycle management，PLM）、生产数据管理（production data management，PDM）等子系统，具体表现为产品技术文档、物料及产品结构、产品配置等。销售数据来源于客户关系管理（customer relationship management，CRM）、订单管理（order management system，OMS）等子系统，具体为客户、订单等数据。计划数据来源于物资需求计划（material requirement planning，MRP）、销售与运营计划（sales and operations planning，S&OP）等子系统，具体为物料、销售、运作计划等。采购数据来源于供应链关系管理（supplier relationship management，SRM）、供应商管理库存（vendor managed inventory，VMI）等子系统，具体为供应商关系与物料采购等数据。物流数据来源于运输管理系统（transport management system，TMS）、仓库管理系统（warehouse management system，WMS）等子系统，具体为运输与仓储等数据。生产数据来源于制造执行系统（manufacturing execution system，MES）、质量管理系统（quality management system，QMS）等子系统，主要为生产过程及质量等数据。除此之外，还有其他外部数据及手工填报的数据来源。

数据采集加工包含数据质量管理、元数据管理、主数据管理、标准数据管理四个方面，通过数据复制、传输、加工、转换实现数据的统一与标准化，并存储至数据仓库，为供应链运行分析提供数据基础。

数据分析决策是通过数据对供应链环节作业进行分析并提供解决方案的过程，基于订单制定履约进程，实现整个供应链流程的计划统筹；对采购及库存进行运行与管理，实现物料的精益化管理；基于对生产流程及设施设备的监控，实现智慧工厂的自动化运作与质量管理；此外，通过数据与资源的整合分析，控制与优化物流运行成本。

数据应用可视是数据分析决策的结果体现，为供应链提供运行决策、运行监控、绩效管理、报表定制等智能化服务。

2. 智能制造的智慧供应链平台

智能制造是能够根据需求进行自我拓展、对需求变化具有高度的响应能力的一种高效系统。这一系统的有效实施依赖于智慧供应链平台的作用，一方面收集用户需求，将用户需求作为供应链各环节的核心目标；另一方面基于平台整合和提供所有类型的制造资源，实现在产品开发生命周期的所有阶段满足用户需求。

案例 10－2

海尔的智能制造生态——COSMOPlat 工业互联网平台

COSMOPlat 是海尔推出的具有中国自主知识产权、全球首家引入用户全程参与体验的工业互联网平台。海尔利用 COSMOPlat 将用户需求和整个智能制造体系连接起来，用户可以全流程参与产品设计研发、生产制造、物流配送、迭代升级等环节，以“用户驱动”作为企业不断创新、提供产品解决方案的原动力，把以往“企业和用户之间知识生产和消费关系”的传统思维转化为“创造用户终身价值”。

作为用户驱动实现大规模定制的平台，COSMOPlat 的主要特点为：第一，以用户体验为中心创造用户终身价值。比如海尔全空间保鲜冰箱大规模定制，就有 510 万用户参与社群交互，全球 4 000 多家供应商资源提供解决方案，整个方案迭代了 56 次。第二，以互联工厂为载体实现大规模定制。在上面保鲜冰箱的定制过程中，采购、生产、物流、服务、全流程、全要素资源都在平台上面和用户进行沟通、交流。颠覆了原来产品六个月才上市的开发体系，最快 45 天就可上市。第三，通过企业平台化打造并联开放的生态平台。目前平台上面已经聚集了 3.3 亿用户，390 万家供应商资源，连接 2 600 万台智能终端，可为 4.2 万家企业提供数据和增值服务。用户、企业和资源均可以在这个平台上面零距离交互，共同创造用户价值，并且分享增值。

COSMOPlat 的系统架构主要包含四层（见图 10－5）：

（1）第一层是资源层，以开发模式对全球资源，包括软件资源、服务资源、业务资源、硬件资源等，进行聚集整合，打造平台资源库，实现各类资源的分布式调度和最优匹配。

（2）第二层是平台层，支持工业应用的快速开发、部署、运行、集成，实现工业技术软件化，各类资源的分布式调度和最优匹配。

（3）第三层是应用层，通过模式软化、云化等，为企业提供具体互联工厂应用服务，形成全流程的应用解决方案。

(4) 第四层是模式层，依托互联工厂应用服务实现模式复制和资源共享，实现跨行业的复制，通过赋能中小企业，助力中小企业提质增效，转型升级。

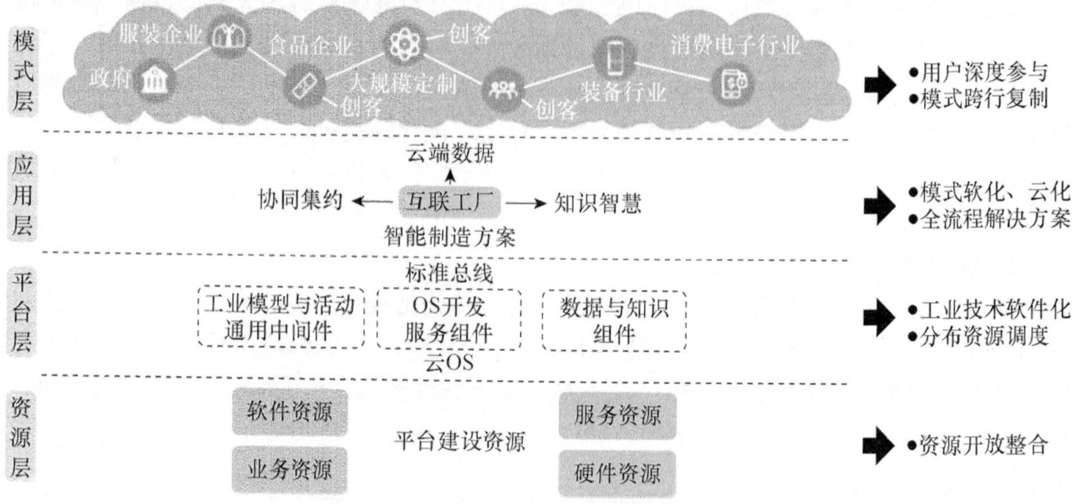

图 10-5　海尔 COSMOPlat 的系统架构

资料来源：搜狐. 海尔 COSMOPlat 平台：赋能全球 3.5 万家企业 | 工业互联网平台案例汇编① [EB/OL]. (2018-05-23) [2020-12-30]. https://www.sohu.com/a/232567426_494793.

海尔 COSMOPlat 平台强调用户全流程参与、零距离互联互通、打造开放共赢的新生态等三大特性，形成了用户、企业、资源三位一体，开放共赢的有机全生态。COSMOPlat 平台目前已打通交互定制、开放研发、数字营销、模块采购、智能生产、智慧物流、智慧服务等业务环节，通过智能化系统使用户持续、深度参与产品设计研发、生产制造、物流配送、迭代升级等环节，满足用户个性化定制需求。

资料来源：智能制造供应链：海尔 COMMOPLAT 平台+智慧物流 [EB/OL]. (2020-01-13) [2020-11-22]. https://baijiahao.baidu.com/s?id=1655610742562561766&wfr=spider&for=pc.

3. 新零售的智慧供应链平台

新零售是个人、企业以互联网为依托，通过运用大数据、人工智能等先进技术手段，对商品的生产、流通与销售过程进行升级改造，进而重塑业态结构与生态圈，并对线上服务、线下体验以及现代物流进行深度融合的零售新模式。而线上线下和物流结合在一起，才会产生新零售。智慧供应链平台扮演了关键作用，即平台在“新零售”生态体系中肩负着商家与消费者双方的信息收集、整理、反馈与决策等重要职能；平台具有支付、交流等渠道功能，是零售数字化改造的主阵地，扮演着优化交易过程的重要角色；平台内的智慧物流仓配能力是实现“新零售”端到端快速响应的核心。

案例 10-3

阿里巴巴零售通智慧供应链平台

阿里巴巴零售通业务服务于 600 万个小店，使命为“服务每家店，只为每个家”。往上游，零售通链接品牌商、经销商，共同搭建高效的分销网络，为小店提供丰富的商品，提供供应链的保障。往下游，连接阿里巴巴的线上能力，让小店能够线上线下同时开店。同时通过智能化设备，如自动售货机，扩展小店周边 300 米的区域，线上线下、全时全域扩大小店经营范围，为消费者构建便利生活圈，最终帮助 600 万小店里面有 100 万小店能够实现店变店仓的功能，整个店仓给周边的自动售货机补货。通过智慧门店、全链路的数字化连接以及智能仓配能力，构建一个品牌商、供应商到直接消费者之间的端到端的智能供应链分销网络。

零售通如何实现这一端到端的供应链服务呢？一是消费者需求洞察，通过数据分析消费者心理，形成对消费需求的数字化，掌握线上线下的数字化消费者行为。从我们穿的拖鞋到吃的零食，不同品类供应链解决方案不一样。二是商品管理，从商品研发到铺货再到商品定价及消费者对商品的反馈，整个商品实现全生命周期的数字化管理。三是库存部署，传统上都是人驱动货的流动，零售通对消费者的洞察能够驱动货自己去找场，这里面会涉及整个仓配网络的建设、销售预测和库存计划，核心是要保障小店稳定的供应。四是协同执行，供应链的核心本质问题是协同的问题。通过移动办公技术、App 端的技术，把整个生态里面的合作伙伴、品牌商、经销商、小店以及整个平台的运营能力全部链接起来。以前传统的信息系统更多是一个工具，但零售通希望在大数据驱动下将人和机器无缝协同，这是一个非常核心的挑战。

零售通平台最底层是门店数字化，把人群、小店以及品牌商、经销商的生意经营以及仓配、组织全面数字化。基于数字化体系，智慧供应链引擎实现仓库规划、货品择仓、销售预测、库存优化、决策优化等。在引擎之上，是核心的计划协同系统，包括需求计划、库存计划、供应链计划。计划协同系统之上是供应链执行系统，包括商家管理、商品管理、库存管理以及货进仓、货出仓。最上面是零售通为品牌商、经销商、生态合作伙伴提供的端的解决方案，PC 端工作台以及移动端 App。最左边是开放平台，接入企业的 ERP 和 ISV 系统；最右边的是成本监管系统（见图 10－6）。

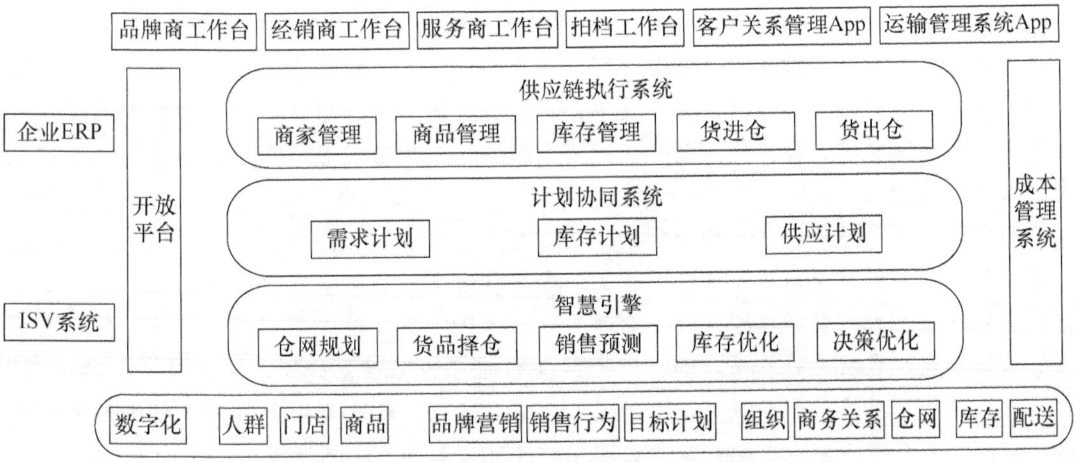

图 10－6　零售通智慧供应链平台系统架构

整个平台对品牌商的价值，是构建到消费者端的高效的分销通路，同时实现全链路数字化，以及让品牌商能直接触达消费者进行精准营销。对小店的价值是，让它具备数据化运营周边的消费场，运营周边的消费者。同时零售通对小店提供强有力的商品供应功能，帮助小店做商品的更新迭代，接入阿里生态线上能力，赋能小店。零售通未来希望为上游端的品牌商、经销商构建智能分销网络，到下游希望百万小店拥抱 DT 时代，具备数字化经营能力，为消费者打造 300 米便利生活圈。

资料来源：5 分钟读懂阿里零售通智慧供应链平台［EB/OL］.（2018-09-28）［2020-11-22］. https://blog.csdn.net/Taobaojishu/article/details/99830422.

4. 智慧农业的智慧供应链平台

传统的农业供应链以产定销，销售端受生产端的限制，并且人们只能从菜市场、超市等场所购买农产品。由于中间环节过多、信息不畅，流通费用高涨，农产品价格远高于实际价格。同时生鲜配送对运输工具与设备要求高，传统物流导致的产品损耗增加了农产品的成本。智慧农业供应链基于大数据、物联网、云计算、人工智能等技术，实现农产品产、供、销的数字化管理。首先，以智慧型农业供应链协同平台为核心，准确及时传达需求信息，实现需求、库存和物流信息的实时共享，引导生产端优化配置生产资源，加速技术和产品创新，按需组织生产，合理安排库存。其次，充分应用现代信息技术成果，集成应用计算机与网络技术、物联网技术、音视频技术、3S 技术、无线通信技术及专家智慧与知识，实现农业可视化远程诊断、远程控制、灾变预警等智能管理。最后，打造智慧商店、智慧商圈、智慧物流，以流通供应链智能化为基础，整合批发、零售、物流企业等供应链资源，实现整个农产品生命周期都与节点客户紧密联系。

案例 10-4

京东农场实现“耕种管收运销吃”完整闭环

2018 年 4 月 9 日，京东宣布将以无人机农林植保服务为切入，搭建智慧农业共同体，与地方政府、农业上下游企业、农业领域专家等共同合作，构建农业合作平台。通过搭建智慧农业共同体平台，为共同体成员提供全产业链服务，同时建立一套科学高效的植保标准体系，组建现代化、标准化、智慧化的京东农场，在带动农业增产增收的基础上，实现高品质农产品输出。

在农产品生产环节，京东构建了智慧农场管理系统。以无人机切入，对水源、土壤、气象、病虫害等进行全程监控和数据采集，参与农场生产管理全过程。京东基于这个管理系统实现农场全天候智能监控、物资管理、土地信息监测、供应链管理。此外，依托物联网、人工智能、区块链等技术，进行农产品全程信息的可视化追溯，并按照“一物一码”标准实现溯源信息的公开和透明，重塑农产品消费者信任和尊重。通过无人机和智慧农场管理系统，京东为合作的农场带来了智慧化的管理，如图 10-7 所示。

在农产品供销端，京东基于京东商城与京东物流平台为供销赋能。一方面，利用京东商城平台，搭建消费者、种植者、生态环境等多方共赢的价值链，利用京东营销能力、数

图 10-7 京东农场监控示意图

据能力、金融能力、供应链能力，从品牌打造到消费者食用环节建立全套的营销模式与服务规范。另一方面，基于京东物流平台，发挥京东智慧物流优势，缩短生产者与消费者之间的流通环节，实现农产品从田间到餐桌的品质输出与快速直达。

资料来源：京东智慧化农场，振兴乡村新模板，树立全球智慧农业建设新标杆［EB/OL］.［2018-06-29］(2020-12-04). https://www.sohu.com/a/238388533_695193.

10.2 生态圈管理模式

10.2.1 生态圈管理的内涵与特征

1. 生态圈管理的内涵

生态圈的概念来源于生物学，是地表有机体包括微生物及其自下而上环境的总称，其显著特征为稳态和演化。稳态体现为生物圈的结构和功能长期维持相对稳定状态，在有限的范围内，能够实现自我调节；演化体现为生物进化和生物与环境相互作用的进化，以及由此引起的生物圈状况的进化。在智慧经济视角下，生态圈指基于跨产业纵向与横向整合下的价值链重构，形成全球化的开放式闭环共享生态系统。在这个生态系统中，通过跨界创新、破界化反，创造全新用户价值和经济价值，并不断通过系统更新、迭代实现生态圈可持续的稳定发展。

区别于生态链的纵向连接，生态圈侧重于横向关系圈的构建。阿里巴巴最初也没有形成生态圈，只是生态链，仅涉及纵向的商品展示、购买、运输（此环节不直接提供）、售后等。在后续发展中，纳入支付环节，并投资入股新浪及其他媒体、门户网站、视频网站，并产生许多依赖阿里巴巴的延伸企业，如店铺装修、店铺交易。此外，阿里巴巴开发钉钉、阿里云，针对企业的内部运营提供一体化解决方案。通过一系列的发展，阿里将会打通个人、企业各个运营方面，并掌握这个圈内的所有信息和数据，使得整个电商生态越来越完善。

Moore (1998) 提出了商业生态圈的概念，认为其是一种由客户、供应商、主要生产商、投资商、贸易合作伙伴、标准制定机构、工会、政府、社会公共服务机构和其他利益相关方等具有一定利益关系的组织或群体构成的动态结构系统。[①] 商业生态圈往往是为满足某种新的市场需求，通过融合供应链、价值链、创新链、投资链、服务链等一系列产业发展的核心链条，并在集合交叉、相互作用后，形成开放、复杂、多维度的网络体系生态环境。这使得商业生态圈超越了企业和行业的边界，兼具自然生态系统和商业经济系统的特征，具有整体性、开放性、复杂性、自组织性、复杂适应性、网络动态性、共同演化等显著特点。而且，商业生态圈作为一个集合性的大生态系统，又包括了技术创新生态系统、生产制造生态系统、商业应用生态系统、服务提供生态系统和外部辅助环境系统，这些生态系统的健康状况会直接影响整个商业生态圈的可持续发展。[②]

2. 生态圈管理的特征

生态圈管理的关键是系统更新、迭代实现可持续发展，其特征表现为整合共生、跨界互融以及可持续发展。

整合共生：在智慧经济的生态圈中，存在一个核心企业或一条核心生态链负责将其他企业的功能进行汇聚，并在此基础上进行融合创新，基于这种高度整合的结构，生态圈的各主体之间维持着共生共存的紧密关系，核心企业负责决定整个生态结构的定位和竞争优势，非核心企业则为核心企业提供所需的资源和养分。例如，海尔的COSMOPlat通过全周期、全流程、全生态实现大规模定制，从交互到设计、体验、预售、制造、迭代再重新回到交互的全周期，实现了全流程与用户连接、网器连接以及生产要素连接。

跨界互融：生态圈的一大特点是通过跨界，包括供应链上下游之间的纵向跨界，以及不同产业和组织之间的横向跨界，实现价值链的重构。对于每个生态圈的成员而言，其竞争对手和合作伙伴都可能来自跨界领域，而企业也必须时刻储备能力，准备好进入全新的领域，接受跨界业务的全新挑战。[③] 例如，海尔的用户、员工以及海尔外部全球一流的资源在COSMOPlat平台上共创共享，由线性价值链转为非线性价值矩阵，传递相关各方的价值并最大化。[④]

可持续发展：智慧经济中的产业模式在不断变化，生态圈的结构也随之不断融入新的功能，而这些新的功能需要具有可持续性和可延展性，可以随着环境的变化不断拓展。通过现代科技不断提升生产、服务的效率，不断完善基础设施质量，提高对环境、社会等相关信息的采集和监控，最终实现能源消耗的降低。同时，可持续发展也蕴含了长远的战略眼光，智慧经济下的生态圈构建与延伸的逻辑应该是以未来需求来指导当下的决策，不断布局越来越多具有前瞻属性的产品和服务。

---

① MOORE, James F. The rise of a new corporate form [J]. Washington quarterly, 1998, 21 (1): 167-181.

② 肖红军. 共享价值、商业生态圈与企业竞争范式转变 [J]. 改革, 2015 (7): 129-141.

③ 廖建文，崔之瑜. 经典战略框架过时了，未来企业拼的是“竞争优势+生态优势”[EB/OL]. (2017-03-13) [2020-11-22]. https://www.hbrchina.org/2017-03-13/5066.html.

④ 陈莉. COSMOPlat：不是“工业中介”，产生的不是交易是用户价值——访海尔家电产业集团副总裁、供应链总经理陈录城 [J]. 电器，2018 (2)：38-39.

10.2.2　智慧物流生态圈

1. 智慧物流生态圈的系统架构

智慧物流生态圈是智慧物流生态链与物流生态环境的总和。一条核心的物流服务生态链通过自身的智慧物流服务能力，吸纳其他物流服务生态链的融入，生态链之间逐步交叉，相互作用，形成了生态链集合体。此外，为了满足生态链的发展需求，投资商、贸易合作伙伴、标准制定机构、工会、政府、社会公共服务机构和其他利益相关方也逐步被纳入到这个系统中，形成可以满足市场物流服务需求的系统。

其中，智慧物流生态链是生态圈的核心。从基本结构来看，智慧物流生态链具有三个主要的组成部分：供给生态群、生态运营商以及需求生态群。对于两端的供给生态群和需求生态群而言，通过物联网形成社群是智慧物流生态链的关键。物联网社群的存在，使得提供商之间、客户之间产生相互影响，不同于传统的单纯竞争环境，生态链中的群体之间存在正向的互补关系。而物流生态运营商则负责通过平台运营中心，在智慧仓储、智慧云配等技术支持下，实现两个社群的高效匹配。在以海尔日日顺为物流生态运营商的生态链中，以健身器材为例，健身器材的需求拉动了其他配套设备的需求，例如减震设备、血压测量仪、饮水机；在以林安物流为物流生态运营商的生态链中，林安物流首先筛选一批班车作为客户并提供优质服务（酒店、餐饮服务等），接受到优质服务的班车会吸引其他班车入驻林安物流，而随着班车数量的增加，生态链中的酒店、餐饮等其他服务业态的提供商数量也大幅增加。

从核心环节来看，智慧物流生态链包括三个核心环节：智能化作业、数字化集成以及可视化运营。

从支撑要素来看，智慧物流生态链的运作离不开高效的数据共享、各环节无缝衔接的信用机制，以及联通万物的物联网技术（见图 10－8）。

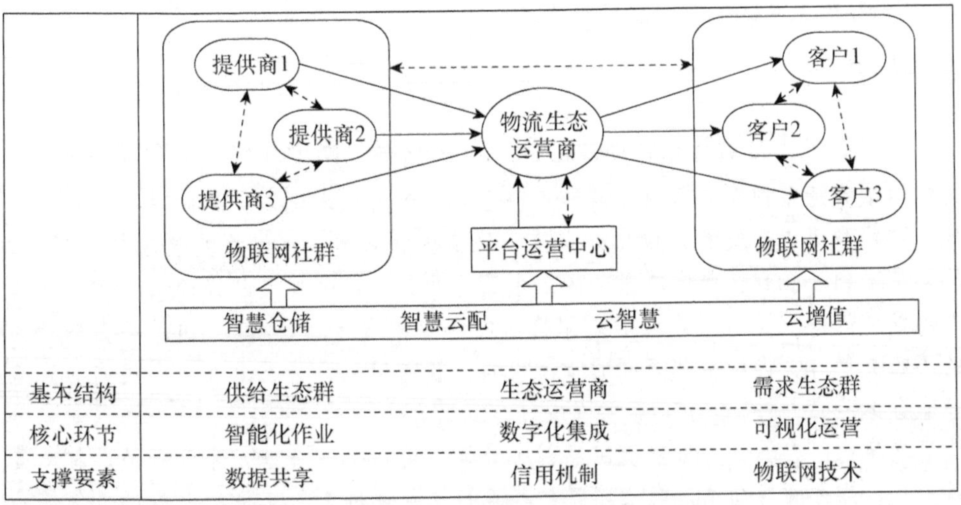

—— 服务流　----- 信息流

图 10－8　智慧物流生态链结构图

与传统物流生态链相比，智慧物流生态链中的上述环节具有以下重要特点：

技术创新至关重要。技术的重要性不言而喻，因为集成商的核心能力需要基于数字化的分析，包括组织间的信息互通以及服务过程的跟踪与监控，都需要技术的支持。而上游的物流提供商为了提高作业效率，减少成本和差错率，需要使用大量智能化的新技术和新设备，包括操作全程条码化，应用手持终端、RFID 物联网技术、智能设备（RFID、AGV、无人货架和自动流水线），各种智能策略（上架/拣货等）。在此基础之上，基于提供商智能作业和集成商数字集成，可以实现可视化运营：看板管理、任务跟踪、绩效管控、库存预警、业务提醒等功能需要依托于强大的技术功能进行持续更新，紧跟最新的技术趋势。

组织架构相对灵活。组织架构是一种灵活的、高效的、快速迭代的组织架构。基于新技术和大数据处理，快速实现创新，通过技术的精确性来降低市场的不确定性；同时，平台的服务能力是系统竞争力的核心，而上游的服务能力提供则相对灵活，可以通过标准化培训快速培育一批具有服务能力的同质提供商，以应对灵活多变的业务需求。与此同时，在智慧物流的生态链中，业务的流动方向不仅限于单向，更多的时候是一种双向的流动，各个生态链环节之间通过实时的信息共享，随时随地进行数据同步，并依托于智能化分析工具进行上下游协同的任务分配；而对于供给端和需求端来说，也不是简单的拉式或推式的业务流方式，更多的是一种基于平台的混合业务方式，平台可以在极短的时间内实现快速、精准的供需匹配，在循环匹配的过程中促进供给端能力改进和需求端的需求形成。

根本原则是上下游协同。智慧物流中的生态链能够实现商贸/物流/金融等相关企业的协同运作，具有更加明显的多渠道融合的特点，海量客户需求的订单需要智能化的供需匹配与合理分拨，实现系统效率的最大化。在系统运作的全过程中，协同的思想指导着每一个环节，包括服务产品的定义、履约协同流程与节点的确定、数据集中与分析、服务可视化中的跟踪、优化与绩效管理。

2. 智慧物流生态圈的发展路径与模式

案例 10-5

日日顺物流打造智慧物流生态圈：一个目标，两个开放，三个差异化

传统的物流是点到点的运输，点到点的仓储，对用户来说把货送到就可以。而在物联网时代，则是利用信息技术提升物流全流程的速度和效率，达到用户要求的速度与质量，满足用户从送到产品到获取优质服务的需求。为此，日日顺物流总经理冯贞远提出智慧物流生态圈发展的一个目标：共创用户体验迭代的智慧物流生态圈。“通过不断的转型实现服务的不断交付与迭代，用有温度的物流服务，获取用户的情景感知，为用户打造全流程的最佳服务体验。”

为了实现这一目标，日日顺提出了两个开放。第一个开放是人才的开放，核心是人才价值最大化。海尔有一句话：我们不是把企业员工变成创客，而是把世界的创客变成我们的员工。而日日顺也秉承这样的原则，打造开放的生态平台，吸引全球的创业者和资源方，共创协同开放共享的智慧物流生态圈。日日顺物流目前的开放主要分为三类：第一类

是内部创客，比如说刚毕业的大学生，谁完成目标就可以拿到高分享，也可以通过参加日日顺创客训练营，到日日顺物流这个平台来创业。第二类的开放主要针对在某个市场竞争力突出的中小型物流企业，也就是老板、外部的创客，他们可以带着资源、资金、团队到日日顺物流平台来资源共享，共创价值。第三类是针对外部行业经验丰富的专业人，可以利用日日顺物流平台的资源，成为小微的合伙人，共同发展创业。

第二个开放是资源的开放，核心是共建生态圈，实现各方价值的最大化。通过资源的开放，建成一个开放的生态圈，实现用户资源的优势互补，协同共进，产生共享的生态价值，实现多方的价值最大化。对开放触点网络，首先把仓配与最后一公里送装的网络开放出来吸引菜鸟、小米等几百个品牌到日日顺物流平台上。其次，在触点网络方面，日日顺物流还开放吸引了 3 000 多个核心服务商，通过在城市、农村的触点，整合优质的农特、农机包括生态的品牌，真正变成一个生态圈。最后是资本方面，除了战略投资方，日日顺物流设立了物流产业基金，集合智能物流设备、智慧供应链，还有大数据，打造一个完善、诚信的智慧物流生态圈。

日日顺物流的生态圈发展路径，引领了智慧物流的新方向，直接体现在“三个差异化”。第一个差异化，日日顺不是送大件而是提供大件全流程的解决方案，以用户体验为核心，扣住两大核心能力：一个是大件物流行业首个全网共享的三级分布式仓储网络，另外一个是居家大件诚信品牌联盟。第二个差异化，日日顺物流不是简单地做物流，而是达到全产业链的生态圈，这个生态圈，基于海尔智能制造的这个基因，植入 COSMO 工业互联网的平台，通过海尔的共享资源，把它变成一个开放的平台，打造一个产业集群的园区共创的模式。这个模式是将政府当地的品牌企业与资源方整合起来，变成一个开放的平台，解决了规模小、承转高、效率低的痛点，共创各方的价值。第三个差异化，搭建有温度的触点网络，实际上是通过有温度的触点和服务，一方面可以对接基础物流服务的口碑支撑，实现用户体验迭代，塑造终身用户。另一方面，日日顺在全国布局了 30 多万有温度的触点，通过城市与乡村的社群小管家，搭建起以用户体验为核心的开放生态圈。

资料来源：亿欧. 日日顺打造智慧物流生态圈：一个目标，两个开放，三个差异化 [EB/OL]. (2018-05-13) [2020-12-01]. https://www.qianjia.com/html/2018-05/14_291731.html.

智慧物流生态圈的关键在于以客户为中心与以开放共赢为理念的转变，其发展路径主要为：

第一步，用户需求驱动智慧物流服务。通过用户需求采集，精准匹配物流资源，提供定制化与个性化的物流服务，从而创造高额的用户价值。例如，日日顺物流以车小微为触点，为用户提供健身器材配送的同时，收集用户需求，并联运动饮品、营养及有机食品方，健身器材等硬件厂家，健身房、跑团等各方资源，针对用户个性化需求，倒逼各方迭代优化，为用户提供整套的健身服务方案，实现整个生态圈的增值和分享。①

① 日日顺建成国内首个大件物流智能仓 打造场景物流生态圈 [EB/OL]. (2018-11-07) [2020-12-01]. http://news.tom.com/201811/4145136649.html.

第二步，内外部智慧物流资源整合，构建生态圈体系。首先是内部的仓储与配送资源的整合，形成智能运营网络。例如，日日顺物流通过整合内部不同类型的底层资源，构建了智能仓网。其次是外部资源的整合，包括智能物流设备、智慧物流技术、智慧物流信息系统，以及金融等资源，形成智慧物流生态圈体系。

第三步，生态圈成员连接，促进生态圈的运作。通过平台等技术，逐步实现生态圈成员的系统对接，使得共享的信息、资源可以流转。例如，日日顺物流具有 18 家生态合作方，如西南交大、中科大、华中科技大等高校，华为、海康、海格等智能装备技术科技公司，中铁快运、中邮、圆通等物流运营商，还有昆船等智能技术装备的投资商，一起致力于打造国家智慧物流公共服务平台，从生态组织创新、移动互联及人工智能技术的应用、智能设备的研发及在互联工厂智能制造、多式联运及城乡高效配送等三大场景的应用，支持“一带一路”、美好乡村生活、智能制造等。

第四步，利益共享与价值共创，实现生态圈的稳定成长。建立在资源整合与连接的基础上，生态圈成员通过利益分配机制实现相互信任与默契合作，达到价值链上各企业的和谐共生发展。由于集群内的企业靠利益分配机制无形地结合在一起，它们是利益共同体，在外部环境不确定性方面（技术、市场和政策方面）能快速反应，在时间方面能够领先于竞争者从而获取竞争优势。

在智慧物流生态圈的发展中，各个成员由于技术创新、信息共享、供应链资源等，开始自发地进行功能匹配与生态合作，自组织发展是智慧物流生态链重要的发展趋势，而不同的企业呈现出不同的自组织发展模式。

首先，以新型技术的研发与引领作为自身优势的企业将遵循耗散理论的发展模式，先形成在传统方式上无法实现的技术壁垒，最终形成以技术为引领的智慧物流新生态。其次，以数据和流量作为自身优势的企业将遵循协同论的发展模式，通过数据的互联互通、各主体的统筹规划，不断扩大智慧物流生态圈。最后，以需求拉动和供给推动为核心崛起的企业将遵循超循环的发展模式，发挥供需双重上升力，形成螺旋式上升，不断催化多方业务主体进入生态链，最终形成智慧物流生态圈。

3. 智慧物流生态圈的典型案例

在多年来为物流行业赋能的过程中，产生了如以整车运输为代表的撮合型平台满帮、以信息共享为特点的平台路歌等，这些平台企业通过信息技术实现行业内部与外部的互联。随着大数据和人工智能的不断迭代，物流行业开启智慧物流时代，一批企业紧跟科技创新与大数据时代资源整合需求趋势，进行更广泛的生态圈建设。其中，中储南京智慧物流科技有限公司（以下简称“中储智运”）借助物流运力交易共享平台的海量数据，进行物流供应链技术深度研发，以打造新物流生态圈为蓝本，不断升级产品架构，丰富平台功能。

案例 10-6

中储智运 3.0 的物流生态圈

自 2015 年上线以来，中储智运作为中国物流行业的智慧改革者之一，在综合考量了行业中的痛点，审慎地对行业趋势进行分析后，开创了其独有的经营模式——物流运力交易共享平台模式。在多年深耕物流行业改革之后，中储智运通过大数据与资源整合，为货主、承运人以及第三方机构提供了高效便捷的定制化服务。这一资源整合瞄准了运输效率低、运费高等行业痛点，通过大数据与智慧赋能的方式构建了平台闭环交易，根据货主与承运人的不同需求构建起新的物流生态圈，如图 10－9 所示。中储智运创始人李敬泉表示："中储智运作为一家央企，想要通过互联网技术，改变物流运输交易模式。"

这一新物流生态圈基于中储智运物流运力交易共享平台构建而成，本质上是对围绕平台产生的资源的有效整合。通过供应链、平台系统等数据的打通，为物流资源配置提供决策支持。而在创立初期便构建好的信用体系，能够为货主和承运人提供不同方式的金融保障服务。此外，中储智运通过对平台大量数据进行整理、分析，通过数据建模建立的物流新消费业务，向社会提供会员信用、物流价格指数、物流及商品流向与流量、物流设施资源等服务。

图 10－9　中储智运的智慧物流生态圈系统架构

在这一独有的业务模式下，中储智运将超 134 万名专业司机运力集中，打造集全运途可视化监控、全流程规范化财务、全时段专业化客服为一体的物流运力交易共享平台。此外，中储智运承担了上下游用户的运输安全和服务保障，通过智能配对、精准推送技术最大限度地使返程时间、返程线路最契合的货和车在线上实现自由议价交易，降低企业物流成本，提升企业物流管理效率，增加司机运输频次，提高司机总收入。同时，通过分析累积的真实物流大数据，中储智运为物流行业资源配置和实现合理运输提供决策依据，企业通过这一平台的智慧化协助，能够在推动物流运输与管理标准化、智能化的同时，帮助企业降低全产业运营成本，提升产业运行效率。

新物流生态圈是中储智运在物流行业供给侧改革中做出的新尝试，也是大数据与互联网时代资源整合的必然趋势。当前，中储智运业务已覆盖了 31 个省、自治区及直辖市，辐射 450 个城市，涵盖运输线路近 16 500 条。从降本增效这一方面来看，中储智运平均为货主降低成本 10%，为承运人降低找货时间 55%。根据中储智运提供的数据，其上线 4 年来，已累计为货主用户节约物流成本超 20 亿元。

资料来源：36 氪. “智慧大脑”加成 中储智运 3.0 开启新物流生态圈 [EB/OL]. (2019-07-29) [2020-12-01]. https://baijiahao.baidu.com/s?id=1640353043250946189&wfr=spider&for=pc.

10.2.3 智慧供应链生态圈

1. 智慧供应链生态圈的系统架构

智慧供应链生态圈是由智慧供应链及其生态环境组合成的系统。智慧供应链是以物流互联网和物流大数据为依托，以增强客户价值为导向，通过协同共享、创新模式和人工智能先进技术，实现产品设计、采购、生产、销售、服务等全过程高效协同的组织形态，其“智慧”的特征突出表现在基于现代智能技术和供应链技术的应用，供应链全程运作可以实现可视化、可感知和可调节等功能。核心智慧供应链通过提供解决方案赋能其他行业，借助平台共享资源，实现交叉与价值共创。

智慧物流生态圈属于智慧供应链生态圈的一个重要部分，智慧供应链生态圈具有更大的范围，主要区别为：物流强调“实物流动过程”，而供应链强调的是由供应商、制造商、分销商、零售商，直到最终用户所形成的网链或网络结构。因此，两者的核心主体、成员范围、价值重点等不同。其一，智慧物流生态圈的核心主体一般是以物流集成商或物流提供商组成的物流生态链；而智慧供应链生态圈的核心主体一般是以制造商、零售商等组成的供应生态链。其二，智慧供应链生态圈还会涉及生产设施设备、智能制造解决方案提供商等生态成员。其三，智慧物流生态圈的价值侧重为生态成员提供一体化的物流服务，及为客户提供高效、便捷、个性化的物流服务；而智慧供应链生态圈则以客户价值为导向，实现从产品设计、采购、生产、销售、物流等全过程的整合、优化与调度。

2. 智慧供应链生态圈的发展路径与模式

智慧供应链生态圈的发展遵循从智慧供应链平台、智慧供应生态链，到智慧供应链生态圈的发展路径。

核心企业以大数据及智能技术为支撑，构建智慧供应链平台，着眼于提高供应链的运营效率，促进资源的有效配置等。例如，传统生鲜行业上游以小农生产模式为主，下游是海量的用户，导致交易环节多、产品交易效率低、交易成本高、信息不畅、价格扭曲、供需失衡等一系列问题。鲜易控股以产业互联网为依托，通过应用和二次开发，基于鲜易的云技术平台 PaaS 和 DaaS，形成了一个以平台为支撑，以数据为驱动，以“食品产业链＋”和“温控供应链＋”双轮驱动，多业融合、多网协同、多式联运，构建跨界融合、共创共享、共生共赢的智慧生鲜供应链生态圈。[①]

核心企业以自身所在的供应链为延伸对象，构建智慧供应生态链，包括主干链和支撑链。主干链依据核心企业的性质，可以分为制造、零售等供应链体系，包含供应商、制造商、零售商三方面。通过数据与智能技术的应用，可以有效识别客户的动态需求，并基于数字化连接以更短的时间反馈到供应链的各个参与者，实现供应链的智能决策。支撑链包含内部支撑链与外部支撑链，内部主要包括资源、技术、文化等企业内部环境；外部包括经济、社会、法律、信用、物流等环境，是投资方、金融机构等提供配套服务企业集。电子商务系统内外部环境信息之间相互影响、相互作用、相互适应、相互协调，构成智慧供应生态链。

核心生态链向外延伸与拓展，形成智慧供应链生态圈，具体可分为核心层、扩展层、相关层和外部层。核心层是核心智慧供应生态链；扩展层是核心生态链发展经验向其他行业的拓展与应用；相关层包含政府、行业组织等相关机构；外部层则是与其他生态链的交互。

智慧供应链生态圈根据核心企业或供应链具有不同的发展模式，可以分为智能制造供应链生态圈、智慧零售供应链生态圈等。智能制造供应链生态圈的典型案例为中国海尔。海尔通过 U＋智慧综合平台和工业互联网平台，成功实现供应链全链条的信息可视、共享、透明，以用户推动供应链价值产生。智慧零售的供应链生态圈的典型案例为阿里巴巴。阿里巴巴以大数据和智能技术为支撑，将菜鸟网络与电商、零售、物流等企业联合，形成以“线上＋线下＋物流”的模式构建的供应链生态圈。

3. 智慧供应链生态圈的典型案例

海尔构建了 U＋智慧综合平台，包含用户定制交互定制平台、零距离即时营销平台、开放创新平台、模块商平台、智能制造平台、智慧物流平台、智联服务平台多个模块。这些平台架构构成互联工厂的核心竞争力。在此基础上，打造一个全流程的生态系统，从互联工厂延伸到一个全产业的生态系统，包括用户的交互、营销、研发，包括模块商的采购、制造、物流、服务，全流程体系颠覆，海尔称为“1＋7”的平台，构成互联工厂的核心竞争力。据此，海尔能够实现用户全流程实时互联、用户和工厂零距离、全流程透明可视、云追踪，真正实现以用户为中心，与全流程（交互、设计、制造等）实时互联，拉动企业转型，用户参与交互（引爆用户流量）、用户参与设计（产品不是闭门造车）、用户参与制造（每台产品都有主）。[②]

---

① 供应链变革时代，为什么要打造供应链生态圈？京东与鲜易各走了一条什么样的路径？[EB/OL]. (2019-09-27) [2020-12-05]. https://www.sohu.com/a/343734325_468675.

② 邱伏生. 制造企业的供应链信息平台发展与应用 [J]. 物流技术与应用，2020，25 (2)：76-80.

案例 10-7

海尔智能互联平台构建互惠互利的生态体系

互联网的广泛应用已经充分显现出它对人类生产和生活方式的深刻影响，伴随互联网发展，数字经济应运而生。2012 年海尔提出了“企业平台化、员工创客化、用户个性化”的转型策略。与互联网关系最为密切的海尔电脑第一时间开始转型。转型三年来，海尔智能互联平台已成功转型为创客孵化平台，孵化出雷神、雷霆世纪、卫玺智能马桶盖、TAB 扫地机器人、智慧教育等多个创客小微。海尔智能互联平台已通过它们建立了游戏生态圈、智慧教育生态圈、智能硬件及连接件在内的智能互联生态体系，一站式解决数字经济时代用户娱乐、教育、生活需求。

海尔智能互联平台还搭建了一个互惠互利的生态体系。新创客小微可以借助海尔智能互联平台生态体系现有用户资源，实现从用户痛点到产品输出，再到产品内测，直至最终实现销售转化等一系列过程。创客小微还可以借助生态体系的忠实粉丝资源，实时加入外延服务，以不断扩大自身服务生态圈。同时，海尔智能互联平台生态体系还将为创客小微提供营销、质量、售后、物流、供应链等平台资源支持。随着创客小微规模不断扩大、数量不断增多，海尔智能互联平台为用户所提供的服务也会越来越多元化和快捷化。用户能够迅速地在智能互联平台生态体系中找到自己想要的服务，并且能够快速实现服务体验，形成用户忠诚度。这些通过产品吸引的用户资源，最终将沉淀到海尔智能互联平台社群中持续交互。

以互联网特别是移动互联网、大数据、云计算、智能化等为核心的数字经济，诞生之初就决定了其广大无垠的特点。传统企业转型要把握这一历史契机，以信息化培育新动能，用新动能推动新发展，推动互联网和实体经济深度融合，加快传统产业数字化、智能化，做大做强数字经济，拓展经济发展新空间。

资料来源：海尔智能互联：搭建数字经济全方位生态圈 [EB/OL]. (2016-12-28) [2020-12-30]. https://tech.huanqiu.com/article/9CaKrnJZqos.

10.3 数智化管理模式

10.3.1 数智化管理的内涵与特征

1. 数智化管理的内涵

案例 10-8

携程解码酒店数智化营销

伴随着消费者注意力碎片化，新时代力量的崛起，酒店品牌老化现象愈加明显。很多品牌酒店都面临着空有品牌知名度却缺少品牌认可度，导致购买率非常低。想要刺激大文旅住宿行业再次焕发新生机，尤其需要加快落实“新基建”，积极拥抱 5G、大数据、物联网、AR、VR 等技术手段。携旅酒店智能系统用 AI 大数据等智能设施服务酒店行业，把酒店转变为一个全新的消费体验场景，助力酒店向数字化、智能化、产业多样化发展，实现酒店业务多元化，激发新的利润增长点，为酒店营收赋能。

携程在数字化洞察客户需求的基础上，构建了“酒店+”场景化运营。通过精准的商旅信息的推荐，提升用户体验，数据智能化为旅游业赋能。携旅将院线电影大片同步引入酒店场景，基于 5G 的高速视频内容传输和高质量放映，以及酒店商旅客房内的物联网 IoT 设备应用和大数据的分析与应用研发，带动产业上下游各相关产业的升级与整合，与行业内领先企业共同助力大文旅住宿产业升级场景新零售的协同发展。

截至 2020 年 10 月，携旅拥有的酒店屏幕数高达 80 万块，签约客房突破 130 万间，OS+SaaS 模式的全场景营销系统已经运营多达 80 万间客房。通过 TLife OS 系统衍生的酒店新零售、酒店影院等主力增值模式，为文旅行业赋能升级，以“酒店+”为代表形式的“场景营销”呈快速增长态势，实现流量与销量双爆发，更是为大住宿打开了盈利新局面。在中国酒店业和新技术快速发展的今天，携旅 TLife OS 系统助力文旅行业把握住数字化转型的机遇，利用全新的数字化技术和高水平的智能化管理思维，帮助酒店经营者（投资者）做“赚钱的酒店”。

资料来源：携程解码酒店数智化营销，领军酒店数字化转型 [EB/OL].（2020-11-05）[2020-12-01]. https://www.sohu.com/a/429708373_111236.

数智化是数字化和智能化的合称，主要是指：在数字与智能技术（大数据、AI、云计算、区块链、物联网、5G 等）手段的支持下，建立决策机制的自优化模型，实现智能化分析与管理，帮助企业优化现有业务价值链和管理价值链，增收节支、提效避险，实现从业务运营到产品/服务的创新，提升用户体验，构建企业新的竞争优势，进而实现企业的转型升级。数字化是以大数据分析与处理为基本特征的，而智能化则是以机器学习、人工智能等为核心要素的，数智化是二者在企业运营过程中的融合与应用。

2. 数智化管理的特征

数智化是基于数字化基础的智能优化分析与应用，主要特征为业务数据化转变为数据业务化、规模化定制转变为不确定个性化需求定制。

（1）业务数据化到数据业务化的转变。数字化管理是基于传统 IT 架构，各种系统和软件封装起来是一套封闭的技术体系，核心内容是提升企业内部经营效率，实现业务数据化。数智化是基于云管端+AIoT 等为代表的新技术群落，其目标变为以消费者运营为核心，构建一套实时感知、响应、服务客户的新架构体系，提供基于云计算、数据中台和移动端的开放解决方案，实现与供应商、代理商以及客户的数据集成，构建基于全局优化的开放技术体系。数智化不仅需要硬件、软件、解决方案，还需要建立面向客户全生命周期服务的运营方案，实现数据业务化。

（2）规模定制化到不确定个性化需求的转变。无论是客户关系管理（CRM）、企业资源管理（ERP），还是排产计划、工艺设计等，都是基于大众化、规模化导向的相对确定性需求，致力于解决产品的成本、质量、效率、交付。数智化转型时代，企业面对的是一个更加不确定的个性化、碎片化的市场需求，以客户运营为核心，如何提升客户全生命周期的体验、如何构建一套以消费者运营为核心的技术体系是关键。

与数字化相比，数智化有以下显著特点，如表 10-1 所示。

表 10-1　数字化管理与数智化管理的区别

	数字化	数智化
支撑技术	IT 技术：PC+传统软件	DT 技术：云、端、中台、AIoT 等技术
市场特征	规模化的相对确定性需求	个性化的不确定性需求
经营理念	以企业内部管理为核心	以客户运营为核心
技术诉求	提升经营效率	支撑创新迭代
技术体系	封闭技术体系	开放技术体系
技术交付形态	硬件+软件+解决方案	服务与运营方案

第一，从支撑技术来看，实现从 IT 到 DT 的转变。数字化转型是基于传统 IT 架构；数智化是基于云管端+AIoT 等为代表的新技术群落。技术架构体系的背后是系统开发流程、逻辑、工具、方法的迁移，以及商业模式的重构。

第二，从市场特征来看，从面对确定性需求转向不确定性需求。企业数字化转型时代，无论是客户关系管理、企业资源管理，还是排产计划、工艺设计等，都是基于大众化、规模化导向的相对确定性需求；数智化转型时代，企业面对的是一个更加不确定的个性化、碎片化的市场需求。

第三，从经营理念来看，从以产品为中心转向以消费者为中心。数字化时代，企业经营的核心理念是以产品为中心，致力于改善产品的成本、质量、效率、交付；数智化企业思考的核心问题是如何以客户运营为核心，如何提高客户全生命周期的体验，如何构建一套以消费者运营为核心的技术体系。

第四，从技术诉求看，从提升运营效率转向支撑创新。数字化企业思考的问题大多是技术如何支撑和提高企业内部经营管理效率；今天，对数智化企业而言，技术要解决的核心问题从提升效率转向了如何支撑产品创新、业务创新、组织创新和管理创新。

第五，从技术体系看，从封闭技术体系转向开放技术体系。传统 IT 技术解决方案面对的是如何提升企业内部经营效率，各种系统和软件封装起来是一套封闭的技术体系；今天，数智化企业要以消费者运营为核心，需要构建一套实时感知、响应、服务客户的新架构体系，一套基于云计算、数据中台和移动端的开放解决方案，实现与供应商、代理商以及客户的数据集成，构建基于全局优化的开放技术体系。

第六，从技术交付形态看，从解决方案转向运营方案。传统 IT 时代，技术供给方提供给客户的是硬件、软件及产品解决方案，实现的是业务数据化；今天，数智化企业需要的不仅是硬件、软件、解决方案，还需要一套面向客户全生命周期服务的运营方案，实现数据业务化。

10.3.2 数智化管理方式

1. 数据驱动

数据驱动是指将数据作为生产资料，通过科学的方法，运用到业务经营过程中，并不断作出正向的反馈，促进业务优化提高。数据驱动利用数据挖掘、机器学习、云计算等技术对输入的数据进行建模分析，最终输出为业务决策。这个过程体现了数据化与数据分析两个方面，通过数据的收集与数据价值的挖掘，最终驱动企业或供应链的运作，其是实现数智化管理的重要基础。相比过去的流程驱动，数据驱动让企业能够利用海量、多维度的数据建立起更加全面的评估体系，或创造直接的业务创新增长，或通过不断优化低效、问题环节提升运营效率，是企业市场竞争中保持可持续发展的重要手段。

在众多的数智化企业中，美的集团通过数据驱动全价值链运营，具有可借鉴的实施经验。在 2012 年，美的集团就进行了数字化统筹与建设，并开展工业互联网平台构建与研究，通过数据驱动按需设计、按需生产、精准营销等功能，从而挖掘制造端、营销端、生活端的价值。

案例 10－9

美的集团数智化转型：数据驱动全价值链运营

“全面数字化、全面智能化”是美的集团继 2012 年制定“产品领先、效率驱动、全球经营”三大战略主轴和转型之后的又一次重要集团战略焕新。美的将以用户为中心，实现贯穿研发、制造、营销、售后的全价值链条数字化，并从以销售硬件为主的模式转变为以软件驱动硬件、内容产生服务的新模式。通过这一战略落地，希望能让美的成为一个科技型公司，用数据来驱动全价值链运营。

首先，美的在制造端通过工业互联网、5G 实现了海量连接能力的搭建，实现数智化引领。美的顺德马龙生产基地已在 3 个关键工序和点位率先引入了自主研发的 AI 质检技术。总控平台则像设立在云端的品质“智慧大脑”，借助对品质数据的及时预警和 AI 智慧分析，有效帮助管理人员从多角度追溯与分析产品品质问题，持续对产品参数进行优化调整，从而不断提升产品质量与工艺。除此以外，美的旗下美云智数 MIoT. VC 不仅是全球领先的工业仿真软件，也是国内最早的工业级数字化仿真平台之一。美的可以借助零编程、一体化、3D 驱动的仿真平台，以高达 98.5%的准确度全面还原工厂物理状态，并实现机器人设备离线编程及虚拟测试、生产现场设备虚实联动、科学优化生产方案、验证未来产品及产线设计方案等种种可能。据统计，美的集团国内的 34 家工厂目前均已实现了工业仿真的日常应用，将物理世界连接到数字世界，实现数智技术对制造的驱动。在缩短工期、提高效率、减低成本上收效甚广。

其次，数智技术带来的巨变，也让美的对新零售的布局有了更深入的探索与思考。借助数智技术，美的以用户为中心重塑的零售体系，正在发生快速迭代。一方面，美的积极通过与电商平台推进供应链深度协同，利用数据驱动和系统拉通，实现精准预测、智能分仓、自动补货等功能，通过强有力的智慧化供应链，快速响应千人千面的用户需求。另一方面，美的也在持续赋能线下，不仅为线下门店提供线上引流、终端销售及会员运营的多种数字化系统工具，也推动代理商聚焦于服务与体验，逐步向运营商转型。由此，线下线上渠道不仅数据拉通，还可形成互补闭环，有利于用户黏性的提升和商业模式的改善。

位于美的全球创新中心的美的生活电器直播基地，见证了美的从常规直播向直播＋明星、直播＋娱乐、直播＋电商、直播＋制造的“直播＋”生态探索的积极尝试。值得关注的是，在布局达人与明星的同时，美的也在孵化自有的主播团队。通过在全国搭建“总部—分中心—导购”的三级培训体系，仅生活电器事业部每月组织的培训就达上千场，覆盖人数达到 8 万以上，在这个全民直播、全员自媒体的时代，为自身持续输送流量与专业度兼具的人才。

在美的集团中国区域总裁吴海泉看来，直播是拉近品牌与用户距离的一种好形式，但只有将不同形态的直播有机结合于传播和销售链路，长线拉动营销与品牌力提升，才能充分发挥直播的“功力”。如何将线上线下相融合，实现数据打通、用户打通、服务和产品打通，持续提升渠道效率、重塑零售服务能力，是美的更为关注的重点。

最后，在生活端，领先的数智技术不仅改变了研发的面貌，也运用于产品，这些都为美的夯实了产品力的基础。一方面，数字仿真、人工智能等技术被应用于研发：利用数字仿真技术，可以对早期设计中的替代和优化方案进行评估，不仅减少了物理手板和模具等成本，获取实验结果所需的时间也大大缩短，加快了开发及投放市场的步伐。例如，美的东风空调正是运用先进的流体仿真技术，打造从风机部件—风道系统—空调系统的最优方案。被应用于研发的人工智能，不仅能快速分析实验数据、自动完成大量实验，也可以协助自动优化产品设计与内部算法，甚至得出优于人类固有经验的优化方案，助力产品性能提升。

另一方面，美的在语音识别、图像识别、机器人控制等领域的领先技术成果，被注入不同创新产品，为消费者的数智生活体验保驾护航。以美的旗下主打 AI 科技的高端家电品牌 COLMO 为例，以产品＋场景为基础，通过人性化交互、深度学习和专家系统，让产品不仅做到识衣、识米、识鲜，还能够匹配相应的最佳程序，让用户享受到专业服务。而全屋分布式语音、多屏互动等智慧解决方案，能实现产品间的智能互联，也让用户使用体验更佳，从而构造“人机共进”AI 全图景高端智慧生活。更具想象空间的是美的围绕智慧家居在场景、IoT 技术、生态上的拓展与布局。美的家电全品类覆盖优势、过去数十年耕耘带来的深厚用户基础，为美的创造丰富全屋智能场景体验提供了有利前提。

在此基础上，美的一方面持续加大 IoT 基础技术研发投入，针对用户痛点提升连接技术与智能安全；另一方面，围绕“生活、人、家庭”，构建美的美居开放生态，向合作伙伴全面开放家居家电场景能力、用户链接与商业能力、IoT 技术能力。

资料来源：美的集团数智化转型结构：数据驱动全价值链运营［EB/OL］.（2020-7-29）［2020-12-01］. https://baijiahao.baidu.com/s?id=1673522293015890918&wfr=spider&for=pc.

2. 数字孪生

数字孪生（digital twin）是以数字化方式创建物理实体的虚拟模型，借助数据模拟物理实体在现实环境中的行为，通过虚实交互反馈、数据融合分析、决策迭代优化等手段，为物理实体增加或扩展新的能力。作为一种充分利用模型、数据、智能并集成多学科的技术，数字孪生面向产品全生命周期过程，发挥连接物理世界和信息世界的桥梁和纽带作用，提供更加实时、高效、智能的服务。①

从国家层面，美国国家航空航天局（NASA）2011 年最早明确提出了数字孪生概念和数字孪生技术路线，规划了在航空航天军事领域的相关用途；美国工业互联网联盟于 2020 年 2 月发布了数字孪生工业应用白皮书。中国信息通信研究院早在 2018 年 12 月发布了《数字孪生城市研究报告（2018）》引领探索数字孪生赋能智慧城市。2020 年 4 月，国家发展改革委和中央网信办联合发布新经济发展实施方案，更是将数字孪生提到与大数据、人工智能、云计算、5G、物联网和区块链等新基建设施并列的高度；其中提出“开展数字孪生创新计划。围绕解决企业数字化转型所面临数字基础设施、通用软件和应用场景等难题，聚焦数字孪生体专业化分工中的难点和痛点，引导各方参与提出数字孪生的解决方案”。截至 2020 年上半年，包括上海、重庆、南京、吉林、北京等城市已先后推出数字孪生技术在智慧城市、工业互联网和智能制造服务、新基建工程中的规划和实施意见建议。数字孪生政策、示范应用处于井喷之势。②

10.3.3　智慧物流的数智化管理

1. 智慧物流数智化的关键要素

从数字化到数智化，数智世界时代正在到来。早在 2016 年，国务院办公厅和有关部门就已经针对物流行业出台了多项政策，表示出对智慧物流的高度重视。2017 年 7 月 20 日，国务院发布《新一代人工智能规划》，再次强调以人工智能为代表的智慧物流将成为新一轮产业变革和经济发展的新动力。根据《2018—2019 中国智慧物流行业研究报告》，我国智慧物流的市场规模已经从 2013 年的 1 452 亿元增长到了 2018 年的 4 070 亿元，年平均增长率超过了 20%，预计到 2025 年，我国的智慧物流市场规模将会突破万亿元。例如，“6·18”电商活动中，物流天眼实现了 IoT 的智能管理，让海量包裹能够顺畅通行；物流联盟快递公司的科技投入，使全链路时效大幅提升：中通投入自动分拣设备，申通也在浙江、山东、河南相继上马“小黄人”自动分拣设备……菜鸟设在金华、台州等地的产业带物流中心，不仅送得快，因为链路、流程的大幅简化，商品的物流成本也将下降 5%～10%。

物流数智化的核心要素一是要求加快推进自动分拣、无人叉车、无人驾驶、无人机、智能货柜等数字化触点在物流仓、干线、最后一公里及末端的应用，使数据和业务在线能力被应用在路由优化、安全运输、产品溯源、冷链控制等应用场景；二是通过对配送仓储、路线、库存和人机交互等核心数据的提炼与建模，分析并优化仓储布局、库存预测、

---

① 陶飞，刘蔚然，刘检华，等. 数字孪生及其应用探索［J］. 计算机集成制造系统，2018，24（1）：1-18.

② 国脉电子政务网. 数字孪生供应链白皮书（全文）［EB/OL］.（2020-11-27）［2020-12-05］. http://www.echinagov.com/news/288639.htm.

物流线路、协同发货等，实现高效能生态平台型智慧物流。①

2. 智慧物流数智化的管理流程

智慧物流数智化升级分为四个阶段，一是信息化阶段，基于业务需求以解决效率与质量的点状 IT 建设，从业务到数据；二是数字化阶段，从全局考虑数据资产治理，基于场景对业务流程不断切片细化；三是网络化阶段，突破数据孤岛，内外联通，形成网络协同；四是智能化阶段，基于云计算、大数据、AI 等的全生态链优化与创新。重构商业要素，从数据到业务，推动商业变革。②

3. 智慧物流数智化的应用场景

数智化重构物流基础设施。菜鸟推出了末端配送无人车“小 G plus”、智能硬件“菜鸟小盒”、智能设备“菜鸟快递塔”以及“物流天眼”等致力于提升末端配送能力的科技产品。菜鸟通过 IoT、边缘计算、人工智能等前沿技术，让近 900 台智能机器人在仓内协同作业；菜鸟语音助手、智能快递柜也亮相市场；菜鸟 ET 实验室发布了“驼峰计划”，计划与多家公司联手打造一张囊括无人车、无人机的新型立体智慧物流网络。2018 年，菜鸟表示，计划在未来 5 年内投入 1 000 亿元，加大数据技术等领域的研发力度，与物流合作伙伴共同推进智能仓库、智能配送、全球超级物流枢纽等核心领域建设。③

数智化诞生智慧物流服务。顺丰科技基于开源框架的大数据平台，承载顺丰及客户的高价值数据，不仅能为顺丰提高效率，还能够帮助客户了解供应链领域有哪些环节可以提升效益、降低成本。顺丰针对货运场景而搭建的物流地图，包括室内外定位、地址解析等。此外，顺丰充分考虑信息安全，基于大数据对包含违禁品的货物特点进行分析，使用能在货物扫描过程中发出警报的“天犬”系统等。顺丰的技术孵化部分，通过研发无人机和无人车、智慧物联，并利用物联网及可穿戴式设备以及 AI 智慧决策等，为解决偏远山区“最后一公里”的配送难题提供方案。

10.3.4 智慧供应链的数智化管理

1. 智慧供应链数智化的关键要素

“数智化”在供应链体系构建过程中关键技术要素包含：云存储的方案数据模型库、物流信息执行系统和零部件 Milk-Run 方式集货、数字仿真、虚拟现实技术等。这些要素在供应链数据模型的同步传输、零部件的智能验收、高架立体库的智能高效存储、应用防错技术的智能作业引导、自动导引运输车的智能运输、射频识别的智能识别、物联网的智能调度协调、自适应生产链的高柔性制造、数字孪生技术和商品交付模式的智能组合等场景中将得到不同程度的体现。④

2. 智慧供应链数智化的管理流程

数据驱动是数智化管理的核心内容，将用户作为运营的核心，通过构建供应端数字基

---

① 季凌昊. 商业生态全链路数智化转型的价值重构 [J]. 商业经济研究，2020 (16)：36-39.

② 张颖杰. 阿里巴巴数智化升级与智慧物流业务实践 [J]. 中国物流与采购，2019 (24)：65.

③ “数智化”赋能快递物流行业 [EB/OL]. (2019-07-30) [2020-12-05]. https://www.sohu.com/a/330337615_120147882.

④ 杨成延. “数智化”助力精益供应链构建与运营 [J]. 物流技术与应用，2019，24 (11)：126-131.

础设施，以及需求端的数据智能，实现供需协同的全链路数字化，最终实现可持续增长。

面对消费者主权的崛起，供应链数智化转型要以消费者运营为核心，从满足标准需求变为满足个性化需求，从以商品为经营中轴变为以消费者为经营中轴，从关注产品、质量、交付，拓展到关注消费者全流程的体验。

传统的信息系统难以适应商业系统的快速变化，供应链需要实现云化、IoT 化、大数据化和移动化等。

需求端的数字化为供应链智能决策提供基础。例如，中国消费者在需求端的各种场景正在高度数字化，从购物、娱乐、旅游到本地生活等，这为企业探索需求端的数据智能提供了良好条件，实现基于多端跨场景的全域会员运营、全域获客、全域洞察（见图 10－10）。

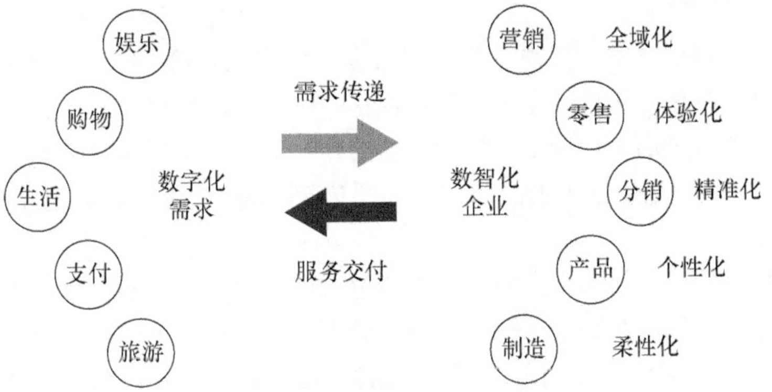

图 10－10　需求端的数据智能

基于需求端与供应端的数智化，供应链实现双轮驱动演化，创造了端到端的商业价值。例如，雀巢咖啡借助阿里巴巴的数字化工具与方案，通过种子用户找到精准用户群做营销投放：在多趣酷思咖啡机新品上市活动中，线下人群贡献销量超过 50%，84%的购买人群为品类新客户。此外，雀巢咖啡通过与菜鸟的数字化合作，构建了数字化供应链中心 DSCC，产品有货率稳定保持在 95%以上，库存周转天数下降了 60%，跨区发货整体下降约 50%。

3. 智慧供应链数智化的应用场景

● 营销数智化：拥抱直播、网红、短视频和社交媒体等新兴数字触点，全方位埋点采集全链路数据，形成精准顾客群体和会员画像。依靠技术和数据来配置营销资源，实现营销活动计划、执行、优化的全链路在线与自动化，沉淀客户、活动、消费者三方数据，形成数据洞察，优化营销的投入产出，实现精准的消费者触达和全营销生命周期的消费者资产运营。

● 制造数智化：通过将传感器、智能机器、工业机器人、智能车间与员工等数字化触点有机整合，确保触点采集的设备、生产、交互行为等数据准确性；通过将采购、排产、生产调度等核心业务“在线”化，开放并实现生态协同，实现从需求到生产的高效集成；通过数据挖掘，实现更精准的需求预测、更高效的制造建模与仿真，实现优质、高效、低耗、清洁、敏捷的生产。

● 商品数智化：借助虚拟技术、智慧体验店等数字化触点来强化消费者对商品的感知力度。品类、商品、竞品和消费者需求等数据的深度挖掘驱动研发、定价、投放等在线业务的敏捷迭代。通过数据整合创建单一可信赖的信息源，及时获得准确、详尽、一致的产品信息，为商品创建立体全方位的数字化标签，支撑产品全生命周期的管控与决策，实现自适应的智能优化体系。

10.4 透明化管理模式

10.4.1 透明化管理的内涵与特征

1. 透明化管理的内涵

透明即为信息得到真实的反映。这个定义有两层含义：第一层含义为信息是真实的；第二层含义为真实的信息被反映出来，是可视化的一个具体表现。但仅仅信息可视并不是透明化管理。例如，电商平台展示了各种产品的详细信息，包括原料来源、生产工艺、功能特性等，但一些产品的信息是造假的，客户看到的信息并不能如实反映产品的真实情况。

透明化管理不仅仅是信息本身的透明，还包括信息识别、传输、应用等过程实现透明化。通过对信息的产生、获取、传输、交换、应用等全部过程进行追溯与监测，可以有效地保证信息被真实地反映出来。同时，信息整体过程的透明化可以帮助管理者清晰地掌控整个动态过程，做出及时、高效的管控与调整。

2. 透明化管理的特征

透明化管理要求将原有黑盒子式的过程清晰地展现在管理者面前，其实现需要建立在数字化、连接、统一管理的基础之上。

透明化管理依托于数字化基础。透明化指信息及信息的流动过程得到真实的反映，而数字化是处理信息的一种基本方式。通过对物理实体以及业务（流程、场景、关系、员工）的重新定义，将相对应的信息转移到线上，从而实现对数据的分析与管控，实现低成本、快速、高效的信息处理。但数字化不等于透明化，是因为数字化并不等于信息得到了真实反映。因此，数字化的同时，需要建立相应的机制来保证数据的真实性，这一实现可以依托于区块链。

透明化管理需要建立在连接的基础上。随着管理过程的执行，到达管理过程的中间状态，形成数据之间有机连接，对透明化管理形成支持。两个节点之间要实现相互透明，及时向彼此传递信息，就需要建立连接。例如，在物流过程中，对于发货时间、分拣时间、装车时间、发运时间，合作伙伴之间要想实现信息与资源的透明化管理，就需要及时分享、交互，这就需要建立在连接的基础上。

透明化管理需要平台或系统进行统一管理。透明化基于数字化与连接，实现了真实信息的收集，但信息的有效利用还需要基于平台的可视化与智能化手段，实现统一调控与管理。例如，对于物流行业，将所有的物流信息集中到一个平台，统一呈现在物流全链条面前。

10.4.2　透明化管理与供应链协同

1. 信息共享

供应链由众多参与主体构成，不同的主体之间存在大量的交流和合作。实际工作中，供应链信息流阻滞不畅、物流效率低下、资金流不顺等情况时有发生，导致以下四方面问题：第一，信息不透明造成信息不对称，交易壁垒影响系统整体效率。其二，由于信息不对称，供应链各成员对交易的各个环节均需采取某些手段进行甄别、挑选、验证等，具有较高的信任成本。其三，当供应链主体之间产生纠纷时，由于交易的复杂程度高，存在举证困难、责任分配难以明确的问题。其四，由于供应链结构高度复杂，非法行为追踪十分困难。

因此，信息共享是将数字化深化为透明化管理的重要途径之一。供应链信息共享包括企业内部的信息共享、外部供应链成员的信息共享，以及供应链与客户的信息共享。企业内部信息共享的范围包括企业的计划、资源、生产、配送、回收、交付等过程。外部供应链成员信息共享关注跨边界过程之间的联系，如供应商与制造商的交易等交互过程。与客户的信息共享指供应链的过程信息及客户需求信息的透明化交互与共享。实现信息共享可以依托于信息系统，如电子数据交换（EDI）、企业资源规划（ERP）。①

区块链技术是保证信息共享安全性的重要手段。区块链技术基于一个开源的、分散的分布式数据库，来存储交易信息。这种技术允许双方直接使用称为区块链的重复链接分类账进行交易，而不是依赖集中式中介（如银行），这使得事务比集中式系统提供的事务透明得多。因此，交易执行时不依赖于第三方的明确信任，而是基于网络共识（即其他区块链用户）的分布式信任。② 应用这项技术提高供应链透明度有很多可能性。③

区块链能够实时记录并共享供应链环节的最新进展，核心企业得以穿透式地实现对供应链的掌握，及时地了解订单的生产、质量、运输等情况，提高供应链透明化和可视化。区块链通过唯一的数字身份与分散账本，可以快速追溯产品来源的各个信息，提高核心企业对供应链的追溯能力。此外，区块链由于其不可篡改、去中心化、非对称加密的特点，适合多方参与、信息交换的场景，能够帮助实现数据安全，将分散的数据库连接起来，又能通过加密算法保护参与各方的隐私。

2. 价值共创

供应链的透明化管理是将各节点的信息进行真实的反映与统一管理，所以其目标是提高供应链的整体效率，实现价值共创。价值共创就是将人、组织、技术整合到一起，构建一个如共生环境般的价值共创系统，在这个系统中，顾客和网络组织在价值共创的过程中

---

① Huo, B., Zhao, X., & Zhou, H. The effects of competitive environment on supply chain information sharing and performance: an empirical study in China. Production and Operations Management, 2014, 23 (4): 552-569.

② Francisco, K., & Swanson, D. The supply chain has no clothes: Technology adoption of blockchain for supply chain transparency. Logistics, 2018, 2 (1): 2.

③ 黄峤濛. 「区块链+供应链管理」开启透明化时代 [J]. 金卡工程, 2017 (5): 55-58.

基于共同的承诺互动互惠。[①] 例如，携程作为旅游电子商务的中介，连接了上游旅游服务提供商（酒店、旅行社、航空票务代理商）及顾客。与携程合作的一些酒店的预订系统和携程的信息系统直接相连，酒店房源的信息就可在携程的信息系统中一目了然，便于整个服务供应链整合优势的保证。

价值共创不仅体现在供应链上下游之间的透明化，还体现在供应链与客户之间的透明化。通过将产品信息、供应链的流程信息共享给客户，用户基于透明化的供应链交互直接反馈针对性的需求信息，促进供应链的提升。例如，小米设计了"橙色星期五"的互联网开发模式，核心是MIUI团队在论坛与用户信息交互，系统每周更新。在确保基础功能稳定的基础上，小米把好的或者还不够好的想法、成熟的或者还不成熟的功能，都坦诚呈现在用户面前。每周五的下午，伴随着小米橙色的标志，新一版MIUI如约而至。小米要的是与用户之间的信息透明化，从而建立起和用户之间的信任关系，让用户成为朋友。[②]

10.4.3 智慧物流透明化管理

1. 智慧物流透明化的管理流程

案例 10-10

天环物流的透明化管理过程

天环物流集团是一家跨区域、网络化、信息化、智能化、具有供应链管理能力的综合物流提供商，网络覆盖全国，以公路为主线，服务范围覆盖全国各大中小城市。天环集团从运输工具的状态信息透明、货物状态信息透明、运输流程作业节点透明三方面构建智慧物流透明化体系。

运输工具的状态信息透明，一是运输工具的时空信息透明，时间信息包括运输工具的出发时间、当下时间、抵达时间及预计的抵达时间；空间信息则包括出发位置、当前位置、目的地位置和行驶的线路轨迹。二是运输工具的运行状态信息透明，包括运输工具的速度和行驶的方向趋势。这些信息和时空信息相结合就可以预估运输到达目的地的时间。三是运输工作的运行状态信息透明，对运输执行情况的趋势作出判断，同时实现对运输安全的管控。四是运输工具的货物储藏环境信息透明。一些高价值的货物需要严格的安全保障措施。运输工具的货物储藏环境信息透明，有助于运输过程中的货物安全管理。五是运输工具的行驶环境信息透明，行驶环境是基于运输工具的具体时空状态下的环境。例如，车辆是否停在高速公路服务区、停车的环境是否安全、行驶的路线是否合理。

货物状态信息透明，一是货物标的信息透明，货物的标的反映货物的所有权状态，反映运输的相关要求，直接关系到货主的利益。货物标的信息透明结合运输工具的状态信息

---

① 简兆权，肖霄．网络环境下的服务创新与价值共创：携程案例研究［J］．管理工程学报，2015，29（1）：20-29．

② 孙璐，李力，陶福平．信息交互能力、价值共创与竞争优势——小米公司案例研究［J］．研究与发展管理，2016，28（6）：101-113．

透明，就可以实现货主的远程监督，实现为货主提供全流程的体验式服务。二是货物的状态信息透明，例如，生鲜货物是否变质，有时大环境的储藏条件达标，但微环境的储藏条件不达标，例如生鲜肉的温度和肉的储藏环境的温度是有区别的。货物状态信息透明有助于货物的安全管理。

运输流程作业节点信息透明，一是装卸过程透明化，包括装卸信息透明、单据的交接信息透明、流程节点的时空信息透明。其中单据的交接，也意味着运输责任的交接，以及货物所有权的交割，借助智能手机、扫描枪等工具可以将交接的信息反馈给中心。二是运输过程透明，包括仓储过程透明、储藏环境信息透明、仓库环境信息透明、仓储操作环节信息透明、订单执行过程透明。

天环集团在价值导向原则中提到，物流的基本作用就是实现商品的时间效用和地点效用，物流在经济活动中的本质是其承载了商品的价值传递。因此物流过程透明，其本质是为了实现商业订单的执行过程透明。

资料来源：透明化管理物流过程［EB/OL］.（2018－01－26）［2020－12－13］. https://mp.weixin.qq.com/s/YFYJIPHrf9-_MBV81-lW1A.

智慧物流的透明化包括物流业务数据化与物流数据业务化两个过程（见图 10－11）。

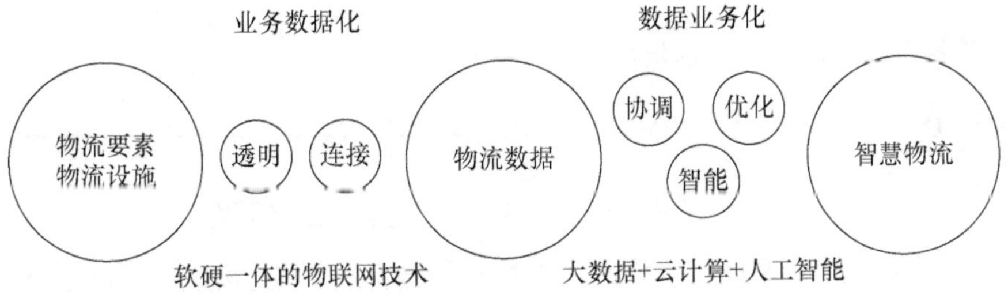

图 10－11　智慧物流透明化的管理过程路径图①

物流业务的数据化是要解决数据有无的问题。借助于各种先进的信息技术手段，采集物流过程各种信息，实现物流环节中人员、车辆、货物、装备、场站、门店等不同物流要素的充分物联网化。在以上物流要素的充分物联网化的基础上，再结合物流企业具体业务场景，实现物流各个业务主体、不同物流网络的互联互通和物流业务的数字化。

对人、车、货、仓的互联网化透明管理只是做到了物理信息的透明，接下来的逻辑信息透明、供需信息透明才是真正的智慧物流。也就是说，智慧物流不仅仅局限于时效反馈和调度追踪，业务流程的优化、周转效率的提高、供应链的优化、社会资源的配置才是智慧物流的真正目标。在物流数字化的基础上，会产生大量的物流数据，对这些物流数据的挖掘和利用会催生新的业务，这就是物流数据的业务化。这些业务包括但不限于：物流业务优化服务、以数据为基础的调度服务、物流业务数据模拟服务、物流供应链金融服务、

① 数字化下的物流变革［EB/OL］.（2020－12－16）［2020－12－20］. https://mp.weixin.qq.com/s/FvOP-vCAGnQw8TxTio2dsQ.

宏观经济分析服务等。

2. 智慧物流透明化的应用场景

物流设施设备的透明化，包括车、货、人等方面的数字化，涉及货物追踪、路线监控、订单轨迹、温度报警、智能甩挂、货物安全、驾驶分析及油量报警等方面。数字化货物可以通过货物视频监控、紧急情况上传视频，确保货物运输安全；货物温湿度、震动等监控，通过车载网关实时上传数据到应用系统。数字化货车可以基于集成 OBD 及 RS232/485 等多种接口，实时监控车辆运行状态，同时基于集成 GPS，实时跟踪和规划行车路径。数字化司机通过车载视频，实时监控司机驾驶行为、多媒体通信及一键报警。

物流节点的透明化，包括单据流转、流程节点、业务网络的透明化。基于订单信息、节点信息、物流网络信息的共享及透明化，通过智能算法实现物流配送的路由规则划分，按照线路组合、片区组合进行智能线路优化。此外打造企业调度运力池，包括自有车、承运商、社会运力（临时车）等，实现企业资源与社会资源的高效整合与利用。

物流供需透明化与协同，基于物流设施设备及物流节点的透明化，通过物流系统链接上下游，实现在线协同操作，增加客户体验。

10.4.4 智慧供应链透明化管理

1. 智慧供应链透明化的管理流程

案例 10-11

建信筑和联手 FISCO BCOS 打造全场景透明化

传统建造场景下，行业信息不透明、管理协同性差、信息化水平不高等“痼疾”，使得建造项目的推进过程存在管理难、追责难、监管难、信任难的问题。深圳市建信筑和科技有限公司（以下简称“建信筑和”）基于 FISCO BCOS 区块链平台开发的“伊 OS 透明建造解决方案”，正是区块链技术在建造行业场景化应用的典型代表。通过运用区块链分布式存储/共享、智能合约等技术，与建造行业已有成熟的 IT 工具如设计软件、造价系统、智慧工地、BIM 系统等进行整合，同时结合大数据和人工智能等先进技术，有效破除了行业痛点，构建了一个具有管理穿透、公开透明、信息共享、信用评价的全过程透明建设平台。

建信筑和采取了场景式存证、数字签名、加密算法、智能合约等区块链技术，打破了原有单线任务框架，实现了去中心化的任务协同和数据流转，如图 10-12 所示。将原有项目链条（产业链条）上的参与者，例如项目方、设计、施工、勘察、总包、分包、监理、班组等，置于同一任务场景中，不再具有严格的上下游流程关系，原来极易形成彼此掣肘的物流、资金流、信息流也能做到有机协同。

由于智能合约触发机制的存在，工程资金流向有了明确的监管方向，资金流转的每一步都可透明，这将进一步确保资金使用的合理、合规、合法。同时，工程资金透明也使得工程质量和安全更有保障，形成建造产业良性循环。“伊 OS 透明建造解决方案”不仅能够实现单项目多标段管理，还可以实现多项目管理，目前已广泛运用在建造行业，有效提

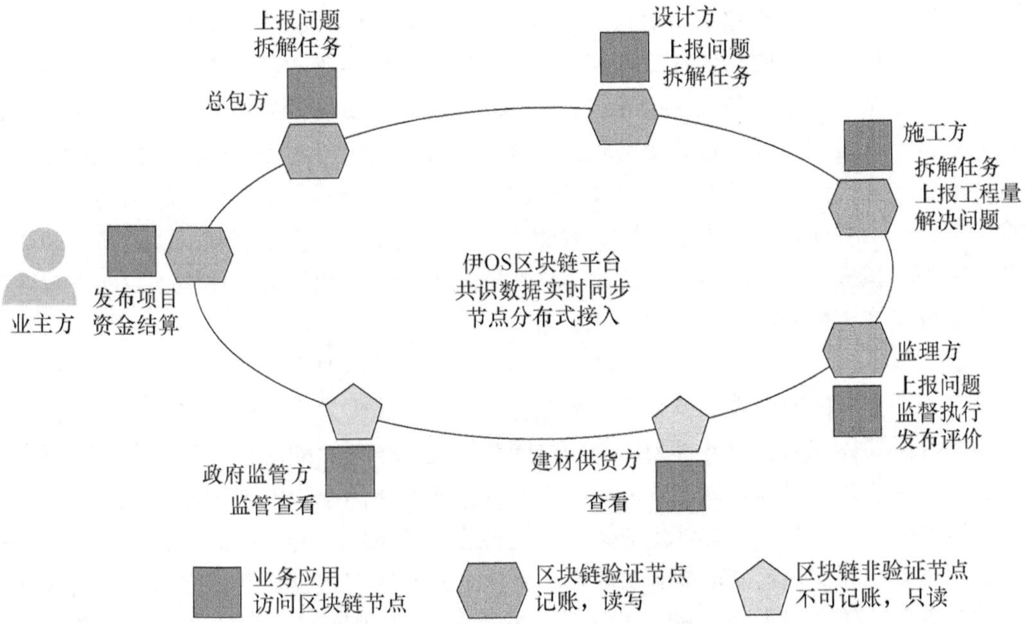

图 10 - 12　建信筑和的区块链透明化方案示意图

升项目运行效率。截止到 2020 年 5 月底，伊 OS 平台上运行的项目超 300 个，参建单位达 400 多家。在某集团在建的 100 多个管网项目中，伊 OS 系统协助项目负责人全面管理现场施工的过程、进度、质量、安全，通过奖惩机制成功落地执行，让项目问题解决率从 60%提升到 80%。

资料来源：FISCO BCOS 开源社区. 打造全场景透明管理，建信筑和联手 FISCO BCOS 助力建造业数字化 [EB/OL].（2020-08-18）[2020-12-14]. https://mp.weixin.qq.com/s/qsxUXpTyJfDGEa1sou3x_A.

智慧供应链透明化分为供应链业务数据化和供应链数据业务化，这两个过程的实施依赖于三个阶段（见图 10 - 13）。

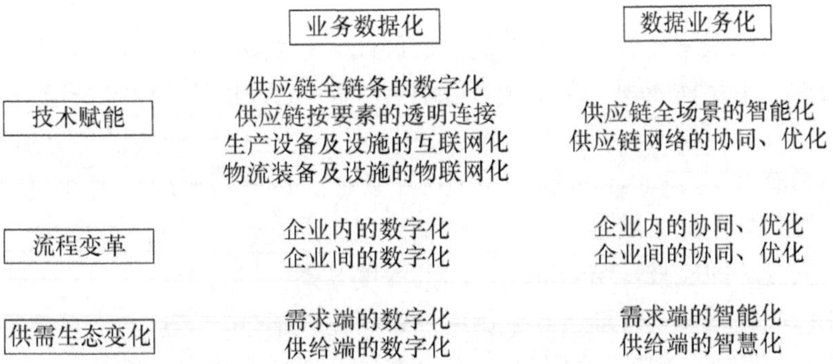

图 10 - 13　智慧供应链透明化的管理过程路径图①

① 黄滨. 透明数字化供应链 [M]. 北京：人民邮电出版社，2019：64.

技术赋能主要指基于数字、信息、智能等技术，实现供应链全链条的数字化、全场景的智能化以及网络的协同与优化。实现供应链全链条的数字化的具体方式是，实现供应链要素的透明连接、生产设备及设施的物联网化和物流装备及设施的物联网化。供应链要素的透明连接是指运用 ICT、IoT 及互联网等相关技术，建立供应链要素之间的通信连接，实现供应链要素之间的信息交互，以及供应链要素之间的透明。供应链全场景的智能化体现在智能选购、智能下单、智能采购、智能工厂、智能拼单、智能配载、智能签收和智能对账等方面。供应链网络的协同和优化体现在围绕生产环节的供应商协同、面向终端客户的库存及分销渠道网络优化等方面。

智慧供应链透明化的流程变革有两个重要方面，一是企业内的流程变革；二是企业间的流程变革。企业内的流程变革在业务数据化阶段主要体现为企业内部的数字化，在数据业务化阶段主要体现为企业各部门之间的协同和优化。企业间的流程变革以实现企业之间的业务协同和优化为目标，通过业务数据化和数据业务化两个阶段来实现。

供需是供应链的基础，智慧供应链透明化将着重考虑供应链的供需生态变化。供应链的供需生态变化具体包括需求端和供给端的变化。透明数字化供应链的需求端变化，在业务数字化阶段主要体现为需求端的数字化，在数据业务化阶段主要体现为需求端的智能化。供给端是指对终端客户及用户而言，为了实现产品交付所涉及的供应链环节，即供应链中的采购、生产及成品流通等环节。供给端的变化，在业务数据化阶段包括分销渠道的数字化、生产过程的数字化、采购的数字化及物流过程的数字化等；在业务数据化阶段则包括智能分销、智慧工厂、智能采购、智慧物流等，统称为供给端的智慧化。

2. 智慧供应链透明化的应用场景

（1）零售供应链透明化管理：零售供应链涉及品质管理、库存管理、物流、采购等方面，实现从原料到门店的全部流程可视是智慧零售的基础。例如，来伊份投入巨资率先引入 SAP-ERP 系统，从前端到门店销售，消费者的每一笔消费在一小时之内就可以全部传到总部，成为精准营销、管理商品开发和会员的数据基础。其中最具代表性的是，来伊份可以通过每家门店的智能电子秤同步实时的消费数据，预测各个门店的补货需求，从而实现智能补货。

（2）制造供应链透明化管理：智能制造已经成为第四次工业革命的重要标志，透明工厂是智能制造的一个具体表现。透明工厂指各生产节点及生产过程完全透明可视的工厂。它不仅面向生产商、经销商，还面向消费者，实现了“生产原料及设备可追溯”“工艺流程及产品流向可查询”。例如，海尔通过建立互联工厂，率先实现从大规模制造向大规模定制的转型，用差异化产品满足用户的个性化需求。而互联工厂向全球透明公开也意味着互联工厂将接受全球的监督，与全球用户展开深度互动。

（3）农业供应链透明化管理：农业供应链透明化包括生产信息、产品来源、渠道信息等全流程的可视与监管。例如，京东农场在种植端开展规模化和标准化的探索，进行科学种植、合理用药和施肥，同时借助京东集团物联网、区块链、AI 技术等赋能农业前端，搭建农产品全程追溯体系，最终经过监管的农产品将通过京东农场专属平台进行销售。通过区块链溯源，一物一码呈现产品形态，消费者在购买时可直观地看到农产品从种植到销售的全过程关键信息，透明的农产品做到让消费者放心。[①]

10.5　四种管理模式的对比

平台化、生态圈、数智化、透明化本质上都是基于数字、云计算、人工智能等技术催生出来的管理模式，都是基于多方供应链内部成员或供应链外部成员的连接、共享、协同来实现资源的高效匹配、整合与价值共创。但四种管理模式在内涵、特征，以及对于智慧物流与供应链的价值上有差异，具体见表 10-2。

表 10-2　智慧物流与智慧供应链四种管理模式对比

	平台化管理	生态圈管理	数智化管理	透明化管理
内涵	平台直接连接两端成员，基于有效机制激励利益相关的群体有效互动	基于核心生态链的横向拓展，多方主体相互作用、相互促进，实现价值共创与可持续发展	基于数字基础的智能化决策与管理	信息及信息的识别、传输、应用等过程得到真实的反映
特征	网络效应、用户黏性、用户过滤、数据驱动与技术赋能、生态共享	整合共生、跨界互融、可持续发展	业务数据化到数据业务化的转变，规模定制化到不确定个性化的转变	数字化是基础，平台是支撑
对于智慧物流的价值	物流服务供需信息匹配物流资源整合与调度	实现物流供给生态群、生态运营商、需求生态群的互补与连接，提供一体化的智慧物流服务	基于数字化实现物流数据的获取与连通，基于智能化的物流优化与创新	物流业务的数据化，物流过程的透明化管理与管控
对于智慧供应链的价值	客户需求信息指导供应链运作，供应链系统对接与信息共享，供应链基于平台实现可视化与协同运作	实现产品设计、采购、生产、销售、服务等全过程高效协同，基于资源共享与融合，实现价值共创	基于供给端与需求端的数字化，利用智能技术驱动端到端价值的创造	全链条数字化，全链条连接，全链条透明化管理

本章小结

数字、平台、云计算、人工智能等新技术催生新的管理模式，包括平台化、生态圈、数智化、透明化等，实现物流与供应链向智慧化转型。平台化管理通过平台实现多方成员的直接连接，通过有效互动实现资源高效匹配与整合。生态圈基于数字化、智能化技术，实现核心生态链商业模式的横向拓展，通过多方利益群体的有效互动，实现价值共创与可

① 神农岛. 京东农场一年疯狂落地近 20 家，将这样助推特色农产品！[EB/OL]. (2019-06-10) [2020-12-20]. https://dy.163.com/article/EHA894LA0518O2MA.html.

持续发展。数智化基于数字化基础，实现物流与供应链业务的智能化分析与管理。透明化通过数字技术与平台的应用，实现全链条的透明可视。不论是哪种管理模式，物流与供应链都变得可感知、可调控，企业之间通过资源与信息的共享，实现了价值提升与可持续发展。

关键概念

平台化　网络效应　数据驱动　生态共享　公共信息平台　生态圈　生态链　整合共生　数字化　数智化　数字孪生　业务数字化　数字业务化　透明化　信息共享　价值共创

思考题

1. 如何准确理解平台化管理的内涵与特征?
2. 生态圈管理与生态链管理有什么差异?
3. 数智化的内涵与流程是什么?
4. 透明化管理的内涵是什么?
5. 如何准确理解平台化、生态圈、数智化、透明化四种管理模式之间的关系?

案例分析

京东赋能五大场景，构建数智化供应链

在 2020 年 11 月下旬举行的京东全球科技探索者大会上，京东首次对外系统阐释了面向未来十年的新一代基础设施——京东数智化社会供应链。2021 年 2 月，京东集团技术委员会重磅发布了《技术重构社会供应链——未来科技趋势白皮书》(以下简称“白皮书”)，向业界全面展示了京东数智化社会供应链在人工智能、物联网、区块链、自主系统、下一代计算技术等五大关键技术领域的技术趋势研究，以及在零售、健康、物流、金融、城市等五大场景的技术赋能成果。

数智化社会供应链

白皮书指出数智化社会供应链是基于数智化技术连接和优化生产、流通、服务的各个环节，以实现降低社会成本、提高社会效率。白皮书进一步剖析了数智化供应链的数智化、全链路、社会化三大特征，以及深度技术 (deep tech)、深度链接 (deep connectivity)、深度数据 (deep data)、深度认知 (deep intelligence)、深远目的 (deep purposes) 的 5D 属性，对数智化社会供应链的发展路径、技术发展新趋势、技术赋能新业态进行了全方位展现。

五大关键技术趋势

京东认为，人工智能、物联网、区块链、自主系统、下一代计算技术将是未来十年推动数智化社会供应链 5D 属性实现的关键技术。

其一是人工智能。未来十年人工智能将在机器学习、机器视觉、自然语言处理等领域

的基础理论和关键技术上取得重要突破，从而加强 AI 的可信赖程度，人工智能的“头雁”效应也将得到充分释放。在人工智能领域，京东成功打造了智能人机产品“言犀”，融合京东自身十年客户服务与营销的最佳实践，是业界领先的全链路 AI 能力的服务数智化平台级产品。

其二是物联网。未来物联网设备、5G 通信技术以及边缘计算技术的快速发展，将使物联网实现跨越式普及，数字孪生世界将成为可能。在物联网领域，京东京鱼座生态品牌是智能家居领域唯一一个具备开放设备控制能力的品牌，已为 230 多家品类、1 000 多家品牌商、4 000 多种产品提供服务，连接超过 1.5 亿台设备。

其三是区块链。其密码算法、共识机制、分布式存储、安全保护技术在保证数据可信可靠传播中扮演着重要角色。在区块链领域，京东有能力对全供应链的商品信息进行整合，实现食品、二手商品、奢侈品、药品等商品的品质溯源。目前京东区块链防伪追溯平台已有超 13 亿条上链数据、700 余家合作品牌商、5 万以上 SKU 入驻，逾 280 万次售后用户访问查询。

其四是自主系统。在复杂开放场景下，感知技术、定位导航技术和边缘智能技术实现了自主设备间的智能协同。自主系统将进入高级自动化和自治时代，人脑、云脑、端脑与生物体、数字体、机械体融合共生，达到人机柔性智能融合。在自主系统领域，京东开发了智能快递车、分拣机器人、巡检机器人、AI 仿生手等众多产品。

其五是下一代计算技术。在下一个十年，随着计算场景多元化和下沉、海量数据的产生和处理需求不断提高，人工智能将是重要的驱动力，云边端将是重要的计算框架。下一代计算将具有多场景、安全、云边端协同一体化的特性，日益成为数智化社会的重要基础设施。在下一代计算领域，京东已形成了五大技术储备优势：高端的技术人才队伍、完善的技术基础设施、丰富的下一代计算产品、多层次立体式场景支持以及优质的服务体系，为用户业务的快速发展助力赋能。

京东全面赋能五大场景

白皮书全面总结了京东在零售、健康、物流、金融、城市五大场景中，运用数智化社会供应链能力，全面赋能新业态，推动产业实现数智化转型升级。

在智能零售领域，京东全渠道供应链借助智能履约决策大脑，打通门店库存，连接合作伙伴的配送，升级全渠道触达能力，在多端、多场景间形成协同效应。京东在全渠道能力方面持续强化用户触达，2020 年“双十一”期间，京东联合百万家实体零售企业共同参与，让更多品牌商家找到了增量市场，这其中京东超市的“京东全城购”业务在“双十一”期间成交额同比增长超 62 倍。借助 C2M 反向定制模式，京东为商家提供全供应链的数据支持。与传统产品开发方式相比，京东 C2M 将产品需求调研时间减少了 75%，新品上市周期缩短了 67%。京东北极星商业操作系统将京东零售积淀多年的全链路技术及成熟方法论体系化对外输出，帮助客户更好地降本增效。

在智能健康领域，京东健康致力于打造以医药及健康产品供应链为核心，医疗服务为抓手，数字驱动的用户全生命周期全场景健康管理平台。依托京东集团云计算、大数据、AI 及 IoT 等技术，京东健康将医药供应链、互联网医疗、健康管理、智慧医疗等业务板块进行有机整合，实现从线下医疗到线上服务的用户全生命周期、全场景覆盖。同时，京东健康还通过技术赋能实现了供给侧的线上线下一盘货与消费端全渠道深度融合，完成医药供给与消费、实物与服务、药企与用户的全链路打通。此外，从推动各级医疗机构拥抱“互联网+医疗健康”，到加速数智化健康城市落地，京东健康正切实以数智化驱动健康产业发展。

在智能物流领域，京东物流打造了基于5G、物联网、人工智能等技术的LoMir（络谜）5G智能物流平台，实现物流全链路的实时监控、可视化、智能分析和实施分析。这些技术已在亚洲一号智能物流中心、北斗新仓及其物流骨干网络得到成熟应用，有效降低了物流网络和仓储建设成本，缩短了建设周期，提升了供应链运行的响应时效。目前，京东物流科技已经在全链条和不同行业、不同场景下形成了有针对性的科技产品和解决方案，服务众多品牌商和合作伙伴。

在智能金融领域，京东为金融机构提供智能风控、数据中台、智能营销运营等数字化解决方案，提升金融类客户的风险管理、运营效率等能力。京东在生态层面会将自有的生态布局及所服务的产业与客户接入，覆盖线下零售、大宗、出行、商旅、农牧、校园、港口、媒体、智能城市等产业与场景，帮助金融类客户打通增量市场。

在智能城市领域，京东打造了基于智能城市操作系统的“一核两翼”体系，其中的“一核”——市域治理现代化平台面向各级城市管理者，解决跨委、办、局的业务痛点，提升治理能力现代化水平的政务数字化平台。京东助力南通市政府打造全国首个市域治理现代化指挥中心，中心汇聚全市域75个部门数十亿量级数据，提供基于AI智能分析和专家智库的辅助决策建议，涵盖社情民意、政务服务、经济运行、公共安全等多领域。

资料来源：科记汇. 京东发布《未来科技趋势白皮书》，数智化社会供应链全面落地［EB/OL］. (2021-01-21)［2021-02-28］. https://m.sohu.com/a/445923767_327908/.

案例思考题

1. 案例中的五大关键技术如何支持京东进行智慧物流与供应链的管理？
2. 案例中京东赋能的五大场景分别采用了什么样的管理方式？
3. 结合案例谈谈智慧物流与供应链四种管理模式的关系。

11
Chapter

第 11 章

智能技术在物流与供应链系统中的应用

学习目的

通过本章的学习，学生应该能够：

- 了解智慧物流与智慧供应链中智能技术的应用
- 通过案例认识无人机、无人车在山区、海岛配送中的应用
- 熟悉几个无车承运平台的发展及其智能技术的作用
- 理解智能存储管理系统的功能和典型应用实例
- 了解在供应链协同和供应链金融等环节上智能技术的应用

案例 11-1

盘点物流与供应链系统中的智能技术

目前在物流与供应链系统中到底都应用了哪些智能技术？通过前面各章的学习，大家应该都有所了解，比如从管理的三层次上看，运作层的物联网技术、管理层上的数据中台技术、战略层上的大数据技术等。从物流与供应链系统的功能上还可以依据配送、仓储、运输及监控与调度等各个活动环节来盘点其中应用的各种智能技术，如运输配送中的无人车、无人机、3D 打印、智能快递柜等，自动化仓储系统中的机器人、自动化传输设施、自动识别技术或无人叉车等都是具体智能技术的体现和应用。

下面以西门子的开关智慧工厂项目为例，看看极智嘉为西门子开关智慧工厂提供的一套创新智能仓组合方案，包括货到人拣选机器人 P800R、货箱到人拣选机器人 C200S、四向穿梭车和智能搬运机器人 M100R，以及 AI 算法和智能系统，解决了库内 20 万＋SKU

原材料的收货、分区存储、齐套发运、产线领料等流程问题。

该项目的特色是库存精益化智能化管理、7×24 小时智能理货、反向拣选首次在业内实现落地应用，以及机器人作业帮助员工减少搬运清点负担。项目实施后，仓库利用率明显提升，存储能力提高了 2～3 倍，供料及时率达到 100%，入库效率提升 2.5 倍，出库效率提升 2.15 倍，厂内的人力需求节约了 30%。这是业内首个实现全场景机器人串联和全链路物料信息化管理的方案，实现了行业突破。该方案的具体流程如图 11－1 所示。

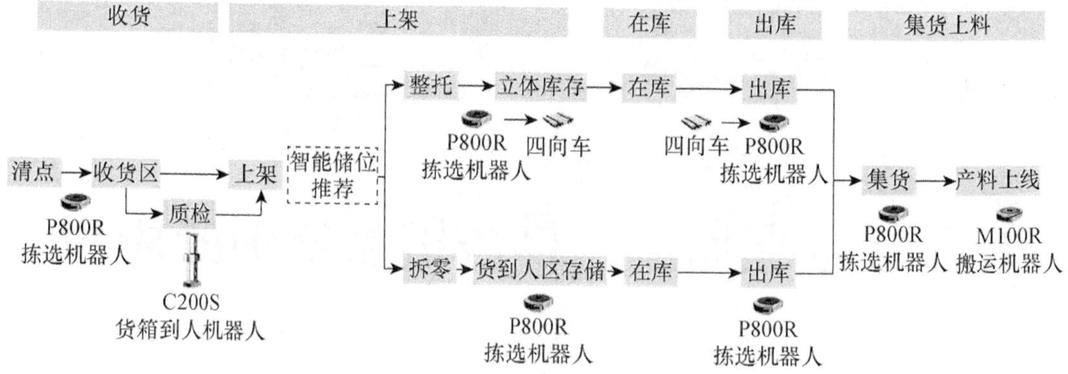

图 11－1　智能仓组合方案流程图

资料来源：2021 中国物流科技发展报告［EB/OL］.（2021－01－14）［2021－03－07］. https://www.sohu.com/a/444566901_120855974.

11.1　无人机/无人车在物流配送环节的应用

近些年，人工智能重要落地场景之一是智慧物流体系的迅速发展，而作为智慧物流体系的一个重要分支，无人运输配送设备正在机械化、自动化和智能化发展，其中典型代表是无人机、无人车技术，能够控制与管理这些无人设备来应付外部环境变化的是物联网中的感知、追溯技术与互联网技术。下面主要针对无人机、无人车技术的应用展开阐述。

11.1.1　无人机配送技术及其应用

无人配送主要分为室内配送和室外配送，对应的室内配送设备主要是配送机器人，室外配送设备主要是配送物流车和无人机。2020 年新冠肺炎疫情的爆发加快了无人配送的发展进程。例如，美国亚马逊配送人员因为担心在配送过程中无法保持安全距离感染新冠病毒，纷纷罢工。因此，亚马逊启用了谷歌无人机，达到了业务量翻倍的效果。

生活节奏不断加快，人们对物流配送的运输效率要求越来越高。目前许多企业开始尝试利用无人机进行配送，以突破地面运输的限制。新冠肺炎疫情中，在物资运输压力剧增、无接触配送需求爆发的背景下，无人机更是展现出其灵活、便捷、安全、高效等优势。目前采用无人机进行货物运输已经很常见，但还没有走到大规模应用阶段。随着先进技术、研发成本及其国家政策等方面瓶颈的持续突破，无人配送技术很快会成为智慧物流与智慧供应链领域的应用热点。

1. 无人机技术

无人机面向高动态、实时、不透明的任务环境，能够做到准确感知周边环境并避开障碍物，实现机动灵活并容错飞行。无人机可以按照任务要求自主规划任何飞行路径，且自主识别相关目标属性，还可以用自然语言与人进行交流。一般无人机都具有三大支撑技术，即无人机飞行控制导航系统、无人机数据链系统和无人机自主控制技术，见表 11－1。

表 11－1　支撑无人机技术的三大技术及其功能

	飞行控制导航系统	数据链系统	自主控制技术
功能	整个飞行过程的核心系统，类似一个飞行驾驶员，即完成无人机起飞、空中飞行、任务执行与返回场地等过程	无人机和地面系统保持联系的纽带，该系统完成对无人机的遥控、遥测、跟踪、定位及传感器传输等工作	通过各种信息获取，设备自主地对任务环境进行建模，如无人机路径选择与重新规划能力，来实现路径的协同控制

表 11－1 给出了无人机的三大支撑技术，其中无人机的飞行控制导航系统就是一个人机系统中的领航员，通过向无人机提供参考坐标系的地理位置、飞行速度、飞行姿态等来引导无人机按照预先指定的航线飞行。

无人机数据链系统属于一个多模式、智能的通信系统，通过感知无人机工作区域的电磁环境特征，基于这些环境特征与通信需求，实时、动态地调整无人机通信系统的工作参数，达到无人机与地面可靠通信的目标。数据链系统是满足未来物流配送中无人机组群的关键技术支撑。随着机载传感器、定位精准的程度与物流配送任务的复杂程度增加，未来在执行任务中，还可能出现激光的通信方式。

最后是自主控制技术，也属于无人机的关键技术，包括态势感知技术、规划与协同技术、自主决策技术等方面。该系统可以自主建模，如对三维环境的特征提取、飞行态势的评估来实现路径选择规划及协同控制，是无人机自主控制系统必须具有的能力。

2. 无人机的物流配送应用

最早采用无人机进行物流快递配送的是亚马逊公司，它在 2013 年就首先发布了其进行的无人机递送服务。随后，很多国内外公司纷纷加入无人机的研发与应用行业，下面给出两个典型的应用范例。

（1）顺丰的岛际无人机项目的应用。[①]

顺丰是我国快递行业的龙头企业，在无人机的物流应用方面研发、布局速度也是领导者。2020 年 9 月中旬在舟山的开渔节上，顺丰与舟山政府合作，进行了无人机首飞仪式，该次无人机大规模首飞运输的是海鲜。据顺丰科技表示，其已经于 2018 年 3 月 27 日获得国内首张无人机航空运营许可证。从 2020 年 4 月开始顺丰就一直在浙江舟山开展无人机岛际运输项目的应用，开通了三江—秀山、六横—梅山等 7 条航线，以充分适应舟山当地的海岛气候条件。

① 顺丰在浙江舟山开展无人机岛际运输项目 已开通 7 条航线［EB/OL］.（2020-12-1）［2021-03-07］. https://www.sohu.com/na/435483270_120347852.

可以看出，顺丰无人机岛际运输项目的应用是以海鲜配送为特色的应用场景。显然，海鲜产品最重要的一点是自然保鲜，无人机可有效满足舟山各分散岛屿多种情况的运输需求，能够快速将海鲜产品从海岛转移至顺丰冷链，帮助舟山特色海鲜产品走出海岛，走向全国。据报道，采用无人机运输后，原本需要 3 小时水路运输，现在最快 12 分钟即可到达，运输效率提高了 15 倍。

顺丰已成功研发满足各种不同运营需求的多款无人机型及其配套软硬件，诸如垂直起降固定翼无人机、多旋翼无人机、通信系统、运营管控系统和无人机快递接驳柜等。其无人机在 2021 年 2 月已经分布在江西、四川、武汉、舟山、大湾区等地，进行常规化的物流运输业务，包括这些地区的城际运输、乡村配送、海岛运输与特色经济等，解决如医疗冷链、特种物流、应急配送、特色经济等各种场景下的物流运输末端配送问题（见图 11－2）。

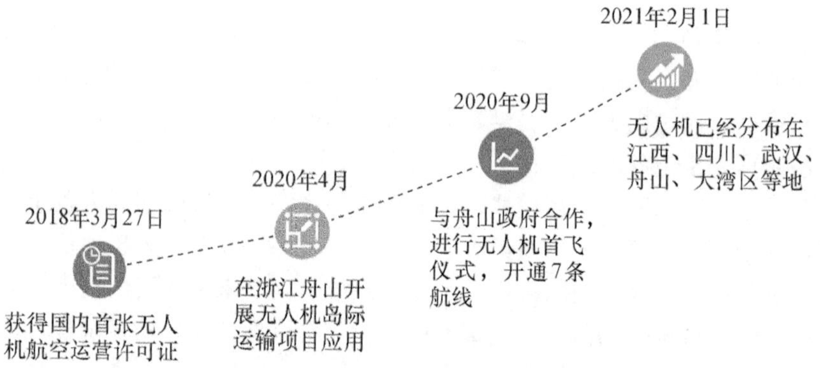

图 11－2　顺丰无人机项目的应用发展

（2）京东的“京鸿”货运无人机应用。①

我国四川西南部山区道路崎岖难行，自古便有“蜀道难，难于上青天”的说法。即使路面情况良好，也因为道路的“九曲十八弯”大大延长了运输时间。若赶上恶劣天气，更加大了运输被阻断的风险。因此，京东一直在研发应用于我国四川山区的大型货运无人机。

显然，在无人机面前，道路崎岖不再是问题。2020 年 12 月，京东 JDY-800“京鸿”货运型固定翼无人机在四川自贡凤鸣通用机场顺利载货检飞，这标志着京东取得支线物流无人机试验的一个显著性阶段成果。事实上，大型货运无人机“京鸿”是京东自主研发的，翼展超过 10 米，具有全天候全自主的飞行能力。各种技术指标包括：巡航速度超过 200 公里/小时，续航 1 000 公里以上，巡航高度可达 3 000 米，起飞重量高达 840 公斤。

京东物流一直在努力进行研发，尝试物流配送无人机进入我国广大的山区与农村。早在 2016 年，京东物流就在陕西、四川等省进行测试，采用无人机进行货物配送。2018 年 11 月大型货运无人机“京鸿”首飞成功，2020 年底试验载货检飞成功，这标志着京东长

① 无人机物流 京东“京鸿”货运无人机产品型在凤鸣通用机场成功载货检飞 [EB/OL]. (2020-12-04) [2021-02-01]. http://sc.people.com.cn/n2/2020/1205/c345458-34457789.html.

期的“进山”努力已经可以进入正规化运营阶段。大型货运无人机进入我国广大的农村和山区进行货物物流配送，显然可以大大缩短配送的交货时间。

11.1.2　无人车配送技术与应用

正如第 7 章介绍的，无人车是通过车载传感系统来感知道路环境，自动规划行车路线并控制车辆到达预定目标的智能汽车，请参看第 7 章，这里不再详述。

2020 年新冠肺炎疫情爆发，线上电商订单激增，配送员不足，餐饮和医疗的“无接触配送”需求给了无人配送车一个快速落地的契机。很多企业推出了自己研发的各类无人配送车，本节以美团的无人车案例来阐述其在配送系统中的应用。

2020 年初，美团成立人工智能（AI）平台。[①] 美团人工智能平台作为美团的一级平台组织，整合美团内部人工智能的相关业务需求，致力于在实际业务场景需求上探索前沿人工智能技术，并将之迅速应用在实际需求服务场景中。针对空地一体化的无人配送系统，美团研发的无人车包括：

（1）无人配送车“魔袋”：该配送车定位在半开放道路长距离运输的需求，其采用 L4 级别的自动驾驶技术、运用 5G 技术实现车路协同；同时，还基于大数据技术开发路径优化与调度系统，以满足在公开道路、园区、楼宇等的即时配送需求（见图 11－3）。

（2）低速无人配送车“小袋”：该配送车定位在室外封闭园区的需求，其装备了激光雷达、摄像头、超声波雷达、GPS、惯性测量单元（inertial measurement unit，IMU）等各类传感器，通过成熟的系统和算法，进行感知、定位和决策规划，来应对各种道路上常见的需求情景。在遵守交通规则下，能够自主规划路径，规避行人、非机动车和机动车等障碍物，实现在路上安全行驶的目标（见图 11－4）。

图 11－3　无人配送车“魔袋”送菜

图 11－4　无人配送车“小袋”

（3）室内配送机器人“福袋”：该配送车定位在室内无人配送的区域，其具有高精度的定位，包括 GPS、惯性传感器等，能够保障每一辆无人配送车的安全。

美团投入应用以上三种无人车，结合它们各自不同的优势和能力，可以大大提升配送

① 美团无人配送新进展：研发出电动无人配送车，一次能送 17 份外卖［EB/OL］．（2020-01-07）［2021-02-10］．https://baijiahao.baidu.com/s?id=1655057452941130547&wfr=spider&for=pc.

效率和用户体验。比如，在 24 小时配送的夜间场景，通过无人车来承担更多的配送任务，能更有效补充美团外卖小哥的不足。另外，疫情期间，“线上买菜”的需求迅速扩大，而美团配送的骑手不足。因此，美团在美团买菜服务站点配备了无人配送车，向距离较远的社区进行蔬菜配送。除了配送蔬菜，美团还拓展了送药品的无人配送车需求。进一步，针对一些更为复杂的任务，配送人员能够灵活处理。因此，无人车与配送人员相结合的“人车混送”模式，可以最大地发挥各自优势，丰富用户的体验，真正实现“美团外卖”的服务目标。

11.2 无车承运平台在智慧物流运输环节的应用

无车承运人是以承运人身份与托运人签订运输合同，承担承运人的责任和义务，通过委托实际承运人完成运输任务的道路货运经营者。无车承运人利用互联网手段和组织模式创新，构建无车承运平台，具有资源整合能力强、品牌效应广、网络效应明显等特点，有效促进货运市场的资源集约整合和行业规范发展，对于促进物流货运行业的转型升级和提质增效具有重要意义。

无车承运人通过构建的平台系统来协调物流运输业务中运力供给侧和货主的需求侧，进行供需匹配与协调，同时还需要满足监管的要求。无车承运平台已经在很多企业得到广泛应用，下面具体分析几个典型实例。

11.2.1 中储智运无车承运平台①

中储股份于 2014 年 7 月成立中储南京智慧物流科技有限公司，作为国家第一批“无车承运人”试点企业，组建顶尖研发团队，开发中储智运物流电商平台（以下简称“中储智运”)。中储智运创新地将无车承运人模式与运费议价功能结合，创立了集近百万专业司机运力、全运途可视化监控、全流程规范化财务、全时段专业化客服于一体的物流运力交易共享平台。

中储智运是一家提供数字基础设施及服务和数字物流解决方案的科技企业，通过物流运力交易共享平台帮助物流需求方、供给方及其他企业进行物流运力自由交易，并通过网络货运平台对物流进行高效运作和管理。在此基础上，利用区块链技术，构建聚合供应链上下游企业物流、商品交易、支付结算、风险管理等各类数据元的第三方数字化供应链公共平台。围绕物流运力交易共享平台与网络货运平台两个核心平台开展关联性生态多元化建设，构建物流及供应链、物流金融、物流新消费、物流大数据四大业务板块构成的“数字物流、供应链生态圈”。

中储智运的无车承运平台主要包括智慧物流交易系统、智慧物流分析预测系统两部分。

(1) 智慧物流交易系统：通过云计算技术及核心算法能够第一时间实现车货资源的精

---

① 中储智运创始人李敬泉：无车承运人的使命是让物流拥抱科技［EB/OL］.（2019-06-12)［2021-01-15］. https://news.yiche.com/hao/wenzhang/30226612.

准定位与智能匹配，智慧物流交易系统实现运力网上议价交易、货运全程追踪管理及其运价结算等功能（见图 11－5）。

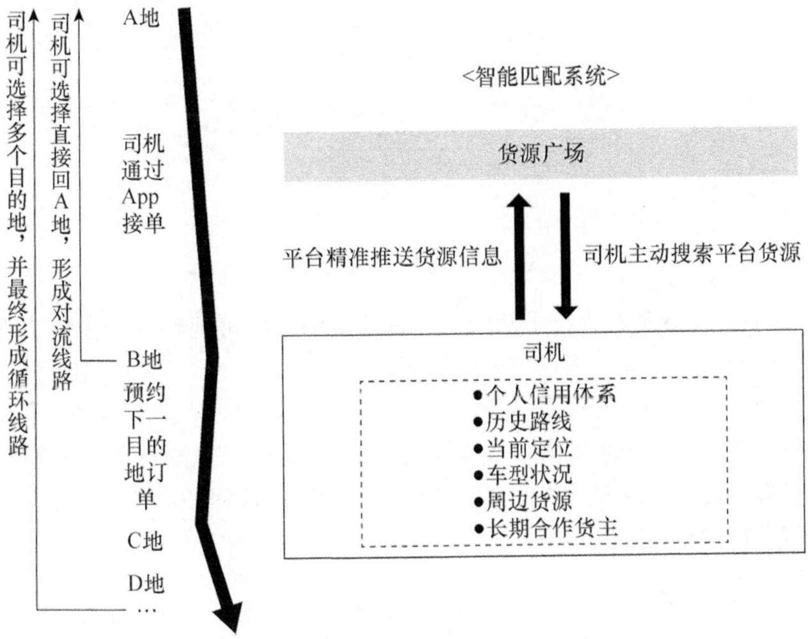

图 11－5　智慧物流交易系统

（2）智慧物流分析预测系统：智慧物流分析技术使得平台可以收集和处理高维、多变、强随机性的海量动态车货等业务数据，智慧物流预测技术则在前者基础上，利用量化分析数据，结合某一地区的天气、温度、社会事件等社会数据，通过复杂核心算法获得这些分析数据未来一段时间内的预测需求数据、走势等预测结果。

11.2.2　路歌无车承运平台[①]

路歌“互联网＋物流”平台于 2012 年成立，致力于成为支撑传统物流企业发展“无车承运”业务的信息化支撑平台，在探索“无车承运人”业务模式的道路上，一直处于领先地位。截至 2018 年底，路歌成为国内规模最大的“无车承运”业务支撑平台，拥有 290 多万从事干线营运的个体重卡会员，是市场上唯一将运力交易、业务管理、承运结算全流程打通，并发展出完整的“互联网＋无车承运”业态的平台。

路歌平台具有强大的资源整合能力。基于真实交易留存的 290 万运力资源，不仅具备高度的业务活跃度，而且经过长期业务交易的筛选和淘汰，具有较高的诚信度及较强的运输能力。物流企业可根据自身的业务需求，在路歌已有运力资源的基础上整合应用适合自己的运力资源（车、经纪人），通过优化中间链条、运力采购下沉、运力直采，促成采购

---

① 合肥维天运通信息科技股份有限公司：路歌“无车承运人”[EB/OL].（2018-04-10）[2020-12-11]. http://www.chinawuliu.com.cn/xsyj/201804/10/330134.shtml.

过程透明化，有效降低物流运作成本。图 11－6 给出了路歌平台的运营模式。

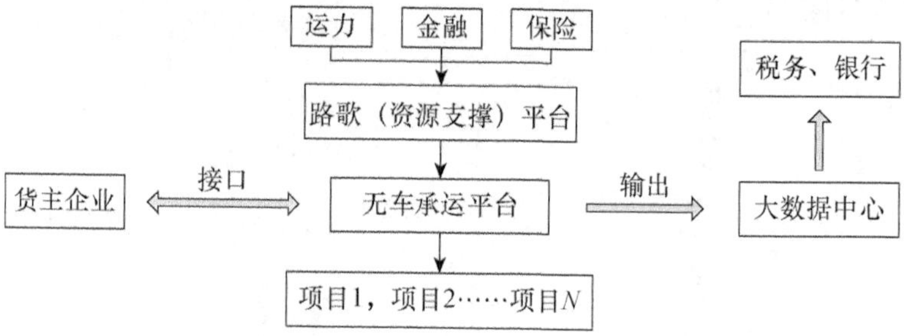

图 11－6　路歌的运营模式

路歌平台通过 SaaS 系统连接上下游，实现业务的全程可视跟踪，在路歌 App 中，各种模块为发货企业、无车承运人以及实际承运人提供贴心服务，打通信息流，对车辆和司机进行全程监控。发货企业可以通过企业账号对各个网点和门店进行发货、在途监控、异常处理、统一税票结算等需求管理。无车承运的每一步业务轨迹都将记录在平台系统中，企业可随时查看，及时发现并解决问题，避免了因为业务流程的不清晰带来的监管不力现象。其中路歌平台的各项功能模块如图 11－7 所示。

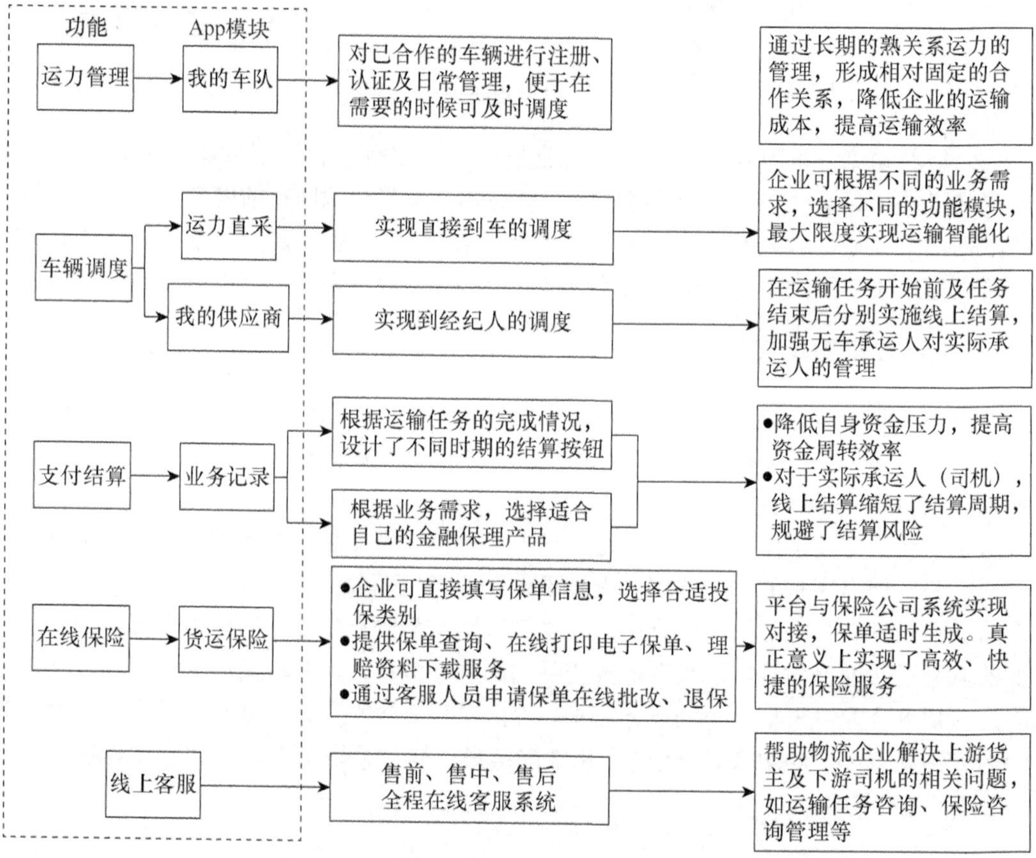

图 11－7　路歌的 App 功能模块

11.2.3　G7 物联无车承运平台①

G7 物联是公路物流行业领先的物联网科技平台，成立于 2010 年，目前拥有超过 1 500 名员工。在新技术飞速变革的十多年里，G7 以物联网技术为核心，由无车承运平台逐渐发展为囊括车队管理、安全服务、数字能源结算、智能挂车租赁、金融保险、卡车后市场等一系列业务的综合性物联网平台。截止到 2020 年 5 月，G7 已连接了超过 150 万辆卡车，平台车辆日均行驶里程超 1.3 亿公里，日均上传数据 6.8TB。这些数据不仅包含 GPS 行车轨迹、EMS 发动机管理系统等 2G 数据，还拥有 ADAS 主动安全、人脸识别、盲区监控等 4G 数据。目前 G7 主要有数字货运、G7 安全管家与 G7 数字货仓三大核心业务。

（1）G7 数字货运：G7 依托其完善的服务体系与全方位解决方案的能力，实现物流运输与结算全程的数字化，可以较好地解决大宗商品的货运问题。传统货运是我国煤炭、钢铁等基础制造业长期的痛点，在这些行业中，物流链条冗长且分散，各环节的信息不对称不透明，造成物流效率低下，损失巨大。构筑物流信息共享体系，实现全链条的数字化是我国大宗领域货运发展的必经之路。2020 年，G7 数字货运先后与兰格集团、甘肃省物产集团等有色金属、钢铁大宗商品供应链企业达成合作；同时，G7 数字货运服务于海螺水泥、敬业钢铁等其他大宗领域企业，覆盖地区更广，涉及物流场景更多。

以煤炭行业为例，G7 开创无人值守磅房系统，在鄂尔多斯伊金霍洛旗三间圆集运站进行试点。系统运行后，单车过磅时间由 3 分钟缩短到 10 秒，效率极大提升，集运站装卸货由每天 300 辆车增加至 900 辆，吞吐量提升 3 倍。G7 运用 AI＋IoT 技术推出的煤炭行业全链条智慧物流解决方案运用物联网数据底座把以前离散的人、车、路、货、油、钱等物流要素集合在一起，实现运力管理平台化、运营管理可视化、运输安全可控化、装备资产智能化，解决了传统信息不对称、装卸搬运效率低的问题。

（2）G7 安全管家：利用物联网获取车辆与司机的数据，通过不断迭代的主动安全算法，对车队运行进行风险评估预测，最终提供个性化的安全管理解决方案的平台功能。2020 年 5 月 G7 安全管家 2.0 上线，G7 创始人翟学魂表示，“G7 安全分”功能可精准预测每位司机不同的事故与赔付概率，进而为低风险的司机提供简单、低成本的安全服务，为高风险的司机提供全面的安全服务。对保险公司而言，不仅可以实现差异化定价，还能通过 G7 针对性的长期安全服务实现赔付率的显著下降。根据已服务的人保、泰康、太平洋等多家保险公司合作案例的车辆样本数据分析，升级后的 G7 安全管家，可使赔付率降低 20%～30%。

（3）G7 数字货仓：通过将物联网、大数据、AI 等前沿技术与传统挂车相融合，帮助

① G7 官网、煤炭物流拥抱 G7 数字货运，大宗运输走上物联网快车道［EB/OL］.（2020-11-12）［2020-12-20］. http://www.xinhuanet.com/tech/2020－11/12/c_1126732341.htm；G7 安全管家 2.0 全新发布，用物联网降低 30%的卡车赔付［EB/OL］.（2020-05-14）［2020-12-20］. https://baijiahao.baidu.com/s?id=1666676663125393478&wfr=spider&for=pc；用 AI 和大数据改变货运，G7 发布数字货舱 2.0［EB/OL］.（2020-10-22）［2020-12-20］. http://www.ocn.com.cn/touzi/shangye/202010/exvis22105410.shtml.

物流企业提升挂车运输的安全性并降低管理成本。在强大的数据积累下，G7 创新多项服务，例如将防侧翻预警、震动监控与地图相结合，为司机提供易侧翻路段的行驶预警和运输过程中震动的记录和溯源。G7 数字货仓 2.0 已经被开发出 15 种 IoT 功能，包括头挂匹配、AI 量方、载重测量、防侧翻预警、震动监控、厢内监控、高精度定位、远程冷机控制等，这些设备保证数字货仓运行的便捷程度和安全性，使车队有能力对外提供更高效的运输服务。

11.3 智能仓储管理系统在物流仓储环节的应用

对于遍布全球化的产品供应链系统和顾客网上购买后的全球化配送需求，生产制造的仓储管理或网络销售的商品仓储管理都成为供应链管理中的重要环节。涉及的问题包括在何时、何地、如何储存相关物料或产成品，在需要这些物料或产成品时如何快速找到它们，如何采用有限的仓储面积储存更多的物料或商品，如何合理配置产品品项以最低的品项数和库存数满足市场的需求，以及如何安排仓库门口的装卸作业以迅速准确地完成等。

11.3.1 智能仓储管理系统

智能仓储管理系统（intelligent warehouse management system，IWMS）是现代仓储系统基于信息技术、人工智能等设计的一个货物管理和处理的先进计划信息系统，它依据仓储中各类自动化设施、调度情况变化实时调整仓储作业计划，来达到库存管理目标。IWMS 在计划自动生成时，所考虑的因素主要有货物品项特性、货物储位分布及储位分配情况、仓储作业面积、分拣操作模式、作业时间窗口及客户给定的服务时间窗口、仓储设备的运行状况等。IWMS 支持仓储内很多自动化设备，如出入库货物的输送机器人、自动化的传送设备、搬运的升降设备、货物分拣自动识别设备等。它可以实现本地仓库的精益化管理，也可实现连锁业、第三方物流、制造企业等整个供应链上异地、多点仓库的协同管理。还可以对货物的储存、出入库等实现动态调度安排，对仓储作业的全部流程进行电子化操作；或者与客户服务中心建立数据接口，保证客户通过互联网实现远程货物管理，与企业的 ERP 系统实现无缝衔接。

IWMS 是一种综合应用各种先进信息技术的集成系统。例如，在数据采集方面采用自动数据识别技术使得正确率和运行效率大大提高；基于计算机数据库的实时库存管理和控制，不仅增加了库存的准确率，减少了额外的采购，同时还保证库存量满足客户订货或生产计划的需要；各种数据交换接口的连通，使得 IWMS 能够和企业内外进行信息共享，增强企业有效控制的能力；库存模拟仿真实现了各种当前和历史事务的统计分析、建模预测，为决策者提供了准确、有用的信息。

按照服务对象的不同，仓储管理系统一般可分为生产型仓储管理系统（production warehouse management system，PWMS）和流通型仓储管理系统（distribution warehouse management system，DWMS）。生产型仓储管理系统一般是为企业的工厂生产服务的，主要储存原材料、半成品、工具等，并存放企业生产的产成品等。流通型仓储管理系统主要为分销领域服务，一般存放的是种类繁多的产成品，并呈现单一品种数量较少、产品存放周期较短等特点，如京东的仓储系统。流通型仓储是供应链供需流转过程中的一个节点，与生产型仓储相比较，最大的特点是以储存、临时保管和流通加工为重点。因为目前的存货管理都是以少量和快速为特点的，这就从客观上要求流通型仓储管理系统必须能适应和支持快速的货物运转过程。因此，流通型仓储的工作重心在于流通服务，而不在于存货服务，它通过提升货物流通速度来提升各项物流作业的效率，从而提高物流服务的水平和收益。

需要说明的是，流通型仓储管理系统的功能和生产型仓储管理系统的基本一致，但客户需求的多样性、货物管理模式的复杂性和不确定性使二者有很多区别，因为客户、货物、需求差别可能很大，动态波动也很大。因此，在管理上不仅需要考虑普遍适用性，还要考虑最复杂的情况，同时还要保证操作上的简便性，此时的智能技术及信息管理系统起到了至关重要的作用。

11.3.2 智能技术在智慧仓储管理系统中的应用

亚马逊公司是美国最大的一家网络电子商务公司，其货物品类、需求及配送频率波动性很大，是典型的流通型仓储管理系统。本节以亚马逊公司在仓储管理系统中的一些智能技术为例来展示目前的应用情况。

1. 亚马逊的随机储存①

和通常的仓库按照商品品类或 SKU 区分货位的方式不同，亚马逊打乱品类之间的界线，同类商品有可能分散在不同的货架上。虽然整个仓储区看起来十分混乱，但并不意味着绝对的任意存放，还是有一定的原则的，特别是畅销商品与非畅销商品的分布，同时还要考虑先进先出的原则，部分相互之间会影响品质、性状的商品分开储存。随机储存的关键体现在数据追踪管理上，无论拣货还是收货，每个货位均有独立编码，亚马逊的信息数据管理系统会记录每个商品在不同转运流程中所处的位置，从而保证数据的连续跟踪。随机储存使得单个货架的周转频率加快，从而实现空间和周转的双重提升，极大地降低单位商品的储存成本。

亚马逊的随机储存有三大技术支撑，即 Cubi 立体测量仪、强大的数据管理系统和高效管理。

（1）Cubi 立体测量仪。Cubi 立体测量仪（见图 11－8）的底盘是一个称重的电子秤，上面伸出三条手臂一样的卡尺，分别测量长、宽、高。每件新商品第一次进门前，都要通过 Cubi 留下各种参数，进入系统。

（2）强大的数据管理系统。数据管理系统清楚地记录着货架的利用率，哪里还有多余的空间，结合商品的物理参数为员工自动推荐上货区域，系统还会对一些通过购买历史数据和点击率看到的“畅销品”规划一个特别区域，比如，距离出货区最近的货架，以便畅销商品能以最快的速度送到用户手中。那些很久没有被浏览的长尾商品，则会被放置在远

---

① 齐鹏. 解密亚马逊中国的物流传奇. 数字商业时代，2014（9）.

图 11-8 Cubi 立体测量仪

离出货区或者是货架的最低处和最高处。结合货品尺寸和数据支持，可以进行最优的货架设计，亚马逊先进的系统还会在高峰期根据所有商品尺寸进行最优的货架设计，并自动发出整理货位的任务，释放每一寸空闲的储存空间。

亚马逊建立了一整套基于条码的库存管理体系，一个单一品类的商品基于国标条形码都有它在亚马逊运营中心里的独立编码，商品的数量、属性、生产日期等一系列数据全部被系统记录，不仅可以保证商品快速入库，还可以实现对有效期和后端发货扫描的管控。

亚马逊的库内操作侧重关注商品实物的位置、数据的转移和实物与数据的差异。从商品收货入库开始，在各种容器或货架之间的实物转移，都有对应的数据记录，货物从入库到出库的这段“旅行”中经历的每一个操作环节和这个环节导致的每一个位置变更，都会和系统中记录的大数据进行匹配，从而再次确认实物转移的数量与系统记录数量之间的差异。

（3）高效管理。数据管理系统的作用在于帮助将各个环节有机的串联，并实现数据及实物的有序传递。但整个流程的高效运转，则需要基于对系统流程的管理进行配合，仅仅针对随机上架而言，亚马逊为了保证库存空间的利用和运营的高效，在管理方面也建立一套与之对应的体系。

对于库存差异问题，亚马逊对应建立了一套库存差异率的指标体系，用于衡量物理库存的准确性，反映每个货位中特定商品的物理实物数量与虚拟系统记录数量的差异。从上架端和拣货端，根据系统随时反馈出实物库存的差异来触发货位的盘点，同时会定期对库进行随机抽查以确定库存的准确水平。

2. 亚马逊 Kiva 仓储机器人[①]

在亚马逊的仓储系统中，常常会看到自动机器人设备，即 Kiva 机器人。这是亚马逊 2012 年斥资 7.75 亿美元收购的 Kivasystems 公司的机器人项目，结构设计十分科学，背后的支撑技术也处于行业领先水平，凝聚了很多工程师大量的工程思维和经验，可以说是

---

① 亚马逊仓库最忙碌的员工：Kiva 仓库管理机器人［EB/OL］.（2014-12-12）［2020-12-28］. https://www.jiaheu.com/topic/164386.html.

物流机器人领域当之无愧的代表，后来很多物流机器人都是模仿它做出来的。

（1）地面基础设施。Kiva 类似于 AGV，部署的仓库地面上全部都铺设了类似“轨道”的网格，且每隔大约 1 米就有一个二维码，如图 11－9 所示。Kiva 有上下两个摄像头，朝上的摄像头用来读取货架下的条形码以识别货架，朝下的用来识别地面的二维码，获取信息后运用亚马逊开发的巡航技术，读取在地上网格的视觉记号，实现定位和移动。与过去的 AGV 不同的是，Kiva 不用在地上安装类似线圈或导线的设施，成本大大下降。

图 11－9　Kiva 地面设施

（2）Kiva 基本运行原理。Kiva 有两个型号，较小的型号约 2 英尺[①]×2.5 英尺×1 英尺，顶部有个托运圆盘，能够抬起重量约 1 000 磅[②]的货物行走，较大的型号可以承载 3 000 磅。橘黄色的流线型塑料外壳采用 ABS 材料真空塑形，在其上有大量二次加工的结构。据了解，最新版本的 Kiva 将采用全注塑结构，使整体更加轻便。驱动系统由两个受直流电机控制的独立橡胶轮子组成，使机器人能以每秒 1.3 米的速度移动。

一个仓储中心通常有上万个货架，一个货架往往装着重达半吨的货物。仓储中心往往有成百上千台机器人，以及几十个进货出货口。在这么复杂密集的系统里，需要保证机器人不发生碰撞。任何一台机器人如果发生碰撞，把货架摔倒，造成的损失都将是巨大的。因此，Kiva 的表面装有碰撞检测系统，如果有人或者物体阻挡了机器人的去路，红外传感器和触摸式保险杠会使机器人停止移动。

每一台 Kiva 机器人有三个独立的自由度：两个驱动轮，加上一个用于起重的旋转电

① 1 英尺＝30.48 厘米。

② 1 磅＝0.453 6 千克。

机。起重结构托盘的顶部是厚实的X形铝铸件，如图11－10所示。起重电机转动时，两个驱动轮反方向旋转，使得托盘相对于地面没有旋转，只在滚珠丝杠的作用下升高。其升降模块设计也十分出彩：它必须能在1 000磅（约半吨）的压力下完成升降，并全程与地面保持完美的平行，这是滚珠丝杠结构的任务。

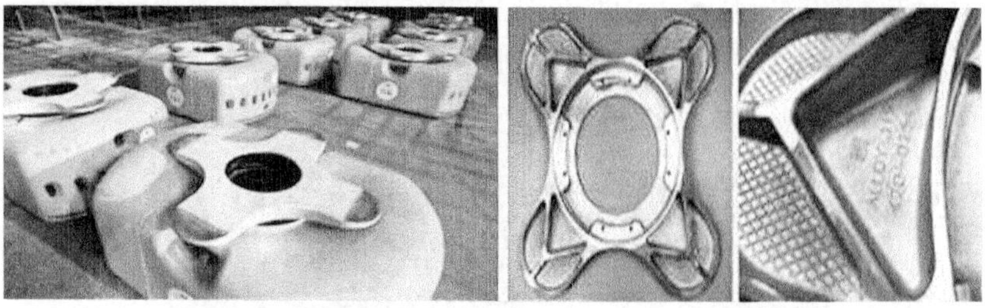

图11－10 X型托盘

Kiva是由电池驱动的，每一次充电可以使用8～10小时。一旦电量降低到一定程度，系统会驱动Kiva到充电站自动充电，无须人力照看。

（3）Kiva的工作流程。首先，工人站在操作台旁，取下打印好的订单贴在箱子上，按下操作台上的按钮，向控制中心传递信息“我准备好了”。同时，下达订单的驱动单元通过仓库内的Wi-Fi网络，将资源分配算法发出的指令直接传递给Kiva的服务器，接到指令的Kiva通过摄像头识别地面上的二维码，获取位置信息，按照巡航技术规划的最优路线寻找订单上的货物所在的目标货架，见图11－11所示。

图11－11 Kiva的工作状态

找到目标货架后，通过顶部的摄像头扫描货架底部的二维码。确认无误后，升降结构开始工作，X型托盘旋转上升，驱动轮反方向旋转以保持平衡，重量超过340千克的货架可被提升10厘米左右。接下来，同样按照规划好的路线，Kiva头顶货架，穿梭于仓库之中，最后在工人的操作台旁排好队，如图 11-12 所示。

图 11-12　排队等待拣选的 Kiva

操作台旁边的金属杆上悬挂的激光设备会在将要被检索的产品上照射一个红点，拣货工人可以知道货架上哪个是目标货物。另外，操作台的中间还安装了一个扫码系统，工人从货柜上取下货物后，再通过这个扫描系统进行扫描，验证是否正确。二者都属于 RFID 技术的简单应用，它们的双重保障，可以大大减少拣货的出错率。

确认正确后，Kiva 自动离开，执行下一条命令，队伍中的下一个 Kiva 向前移动。拣货员将正确的货物放入箱子，并再次按下操作台上面的按钮，表示开始拣选下一个商品。整个订单完成后，箱子将被传送带送到运输区域或者用机器人送过去。

在使用 Kiva 之后，美国加州特雷西仓储中心取消了拣选人员，采用直接把货架搬到复合包装人员面前的“货架到人”的物流模式，再由复核打包人员完成拣选、二次分拣、打包复核三项工作，把人员数量压到最低；同时也取消了原来由传输线完成的位移动作，将拣选、位移、二次分拣、复核包装作为定向流程一次性完成，包装完成的包裹通过输送线到达最终目的地。这样就可以将传统物流仓库内 90%以上的人员走动造成的浪费大大压缩。

除了劳动力的浪费，工人在仓库中来回走动，找寻并搬运货物所花费的时间也造成了时间上的浪费，工作效率低下。在使用 Kiva 之后，工作人员每小时可挑拣、扫描 300 件商品，效率是以前的三倍。并且 Kiva 机器人的准确率达到了 99.99%。亚马逊高管称启用 Kiva 机器人可提高近 50%的分拣处理能力。

11.4　智能技术在供应链协同环节的应用

供应链目前是一个拉式系统，客户的需求是驱动整个供应链的起始点，因此，智能技术在供应链上的大多协同管理应用主要集中在供应链下游，如零售端、配送端等。但目前也逐步在向供应链上游转移。

11.4.1　在新零售中的应用

新零售是指企业以互联网为依托，通过运用大数据、人工智能等先进技术手段，对商品的生产、流通与销售过程进行升级改造，进而重塑业态结构与生态圈，并对线上服务、线下体验以及现代物流进行深度融合的零售新模式。线上线下和物流结合在一起，才会产生新零售。线上是指云平台，线下是指销售门店或生产商。

阿里巴巴旗下的盒马鲜生是新零售的典型代表。[①] 盒马鲜生凭借“生鲜食品超市＋餐饮＋App 电商＋物流”的线上线下一体化经营模式，被称为“新零售”模式的新模式。新零售模式中集成了消费端、零售端、供应端和物流端，实现了供应链下游的协同。以下以盒马鲜生为例，分析新零售模式的特点。

1. 基于线上结算的数据驱动模式

在新零售模式中，倡导客户线上结算，以便能够方便快捷且节省人力。另外，通过大数据等技术应用，可以对消费端的零散用户进行挖掘，分析线上用户的各类购买行为，以便于进行预测和供应链管理，并进行精准营销。阿里巴巴 CEO 张勇曾向盒马鲜生创始团队提出四个目标：盒马鲜生的线上交易需大于线下；单店线上日均订单量需达到 5 000 单以上；盒马 App 能够独立生存，不需要其他流量支持；在冷链物流成本可控的范围内做到 30 分钟送达。

2. 基于运营创新的服务优化模式

对于供应商，虽然盒马不收取进场费，但会有一个比较严格的资格考察机制和末位淘汰机制，每两周就会下架不合格供应商的产品。在品质控制方面，盒马鲜生采用订单农业的形式，从蔬菜种植环节就开始介入、指导供应商生产，到基地采摘时实行严格的农残检测，到盒马鲜生仓库后再次进行抽检。

盒马鲜生在物流领域的创新点有：门店前的物流，盒马走的是大仓（DC）对店仓（FDC，也是盒马鲜生门店）的 B2B 物流模式。门店后的物流，盒马走的是 30 分钟近场景即时配送的外卖模式。然后根据顾客下单的 SKU 和包裹数量，以及顾客收货地址所在位置，系统自动设计一条最佳配送路线。

盒马的采购量大，规模议价能力强，这使得它在竞争中有一定的价格优势。盒马与天猫共享供应链，这样便可提高原产地采购的比例，降低采购流通成本。因此，盒马才可以打造高性价比的产品。

3. 基于全流程的信息化模式

基于全流程的信息化模式对于大多数零售产业来说至关重要，对于生鲜产业更是如此。因为生鲜交易对产品的保鲜度要求很高，且千人千面的消费行为需要一站式、全流程信息化的跟踪，保障消费者体验。

盒马鲜生制定了“五新战略”（新零售、新金融、新制造、新技术、新能源），从海产采购、系统研发、语音识别、算法优化等环节均离不开阿里巴巴的资源支持，包括大数据驱动、现代物流技术、完善的供应链，这些资源是盒马优质用户体验流程的重要支撑。盒马的新零售正是建立在数据基因上，通过数据分析掌握消费者需求，反向驱动商品采购、

---

① 盒马鲜生：构建阿里新零售版图［EB/OL］.（2019－06－22）［2020－12－29］. http://www.100ec.cn/detail-6514310.html.

中央厨房、加工中心、配送等环节的精准供应和流通效率，最终实现 3 公里范围内 30 分钟免费送达的智能物流体验。

4. 基于供应链的资源整合模式

盒马鲜生向上游供应链不断拓展，满足消费者对各类生鲜产品的质量需求，并探求产品质量与成本间的折中。为了保证果蔬、肉食等农产品的新鲜度，盒马鲜生与供应链的上游农场、屠宰场等紧密合作，提前就把销售计划发送给这些供应商，以便它们能依据需求计划统一进行农产品的采摘、包装，经冷链运输到各个门店，然后再统一进行包装和产品定价。

盒马采用基地直采的模式，根据订单补货，从源头保证了生鲜产品的品质。直采可以大大降低产品周转时间和次数，提升了产品品质，将全链条上节省下来的费用直接补贴到消费者身上，确保盒马在微利的情况下该模式可持续运作。另外，盒马帮助农场制定种植标准，并对土壤、水源等提出要求。在源头制定统一的标准，这就解决了消费者对生鲜产品的质量信任问题，实现用户、产品、场景三者之间的最优匹配。

11.4.2　在云制造中的应用

如图 11－13 所示，云制造是在“制造即服务”理念的基础上，借鉴云计算思想发展起来的一个新概念。云制造是先进的信息技术、制造技术以及新兴物联网技术等交叉融合的产品，是制造即服务理念的体现。采取包括云计算在内的当代信息技术前沿理念，支持制造业在广泛的网络资源环境下，为产品提供高附加值、低成本和全球化制造的服务。

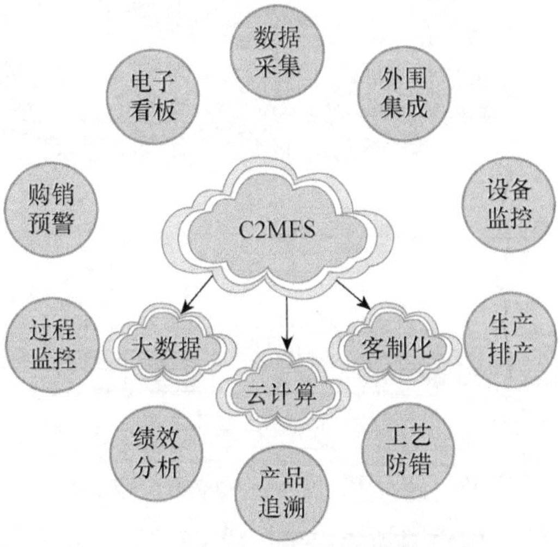

图 11－13　云制造概念图

云制造是为降低制造资源的浪费，借用云计算的思想，利用信息技术实现制造资源的高度共享。建立共享制造资源的公共服务平台，将巨大的社会制造资源池连接在一起，提供各种制造服务，实现制造资源与服务的开放协作、社会资源高度共享。企业用户无须再投入高昂的成本购买加工设备等资源，只需通过公共平台购买、租赁制造能力。

在理想情况下，云制造将实现对产品开发、生产、销售、使用等全生命周期的相关资源的整合，提供标准、规范、可共享的制造服务模式。这种制造模式可以使制造业用户像用水、电、煤气一样便捷地使用各种制造服务。

下面以海尔的云制造平台为例，阐述其中智能技术的应用。

海尔集团建立的云制造平台 COSMOPlat① 如图 11－14 所示。COSMOPlat 是海尔推出的具有自主知识产权、首家引入用户全流程参与体验的工业互联网平台，其核心是大规模定制模式，通过持续与用户交互，将硬件体验变为场景体验，将用户由被动的购买者变为参与者、创造者，将企业由原来的以自我为中心变成以用户为中心。将用户需求和整个智能制造体系连接起来，让用户可以全流程参与产品设计研发、生产制造、物流配送、迭代升级等环节，以“用户驱动”作为企业不断创新、提供产品解决方案的原动力，把以往“企业和用户之间仅仅是生产和消费关系”的传统思维转化为“创造用户终身价值”。截至 2019 年，海尔在全球范围内已有 15 家互联工厂，COSMOPlat 已赋能 15 个行业物联生态，覆盖全国 12 大区域，并在 20 个国家复制推广。

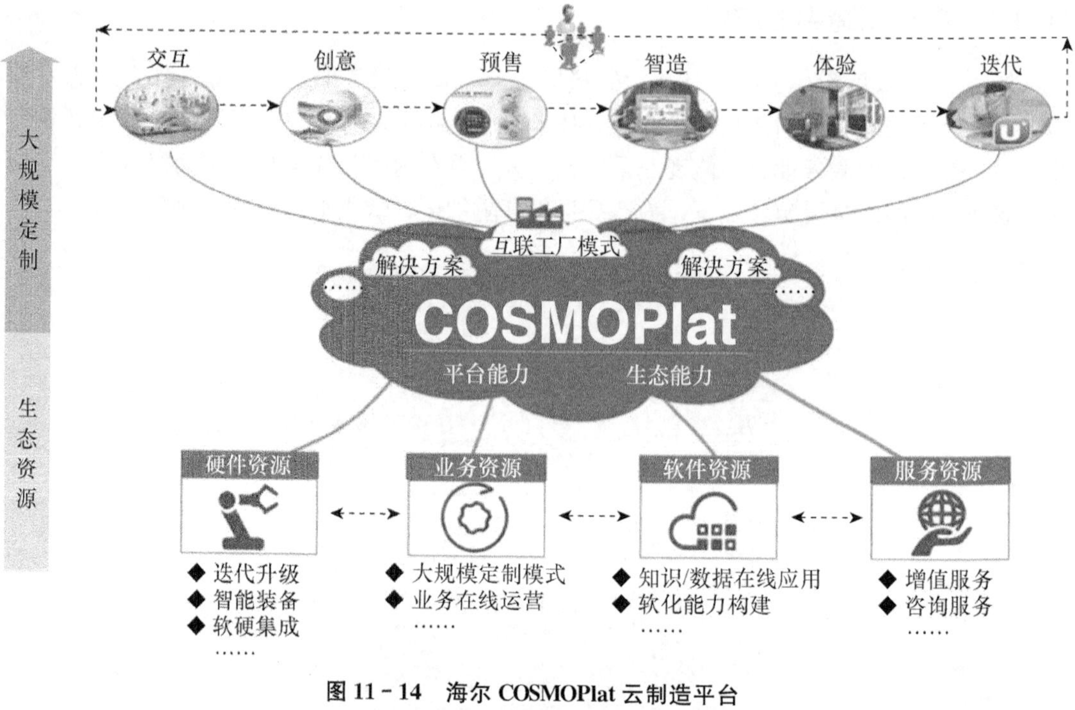

图 11－14 海尔 COSMOPlat 云制造平台

海尔 COSMOPlat 是一个用户驱动的实现大规模定制的平台。用户可以全流程参与产品交互、设计、采购、制造、物流、体验和迭代升级等环节。海尔 COSMOPlat 平台的差异化特点分为三大方面，即以用户体验为中心创造用户终身价值、以互联工厂为载体的大规模定制和通过企业平台化打造并联开放的生态平台。

---

① 中国互联网工业平台——海尔 COSMOPlat［EB/OL］.（2019－08－02）［2020－12－29］. https://baijiahao.baidu.com/s?id=1640715136447433711&wfr=spider&for=pc.

作为全国供应链创新与应用试点企业之一，海尔为满足日益成熟的中国消费市场，将供应链的制造模式前连引领战略，后连个性化定制，整合全球一流的研发资源网、供应商资源网、用户资源网，打造精准、高效、满负荷下的定制包销体系，满足用户个性化需求，正在逐步形成高精度下高效率的智慧供应链生态系统。

11.5　算法与大数据技术在供应链预测中的应用

供应链系统中的各个环节相互配合，在此过程中交易的各类信息的透明性与准确性对供应链成本非常重要。如何提供有效的预测，包括需求预测、生产计划预测、供应计划预测等，避免牛鞭效应，避免资源浪费是供应链上管理者关心的重要问题。下面以京东应用大数据为例来阐述其中智能技术的应用。

京东是一家电子商务平台，也是一家以供应链为核心的技术服务公司，其一直以供应链预测能力作为自身的核心竞争力。目前京东在全国范围内有 256 个大型仓库，按功能可划分为区域配送中心（regional distribution center，RDC）、区域分发中心（forward distribution center，FDC）、大件中心仓、大件卫星仓、图书仓和城市仓等。RDC 是一级仓库，向供货商采购的商品优先送往 RDC，RDC 一般设置在中心城市，覆盖范围比较大。FDC 作为区域运转中心，是二级仓库，一般覆盖一些中小型城市及边远地区，商品根据需求从 RDC 调配到 FDC。

基于机器学习、大数据等信息技术，京东在很多供应链优化问题上都已经实现了信息管理的系统化，一般由系统自动给出优化建议，并与运营系统相连接，实现全流程的自动化。预测技术在其中起到了至关重要的支撑作用。

在从预测到执行的整个流程中，预测系统在整个供应链体系中处在最底层，并且起到支撑作用，支持上层的多个决策优化系统，这些决策优化系统利用精准的预测数据结合运筹学技术得出最优的决策，并将结果提供给更上层的业务执行系统或是业务方直接使用[①]，如图 11－15 所示。

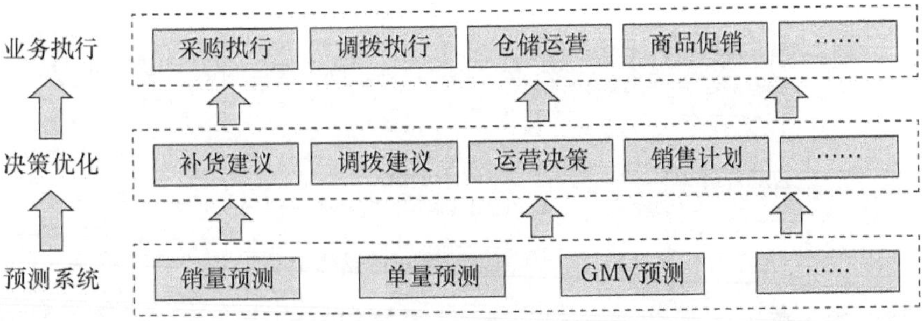

图 11－15　京东从预测到执行的流程

① 实例讲解 spark 在京东智能供应链预测系统的应用［EB/OL］.（2018－02－25）［2020－12－29］. https://blog.csdn.net/woddle/article/details/79370481.

目前，以上的预测系统主要支持三大业务：销量预测、单量预测和网站成交额（gross merchandise volume，GMV）预测。其中销量预测主要支持商品补货、商品调拨；单量预测主要支持仓库、站点的运营管理；GMV预测主要支持销售部门计划的制定。

销量预测按照不同维度又可以分为RDC采购预测、FDC调拨预测、城市仓调拨预测、大建仓补货预测、全球购销量预测和图书促销预测等；单量预测又可分为库房单量预测、配送中心单量预测和配送站单量预测等（在这里“单量”并非指用户所下订单的量，而是将订单拆单后流转到仓库中的单量。例如一个用户的订单中包括三件物品，其中有两个大件品和一个小件品，在京东的供应链环节中可能会将其中两个大件品组成一个单投放到大件仓中，将那个小件单独一个单投放到小件仓中）；GMV预测支持到商品粒度。

京东预测系统的整体架构从上至下依次是：数据源输入层、基础数据加工层、核心业务层、预测结果输出层和下游系统，见图11-16所示。首先从外部数据源获取所需的业务数据，然后对基础数据进行加工清洗，再通过时间序列、机器学习等人工智能技术对数据进行处理分析，最后计算出预测结果并通过多种途径推送给下游系统使用。

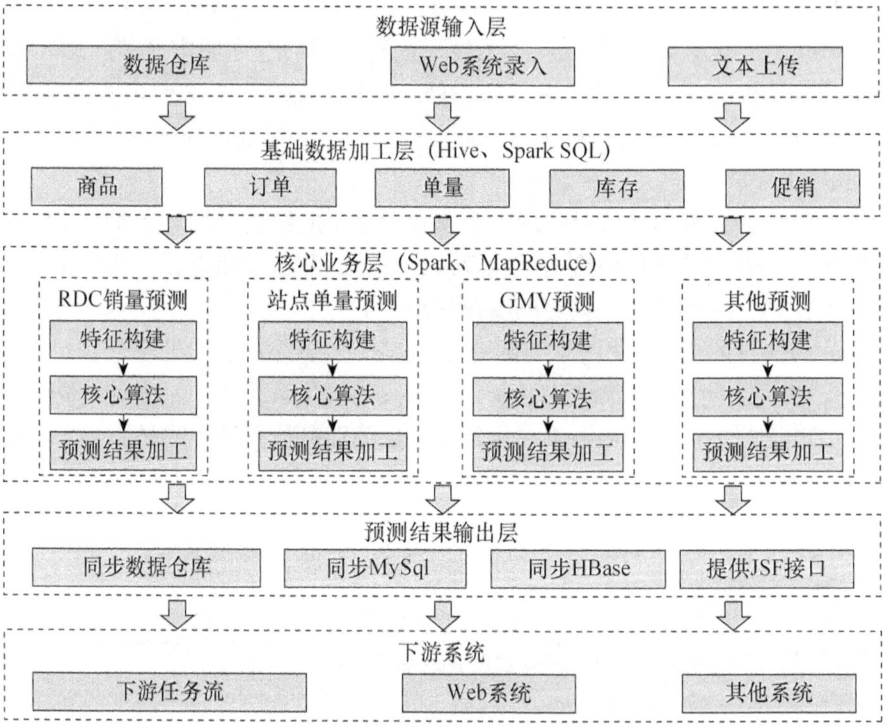

图11-16 京东预测系统的整体架构

1. 数据源输入层

京东数据仓库中存储着系统需要的大部分业务数据，例如订单信息、商品信息、库存信息等。促销计划数据则大部分来自采销人员通过Web系统录入的信息。除此之外还有一小部分数据通过文本形式直接上传到分布式文件系统（Hadoop Distributed File System，HDFS）中。

2. 基础数据加工层

在这一层主要通过 Hive 技术来实现，Hive 是基于 Hadoop 的一个数据仓库工具，对基础数据进行一些加工清洗，去掉不需要的字段，过滤不需要的维度，并清洗有问题的数据，属于一种可以存储、查询和分析 Hadoop 中的大规模数据的机制。

3. 核心业务层

这层是系统的核心部分，横向看可分为特征构建、预测算法和预测结果加工三层；纵向看由多条业务线组成，彼此之间不发生任何交集。

（1）特征构建：将清洗过的基础数据通过进一步的处理转化成标准格式的特征数据，提供给后续算法模型使用。

（2）核心算法：利用时间序列分析、机器学习等人工智能技术进行销量、单量的预测，是预测系统中最为核心的部分。

（3）预测结果加工：预测结果可能在格式和一些特殊性要求上不能满足下游系统，所以还需要根据实际情况加工处理，比如增加标准差、促销标识等额外信息。

4. 预测结果输出层

将最终预测结果同步回京东数据仓库、MySql、HBase（一种分布式的、面向列的开源数据库）或制作成 JSF 接口供其他系统远程调用。

5. 下游系统

包括下游任务流程、下游 Web 系统和其他系统。

从以上预测系统中看出，其中会用到很多数据清洗技术、数据存储技术、数据处理技术及其算法。用到的算法模型非常多，原因是京东的商品品类齐全、业务复杂，需要根据不同的情况采用不同的算法模型，通过一个独立的系统来为算法模型与商品之间建立匹配关系，有些比较复杂的预测业务还需要使用多个模型。使用的算法总体上可以分为三类：时间序列、机器学习和结合业务开发的一些独有的算法。

与此同时，京东通过销售数据测试各种各样的指数，这些指数能告诉供应链的各个环节，包括材料的生产环节、供应商供货环节，哪些商品供大于求、哪些商品供不应求，并通过指数化指标再回馈到供应链上。甚至通过工厂和品牌商反馈到供应链的源头，让源头知道生产的产品在质量和用料方面有哪些改进的空间，形成供应链上的良性循环。

11.6　区块链技术在智慧供应链金融中的应用

供应链金融一般定义为供应链中的两个或两个以上组织（包括外部服务提供商）通过组织间规划、指导和控制财务资源流动共同创造价值的方法。也有学者把供应链金融定义为公司间融资优化和融资流程，通过与客户、供应商和服务提供商的整合，提高所有参与公司的价值。目前供应链金融已经应用在供应链的很多中小微企业的融资策略方面。

截至 2017 年末，在我国小微企业已逾 2 800 万户，此外还有近 6 200 万户个体工商户。央行行长易纲用“56789”来形容民营经济，即民营企业贡献了全国 50%以上的税收、60%以上的 GDP、70%以上的发明专利、80%以上的城镇劳动就业，以及 90%以上的新增就业和企业数量，在稳定增长、促进创新、增加就业、改善民生等方面发挥了重要作用。但截至 2018 年第一季度，只有 1 545 万家小型和微型企业（包括个体工商户）获得贷款，超过 80%的小微企业没有得到银行信贷的支持，小微企业的融资可用性和融资便利性仍然很低。

传统的供应链金融服务引入保理公司，在不改变核心企业付款方式和周期的前提下，把这个链条上所有的应收账款都转让给保理公司。保理具有应收账款受让、账户管理、资金融通，以及账款催收的业务类型，这刚好和区块链的天然特点——账本记录、不可篡改、可追溯相互融合。星贝云链联合腾讯、华夏银行，三方集结各自的优势资源打通了供应链金融技术端、财富端、资产端和依托平台的应用场景。腾讯方面提供区块链技术与星贝云链展开深度合作。通过腾讯区块链底层技术支持打造，星贝云链基于区块链+云计算服务平台搭建，将物流、资金流和数据流进行整合，在优化资源配置、提高效率的同时，有效降低风险；以优化核心企业产业链生态为目标，为核心企业和各级供应商、分销商、代理商、零售商及终端消费者提供多样化的供应链金融产品支持；同时为核心企业提供金融赋能，助力核心企业为客户创造价值，令核心企业发展更顺畅。①

具体来说，星贝云链提供五大金融服务。②

（1）链单服务。基于区块链的分布式账本，以信用为核心，以债权为载体，记录企业的践约行为。基于区块链的智能合约，配合银行共管账户，实现未来现金流管理，助力中小企业融资。

（2）风控决策系统。信用决策、大数据风控、授信决策、主体信用风控、额度管控、数据积累模型优化、场景式交易风控。

（3）保理融资。供应商基于与核心企业间真实贸易形成的应收账款进行融资的融资产品。为客户解决付款周期不确定、应付账款余额融资难、多次还款效率低、合同发票不匹配等问题。

（4）动产质押融资。在库存池融资方面，“入仓即可贷”，通过对库存商品的数量监控、价格监控、周转趋势、销售预估等实时计算授信和水位，满足企业的融资需求。在未来货权质押方面，采购+仓储监管，采购融资与动产融资结合的保兑仓模式，获取多方数据对接，实现四流合一。

（5）采购融资。面向核心企业下游经销商，基于经销商与卖方核心企业真实的采购贸易订单提供的纯信用贷款产品。基于供应链管理行业经验以及大数据应用能力，全面满足经销商在商品采购环节短、平、快的资金需求。

本章小结

本章主要阐述了智慧物流体系中无人运输配送设备的典型代表无人机和无人车技术，

① 星云贝链的底层金融逻辑剖析［EB/OL］.（2019-03-28）［2020-11-08］. https://www.163.com/news/article/EBCJ0UJL000189DG.html.

② 星云贝链提供哪些服务？［EB/OL］.（2020-01-08）［2020-11-08］. https://mp.weixin.qq.com/s/1M6UkY4Ko3AFi0i7EfVHzQ.

其中无人机具有三大支撑技术，即无人机飞行控制导航系统、无人机数据链系统和无人机自主控制技术，并介绍了顺丰岛际无人机项目的应用、京东“京鸿”货运无人机的应用，以及美团研发的无人车在配送系统中的应用等。同时，介绍了三个无车承运平台，即中储智运无车承运平台、路歌无人承运平台和 G7 物联无车承运平台。智能仓储管理系统是现代仓储系统基于信息技术、人工智能等设计的一个货物管理和处理的先进计划信息系统，本章以亚马逊中的随机储存技术和 Kiva 仓储机器人为例阐述了这些先进智能技术在 IWMS 中的应用。在供应链协同管理环节，主要从新零售、云制造等领域视角进行了智能技术应用的案例阐释，进一步介绍了京东基于算法与大数据技术设计的供应链预测应用案例。最后，阐述了区块链技术在智慧供应链金融中的应用。

关键概念

无人机　无人车　无车承运平台　仓储管理系统　仓储随机储存　仓储机器人　新零售　云制造　供应链预测　供应链金融

思考题

1. 请查阅其他公司资料了解智慧物流配送系统中的无人机、无人车是如何应用的。
2. 什么是无车承运平台？请举例阐述目前这种平台在应用智能技术方面的主要特点。
3. 阐述智能仓储管理系统的作用，为什么亚马逊采用随机储存？仓储智能机器人在仓储管理中都有哪些应用？
4. 从新零售、云制造的应用视角，阐述这些应用如何实现供应链协同。
5. 在供应链预测分析中会采用哪些智能技术？
6. 什么是供应链金融？区块链技术可如何应用于供应链金融？

12

Chapter

第12章

企业智慧物流与供应链管理案例分析

学习目的

通过本章的学习，学生应该能够：

- 了解智慧物流与供应链企业实践案例
- 了解企业构建的智慧物流与供应链的网络结构
- 理解企业构建的智慧物流与供应链的主要特征
- 掌握企业构建的智慧物流与供应链的核心创新点

12.1 京东物流[①]

案例12-1

5G时代京东物流一马当先，为你要的速度加油！

京东物流5G时代，在物流行业JDL京东物流起到了带头的作用。2019年，JDL京东物流与中国三大运营商全面结成5G战略合作，并在北京“亚洲一号”率先建设并落成国内首个5G智能物流示范园区，通过物联网、大数据、人工智能、自动驾驶、机器人等技术和产品打造高智能、自决策、一体化的智能物流园区解决方案。这一次，JDL京东物流再一次成为行业中的领军者。

---

① 京东物流官网. https://www.jdl.cn/. 2020-12-20.

随着 JDL 京东物流自身对于 5G 应用的不断深入，也将 5G 示范园区的解决方案全面开放给业界合作伙伴，真正将 5G 的能量发挥出来。也正因为如此，JDL 京东物流 5G 智能物流园区荣获 2020 年服贸会的“中国服务示范案例”大奖。

JDL 京东物流实现 5G 与物流应用的深度融合创新，面向智能物流园区应用场景，支持物流信息的高效自动感知、数据的精准采集、资源的优化调度、运营的智能决策，构建了物流园区的智能化管控系统、数字化生产系统、无人化安防系统等。JDL 京东物流构建的物流园区智能化管控系统，通过 5G 无线专网，将终端设备、摄像头、传感器接入后，利用集成的云存储，大数据及人工智能技术，更好地采集数据实时分析，对于智能园区人员、车辆、能源管理有着独特的方案。

自从 JDL 京东物流与 5G 融合，将这套系统的作用发挥得淋漓尽致，比人工效率提升 15%，园区人员安全隐患等降低 50%，园区整体运营成本降低 10%，园区场地中转效率提升 10%～15%。能跟上潮流的企业才是最强大的企业，能为客户所思所想才会更深得人心。

资料来源：生活新工厂. 5G时代京东物流“首当其冲”，为你要的速度加油［EB/OL］.（2020-12-31）［2021-01-23］. https://baijiahao.baidu.com/s?id=1687553996534767924&wfr=spider&for=pc.

12.1.1　基本介绍

1. 企业简介

京东集团 2007 年开始自建物流，2012 年注册物流公司，2017 年 4 月 25 日正式成立京东物流集团。京东物流集团以“技术驱动，引领全球高效流通和可持续发展”为使命，致力于将过去十余年积累的基础设施、管理经验、专业技术向社会全面开放，成为全球最值得信赖的供应链基础设施服务商。

目前，京东物流集团是全球唯一拥有中小件、大件、冷链、B2B、跨境和众包（达达）六大物流网络的企业，凭借这六张大网在全球范围内的覆盖以及大数据、云计算、智能设备的应用，京东物流打造了一个从产品销量分析预测，到入库出库、再到运输配送各个环节无所不包，综合效率最优、算法最科学的智能供应链服务系统。

截至 2020 年 6 月 30 日，京东物流集团在全国运营超过 750 个仓库，包含云仓面积在内，京东物流集团运营管理的仓储总面积约 1 800 万平方米。京东物流大件和中小件网络已实现全国行政区县几乎 100%覆盖，90%区县可以实现 24 小时达，自营配送服务覆盖了全国 99%的人口，超 90%自营订单可以在 24 小时内送达。目前，京东物流集团已投入运营的 28 座“亚洲一号”智能物流中心（见图 12-1）以及超过 70 座不同层级的无人仓，形成了亚洲规模最大的智能仓群。同时，京东物流集团着力推行战略级项目“青流计划”，从环境、人文社会和经济三个方面，协同行业和社会力量共同关注人类的可持续发展。

图 12-1　京东物流集团的武汉“亚洲一号”智能物流中心

2. 企业战略

围绕“短链、智能、共生”，京东物流坚持“体验为本、技术驱动、效率制胜”的核心发展战略，携手社会各界共建全球智能供应链基础网络，打造以供应链为核心，包含京东物流供应链、京东快递、京东快运、京东冷链、京东云仓以及国际供应链等六大核心业务在内的供应链产业平台，为客户提供全供应链服务和技术解决方案，为消费者提供“有速度更有温度”的高品质物流服务。

12.1.2 智慧物流与供应链运作模式分析

1. 基本网络结构

京东物流集团的智慧物流网络分为智能供应链中心、智能履约、智能分拣、智能仓储、智能园区、智能运输以及智能配送等七个核心组成部分。

智能供应链中心可以通过技术驱动让供应链更加数字化、智能化，包含智能供应链智能平台、供应链设计系统、供应链管理中枢、供应链智能优化系统等四大功能系统。

智能履约会更高效、高智能地完成包裹送达，可以提供智能排产、智能路由、路径规划等功能。

智能分拣是高效连接仓库与配送站点的中转站，可以提供智能回溯方案、行为监控方案、环线交叉带分拣方案、直线分拣机系统、分拣机器人系统。

智能仓储用智能化技术实现商品的出库和入库，包含地狼货到人系统、天狼货到人系统、天地狼货到人系统、自动分播墙系统、视觉机械臂进箱拣选系统、视觉机械臂拆码垛系统、智能叉车搬运系统、工业 AGV 线边搬运系统等八大功能系统。

智能园区通过多种前沿技术实现人、车、货、场的灵活调度，提供智能场站、数字月台、数字仓储、智能识别、无人巡检、智能人员管理等功能。

智能运输协助运输环节入网，实现商品全程可视可追溯的，可以提供全链路监控和数字车队等功能。

智能配送可以通过无人机（见图 12-2）、无人车、人机 CP 等方式实现高效配送，可以提供配送机器人和服务机器人等智能设施。

图 12 - 2　京东物流集团的无人机

2. 运作流程

京东物流集团的智慧物流与供应链实践体系是以仓配逆一体的智能供应链为核心，其运作流程如图 12 - 3 所示。

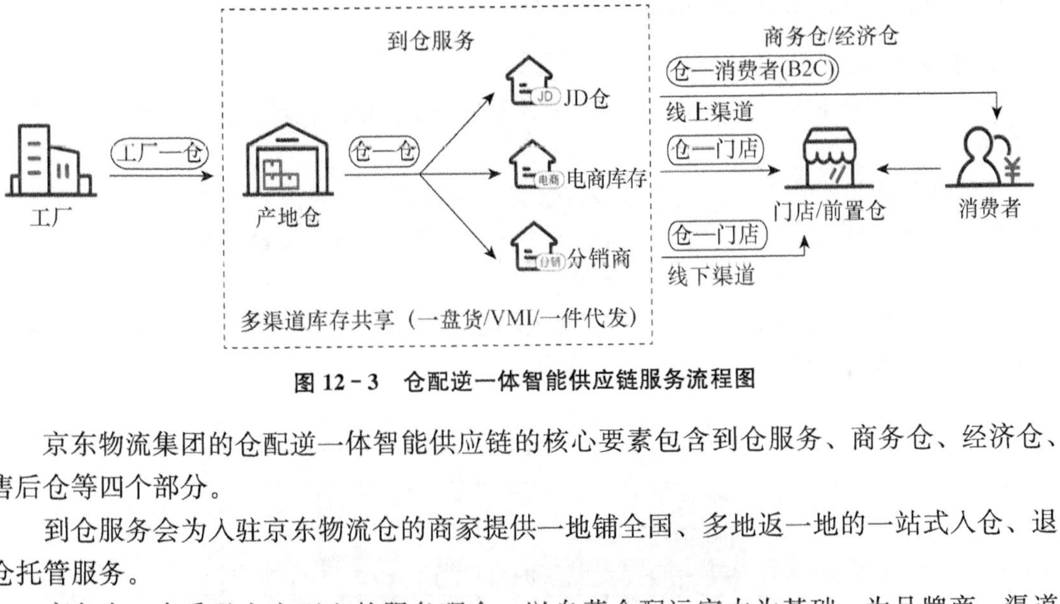

图 12 - 3　仓配逆一体智能供应链服务流程图

京东物流集团的仓配逆一体智能供应链的核心要素包含到仓服务、商务仓、经济仓、售后仓等四个部分。

到仓服务会为入驻京东物流仓的商家提供一地铺全国、多地返一地的一站式入仓、退仓托管服务。

商务仓一直秉承客户至上的服务理念，以自营仓配运实力为基础，为品牌商、渠道商、零售商提供精准、高效、有品质的 B2C 仓配订单履约服务。

经济仓通过整合自营和三方资源，为商家提供高性价比 B2C 仓配一体服务，适用于多种综合电商、社交电商、微商渠道以及传统行业等的 B2C 业务。

售后仓为客户提供逆向商品入仓质检、储存、集约出库、库内增值等售后仓产品解决方案，帮客户降本止损，提升体验，适用于入京东物流售后仓自营供应商、开放商家及委托的物流送货商。

3. 运作特点

京东物流集团构建的智慧物流与供应链体系具有以下三个运作特点：

一是依托电商平台汇聚大数据。在智能化、信息化的时代，数据才是开展业务的基础和依据，其价值是不可估量的。京东物流依托京东电商平台，很方便地获取海量用户数据，是其在智慧供应链发展过程中的优势之一。

二是以预测技术驱动库存管理优化。京东物流将积累的采购、销售经验与技术结合，在之前积累的采销经验中融入有效的数据和智能算法，创建深入的预测技术以及优化的库存管理。这一体系能够有效地预测消费者行为，将商品在销售前以合适的时间、合适的数量运输至离消费者最近的仓库，达到最优备货、最适仓储，进而做到商品的快速运达，提升顾客满意度。

三是可以提供多领域的智能解决方案。京东物流秉持以客户为中心，深耕行业与细分领域，以科技创新打造智能供应链的价值网络，面向电子、汽车、快消、能源、农产品、服装、食品、医药、家居等，提供满足不同领域需求的全方位供应链物流解决方案，持续降低社会物流成本、提升社会服务标准，一站式解决供应链各环节多种问题。

12.1.3 智慧物流与供应链创新方法分析

1. 技术创新

京东物流集团在构建智慧物流与供应链体系过程中使用的技术创新主要体现在以下三个方面：

- 京东物流集团基于供应链全链条打造各种软件系统的集成，使其成为包含 WMS、TMS、BMS、CMS、CLPS、物控平台、供应链中台等多种软件系统的平台产品。
- 京东物流集团使用覆盖供应链各种场景的机器人及智能设备，其中包含 AGV（见图 12－4）、AMR、分拣机器人、工业机器人、服务机器人、无人零售、无人机、无人配送车等多种技术创新设施。

图 12－4　京东物流集团的地狼 AGV 机器人

- 京东物流集团聚焦底层技术能力提升，使用云计算、大数据、人工智能、区块链、5G 技术、物联网、机器人、GIS 和边缘计算等多种技术，为物流科技产品及场景应用提供原动力。

2. 模式创新

京东物流集团在构建智慧物流与供应链体系过程中进行的模式创新主要包含云仓服务模式和仓配一体化模式两个方面。

云仓服务模式是京东物流集团创新推出的新物流仓储服务模式，它不同于传统仓、电商仓，是京东物流与符合京东物流要求的第三方仓储资源商进行合作，京东提供云仓平台＋仓储管理系统＋运输系统＋库内作业标准的仓库规划、系统、运营整套物流解决方案，合作方提供仓库＋运营团队＋作业设备的一种运营模式。它以整合共享为基础，系统和数据产品为核心，输出物流技术、标准与品牌，赋能商家与合作伙伴，建设物流与商流相融合的云物流基础设施平台。

仓配一体化模式并不是仓储和配送的简单组合，而是通过物联网大数据平台，对各类商品在不同区域、时间段的销量提前预判，然后将相应数量的商品，提前配送到距离消费者最近的城市仓。消费者下单时，就近备货送货，形成当日达、次日达的高效配送。目前，京东物流的仓储、运输、配货、售后、客服等服务体系，同时向入驻和没有入驻京东商城的商家开放。商家无论从事线上、线下业务，还是从事 B2C、B2B 业务，京东物流都准备了系统解决方案。对于京东来说，服务更多的商家和配送更多的货物，能充分发挥京东物流的规模和网络优势，提高渗透率和服务深度，形成货物距离消费者更近、递送速度更快、服务成本更低的正向循环。

3. 制度创新

京东物流集团在构建智慧物流与供应链体系过程中的制度创新主要包含共生联盟和无界物流创新中心两个方面。

在“共生”理念的指导下，京东物流通过建立各领域、各产业的共生联盟，号召产业链上下游合作伙伴紧密合作，共同努力。京东物流将为联盟合作伙伴提供更加开放的业务场景，更加高效、灵活的商业合作模式，共同打造更加市场化、智能化、定制化的产品以及综合解决方案。联盟内的合作伙伴可以通过持续的资源整合、优势互补、模式创新，实现深入全面的整合，共同推动各产业发展。2018 年 10 月，京东物流联合新能源产业链的主机厂、充电运营商、车辆运营商等 20 家龙头企业共同启动“京东物流新能源产业共生联盟”。在未来，京东物流将进一步全面释放共生信号，携手更多合作伙伴扩大联盟数量及规模，输出更好的产品、模式、标准，向行业和社会赋能。

京东物流集团的无界物流创新中心旨在联合全球范围内优秀顶尖的行业领袖和专业学者，构建物流创新中心新生态；建立京东物流与世界顶尖物流系高校及科研机构、创新型企业的国际合作交流机制；促进联合研究、科技人才交流与培养；推动先进适用技术转移和成果转化；开展关键技术研发和产业化应用研究；作为物流行业的协同创新平台，共建联合实验室。无界物流创新中心将全面致力于打造创新孵化、管理、对接平台，秉承支撑战略落地原则，依托京东物流体系，对接内外部资源，提升京东物流创新力，为智能物流探索新的增长点。

12.2 菜鸟网络①

案例 12-2

菜鸟驿站物流服务升级，无人取件机、无人车来帮忙

2020年11月26日，环球趋势大会在北京举办。环球趋势大会是由《环球时报》、环球网联合主办，环球网承办的年度重要会议。2020环球趋势大会围绕优化营商环境和ESG发展两大主题举办两场高峰论坛，50余位发言嘉宾围绕中国地方政府、企业、投资者如何应对国际格局变化、把握时代发展趋势、做好"十四五"开局、聚焦自身发展发表了精彩演讲。作为大会的重要活动，"2020环球趋势优秀案例推荐"活动同步开展。其中，菜鸟驿站荣获"年度新锐创新品牌优秀案例"。组委会评议认为，菜鸟驿站升级为数字化生活服务站，通过数字化升级，带来无人取件机、无人车送货等快递服务。

2020年5月21日，菜鸟驿站宣布已在全国多地上线无人车送快递：在杭州、成都、上海、天津等地，部分小区居民、高校师生已用上无人车新服务。据了解，每台无人车可存放18件快递，在小区行驶一圈约1小时，充电一次可行驶40多公里，满足全天需求。此外，这一无人车有着领先的自动驾驶技术：遇到门卡，自动感应；遇到行人，停步；碰到障碍，绕行；识别道路，自动转弯；到达单元门，自动停驻。不仅无人车送货，菜鸟驿站还通过高科技方式，为社区等提供科学防疫方案、无感体验：扫码进站、错峰取件、智能扫码、无感取件，还有刷脸寄快递等，带来一站式服务。除了快递包裹，菜鸟无人车还可送生鲜、外卖等。菜鸟方面表示，未来无人车将在更大范围内落地，极大提升消费者体验。

值得关注的是，2020年天猫"双十一"，阿里巴巴在浙江大学打造全球首个纯机器人送货点位，由机器人承担浙大菜鸟驿站3万多件包裹的送货上门服务。在队伍中打头阵的是9月刚刚诞生的"小蛮驴"机器人，它由阿里巴巴达摩院研发，集成了达摩院最前沿的人工智能和自动驾驶技术，具有类人认知智能，大脑应急反应速度达到人类7倍。在人车混行的环境中，它们能够轻松处理复杂路况、秒速选择最优路径。

阿里达摩院自动驾驶实验室负责人王刚表示，"小蛮驴"是业界率先达到量产水平的物流机器人，达摩院希望能用技术手段提升末端物流效率、满足海量社会需求，让机器人接管末端物流成为现实。

资料来源：环球网. 菜鸟驿站物流服务升级 无人取件机、无人车来帮忙 [EB/OL]. (2020-12-03) [2021-01-23]. https://baijiahao.baidu.com/s?id=1685036624563735655&wfr=spider&for=pc.

① 菜鸟网络官方网站. https://www.cainiao.com/.

12.2.1　基本介绍

1. 企业简介

2013 年 5 月 28 日，阿里、顺丰、三通一达（申通、圆通、中通、韵达）等共同组建"菜鸟网络科技有限公司"（以下简称"菜鸟"）。该公司股权结构中，天猫投资 21.5 亿元，占股 43%；圆通、顺丰、申通、韵达、中通各出资 5 000 万元，各占股 1%。

菜鸟的三大愿景是提供极致的消费者物流体验、高效的智慧供应链服务以及技术创新驱动的社会化协同平台。菜鸟的目标是与物流合作伙伴一道，建设国家智能物流骨干网，开辟新物流赛道，致力于实现中国范围内 24 小时送货必达、全球范围内 72 小时送货必达。

目前菜鸟品牌主要涉及四个方面：包含菜鸟乡村、菜鸟驿站、菜鸟裹裹的消费者物流（C 端），包含菜鸟直送、菜鸟国际、菜鸟供应链的商家物流（B 端），包含菜鸟联盟、菜鸟地网、菜鸟金融的行业服务，以及包含菜鸟科技与 IoT、菜鸟绿色行动、菜鸟收获节的 IP 资产。

2. 企业战略

菜鸟的核心目标是为电子商务企业、物流公司、仓储企业、第三方物流服务商等各类企业提供平台服务而不是自建物流或者成为物流公司。其致力于打造遍布全国的开放式、社会化物流基础设施，本质是可以支撑日均 300 亿元即年约 10 万亿元网络零售额的国家智能物流骨干网络。国家智能物流骨干网不仅是电子商务的基础设施，更是中国未来商业的基础设施。国家智能物流骨干网将应用物联网、云计算、网络金融等新技术，为各类 B2B、B2C 和 C2C 企业提供开放的服务平台，并联合网上信用体系、网上支付体系共同打造中国未来商业的三大基础设施。

菜鸟构建的国家智能物流骨干网要在物流的基础上搭建一套开放、共享、社会化的基础设施平台。将通过自建、共建、合作、改造等多种模式，在全国范围内形成一套开放的社会化仓储设施网络。同时，利用先进的互联网技术，建立开放、透明、共享的数据应用平台，为电子商务企业、物流公司、仓储企业、第三方物流服务商、供应链服务商等各类企业提供优质服务，支持物流行业向高附加值领域发展和升级，最终促使建立社会化资源高效协同机制，提升社会化物流服务品质，打造未来商业基础设施。

12.2.2　智慧物流与供应链运作模式分析

1. 基本网络结构

菜鸟的智慧物流架构分为三层，由天网（物理数据）、地网（仓储物流中心）、人网（服务站、自提点）构成。天网数据将为地网仓库的高效运转提供支撑，地网也将产生的数据反哺到天网数据分享平台，为更多合作伙伴所用。同时，数据的互通分享，又能帮助落地的服务站，甚至快递员高效完成递送工作。三大网络为电商和物流企业搭建起开放、透明、共享的数据平台，从而提供高效协同的物流服务。

天网即物流数据平台及数据工具，是打通电商体系、物流公司、商家、消费者的数据分享平台。用户通过天猫、淘宝、速卖通等电商及相关产业平台产生的商流订单驱动菜鸟物流系统，将订单数据与物流数据融合形成天网，即数据驱动。

地网即在全国各个中心区域布局仓储中心，搭建连通全国的高标准仓储体系，与合作伙伴一起为商家提供与仓储相关的服务。

人网在帮助各大快递公司提高快递员工作效率的同时，还包括大量针对消费者的线下实体服务体系的建设，包括进到小区的服务站、自提点等体系，即物流服务＋便民服务＋O2O 服务。

2. 运作流程

菜鸟通过电商网站呈现能够提供的商品背后的物流属性，客户综合考虑商品及其包含的服务后决定下单，那么在电商网站上，就会呈现一个订单。之后，订单会进入菜鸟物流的“大脑”，系统根据商品的大小、重量、客户地址等调动智能路由，获取合理的路径和线路，这个阶段可能是多个方案。接下来系统会计算执行以上方案的成本，并结合时间成本综合选定最终的调度方案。最后调度物流服务提供商对整个包裹进行履行。履行完毕后，所有数据进入供应链管理平台，实现商家与菜鸟的协同方案的优化，帮助商家从销量预测，仓储选择、品类规划等方面进行优化。

3. 运作特点

菜鸟网络构建的智慧物流与供应链体系具有以下三个运行特点：

● 整合竞争者资源，提升作业效率。菜鸟通过智能物流骨干节点为第三方物流企业的仓配、跨境、农村快递业务提供了整合分拨服务，将竞争者变成了合作伙伴，物流企业车辆空驶率大幅度降低，提升了整个物流行业的作业效率和利润空间。

● 组建菜鸟驿站，解决客户痛点。菜鸟将配送终端开放，不再花大代价组织人力配送，而是联合社区、学校、超市、店铺，甚至门房组建“菜鸟驿站”解决了这一难题。让扎根在客户周边的固定场所担任了最终的配送任务，消除了多数的配送环节不可控因素，也提高了快递员的工作效率，培养了用户习惯（见图 12－5）。

图 12－5 菜鸟驿站

● 融入集团生态，实现资源互补。菜鸟的崛起，除了有庞大的金融资金支持，还得益于阿里巴巴闭环商业生态的资源互补与配合。菜鸟物流数据来源于淘宝、天猫、1688、聚划算以及相关电商企业，庞大的信息流需要阿里云计算作技术支撑，作业环节中资金流服务需要支付宝、余额宝、网商银行来提供。

12.2.3 智慧物流与供应链创新方法分析

1. 技术创新

菜鸟开发的菜鸟数智产品，会通过大数据分析，采用弹性计算、物流智能算法，提供供应链全链路数智产品矩阵。全链路智能硬件产品与智慧软件产品相结合，为客户和消费者提供高效、安全的数智供应链服务。

菜鸟将 IoT 通用设备接入管理服务，包含新式手持终端 LEMO-PDA、场景数字化计算终端 LEMO-CORE、可穿戴设备、LEMO-HUB、高拍仪、自助寄件机、视频接入终端、云管理、菜鸟裹裹寄件机、蓝牙小票打印机以及 OCR 把枪等。

菜鸟将人工智能应用于车辆路径规划、仓内智能波次规划、箱柜装载服务、机器视觉等方面。车辆路径规划将订单信息和可用车辆信息进行智能匹配，结合多种限制因素，给出每辆车的最优订单配送顺序和路径。仓内智能波次规划是根据订单的库位分布和仓内可用搬运资源（包括人、设备）情况，进行订单智能化规划和资源调度。箱柜装载服务普遍应用于集装箱货柜、厢式运载车辆和有特种包装防护要求的货品运输领域。在满足箱柜在车辆、船只、起重设备间流转约束的前提下，提升装载率。机器视觉可识别指定区域的人、车、货，判断是否有车辆停靠、通道占用、人员检测和货物堆积情况。

菜鸟在弹性计算、大数据分析与展示、数据库存储、安全、网络与 CDN，以及应用运维方面采用云计算技术，开发了超过 40 种云计算产品。

2. 模式创新

菜鸟实施国内流行的第四方物流模式。第四方物流是一个供应链集成商，它整合和管理公司内部和互补服务提供商的不同资源、能力和技术，并提供一整套供应链解决方案。企业通常将物流业务运作外包给第三方企业，但单一企业难以全方位满足客户需求，因此需要外包给多个第三方，这使得整个业务更加复杂，增加供应链管理的难度。而第四方物流与当下其他企业物流发展模式相比，更着重于统筹资源，不仅可以有效提升物流效率，同时还能提供物流公司信息数据共享、物流咨询、物流金融等增值服务，扩大了物流产业的增值空间。

菜鸟网络正是我国发展高质量物流、构建第四方物流体系的重要载体。菜鸟的核心发展模式就是为电子商务技术企业、仓储、快递、第三方物流服务商等各类企业提供平台建设服务，即第四方物流。菜鸟网络背靠阿里巴巴，利用淘宝、天猫大数据来源和阿里云计算平台形成一个连接商家、仓储、快递和消费者的超大数据枢纽，旗下的菜鸟驿站则相当于“毛细血管”，担负起“最后一公里”业务的责任。菜鸟通过数据分析物流网络来实现对物流各方资源的统筹配置，近年也逐渐从数字化供应链解决方案向数智化转变，提升物流质量。从最初落地到如今带有显著第四方物流平台特征的菜鸟智慧物流体系，这早已不是阿里巴巴的“独奏曲”，而是电商、物流、金融、基础设施等行业的“合奏曲”。

3. 制度创新

菜鸟联盟是提升电商物流服务体验的组织，成立于2016年3月28日，由阿里巴巴三大战略业务板块之一的菜鸟网络牵头，联合国内外主要物流合作伙伴组建。菜鸟联盟的目标是用5～8年的时间，服务1 000万家企业，每年配送1 000亿个包裹。菜鸟联盟成立以来，通过多种形式的制度创新，与众多合作加盟商一起，联合推出当日达、次日达、预约配送等优质产品，并承诺“说到就到、不到就赔”。菜鸟联盟当日达、次日达目前已经覆盖700多个区县，预约配送覆盖了全国2 600多个区县，大大提升了电商物流的时效和服务品质。

菜鸟联盟率先推动物流行业的服务分层，把大数据、云计算等能力赋予物流合作伙伴，帮助合作伙伴提升服务能力，并在电商平台的商品页面上，给这些优质物流服务打上专用标识。面对越来越复杂及个性化的需求，物流不仅要快速，更需要准时和确定。除了已经上线的当日达、次日达、预约配送等服务，菜鸟联盟产品体系中还包括承诺达、定日配送、夜间配送、送货入户、开箱验货、上门取退等服务，形成一整套确定性的物流服务体系。

12.3 国家电网①

案例12-3

国网山西物资公司推广数字物流节约成本

2020年以来，国网山西省电力公司物资分公司贯彻落实现代智慧供应链管理要求，打造大数据支撑、互联网共享、智能化协作的智慧供应链体系，助推数字物流“结算单据电子化”项目落地。

国网山西物资公司全面拓展业务触角，搭建预付、到货、投运及质保四大款项的自动无纸化作业体系，实现电子单据在线分配及签署，一体推进内外协同、数据融合、物联应用，确保场景差异化落地应用。该公司还成立“业务+信息化”柔性团队，加快提升现代供应链与协同水平，深化新型作业与实际业务深层次融合，内外网通信结合周报及里程碑汇报，有机整合业务凭据电子化、结算单据辅助工具及ERP系统三方项目组，高效完成保函、发票、到货验收单、投运单、质保单的影像文件线上链路贯通。

值得一提的是，该公司采用线上二维码传输体系，高效完成数据流转的同时弥补扫码枪等硬件处理业务时的缺陷，配合省电力公司完成项目验收，同时全面助推该功能在全省范围上线及应用，工作效率提高5倍。

资料来源：国网山西物资公司推广数字物流节约成本［EB/OL］.（2020-12-14）［2021-01-23］. http://xw.qq.com/cmsid/20201214A01L×700.

① 国家电网在线分享数字供应链建设经验［EB/OL］.（2020-03-28）［2021-01-23］. https://ece.xicec.com/gyllt/m/sub-page?id=59e40887-0c69-4e19-bb59-1c028be26f64.

12.3.1 基本介绍

1. 企业简介

国家电网有限公司成立于 2002 年 12 月 29 日，是根据《公司法》设立的中央直接管理的国有独资公司，注册资本 8 295 亿元，以投资建设运营电网为核心业务，是关系国家能源安全和国民经济命脉的特大型国有重点骨干企业。公司经营区域覆盖 26 个省（自治区、直辖市），供电范围占国土面积的 88%，供电人口超过 11 亿。2020 年，公司在《财富》世界 500 强中排名第 3 位。近 20 年来，国家电网持续创造全球特大型电网最长安全纪录，建成多项特高压输电工程，成为世界上输电能力最强、新能源并网规模最大的电网，专利拥有量连续 9 年位列央企第一。公司投资运营菲律宾、巴西、葡萄牙、澳大利亚、意大利、希腊、阿曼、智利等骨干能源网，连续 16 年获得国务院国资委业绩考核 A 级，连续 8 年获得标准普尔、穆迪、惠誉三大国际评级机构国家主权级信用评级。

2. 企业战略

国家电网的企业战略是成为具有中国特色国际领先的能源互联网企业。中国特色是根本，体现为坚持“两个一以贯之”，党的领导有机融入公司治理，坚定不移服务党和国家工作大局，走符合国情的电网转型发展和电力体制改革道路，全面履行政治责任、经济责任、社会责任。国际领先是追求，致力于企业综合竞争力处于全球同行业最先进水平，经营实力领先，核心技术领先，服务品质领先，企业治理领先，绿色能源领先，品牌价值领先，公司硬实力和软实力充分彰显。能源互联网企业是方向，代表电网发展的更高阶段，能源是主体，互联网是手段，公司建设能源互联网企业的过程，就是推动电网向能源互联互通、共享互济的过程，也是用互联网技术改造提升传统电网的过程。三者有机一体，构成了指引公司发展的航标。2020—2025 年，基本建成具有中国特色国际领先的能源互联网企业，公司部分领域、关键环节和主要指标达到国际领先，中国特色优势鲜明，电网智能化数字化水平显著提升，能源互联网功能形态作用彰显。2026—2035 年，全面建成具有中国特色国际领先的能源互联网企业。

12.3.2 智慧物流与供应链运作模式分析

1. 基本网络结构

一方面，国家电网全面整合供应链上下游资源，依托“大云物移智边链”等技术，构建以智能采购、数字物流、全景质控三大业务链为支撑，内外高效协同、智慧运营的国网特色“五化”现代智慧供应链体系。国网特色“五化”现代智慧供应链体系主要包含供应链运营中心、智能采购、数字物流、智能全景质控以及智能内部外部协同等五个组成部分，国网特色“五化”现代智慧供应链体系如图 12 - 6 所示。

供应链运营中心可以进行资源智能调配、全局实时监控以及风险自动感知。智能采购可以进行在线投标、智能评标、自动授标、量化打分以及将采购结果一键生成。数字物流可以进行采购结果自动应用、在线合同签署履行、物流仓储可视跟踪、发票自动验审支

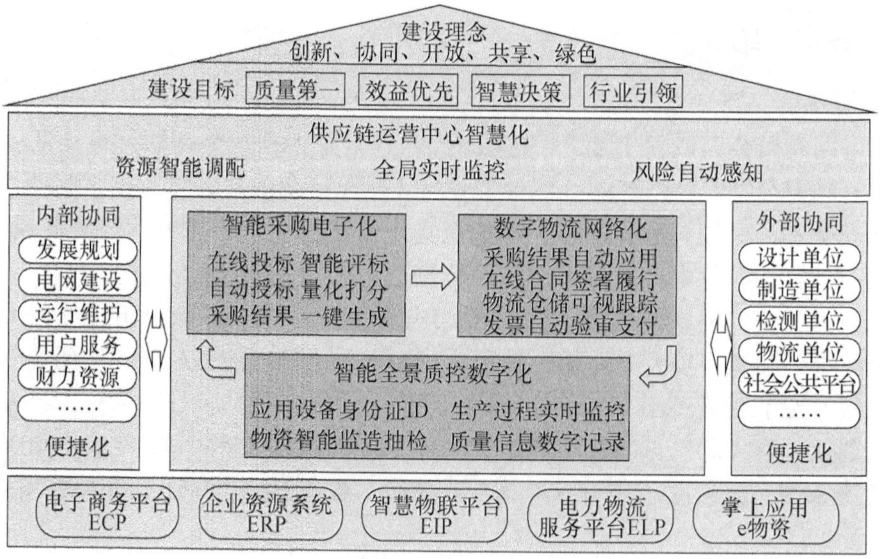

图 12-6　国家电网“五化”现代智慧供应链体系

付。智能全景质控包含应用设备身份证 ID、生产过程实时监控、物资智能监造抽检、质量信息数字记录等功能。智能内部外部协同的内部是指发展规划、电网维护、运行维护、用户服务、财力资源等进行便捷化协同；外部是指设计单位、制造单位、检测单位、物流单位、社会公共平台等进行便捷化协同。

另一方面，国家电网构建 5E 中心供应链平台，聚合采、运、储、配、结、控供应链全流程，实现业务数据化、数字化转型，推动传统产业向产业互联网转型升级。国家电网构建的 5E 中心供应链平台结构如图 12-7 所示。

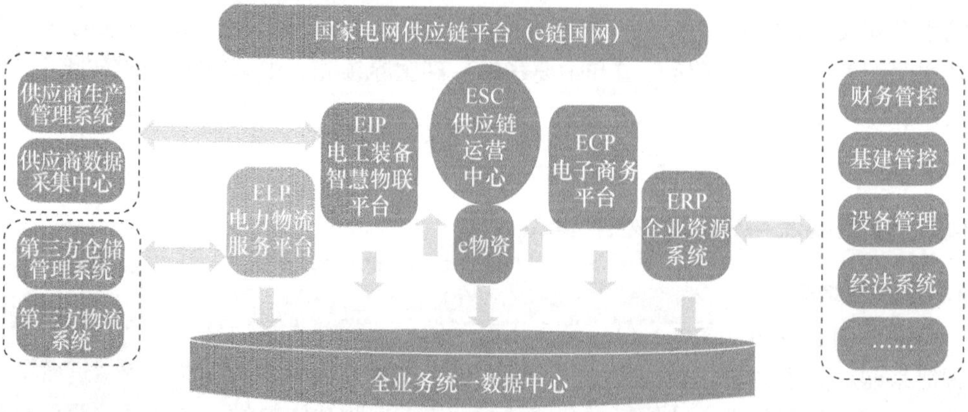

图 12-7　国家电网 5E 中心供应链平台

2. 运作流程

国家电网现代智慧供应链运作流程包含需求计划、智能监督、合同履行、质量监督、物资运输、物资仓储、检储配一体化、验收结算以及废旧物资处置等九个环节。

需求计划是以项目物资储备库信息为基础，按照实际需求自动生成采购计划。智能监督是在招标评标环节，在总部和省公司封闭的评标基地开展评标活动。合同履行是在招标采购结束后，将结果自动回传，并进行物资合同远程确认、在线签约。质量监督是在生产制造环节，将电工装备智慧物联平台（EIP）对接上游电工装备企业，实时采集物联工厂信息，获取供应商订单、排产、进度、产品工艺参数、出厂试验等信息，打造“透明工厂”。物资运输是在依托电力物流服务平台（ELP），应用自主研发物联传感器终端，对重要设备运输的位置、状态及进度参数进行监控，确保运输过程安全。物资仓储是发挥公司四级仓储网络、1 752 个仓库服务的支撑作用，支持库存资源在线查询，形成库存“一本账”，实现物资出入库、结余盘点等自动化、无纸化作业。检储配一体化是创新开展检储配一体化作业，依托公司仓库资源，建设质量检测中心，具备入库条件的配网物资“集中检测、合格入库、统一配送”，严把设备材料入网质量关（见图 12 - 8）。验收结算是推行“结算单据电子签署”，到货验收单、投运单、质保单等结算单据，供应商网上办理，无需线下“跑单”；推行“合同结算机器人”，贯通国税系统，发票自动验审，ERP 系统自动触发结算申请，结算进度自动提醒预警，确保合同账款“应付尽付”，加快向供应商支付资金。废旧物资处置是对退役计划、拆除回收、资产报废、移交入库、竞价处置等各业务流程在线管理、进度跟踪。

图 12 - 8　国家电网电力物资检储配一体化仓库

3. 运作特点

国家电网构建的现代智慧供应链体系具有以下两个运作特点：

● 各环节智慧化的全局运营。供应链运营中心具有“智慧运营，创新引领；智慧融通，发展共赢”的特点。内部外部协同具有“高效协同，慧升效能；开放合作，慧享社会”的特点。智能采购业务链具有“智动评审，阳光采购；智选优品，质量强网”的特点。数字物流业务链具有“智汇资源，可视调配；智联供需，便捷履约”的特点。智能全景质控业务链具有“智聚信息，全程溯源；智辨质态，精准监控”的特点。

● 电子商务平台和企业资源系统交互。国家电网建成以电子商务平台（ECP）和企业资源管理系统（ERP）为主，电商交易、管理决策、主数据管理等系统为支撑的供应链管理信息系统，实现供应链业务“流程统一、操作公开、过程受控、全程方案、永久追溯”。

12.3.3 智慧物流与供应链创新方法分析

1. 技术创新

国家电网一直致力于构建和谐共赢的供应链生态圈，曾开发设计电子投标机、e物资移动应用、物资结算机器人等装备。“电 e 投”是国内首台投标文件自助接收一体机，支持供应商使用 U 盘或光盘在一体机上提交投标文件。“电 e 签”是履约单据电子签署的移动终端，依托电子签章技术，解决传统业务“跑单贵、签单难”的问题，实现随时、随地无障碍办单，让“数据多跑路，供应商少跑腿”。“电 e 结”作为国内第一台智能结算终端，自动读取电子签署、移动作业、无纸领用等业务数据，自动审核支付条件，主动预警应付账款，一键实现应付尽付。

同时，国家电网利用“大云物移智链”等新技术，构建国网 5E 中心供应链平台，为大型集团化国有企业、电网和装备制造业提供了集智能采购、数字物流和智能全景质控为一体的“国网方案”。国家电网全力打造电工装备智慧物联平台建设，主动对接供应链上下游制造企业的生产系统，将大数据、人工智能等技术融入业务开展智能监控，动态监测业务，实现供应链全过程智能监督，并且用物联感知技术，将物资生产、在途、交付，以及供应商库存资源数字联结，实现了供需双方生产进度和质量信息共享，通过资源整合促进多方合作共赢。

2. 模式创新

国家电网建设总部、省公司两级供应链运营中心，挖掘 5E 中心供应链平台数据资产价值，立足运营分析决策、资源优化配置、风险监控预警、数据资产应用、应急调配指挥五大功能，促进供应链管理提档升级，推动公司运营提质增效。公司供应链管理从体系建设角度出发，构建 5E 中心供应链平台和以“五化”为特征的国网特色供应链体系，在专业领域做深做细，既服务公司发展战略，又为大型集团化国有企业的供应链管理提供专业化国网方案和国网经验。建设数字供应链，不仅促进公司企业经营管理提档升级，而且推动上下游企业共同发展，真正实现供应链多方共赢，更是落实国家重大战略部署的重要抓手，为支持民营企业发展等一系列工作部署提供强有力支撑。

12.4 联想集团①

案例 12-4

联想与顺丰达成战略合作协议，携手共建智慧物流产业生态

2020 年，联想企业科技集团宣布与顺丰多联科技有限公司正式达成战略合作。双方

---

① 联想智能供应链［EB/OL］.（2020-05-23）［2021-01-23］. https://ece.xicec.com/uploads/file/%E8%81%94%E6%83%B3%E5%85%A8%E7%90%83%E4%BE%9B%E5%BA%94%E9%93%BE%E6%A1%88%E4%BE%8B%20-%2020200523%20%E5%88%86%E4%BA%AB%E6%9D%90%E6%96%99_1591367602996.pdf.

将充分发挥各自优势，联合打造具有技术先进性和行业创新性的综合物流解决方案，以生态化的商业模式满足多样化的市场需求，赋能中国乃至全球智慧物流行业的蓬勃发展。

联想集团董事长兼首席执行官杨元庆表示："在集团 3S 战略（Smart IoT 智能物联网、Smart Infrastructure 智能基础架构、Smart Vertical 行业智能）的指引下，联想企业科技集团始终坚持以'全球化＋中国特色'战略，以端到端、全栈式的智能化转型解决方案赋能客户，推动中国智能化变革。联想和顺丰在过去已建立了良好的合作基础，本次战略协议的签署将推动双方进一步深化合作。我们希望与顺丰能共同助力智慧物流生态体系的发展，以高质量的解决方案让更多中国企业受益。"

顺丰集团副总裁、行业解决方案总裁潘葛表示："联想是顺丰重要的战略合作伙伴，我们希望秉承互惠互助、强强联合、共同发展的原则，在不同领域进行资源共享，并借助我们双方的全球化布局和供应链物流能力，深耕海外业务的合作。"

一、以合作创造新价值，多元领域强强联手"1＋1＞2"

根据协议，未来双方将在推进顺丰自身企业信息化的基础上，在智慧物流园区、区块链等领域共同开拓，在此基础上加强国际化业务的合作，共同提升双方的行业竞争力与影响力。此次合作不是双方能力的简单叠加，而是将联想在智能化转型方面的积累与顺丰在物流领域的经验有机结合，开创全新的智慧物流解决方案，为客户创造更大的价值。

在企业信息化领域，联想将凭借其在智能基础架构方面的领先优势，为顺丰提供服务器、存储、网络等传统 IT 架构，以及超融合、高性能计算、SAP 一体机和数据库一体机等智能化综合架构，依托其软硬一体的一站式服务能力，实现技术赋能，助力顺丰加速信息化建设进程。

在智慧物流园区领域，联想将提供信息化基础设施、基础管理系统和数字孪生园区，结合顺丰在物流人员、车辆、物流运营以及智慧供应链方面的解决方案，打造新一代的全景式智慧物流园区解决方案产品及服务。

在区块链领域，联想和顺丰将整合各自在区块链应用上的发力方向和优势，在农副产品溯源、可信供应商管理、采销协同、链上物流、资产追踪和渠道销售管理等供应链与区块链的协同应用方面进行深入合作，共同推动区块链在供应链和物流领域的领先应用。

在国际合作方面，双方将结合联想的全球业务部署和顺丰的全球供应链服务能力，为以联想为代表的中国企业提供安全、高效的全球供应链物流解决方案。

二、顺应新基建下智能化转型大潮，打造智慧物流"生态圈"

当前，新基建的东风正吹遍中国大地，强势推动各行业加速智能化转型。智慧物流作为能够真正帮助企业实现降本增效的重要手段之一，其市场前景不容小觑。《中国智慧物流 2025 蓝皮书》指出，预计到 2025 年，中国智慧物流服务的市场规模将超过万亿元。

作为国内领先的快递物流综合服务商，顺丰凭借自身在物流网络和一体化综合物流解决方案方面的优势，正不断地在智慧物流领域进行探索。但实现智慧物流并非一蹴而就，其前提是供应链的数字化和物流网络建设的日益完善，而这将需要 5G、物联网、人工智能、云计算和区块链等新技术的发展和应用进行支撑。因此，积极拥抱前沿技术，打造一个协同共享的产业新生态是智慧物流下一步发展的关键。

此次联想和顺丰强强联手，正是这种“协同共享、能力互补”理念的最佳体现。联想作为智能化变革的引领者和赋能者，凭借在IT基础架构、5G和区块链等领域的技术实力，围绕集团3S战略所形成的全栈式解决方案，以及在智慧园区这一细分行业的积累，能为顺丰提供多元化的优质产品和服务，加速顺丰物流方案＋转型战略的实施。同时，双方将通过共同推出生态化的智慧物流解决方案，推动行业和社会的高质量发展。

资料来源：快科技. 联想与顺丰达成战略合作协议 携手共建智慧物流产业生态［EB/OL］.（2020-06-08）［2021-01-23］. https://baijiahao.baidu.com/s? id=1668908875427813726&wfr=spider&for=pc.

12.4.1 基本介绍

1. 企业简介

联想集团是一家业务遍及世界180个市场的全球化中国科技公司。联想聚焦全球化发展，树立了行业领先的多元企业文化和运营模式典范，服务全球超过10亿用户。作为值得信赖的全球科技企业领导者，联想助力客户，把握明日科技，变革今日世界。

联想作为全球领先的科技企业，秉承“智能，为每一个可能”的理念，为用户与全行业提供整合了应用、服务和最佳体验的智能终端，以及强大的云基础设施与行业智能解决方案。

作为全球智能设备的领导厂商，联想每年为全球用户提供数以亿计的智能终端设备，包括电脑、平板、智能手机等。作为企业数字化和智能化解决方案的全球顶级供应商，联想积极推动全行业“设备＋云”和“基础设施＋云”的发展，以及智能化解决方案的落地。

2. 企业战略

面向新一轮的智能化变革的产业升级契机，联想提出智能变革战略，围绕智能物联网（smart IoT)、智能基础架构（smart infrastructure)、行业智能（smart verticals）三个方向成为行业智能化变革的引领者和赋能者。联想全球供应链的愿景是打造业界最佳数字化供应链，以客户为中心向数字化转型，追求极致的客户体验、行业领先成本以及卓越恒久品质，实现绿色可持续发展。

12.4.2 智慧物流与供应链运作模式分析

1. 基本网络结构

联想的智慧供应链是围绕智能控制塔进行构建的，联想智慧供应链结构如图12-9所示。

需求到供应功能包含需求预测、特供物料计划整合计划系统和供应商协同系统智能采购平台。订单到收款功能具体包含供应可视、自动订单变更、数字计划管理系统、智能制造管理系统、客户订单管理和可视系统、物流管理系统等六大功能系统。新产品导入/产品生命周期管理是基于联想智慧供应链的数字化基础实现数字孪生、新产品导入管理和质量管理三大功能。联想的智能控制塔作为智慧供应链的核心，实现供应链运作数字投射，

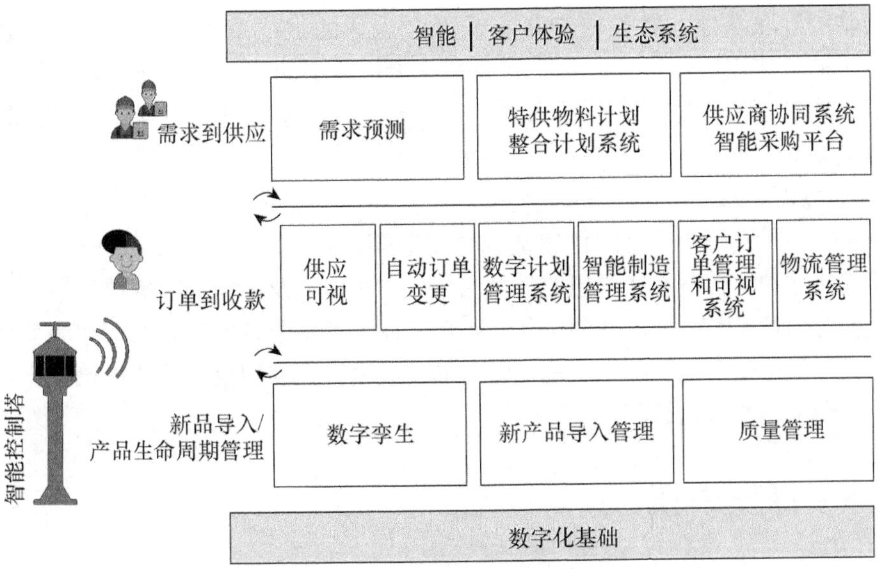

图 12－9　联想智慧供应链结构

包含数据模型、应用系统和用户界面等核心要素。

2. 运作流程

联想智慧供应链运作流程主要包含以下三个环节：实现需求到供应的转化，围绕从需求预测、物料需求计划到最终的采购供应，建立生态系统；实现订单到现金的转化，从客户订单、订单信用、生产制造、订单履行到最后的交付，实现与客户的连接，全程供应可视和客户订单管理可视；依据数字孪生进行新产品的研发和导入管理、产品生命周期管理和上市上量，实现客户满意的质量保证。

3. 运作特点

联想在构建智能供应链的过程中依托智能控制塔，实现了供应链运作的数字投射，主要有以下三个特点：

● 数据链接的全方位感知生态运作。通过实时数据和唯一数据进行数据治理，360 度去感知、监控、发现并解决问题，包含客户、区域、运输、零件、产品和制造六个维度。

● 供应链端到端全链覆盖。基于全局视角与关键控制点，各部门协同运作，实现全链覆盖，包含供需管理、订单管理、采购管理、制造管理、物流管理、质量管理、成本管理等。

● 闭环管理的智能运营。运营看板可以实时显示业务状况；分析旅程，探究原因，改善建议；事件管理自动触发，跟踪完成；闭环执行，自动关联，完成指令。

12.4.3　智慧物流与供应链创新方法分析

1. 技术创新

联想智慧供应链的构建过程中积极把握新技术，基于对行业变革、技术演进深入的研究和理解，再结合自身的实践，开发出互联互通、柔性制造、虚实结合、闭环质量、智能决策等五大核心智能制造技术能力。互联互通是指从生产到运算，从工厂到最终用户的全链路的互联互通。柔性制造是指高度自动化的混线柔性生产，其主要是应对少量、多样化的订单需求。虚实结合是指物理与虚拟数字的映射和闭环控制。闭环质量是指端到端的质量追溯、监控、分析和管理。智能决策是指通过大数据和人工智能驱动预测性分析决策。

2. 模式创新

联想采用了科技行业少有的供应链混合制造模式，即自有工厂、OEM 和 ODM 的混合制造模式，这种混合制造让联想的产品质量、交付能力及成本拥有综合竞争力。推动了产品质量、运作效率和生产成本的优化与革新，保证了供应链的快速决策和高效运转。此外，联想集团秉持“全球资源＋本地交付”的发展模式，利用全球优势供给生产，销售和服务等环节则采用本地化运营。

12.5 浙商中拓[①]

案例 12－5

浙商中拓被评为全国物流行业先进集体

2020 年 12 月 29 日，国家人力资源和社会保障部、中国物流与采购联合会在北京举行全国物流行业先进集体、劳动模范和先进工作者表彰大会，浙商中拓在表彰大会上荣获“全国物流行业先进集体”称号。

近年来，浙商中拓通过上控资源、中联物流、下建网络，深入推进产融一体、贸工一体、内外一体，加快“天网”“地网”融合，规模效益不断提升，在行业中打造出一块具有影响力的“中拓”招牌。

在“天网”建设方面，浙商中拓持续加大以商务电子化和管理信息化为核心的“两化”建设，引进国际知名咨询机构制定“数字中拓”顶层设计方案，建立健全以 SAP、EC、CRM、OA、PRM、WMS 为主的行业领先的信息化体系，实现了库存、资金、订单、客户、价格等多个核心管理系统的互联互通，有效助推公司持续稳健发展。

在“地网”建设方面，浙商中拓积极完善智慧物流网络布局，打造仓储、运输、剪切加工、金融监管等四位一体服务，着力构建大宗商品仓储、物流服务生态圈。目前，公司已在广东、浙江、天津、河北、江西、湖北等 10 余个省市布局 60 余个网点，基本实现大宗商品主要集散地的网络布局。与此同时，公司还在行业内创新打造服务大型制造企业和产业集群的“工业服务综合体”模式，综合运用互联网、物联网等现代信息手段，为客户提供仓储、运输、加工、配送、物流金融、信息服务等“一站式”集成服务，满足产业客户多种类、大流量、集约化的服务需求，实现“品牌化、连锁化、标准化、信息化”发展。

公司顺利取得网络货运和无船承运人资质，并积极整合社会资源，进一步完善了全国

---

① 生产资料供应链管理实践与创新［EB/OL］.（2020－09－19）［2021－01－23］. https://ece.xicec.com/uploads/file/zheshangzhongtuo_1600506446929.pdf.

运输网络布局体系建设。积极加大与金融机构对接力度，为产业链客户量身定制产业金融服务，在打破公司发展“天花板”的同时，有效解决了中小企业融资难、融资贵、融资烦的社会痛点。截至目前，公司与农业银行、浙商银行、无锡农商行、湖南三湘银行等多家金融机构已有业务落地，物流金融总授信突破 50 亿元。

雄关漫道真如铁，而今迈步从头越。未来，浙商中拓将紧跟国家“物流强国”建设目标，秉承“让产业链更集约更高效”的企业使命和“创业、创新、创效”的企业精神，服务于基本建设和生产制造两类客户，持续为客户提供全方位、多层次、个性化的供应链集成服务，努力打造成为世界一流的产业链组织者和供应链管理者。

资料来源：浙江省交通投资集团有限公司. 浙商中拓被评为全国物流行业先进集体［EB/OL］.(2021-01-05)［2021-01-23］. https://zj.zjol.com.cn/qihanghao/101089102.html.

12.5.1 基本介绍

1. 企业介绍

浙商中拓成立于 1999 年 4 月，是由原湖南物产集团下属 4 家公司剥离优质资产组建的南方建材集团，通过募集方式发起设立的股份有限公司，同年 7 月在深圳证券交易所上市。浙商中拓定位于现代服务业中的生产性服务业，深入实施贸工一体、内外一体和产融一体战略，大力推进“天网”和“地网”融合，致力于为客户提供集咨询、原材料采购、库存管理、产成品销售、剪切加工、物流配送、金融监管、信息化管理、风险对冲、资产管理以及各个环节中的供应链金融、融资租赁、商业保理等全方位、多层次、个性化的供应链集成服务。现为浙江省最大国有企业浙江交通投资集团旗下上市公司，国有大股东控股 38.02%。公司已连续 11 年荣登《财富》中国 500 强榜单，在 2020 年《财富》中国 500 强榜单中排名第 136 位，在第 19 届和第 21 届中国上市公司金牛奖评选中分别荣获“金牛投资价值 150 强”和“金牛最具投资价值奖”奖项。此外，公司作为全国首批供应链创新与应用试点企业，在厦门试点成果展示会上精彩亮相（见图 12 - 10），并入选全国供应链创新与应用试点第一批典型经验做法名单。

图 12 - 10 浙商中拓全国供应链创新与应用试点成果展示

2. 企业战略

浙商中拓公司将继续秉承“创业、创新、创效”的企业精神，以“争做世界一流企业”为指引，以“让产业链更集约更高效”为使命，积极推进转型发展和“二次创业”，向着“具有核心竞争力的产业链组织者和供应链管理者”的奋斗目标稳步迈进，在持续为客户创造价值中实现自身价值。

12.5.2 智慧物流与供应链运作模式分析

1. 基本网络结构

浙商中拓的智慧物流与供应链实践主要体现为大宗商品供应链集成服务平台的搭建，浙商中拓大宗商品供应链集成服务平台的结构如图 12-11 所示，其主要结构包含底层信息化系统、中层大数据平台以及以顶层大宗商品供应链集成服务平台。

图 12-11 浙商中拓大宗商品供应链集成服务平台

底层信息化系统具体包含 OA 系统、CRM 系统、PRM 系统、SAP 系统以及 WMS 系统，是浙商中拓大宗商品供应链集成服务平台信息化功能实现的支撑核心。中层大数据平台会基于客户图像准入和客户动态信用管理进行客商分析，基于盈利能力分析和履约跟踪分析进行合同分析，基于智能化资源组织和购销存分析进行订单分信，基于物流可视化和仓储指数进行物流分析，以及基于项目盈亏分析和智能结算进行结算分析。顶层大宗商品供应链集成服务平台在高效、便捷、低成本以及好体验的服务理念下，提供包含库存管理、原材料采购、物流配送、产成品销售、深加工、风险对冲、资产管理、信息化系统开发、管理咨询、供应链金融、融资租赁、商业保理、仓单证券化等业务。

2. 运作流程

浙商中拓大宗商品智慧供应链集成服务运作流程主要包含采购、运输、仓储、加工、销售等环节。

采购环节的本质是企业与供应商共事实现分销与资源的组织管理，采购集约规模大即可实现。运输环节负责生产资料的空间转换，运输集约通过超量级规模的业务才有明显效果，多品种、多区域、多种运输方式效果更佳。仓储环节负责生产资料的时间转换，需要一定量级规模的业务才能显现出效果，在重要节点上实现，仓储中点与点的连接意义不大，而更高一级的实现，则是在仓储管理团队的集约上。加工环节是生产资料的物理转换，仅在客户极为分散且数量巨大，加工存在共性的情况下才有明显效果；对于产品价值高的可以区域分散服务，对于产品价值低的则必须区域聚集。销售环节满足客户需求，对于销售集约来说只要规模大即可实现。

3. 运作特点

浙商中拓构建的智慧物流与供应链具有以下三个运作特点：

- 数字化生态运作。数字技术的发展助力中拓商业模式创新（产业互联、物联网、区块链等），产业链数字化建设加速，面向产业互联网构建数字化供应链生态。
- 大宗商品供应链的平台化。大宗商品流通环节的横向整合空间巨大，通过构建大宗商品供应链平台能够为各方资源提供服务和流量变现的渠道，产业链各环节关系由博弈转变为强调协同，轻资产运营主体话语权增大。
- 定制化的一站式集成服务。浙商中拓提供个性化服务，从原材料采购、物流配送、厂库管理、仓单金融、价格管理以及产品分销等方面为制造业客户提供可自由搭配、定制化、一站式贴身供应链集成服务。

12.5.3 智慧物流与供应链创新方法分析

1. 技术创新

浙商中拓的全资子公司，致力于自有信息系统的开发与研究，自行开发的系统包括客户关系管理、配供配送、智慧仓储、价格风险管理等，同时中拓数字科技部负责公司 IT 治理体系建设，同时聚焦物联网、区块链、大数据等技术与公司业务的结合，搭建适用场景。现阶段，浙商中拓的实验室环境已搭建，正在推进物联网技术的应用与落地。

2. 模式创新

中拓打造天网与地网的融合，致力于构建基于数字资产运营的数字化供应链生态，对标国际一流标准，做好数字化转型顶层设计，推进商务电子化和管理信息化，努力提升集成服务能力、数字风控能力以及数字创新能力，打造业务、数据、技术三大中台，成为生产性服务业领域的信息化管理专家。同时中拓成立全资子公司自建仓储网络体系，目前已在广东、浙江、天津、河北、江西、湖北等十余个省市拥有自管仓库70余个，基本覆盖公司业务主要集散区域，全部采用自行研发的智慧仓储管理系统，规范仓库作业流程，打造一体化仓库管理能力。

12.6 中移物流①

案例12-6

中移物流获“2019中国物流与供应链信息化十佳应用企业”奖项

2019年7月，由中国物流与采购联合会、合肥市人民政府主办的“2019（第十一届）中国物流与供应链信息化大会”在合肥揭幕。中移物流荣获“2019中国物流与供应链信息化十佳应用企业”奖项。

中移物流由中国移动终端公司运营，提供物流供应链领域的专业化综合解决方案。中国移动终端公司面向产业链，在进出口、制造、工程、售后、金融服务等各类场景，构建中移物流核心网络，为省移动、专业公司、上游终端厂商及百余个下游渠道提供优质、安全、高效的物流供应链服务。

截至目前，中移物流已经联合39家战略合作伙伴在中国及全球搭建ABCD四张网：A是速配网，专注高品质快递业务；B是普快网，聚焦经济型快递业务；C是仓储零担网，整合重货快运业务；D是国际网，支撑国际货运业务。通过优势互补及能力互通，中移物流与合作伙伴共同打造了覆盖行业供应链全流程的科技型物流平台。

进入5G商用时代，中移物流将秉持“融合、融通、融智”的发展理念，深耕重点物流垂直领域和通用场景，大力推广5G高品质智能硬件产品，打造5G+物流的行业融合应用。同时，中移物流将在不同的场景探索物联网技术应用空间，持续增强“云、网、边、端”全链条能力，建设中国移动数字供应链公共服务平台（MIot），推动物流产业智能化、数字化、共享化升级，使物流供应链成为激发经济增长的新动能。

资料来源：同花顺财经. 中移物流获“2019中国物流与供应链信息化”奖项［EB/OL］.（2019-07-26）［2021-01-23］. https://baijiahao.baidu.com/s?id=1640084401308381820&wfr=spider&for=pc.

12.6.1 基本介绍

1. 企业介绍

中移物流成立于2011年，在2013年开始构建“干线+省内”的两级物流营运体系。2014年能力逐步开放，为12家省市移动提供物流服务，获得中国移动管理创新成果奖三等奖。2015年开始打造智慧物流，在业内首创B2B物流可视化。2016年其具有自主知识产权的物流管理系统在全国运营；获得中国移动第九届质量管理小组成果一等奖、中国移

① http://www.hedongli.com/web-mall/help/links/ZYlogistics/zhongyi.jsp?mchtId=35. 2020-12-20.

动科技进步与业务服务创新业务服务组一等奖。2018 年荣获中国物流与采购联合会“十佳信息化企业”称号，启动中移物流合作伙伴计划（CMLP），构建 ABCD 四个赛道，提供“科技型、平台型、产品型”服务，成为中国物流与采购联合会 4A 级物流企业。

2. 企业战略

中移物流致力于深化智能硬件和终端产品的专业运作体系，提供和智仓、和智配、和智供、和智云四种行业定制化的解决方案，持续升级用户交互平台、深入大数据分析应用，打造“科技型、平台型、产品型”物流供应链一体化服务。

12.6.2　智慧物流与供应链运作模式分析

1. 基本网络结构

中移物流的智慧物流网络结构分为智慧仓储、智慧配送、智慧物流云以及智慧供应链云等四个组成部分。

智慧仓储可以实现标准化 6S 仓库、无死角红外线监控、公安联网核查提货人身份、串码可溯智能分拣、客户系统对接、分货主 VMI 库存管理、仓库作业实时追踪、库内加工（逆向、塑封、贴标、合拆包、软件灌装）等功能。

智慧配送可以实现物流配送节点可视、配送员信息可视、在途信息推送、实时电子签单签收等功能，同时提前预警天气导致的延误、进行货物在途状况实时跟踪、实现配送管理与市场销售智能数据分析以及统一移动物流品牌形象。

智慧物流云主要基于中移物流的物流云技术基础（WMS、TMS、OMS、BMS、SCM 等）为客户提供仓配布局、流程 SOP 设计、营运建议的物流整体解决方案。

智慧供应链云基于中移物流的供应链云技术基础（WMS、TMS、OMS、BMS、B2B、DM、SCM 等），为客户提供精准营销、销量预测、库存优化等智能解决方案。

2. 运作流程

中移物流的智慧物流运作流程主要包含智慧仓储、智慧配送以及智慧云分析等三个环节。

智慧仓储环节主要负责集中仓储、扫码进出库、串码可溯、高效智能分拣，同时提供仓储增值服务，严控到货质量，实施软件预装、塑封、贴标、合拆包、软件灌装等库内操作，库存实时可查询。

智慧配送环节按配送时效要求定价，例如急速达、当日达、次日达、隔日达、跨省调拨；提供配送增值服务、保险报价、代收货款、中移 App/微信可视化配送、短信通知，支持电子签收，全年无休。

智慧云分析环节基于终端公司 B2B 平台订单、订单周期管理提供的大数据、LIS 系统串码实物校验提供的物流大数据、DM 系统提供的客户需求大数据，实现内部系统稳定对接，以大数据进行“帷幄智库”优化。

3. 运作特点

中移物流构建的智慧物流具有以下三个运作特点：

一是依靠线上线下整合的端到端供应链解决方案及支撑服务和网状供应链定制重构，

对数据进行赋能，实现了网状互联的物流供应链解决方案的输出。

二是依靠一点接入，全局快速部署、支持全局一盘货、运代整合能力以及智能硬件及终端行业先进的 SOP 及仓储配送服务标准，实现了高效仓配支撑服务体系的输出。

三是依靠整合型的在途信息监控平台服务、仓储自动化技术提升效率，数据整合支撑前端业务，实现智能化、自动化、无人化的先进仓储配送管理技术的整合输出。

12.6.3 智慧物流与供应链创新方法分析

1. 技术创新

中移物流开发设计仓储一体化运营系统、仓库选址及布局、运输资源配置等，重视逻辑算法等核心能力掌握；开发具有自主知识产权的终端物流管理信息系统（LIS），全流程实时监控，为物流服务平台建设奠定基础。获取一手的物流数据，能够真实反映销售流量、流速，且物流系统与上下游生产系统无缝对接，利用大数据分析提供信息服务。

2. 模式创新

中移物流在构建智慧物流体系过程中的模式创新主要包含整合物流模式和仓配一体服务模式。

整合物流模式是以掌控核心能力为前提，协同上下游，打通整个链条；通过整合下游物流资源，提供适度领先的物流服务；通过聚集上游需求，持续做大业务规模。在高效支撑公司内部业务基础上，做精、做细、做深；对外开放物流能力，做大、做强、做优，服务大移动、大市场。

仓配一体服务模式实现多仓合一库存智享，中心仓、省仓两级仓配架构覆盖全国，提供多重仓配方案可能性；根据产品不同生命周期与销售预测，在不同时期实时切换不同的仓储布局，在多仓运营实现时效最优化，在单仓运营实现库存最优化。

12.7 多案例比较分析

本章主要介绍了京东物流集团、菜鸟网络、国家电网、联想、浙商中拓以及中移物流等企业在实践智慧物流与供应链过程中的不同做法，分析了不同企业构建的智慧物流与供应链体系的不同结构、不同特点以及主要创新点。

12.7.1 智慧物流与智慧供应链结构对比

京东物流、菜鸟网络、国家电网、联想、浙商中拓以及中移物流构建的智慧物流与供应链结构对比如表 12－1 所示。

表 12－1 各企业智慧物流与智慧供应链结构对比

企业	基本网络结构	智慧物流与供应链运作特点
京东物流	智能供应链中心、智能履约、智能分拣、智能仓储、智能园区、智能运输以及智能配送	(1) 依托京东电商平台汇聚大数据 (2) 以预测技术驱动库存管理优化 (3) 提供多领域的智能解决方案

续表

企业	基本网络结构	智慧物流与供应链运作特点
菜鸟网络	天网（物理数据）、地网（仓储物流中心）、人网（服务站、自提点）	（1）整合竞争者资源，提升作业效率 （2）组建菜鸟驿站，解决客户痛点 （3）融入阿里巴巴集团生态，实现资源互补
国家电网	供应链运营中心、智能采购、数字物流、智能全景质控、智能内部外部协同	（1）各环节智慧化的全局运营 （2）电子商务平台和企业资源系统交互
联想	智能控制塔、行业智能、智能基础架构、智能物联网	（1）数据链接的全方位感知生态运作 （2）供应链端到端全链覆盖 （3）闭环管理的智能运营
浙商中拓	底层信息化系统、中层大数据平台、顶层大宗商品供应链集成服务平台	（1）数字化生态运作 （2）大宗商品供应链的平台化 （3）定制化的一站式集成服务
中移物流	智慧仓储、智慧配送、智慧物流云、智慧供应链云	（1）网状互联的物流供应链解决方案输出 （2）高效仓配支撑服务体系输出 （3）智能化、自动化、无人化的先进仓储配送管理技术整合输出

12.7.2　智慧物流与智慧供应链创新对比

京东物流、菜鸟网络、国家电网、联想、浙商中拓以及中移物流在构建智慧物流与供应链体系过程中进行的创新对比如表 12－2 所示。

表 12－2　各企业智慧物流与智慧供应链创新对比

企业	智慧供应链技术创新	智慧供应链模式创新
京东物流	（1）软件系统集成 （2）全场景覆盖机器人及智能设备 （3）底层技术	（1）云仓服务模式 （2）仓配一体化模式
菜鸟网络	（1）IoT 通用设备 （2）人工智能应用 （3）云计算技术	第四方物流模式
国家电网	（1）大数据、人工智能应用 （2）物联感知技术	5E 中心供应链平台
联想	大数据、人工智能应用	供应链混合制造模式
浙商中拓	（1）软件系统开发 （2）物联网、区块链、大数据应用	基于天网、地网融合的数字化供应链生态
中移物流	（1）仓储一体化运营系统、终端物流管理信息系统等软件系统 （2）大数据信息分析应用	（1）整合物流模式 （2）仓配一体服务模式

本章小结

本章主要介绍了京东物流、菜鸟网络、国家电网、联想、浙商中拓以及中移物流等企业在实践智慧物流与供应链过程中的不同做法，并分析了不同企业构建的智慧物流与供应链体系的不同结构、不同特点以及主要创新点。通过对当前企业智慧物流与供应链的实践了解，可以帮助读者更精确、更迅速地掌握当下时代企业智慧供应链与物流的发展趋势和发展特点，获得对智慧物流与供应链的更深层次的认知。

关键概念

智慧物流与供应链企业实践　智慧物流与供应链运作模式　智慧物流与供应链基本网络结构　智慧物流与供应链运作流程　智慧物流与供应链运作特点　智慧物流与供应链创新方法　智慧物流与供应链技术创新　智慧物流与供应链模式创新　智慧物流与供应链制度创新

思考题

1. 不同企业构建的智慧物流与供应链基本网络结构有何不同，这种不同主要体现在哪些方面？

2. 不同企业在构建智慧物流与供应链体系的过程中，采取了哪些不同的方式？

3. 不同企业构建的智慧物流与供应链体系有何不同特点，这些特点有没有相通之处？

4. 不同企业在构建智慧物流与供应链体系过程中采用了哪些技术创新？

5. 不同企业在构建智慧物流与供应链体系过程中产生了哪些模式创新？这些模式是否值得借鉴？

参考文献

[1] 安俊秀，靳宇昌，等. 云计算与大数据技术应用. 北京：机械工业出版社，2019.

[2] 包子阳，余继周，杨杉. 智能优化算法及其MATLAB实例. 2版. 北京：电子工业出版社，2018.

[3] 陈威如，余卓轩. 平台战略. 北京：中信出版社，2013.

[4] 国家电网有限公司. 现代智慧供应链创新与实践. 北京：中国电力出版社，2020.

[5] 黄滨. 透明数字化供应链. 北京：人民邮电出版社，2019.

[6] 霍艳芳，齐二石. 智慧物流与智慧供应链. 北京：清华大学出版社，2020.

[7] 李波，王谦，丁丽芳. 物流信息系统. 2版. 北京：清华大学出版社，2019.

[8] 刘伟华，邓明朗，梁艳杰，龙尚松，魏爽. 智慧供应链创新的路径设计研究[J]. 供应链管理，2020 (1).

[9] 孙国华. 物流与供应链管理. 2版. 北京：清华大学出版社，2018.

[10] 王铁方. 计算机基因学：基于家族基因的网格信任模型. 北京：知识产权出版社，2016.

[11] 王先庆，等. 互联网+物流："互联网+"时代下一个千亿级"风口". 北京：人民邮电出版社，2015.

[12] 王先庆. 智慧物流：打造智能高效的物流生态系统. 北京：电子工业出版社，2019.

[13] 韦苗苗. 智能优化算法及应用的研究. 济南：山东大学，2006.

[14] 魏学将，王猛，张庆英，等. 智慧物流概论. 北京：机械工业出版社，2020.

[15] 文丹枫，周鹏辉. 智慧供应链：智能化时代的供应链管理与变革. 北京：电子工业出版社，2019.

[16] 邢立宁，陈英武，向尚. 学习型智能优化算法及其应用. 北京：清华大学出版社，2019.

[17] 许应楠，凌守兴. 电子商务与现代物流. 北京：人民邮电出版社，2015.

[18] 燕鹏飞. 智能物流. 北京：人民邮电出版社，2017.

[19] 周月波. 遗传算法在物流系统中的应用研究. 重庆：重庆交通大学，2014.

图书在版编目（CIP）数据

智慧物流与供应链管理/刘伟华，李波，彭岩编著
. --北京：中国人民大学出版社，2022.1
高等学校经济管理类主干课程教材
ISBN 978-7-300-29982-2

Ⅰ.①智… Ⅱ.①刘… ②李… ③彭… Ⅲ.①智能技术-应用-物流管理-高等学校-教材 ②智能技术-应用-供应链管理-高等学校-教材 Ⅳ.①F252.1

中国版本图书馆 CIP 数据核字（2021）第 207396 号

高等学校经济管理类主干课程教材
智慧物流与供应链管理
刘伟华　李　波　彭　岩　编著
Zhihui Wuliu yu Gongyinglian Guanli

出版发行	中国人民大学出版社		
社　　址	北京中关村大街 31 号	**邮政编码**	100080
电　　话	010－62511242（总编室）		010－62511770（质管部）
	010－82501766（邮购部）		010－62514148（门市部）
	010－62515195（发行公司）		010－62515275（盗版举报）
网　　址	http://www.crup.com.cn		
经　　销	新华书店		
印　　刷	固安县铭成印刷有限公司		
开　　本	787 mm×1092 mm　1/16	**版　　次**	2022 年 1 月第 1 版
印　　张	23 插页 1	**印　　次**	2025 年 1 月第 4 次印刷
字　　数	525 000	**定　　价**	49.00 元

中国人民大学出版社　管理分社

教师教学服务说明

中国人民大学出版社管理分社以出版工商管理和公共管理类精品图书为宗旨。为更好地服务一线教师，我们着力建设了一批数字化、立体化的网络教学资源。教师可以通过以下方式获得免费下载教学资源的权限：

- ★ 在中国人民大学出版社网站 www.crup.com.cn 进行注册，注册后进入“会员中心”，在左侧点击“我的教师认证”，填写相关信息，提交后等待审核。我们将在一个工作日内为您开通相关资源的下载权限。
- ★ 如您急需教学资源或需要其他帮助，请加入教师 QQ 群或在工作时间与我们联络。

中国人民大学出版社　管理分社

教师 QQ 群： 648333426（工商管理）　114970332（财会）　648117133（公共管理）
教师群仅限教师加入，入群请备注（学校＋姓名）

联系电话： 010-62515735，62515987，62515782，82501048，62514760

电子邮箱： glcbfs@crup.com.cn

通讯地址： 北京市海淀区中关村大街甲 59 号文化大厦 1501 室（100872）

管理书社　　人大社财会　　公共管理与政治学悦读坊